Alois Schmaus - Vera Bojić

Lehrbuch der serbischen Sprache

Band II

SLAVISTISCHE BEITRÄGE

Begründet von
Alois Schmaus

Herausgegeben von
Peter Rehder

Beirat:
Tilman Berger · Walter Breu · Johanna Renate Döring-Smirnov
Wilfried Fiedler · Walter Koschmal · Miloš Sedmidubský · Klaus Steinke

Band 334

Studienhilfen
Band 4

VERLAG OTTO SAGNER
MÜNCHEN

Alois Schmaus

Lehrbuch der serbischen Sprache

Band II

Vollständig neu bearbeitet von
Vera Bojić

VERLAG OTTO SAGNER
MÜNCHEN 1996

Gedruckt mit Unterstützung der
„Alois-Schmaus-Stiftung"
der Ludwig-Maximilians-Universität München

ISBN 3-87690-624-5
ISSN 0583-5429
© Verlag Otto Sagner, München 1996
Abteilung der Firma Kubon & Sagner
D-80328 München

Vorwort

Für das erfreuliche Interesse am ersten Band dieses Lehrbuchs möchte ich mich bei den Lernenden herzlich bedanken und sie zugleich für die lange Wartezeit auf diesen zweiten Band um Verständnis bitten.

Mit dem vorliegenden Band erhalten die Lernenden eine weitgehend abgerundete Darstellung der Sprachstruktur, wobei der Schwerpunkt auf den Verben liegt. Dementsprechend ist auch das Verzeichnis der Verben, das die Bewältigung dieses wichtigen Kapitels erleichtern soll, beträchtlich angewachsen. Der geplante dritte Band soll dann die Grundlagen der Syntax und der Wortbildung vermitteln, womit ein notwendiger Ausbau der erworbenen Kenntnisse geboten wird.

Der „Alois-Schmaus-Stiftung" und dem Verlag Otto Sagner danke ich für die erneut gewährte finanzielle Förderung dieses Projekts. Mein besonderer Dank gilt wieder Prof. Rehder, der mit Geduld und Unterstützung auch diesen Band begleitet hat.

Bonn, im März 1996 Vera Bojić

INHALTSVERZEICHNIS

Vorwort
16. Lektion - Šesnaesta lekcija	9
Što će biti - biće.	12
17. Lektion - Sedamnaesta lekcija	17
Saveti čitaocima. Sajam knjiga. Na stadionu.	
U robnoj kući.	20
18. Lektion - osamnaesta lekcija	24
Nova godina. B. Pekić: Kompromis kao način	
života. G. Tartalja: Dani.	28
19. Lektion - Devetnaesta lekcija	33
M. Crnjanski: Institut za strane jezike	35
20. Lektion - Dvadeseta lekcija	40
Vuk Karadžić: Riba i djevojka.	
Studenti vežbaju poređenje prideva.	
D. Mraović: Sunčev sistem	42
21. Lektion - Dvadeset prva lekcija	46
J.J. Zmaj: Kad bi... B. Nušić: Geografija.	
Studenti su umrli od smeha.	49
22. Lektion - Dvadeset druga lekcija	53
M. Kapor: 011 - Istok - Zapad.	
M. Rakić: Jedna želja.	57
23. Lektion - Dvadeset treća lekcija	61
Tamni vilajet. Doktor Jan.	
D. Radović: Beograde, dobro jutro! Razgovor o	
književnosti i svakodnevnom životu.	64
24. Lektion - Dvadeset četvrta lekcija	69
D. Radović: Beograde, dobro jutro! Lav.	71
25. Lektion - Dvadeset peta lekcija	74
Iz „Autobiografije" B. Nušića: Strani jezici;	
Mrtvi jezici. G. Vitez: Pomozite nam da pre-	
vedemo neprevodivo!	78
26. Lektion - Dvadesest šesta lekcija	84
S. Novaković: Ivica i Marica. Razgovor o drogama.	86

27. Lektion - Dvadeset sedma lekcija 92
Vlada Bulatović VIB. Vince.
Radni dan jedne zaposlene žene. 95

28. Lektion - Dvadeset osma lekcija 99
D. Radović: Fenomen. M. Vojvodić: Aforizmi.
I. Andrić: Epilog 102

29. Lektion - Dvadeset deveta lekcija 106
Kako je postala krtica. A. Šantić: Veče na
na školju. Prestao čovek da pije.

30. Lektion - Trideseta lekcija 112
U cara Trojana. Kozje uši.
Ribica i vino. Blagoslov. 115

Auflösung der Übungen 119
Zusammenfassung grammatischer Formen 128
Verzeichnis der Verben 137
Serbisch-deutsches Wörterverzeichnis 180
Deutsch-serbisches Wörterverzeichnis 214
Grammatisches Register 251
Abkürzungen 252

16. Lektion — Šesnaesta lekcija

1. Das Futur wird im Serbischen mit den Präsensformen des Hilfsverbs *htȅti* und dem Infinitiv des betreffenden Verbs gebildet. Außerhalb des Fragesatzes werden nur die kurzen Formen von *htȅti* verwendet, die Enklitika sind und daher an der zweiten Stelle (vor den Pronomina) stehen müssen (im Nebensatz also nach den Konjunktionen, außer nach *i* und *a*):

> *Mârko će nápisati písmo svôm òcu.*
> Marko wird seinem Vater einen Brief schreiben.
> *Jâ ću kúpiti tû knjȋgu sȕtra jȅr ću sȕtra dòbiti nòvac.*
> Ich werde dieses Buch morgen kaufen, weil ich morgen Geld bekommen werde.
> *Tȋ ćeš se vrátiti popódne pa ćemo glȅdati tâj fȉlm zȁjedno.*
> Du wirst am Nachmittag zurückkehren, und dann werden wir uns diesen Film gemeinsam ansehen.

Wenn der Satz mit dem Infinitiv beginnen soll (z.B. bei Wegfall der Pronomina oder einer Hervorhebung des Prädikats), dann tritt das Hilfsverb an die Stelle der Infinitivendung — d.h., die Futurform wird als ein Wort geschrieben.

> *Kúpiću tû knjȋgu sȕtra. Dòbiću nòvac od mȁmē.*
> Ich werde dieses Buch morgen kaufen. Ich werde von der Mutter Geld bekommen.
> *Vrátićeš se popódne i glȅdaćemo tâj fȉlm zȁjedno.*
> Du wirst am Nachmittag zurückkommen und wir werden diesen Film gemeinsam sehen.

Bei den Verben, die auf *-ći* enden, gilt immer die Getrenntschreibung:

> *Dóći ću popódne i ȉći ćemo zȁjedno u šétnju.*
> Ich werde am Nachmittag kommen, und wir werden gemeinsam spazieren gehen.

Verneinte Sätze im Futur enthalten die verneinten Formen des Hilfsverbs, die dem Infinitiv vorausgehen:

> *Néću kúpiti tû knjȋgu sȕtra jer néću dòbiti nòvac od mȁmē.*
> Ich werde dieses Buch morgen nicht kaufen, weil ich von der Mutter kein Geld bekommen werde.

Fragesätze im Futur werden a) mit den langen Formen des Hilfsverbs oder b) mit der zweigliedrigen Fragepartikel *da li*, hinter der dann die kurzen Formen des Hilfsverbs folgen, eingeleitet; zur Bejahung dienen die langen Formen — zur Verneinung die verneinten Formen des Hilfsverbs:

Hòćeš li mi kúpiti nȅku lépu knjȉgu? — *Hòću. / Néću.*
Dȁ li ćeš mi kúpiti nȅku lépu knjȉgu? — *Hòću. / Néću.*
Wirst du mir irgendein schönes Buch kaufen? — Ja. / Nein.

2. Die im östlichen Bereich des serbischen Sprachraumes übliche Auflösung des Infinitivs in *da* + Präsens wird im Futur nicht praktiziert, wenn im Satz lange oder verneinte Formen des Hilfsverbs stehen, da sie sonst ihre selbständige Bedeutung bekämen; in Verbindung mit den kurzen Formen ist das jedoch durchaus üblich. Man vergleiche:

Hòćeš li dóći sȕtra? Wirst du morgen kommen?
Hòćeš li da dôđēš sȕtra? Willst (Möchtest) du morgen kommen?
Néću dóći sȕtra. Ich werde morgen nicht kommen.
Néću da dôđēm sȕtra. Ich will morgen nicht kommen.

Dagegen:

Sȕtra ću dóći. = *Sȕtra ću da dôđēm.* Ich werde morgen kommen.

3. Im Futur werden sowohl perfektive als auch imperfektive Verben verwendet, je nachdem, was man ausdrücken möchte: Wenn eine konkret einmalige Handlung gemeint ist, so wählt man das perfektive Verb; wird jedoch an eine Handlung als Wiederholung oder Prozeß in seiner Dauer (ohne Abschluß) gedacht, so wählt man das imperfektive Verb. Man vergleiche die Aspektwahl im folgenden Kontext.

1. *Néću kúpiti tô Vȁše vȍće jer nìje svȅže. Kúpiću vȍće na pìjaci.*
   Ich werde Ihr Obst nicht kaufen, weil es nicht frisch ist. Ich werde Obst auf dem Markt kaufen.

2. *Vȋ nȉkada nêmāte dòbro vȍće. Zȁto néću ubùduće kupòvati kod Vȃs, kupòvaću u drȕgōj pròdāvnici.*
   Sie haben nie gutes Obst. Deshalb werde ich in Zukunft nicht bei Ihnen, sondern in einem anderen Laden kaufen.

3. *Dȁ li ćemo ubùduće kupòvati i vȁzduh? — pȋtā jèdan pesìmist.*
   Werden wir in Zukunft auch die Luft kaufen? fragt ein Pessimist.

4. Auch im Serbischen (jedoch nicht so häufig wie im Deutschen) wird das Präsens in der Bedeutung des Futurs verwendet; in diesem Falle muß immer das imperfektive Verb gewählt werden, oder man bildet eben das Futur:

Dòlazīm sȕtra u dȅvet sátī. — *Dóći ću sȕtra u dȅvet sátī.*
Ich komme morgen um neun Uhr.

5. In der IV. Verbalklasse werden die Verben zusammengefaßt, die vor der Infinitivendung -ti einen Vokal (i, u, vokalisches r, meist a) haben und ihr Präsens auf -jēm (3. Person Plural -jū) bzw. -ēm (3. Person Plural -ū) bilden. Da diese Verbalklasse mehrere Besonderheiten aufweist, wird sie in drei Untergruppen aufgeteilt.

Zur IV. Verbalklasse (A) gehören zunächst die Verben, deren Infinitivstamm auf -i, -u, -ja auslautet, z.B.:

pȉti ipf. trinken	čȕti ipf. hören	kȁjati se ipf. bereuen
pȉjēm	čȕjēm	kȁjēm se
pȉjēš	čȕjēš	kȁjēš se
pȉjē	čȕjē	kȁjē se
pȉjēmo	čȕjēmo	kȁjēmo se
pȉjēte	čȕjēte	kȁjēte se
pȉjū	čȕjū	kȁjū se

Imperativ: pîj! usw.; čûj! usw.; kâj se! usw.

Part. Perf.: pȉo, píla; čȕo, čȕla; kȁjao se, kȁjala se usw.

Man merke sich die gebräuchlichsten der hierher gehörenden Verben, mit denen es zahlreiche, gleich zu konjugierende Zusammensetzungen gibt:

-i:
- bȉti ipf. schlagen
- krȉti ipf. verbergen
- lȉti ipf. gießen
- mȉti ipf. waschen

- rȉti ipf. wühlen
- šȉti ipf. nähen
- vȉti ipf. winden

Die mit diesen Verben mittels der Präpositionen gebildeten perfektiven Zusammensetzungen werden ebenso konjugiert. Es sei darauf hingewiesen, daß viele dieser Zusammensetzungen eine veränderte Bedeutung haben, und daß ihre imperfektiven Entsprechungen eine Stammerweiterung durch -ja-, -va- aufweisen. Sie gehören aber in die II. Verbalklasse und sollten nicht mit den -ivati- Verben der III. Konjugationsklasse verwechselt werden. Man vergleiche:

bȉti, bȉjēm ipf. schlagen

dòbiti, dòbijēm pf. bekommen —
dobíjati, dòbījām ipf. bekommen

Ebenso verhält es sich z.B. mit

- ìspiti — ispíjati austrinken
- pòkriti — pokrívati bedecken

- ùmiti — umívati waschen
- zàliti — zalívati begießen

rázviti — razvíjati entwickeln zàriti — zarívati (hinein)stoßen
ùbiti — ubíjati töten zàšiti — zašívati zunähen

Man merke sich hier auch das selten vorkommende

bívati, bîvām *ipf.* werden, geschehen (zu bȉti sein).
Tàko tô bîvā u živòtu. So geschieht das im Leben.

-**u:** ȉzuti *pf.* ausziehen (Schuhe) (izúvati, izúvām *ipf.*).
òbuti *pf.* anziehen (Schuhe) (obúvati, òbuvām *ipf.*)

-**ja:** brȉjati (se) *ipf.* (sich) rasieren smȇjati se (smȉjati se) *ipf.* lachen
grȇjati (grȉjati) *ipf.* wärmen trȃjati *ipf.* dauern
lȃjati *ipf.* bellen vȇjati (vȉjati) *ipf.* schneien
sȇjati (sȉjati) *ipf.* säen

Što će biti — biće

Glas iz radija: Čuli ste pregled današnjih događaja iz naše zemlje i iz sveta. A sada čujte prognozu vremena našeg dežurnog meteorologa.
Drugi spiker: Meteorolozi predviđaju da će sutra doći do zahlađenja i naoblačenja u celoj našoj zemlji. Hladan vazduh će u prepodnevnim satima zahvatiti i severne delove Srbije, gde će biti oblačno. U ostalim delovima zemlje će pre podne biti sunčano, ali će se naoblačenje proširiti popodne i na druge krajeve i zahvatiće celu zemlju. Lepo i vedro vreme će se zadržati samo na južnom Jadranu. Pre podne će kiša padati samo na severu, a posle podne i na jugu. Na visokim planinama će biti i snega, ali sneg se neće zadržati dugo, otopiće se u toku dana. Prekosutra se očekuje postepeno razvedravanje, najpre na zapadu, a zatim i na istoku zemlje. Kiše će biti samo ponegde u planinama, ali će u dolinama biti magle — zato savetujemo vozačima da voze oprezno.
Ljilja: Užas božji! Mama, čuješ li? Sutra će biti hladno, a biće i kiše!
Mama: Šta ti je, dete? Hvala Bogu da će biti kiše. Odavno je nije bilo, i zemlja je suva.
Ljilja: Ali ja sam se dogovorila sa svojim društvom da idemo na izlet u brda. Hoćemo nekoliko sati da planinarimo, a posle ćemo praviti roštilj. Šta ćemo sada? Moraćemo odložiti izlet.
Mama: Pa odložite ga! Biće još lepih i toplih dana.
Marko: Umreću od smeha! Ljilja će planinariti u cipelama sa visokim potpeticama!

Mama: Marko, ne smej se! Čemu se smeješ?
Marko: Smejem se Ljilji, ne smejem se tebi.
Ljilja: Marko, ubiću te! Hoćeš li da te ubijem?
Marko: Hoću. Radoznao sam kako ćeš da me ubiješ, i čime? Nožem ili viljuškom, ili pištoljem koji nemaš?
Ljilja: Nisi mnogo duhovit. I čuj: ići ću na izlet tebi uz inat. Mama, hoćeš li mi dati tvoj debeli džemper?
Mama: Hoću. Daću ti i moj kišni mantil. Ali, zašto nisi kupila ravne cipele za kišu?
Ljilja: Marko, mogu li da obujem tvoje čizme?
Marko: Ne možeš. Obula si ih jedanput i nisi ih očistila. Imaš dvadeset pari cipela, pa obuj svoje!
Ljilja: Dobro, dobro. Obuću svoje letnje patike. I prehladiću se, i biću bolesna, a ti ćeš biti kriv. Ti nisi nikakav brat!
Marko: Baš me briga! Radi šta hoćeš! Ti želiš da dobiješ grip, da ležiš bolesna i da te mi negujemo.
Mama: Ljiljo, nemoj da ideš nikuda po kiši i snegu! Prehladićeš se.
Ljilja: Hoću. Videćeš da ću ići. Ići ću Marku uz inat. A da li ću se prehladiti — videćemo. Što će biti — biće. Baš me briga!
Mama: Gospode Bože, kakva su mi ova deca! Neposlušna, nevaspitana, svađalice. Šta ću s njima? Kako ću izaći s njima na kraj?

Љиља је из ината отишла на излет по киши и снегу. Вратила се прокисла и прозебла. Сада лежи у кревету јер јој није добро, долазио јој је и лекар. Марко седи поред ње. Он воли своју сестру, иако се стално свађа с њом.

Марко: Љиљо, како ти је сада? Боли ли те нешто?
Љиља: Није ми добро, лоше ми је. Боли ме глава.
Марко: Хоћеш ли аспирин? Попиј чај и аспирин па ћеш брзо оздравити.
Љиља: Не могу ништа да пијем. Боли ме стомак. Боли ме и грло, боли ме и зуб. Боле ме и руке и ноге.
Марко: Јадна сестрице, све те боли. Можда ти треба неки антибиотик, а лекар ти га није дао.
Љиља: Не требају ми антибиотици. Лекар је у праву. „На врапце се не пуца из топова". А мој грип је тај врабац, знаш?
Марко: Да, да. Много је он паметан. Грип траје бар седам дана. Значи, бићеш болесна читаву седмицу. Али, напољу је страшно ружно, знаш? Час пада киша, час снег веје, а и ветар дува.
Љиља: Хладно ми је. Зашто ми нисте угрејали собу?
Марко: Грејемо је цео дан, радијатор је врућ, и мени је претопло.
Љиља: Требало је да послушам маму и да не идем на излет по киши и хладноћи. Није требало да терам инат. Сада се кајем, али је прекасно.
Марко: Да, да. Знаш ли ону народну пословицу? „Од ината нема горег заната".

Љиља: Ћути, не прави се важан. Хоћеш ли опет да се свађаш са мном?
Марко: Нећу се више свађати с тобом. Што је било — било је. Видећемо шта ће бити убудуће.

Vokabeln

antibiòtik	Antibiotikum	nèposluš|an, -na, -no	ungehorsam
aspìrīn, -ína	Aspirin	nevàspitān, -a, -o	unerzogen
bȃr	wenigstens	nȉkak|av, -va, -vo	keinerlei;
bȍl|eti (bȍl|jeti),	schmerzen		schlecht
-īm ipf.		nȉkud(a)	nirgendwohin
bȍž(i)jī, -ā, -ē	Gottes-	nòga	Bein, Fuß
brȉga	Sorge	nȏž, nóževi	Messer
cìpela	Schuh	odlòžiti, òdložīm pf.	verschieben
čȁs... čȁs	bald...bald	òprez|an, -na, -no	vorsichtig
čȉtav, -a, -o	ganz	otòpiti, òtopīm pf.	schmelzen
čȉzma	Stiefel	òzdraviti pf.	gesund werden
ćùprija	Brücke	pȁdati ipf.	fallen
dèžūrn|ī, -ā, -ō	diensthabend	pàtika	Sportschuh
dȍgađāj	Ereignis	pesìmist(a)	Pessimist
Drína	(Fluß)	pétak	Freitag
drúštvo	Gesellschaft	pìštōlj, -ólja	Pistole
duhòvit, -a, -o	geistreich	plan|ináriti,	bergwandern
dúvati, dȗvām ipf.	wehen, blasen	-ìnārīm ipf./pf.	
glȃs, glȁsovi	Stimme	po (L.)	bei
gláva	Kopf	po kȉši	bei Regen
gȍr|ī, -ā, -ē	schlimmer	pònegde (pònegdje)	mancherorts
Gȍspod Bȏg	Herrgott	pòpi|ti, pòpijēm pf.	trinken
grȉp	Grippe	popódne	nachmittags
gȑlo	Hals	pòslušati pf.	hören
hladnòća	Kälte	pòtpetica	Absatz
ȉako	obwohl	préći, prêđēm (pri-	überqueren
ìnāt, -áta	Trotz	jèći, prȉjeđēm) pf.	
jedànput	einmal	prédlog (prijèdlog)	Vorschlag
kȉšn|ī, -ā, -ō	Regen-	predvíđati,	voraussehen
lètnj|ī (ljètnj|ī),	sommerlich	prèdvīđām ipf.	
-ā, -ē		prégled (prijègled)	Übersicht
ljȗt, ljút|a, -o	böse	prehláditi se,	sich erkälten
màgla	Nebel	prèhlādīm pf.	
meteoròlog	Meteorologe	prèkasno	zu spät
nâjpre (nâjprije)	zuerst	prèkosutra	übermorgen
naoblačénje	Bewölkung	prepódnevn|ī, -ā, -ō	vormittäglich
nàpolju	draußen	(prijepódnevnī)	
nègovati (njègo-	pflegen	prètop|ao, -la, -lo	zu warm
vati) ipf.		prognóza	Prognose

pròkis|ao, -la, -lo	(vom Regen) durchnäßt	sûnčan, -a, -o	sonnig
proširiti, pròšīrīm pf.	ausweiten	sûv, súva, -o (sûh)	trocken
pròzēb|ao, -la, -lo	durchfroren	svađalica	Streithammel
pùcati ipf.	schießen	tèrati (tjèrati) ipf.	treiben
radìjator	Heizkörper	tôk, tòkovi	Verlauf
radòzna|o, -la, -lo	neugierig	tòp, tòpovi	Kanone
ráv|an, -na, -no	flach	ubùdūće	künftig
razvedrávanje	Aufheiterung	ùmr|ēti (ùmr|ijeti), -ēm pf.	sterben
ròštīlj, -ílja	Grill	ûžas, ûžasi	Schrecken
sávetovati (sávjetovati), ipf.	raten	vèčerati ipf./pf.	zu Abend essen
sèvern|ī, -ā, -ō (sjèvernī)	nördlich	vêd|ar, -ra, -ro	heiter
smêh (smîjeh)	Lachen	vìljuška	Gabel
spìker	Sprecher, Ansager	zahlađénje	Abkühlung
		zàhvatiti pf.	erfassen
		zànāt, -áta	Gewerbe
stòmāk, -áka	Magen	zûb, zûbi	Zahn

Redewendungen

bȁš me brȉga	das kümmert mich nicht
bòlī me gláva	ich habe Kopfschmerzen (der Kopf tut mir weh)
iz ináta	aus Trotz
uz ìnāt nèkome	jemandem zum Trotz
tèrati (tjèrati) ìnāt	aus Trotz handeln
ûžas bòžjī!	schrecklich! (Gottes Strafe!)
pràviti se vážan	sich wichtig tun
izāći nà krāj sa (I.)	zurechtkommen mit

Übungen

I. a) Bilden Sie Sätze im Futur!
   b) Bilden Sie Fragesätze im Futur und beantworten Sie sie kurz (bejahend und verneinend)!
   c) Bilden Sie verneinte Sätze im Futur!
1. Marko uči novu lekciju, a Ljiljana čita roman. 2. Idemo večeras u bioskop. 3. Gledamo jedan lep film. 4. Večeramo u restoranu. 5. Mama se raduje poklonu.

II. Bilden Sie Sätze im Futur!
1. Sutra (doći) .... moji prijatelji. 2. (Ići) .... zajedno na izlet.
3. Mislim da (biti) .... kiše. 4. (Morati) .... da obujem tatine čizme,

ne mogu ići bez čizama. 5. Mama (dati) .... mi .... svoj kišni mantil i džemper. 6. Ona se boji da (prehladiti se) ..... 7. (Šetati) .... nekoliko sati, a posle (ići) .... u restoran na večeru. 8. (Vratiti se) .... kući kasno. 9. Mama (ljutiti se) ...., ali šta mogu? 10. (Objasniti) .... joj da volim svoje društvo. 11. (Kupiti) .... neki poklon i cveće. 12. Ona (radovati se) .... i (ne biti) .... ljuta, šta mislite o tome? 13. Mislim da (vratiti se, ti) .... rano jer (biti) .... umorna. 14. A sutra (ležati, ti) .... u krevetu do podne. 15. (Boleti) .... te noge i glava. 16. Ova deca (svađati se) .... uvek jer su užasno nevaspitana.

III. Wählen Sie den passenden Aspekt im Futur von *raditi — uraditi, čitati — pročitati*!

1. Dejane, šta .... sutra? — Pre podne .... domaće zadatke, a posle podne .... jedan roman. 2. Koji roman ....? — Roman „Na Drini ćuprija" od Ive Andrića. 3. Dugo ga čitaš, kad ....? — .... do nedelje, i vratiću ti ga. 4. Ali meni treba u petak. — .... do petka, ali ga neću moći .....

IV. Beantworten Sie die Fragen!

1. Kakvo će vreme biti sutra? 2. Hoće li biti kiše i snega? 3. Kada i gde se očekuje razvedravanje? 4. Gde će kiša padati prekosutra? 5. Zašto vozači moraju biti oprezni? 6. Ko se raduje kiši i zašto? 7. A ko se ljuti zbog kiše i zašto? 8. Ko se s kim svađa i zašto? 9. Je li Ljilja bila na izletu? 10. Šta je bilo s Ljiljom posle izleta? 11. Šta Ljilju boli? 12. Ko neguje bolesnu Ljilju?

V. Übersetzen Sie!

1. Mir ist nicht wohl, ich habe Fieber. 2. Ich habe Kopfschmerzen, und Marko hat Zahnschmerzen. 3. Ljilja hat sich erkältet und liegt krank im Bett. 4. Aus Trotz war sie bei Schnee und Regen in den Bergen. 5. Marko zum Trotz ging sie auf den Ausflug. 6. Jetzt bereut sie es, aber es ist zu spät. 7. Sie hätte den Ausflug verschieben sollen. 8. Jetzt wird sie eine ganze Woche krank sein, denn eine Grippe dauert wenigstens sieben bis zehn Tage. 9. Machen Sie etwas aus Trotz? — Ja. Ich schweige. 10. Aber das ist nicht gut. Sie sollen nicht schweigen. 11. Ich weiß. In Zukunft werde ich mich mit allen Leuten streiten. 12. Herrgott! Schrecklich. Sie werden ein Streithammel! Die Menschen werden vor (*od*) Ihnen fliehen.

17. Lektion — Sedamnaesta lekcija

1. Zwei kleinere Gruppen von Verben verdienen innerhalb der Klasse IV A besondere Beachtung:

a) Das sind zunächst die imperfektiven Verben, die mittels der Silben -va-, -ja- von folgenden Verben und ihren Zusammensetzungen abgeleitet sind:

    dȁti *pf.* (dâm - dȁjū) geben; znȁti *ipf.* (znâm - znȁjū) wissen
    stȁti *pf.* (stȁnēm - stȁnū) stehenbleiben, beginnen

Die Konjugation der Ableitungen merke man sich am Beispiel von

	dávati *ipf.* geben	**poznávati** *ipf.* kennen	**pòstajati** *ipf.* werden
	dájēm	pòznajēm	pòstajēm
	dájēš usw.	pòznajēš usw.	pòstajēš usw.
3. Pl.	dájū	pòznajū	pòstajū

Der (selten vorkommende) Imperativ von *dávati ipf.* lautet: *dáji! dájite!* (von *dȁti pf.*: *dâj! dâjte!*), das Partizip Perfekt wird regelmäßig gebildet: *dávao, poznávao, pòstajao*.

Ebenso werden Zusammensetzungen mit diesen Verben konjugiert, die alle imperfektiv sind (ihre perfektiven Entsprechungen sind mit *dȁti* bzw. *znȁti, stȁti* zusammengesetzt), so z.B.:

    -davati:

    izdávati (*pf.* ìzdati) (her)ausgeben
    odávati (*pf.* òdati) verraten
    predávati (*pf.* prèdati) übergeben, vortragen
    prodávati (*pf.* pròdati) verkaufen
    udávati (*pf.* ùdati) verheiraten (nur von der Frau)
    zadávati (*pf.* zàdati) aufgeben

    -znavati:

    doznávati (*pf.* dòznati) erfahren
    priznávati (*pf.* prìznati) anerkennen, eingestehen
    saznávati (*pf.* sàznati) erfahren
    upoznávati (*pf.* upòznati) kennenlernen

    -stajati:

    nàstajati (*pf.* nàstati) entstehen
    nèstajati (*pf.* nèstati) verschwinden
    òstajati (*pf.* òstati) bleiben

prèstajati (pf. prèstati)   aufhören
prìstajati (pf. prìstati)   einwilligen
ùstajati (pf. ùstati)   aufstehen

b) Eine Anzahl von Verben mit Infinitiv auf -eti (-jeti) weist im Ijekavischen im Präsens -ije- (statt -je-) gegenüber -e- im Ekavischen auf. Es sind dies:

dòspeti (dòspjeti) pf. (hin)gelangen
izùmeti (izùmjeti) pf. erfinden
prìspeti (prìspjeti) pf. eintreffen
razùmeti (razùmjeti) ipf. verstehen
smȅti (smjȅti) ipf. dürfen
ùmeti (ùmjeti) ipf. können
ùspeti (ùspjeti) pf. gelingen

Man merke sich diese Besonderheit am folgenden Beispiel:

ekav. ùmeti		ijekav. ùmjeti	
ùmēm	ùmēmo	ùmijēm	ùmijēmo
ùmēš	ùmēte	ùmijēš	ùmijēte
ùmē	ùmejū	ùmijē	ùmijū

Der Imperativ wird (sinnvollerweise) nur von razùmeti und izùmeti gebildet: razùmi! razùmite! (seltener ekav. razùmēj! ijek. razùmīj!), izùmi! izùmite!

Das Partizip Perfekt behält im Ekavischen in allen Formen konsequent das -e-, im Ijekavischen tritt an seine Stelle -i- vor -o (also nur in der maskulinen Form; vgl. E 8), man vergleiche:

ekav.:   ùmeo, ùmela usw.; razùmeo, razùmela usw.
ijekav.: ùmio, ùmjela usw.; razùmio, razùmjela usw.

Das Verb ùspeti (ùspjeti) pf. gelingen wird zumeist als persönliches Verb gebraucht (im Deutschen dagegen als unpersönliches), z.B.:

Ako ùspēm da nàučīm kìneskī, putòvaću u Kínu.
    Wenn es mir gelingt, Chinesisch zu erlernen, werde ich nach China reisen.
Jèsi li ùspela da nâđēš mòju knjîgu?
    Ist es dir gelungen, mein Buch zu finden?

Die hier angeführten perfektiven Verben bilden ihre imperfektiven Entsprechungen mittels -va-, und diese Ableitungen werden nach der II. Verbalklasse konjugiert: uspévati ùspēvām, ebenso izumévati, prispévati, dospévati.

2. Zur Deklination der Maskulina muß man sich noch folgendes merken:

a) Die auf Vokal -a auslautenden Maskulina (*tȁta, dȅda, Míša* usw.) werden wie Feminina dekliniert, das Attribut behält jedoch im Singular die maskuline Form:

môj tȁta; Príčām ti o mòjem dȍbrōm tȁti.
Ich erzähle dir von meinem guten Vater.
Vȉdela sam tvôg Míšu. Ich habe deinen Miša gesehen.

Dagegen aber:

Naše tate su dobre. Unsere Väter sind gut.

Hierher gehört auch eine gewisse Anzahl von Fremdwörtern mit dem Suffix *-ist(a)* wie z.B. *pijànist / pijànista, socijàlist / socijàlista* u.a.m., bei denen heutzutage die Pluralendung *-i* gebräuchlicher ist:

Nȁši socijàlisti su se udrúžili sa „zèlenīma".
Unsere Sozialisten haben sich mit den „Grünen" vereinigt.

Zȁšto nísi bȉo na kòncertu nȁšeg pȍznatōg pijànistē?
Warum warst du nicht auf dem Konzert unseres bekannten Pianisten?

Die auf andere Vokale auslautenden Maskulina werden wie die konsonantischen Maskulina dekliniert. Man präge sich am Beispiel des Wortes *râdio* zugleich auch die Schreibung des Buchstaben *j* nach dem Vokal *i* ein (vgl. E 7):

N., A., V. *râdio*
G. *râdija*
D., L. *râdiju*
I. *râdijem*

b) Die mit dem Suffix *-lac* gebildeten Maskulina (das sind von Verben abgeleitete „nomina agenits") weisen folgende Besonderheit auf: Nach Ausfall des beweglichen *-a-* gerät das *-l-* in den Silbenauslaut und geht deshalb in *-o-* über (vgl. E 12); das *-l-* ist somit nur im Nominativ Singular und Genitiv Plural vorhanden, in den übrigen Kasus steht an seiner Stelle ein *-o-*, z.B.:

Singular
N. *prevòdilac*
G., A. *prevòdioca*
D., L. *prevòdiocu*
V. *prevòdioče!*
I. *prevòdiocem*

Plural
N., V. *prevòdioci*
G. *prevòdilācā*
D., I., L. *prevòdiocima*
A. *prevòdioce*

3. Im Serbischen gibt es eine Reihe von Substantiven, die nur im Plural vorkommen; ihr Genus ist an ihrer Endung erkennbar, z.B. *vráta* n. Tür, *kȍla* n. Wagen, *nòvine* f. Zeitung, *nȁočāri* m. Brille usw.

Saveti čitaocima

„Čitalac ne voli kad mu autor daje savete — a u ovoj knjizi se čitaocu stalno daju neki saveti: nauči ovo, zapamti ono, uradi i ovo i ono! Neki (nestrpljivi) čitaoci postaju već nervozni, drugi (flegmatični) se smeju autorovim trikovima, treći (leni i malodušni) prestaju da čitaju i da uče, jer ne pristaju da se muče s glagolima." — To je rezultat ankete sa jednom (hvala Bogu, netipičnom) grupom čitalaca, ali se autor nada da svi čitaoci ne misle tako.

A ti, dragi čitaoče, koji nećeš da učiš, evo, autor ti daje nekoliko predloga, pa odluči sam šta ćeš raditi i kuda ćeš ići.

Sajam knjiga

U Frankfurtu se održava međunarodni sajam knjiga. Ima takvih sajmova i u drugim gradovima u svetu (npr. beogradski sajam knjiga, takođe u oktobru), ali nisu tako poznati kao ovaj frankfurtski. Na sajmu učestvuju velike i male, poznate i nepoznate izdavačke kuće sa svojim ovogodišnjim izdanjima. Videćete tamo mnogo novih knjiga. (Nadam se da ćete posle, kod kuće, pročitati bar jednu od njih.) Na sajmu se knjige ne prodaju običnim posetiocima (te knjige se prodaju posle u knjižarama). I videćete strašno mnogo posetilaca sajma — samo nemojte misliti da svi ti posetioci čitaju knjige (mnogi od tih posetilaca nisu odavno pročitali ni jednu jedinu knjigu). Mnogi ljudi idu tamo zbog imidža, da mogu posle da vode konverzaciju („Upoznao sam čuvenog pisca ... Razgovarao sam sa čuvenim piscem ... Bio sam na prijemu kod ..."). Znate, mnogi izdavači daju prijeme (za odabranu publiku, razume se) — tako reklamiraju svoju izdavačku kuću. Ne, ne, nisam protiv sajma knjiga! Na kraju sajma se dodeljuje nagrada nekom stvaraocu. Čujem da je tu nagradu dobio, najzad, i jedan poznati prevodilac. To me raduje jer su prevodioci važni kao posrednici među narodima i kulturama. Dosta o kulturi? Vi volite sport?

На стадиону

Ако баш хоћете да идете на фудбалску утакмицу, идите, баш ме брига! Ако је преживите, јавите ми се писмом, дописницом (картом, разгледницом) или телефоном! Добро, ја признајем да не волим фудбал и стадионе јер се бојим хулигана. То су луди типови. Видели сте на телевизији како се бију и убијају, а страдају и недужни гледаоци. На жалост, спорт није оно што је некад био. Фудбалери су постали скупа роба. А олимпијаде постају велики бизнис - зато многе земље желе да их добију, да их организују. Разуме се, има и лепих спортова (кошарка, тенис, пливање, шах). Бавите ли се неким спортом? Ја волим да пливам, да возим бицикл и да се шетам.

У робној кући

Ако не знате шта да радите, а ви се шетајте улицама и разгледајте излоге! Излози су тако лепи, прекрасни! А рекламе су фантастичне! (Гледате их стално на телевизији и у биоскопу.) И, купићете нешто, иако вам не треба. То сви радимо, признајте да је тако! Ми смо деца потрошачког (конзументског) друштва, сви смо потрошачи (конзументи) — и конзум је наш идеал, наша идеологија. (Љутите се, а?)

Али, молим вас, кад већ купујете оно што вам не треба, не купујте га у бутицима и ексклузивним малим продавницама, не улазите у њих! Идите у неку робну кућу! Тамо има свега: од гаћа до бунди, од игле до компјутера, од хлеба до шампањца, па можете потрошити сав новац и све чекове. А постоји и шанса да не купите ништа кад видите она брда робе и редове пред касама. Биће вам доста свега — чак и конзума! И нећете се после кајати због празног новчаника. А можда ћете се вратити књизи и учењу језика? („Не причајте ми вицеве!") У том случају морам да вам одам једну тајну (а иначе не одајем тајне, волим дискрецију): биће у овом уџбенику још много глагола, које треба да запамтите. Дакле, размислите добро!

Vokabeln

ankéta	*Umfrage*	izglédati,	*aussehen*
bìznis	*Business*	ìzglēdām *ipf.*	
bòēm, -éma	*Bohemien*	ìzlog	*Schaufenster*
bȗnda	*Pelzmantel*	kàsa	*Kasse*
bùtik	*Boutique*	kìnēsk|ī, -ā, -ō	*chinesisch*
čȅk, čȅkovi	*Scheck*	knjìžara	*Buchhandlung*
čìtalac	*Leser*	kȍla (*Pl.*)	*Wagen*
dȁkle	*also*	kompjúter	*Computer*
dìskrēcija	*Diskretion*	konverzácija	*Konversation*
dizàjnerka	*Designerin*	kònzūm, -úma	*Konsum*
dod|eljívati	*erteilen*	konzùment	*Konsument*
(dodj|eljívati),		konzùmentsk|ī,-ā,-ō	*Konsumenten-*
-èljujēm *ipf.*		kòšārka	*Basketball*
dópisnica	*Postkarte*	kùcati *ipf.*	*klopfen*
dȍzvola	*Erlaubnis*	malòduš|an,-na,-no	*kleinmütig*
èkskluziv|an,-na,-no	*exklusiv*	međunárodn|ī, -ā, -ō	*international*
frànkfurtsk|ī, -ā, -ō	*Frankfurter*	mȍdel	*Modell*
fudbàlēr, -éra	*Fußballer*	mrâk	*Dunkelheit*
fùdbalsk|ī, -ā, -ō	*Fußball-*	nàgrada	*Preis*
gàće (*Pl.*)	*Unterhose*	nȁjzād	*endlich*
glȗmac	*Schauspieler*	nȁočāri (*Pl.*)	*Brille*
hàljina	*Damenkleid*	nèduž|an, -na, -no	*unschuldig*
hulìgān, -ána	*Hooligan*	nȅkad(a)	*einst*
ideològija	*Ideologie*	nervóza	*Nervosität*
ìgla	*Nadel*	nèrvōz|an, -na, -no	*nervös*
ȉmidž	*Image*	nestŕpljiv, -a, -o	*ungeduldig*
izdánje	*Ausgabe*	netìpič|an, -na, -no	*untypisch*
izdàvāč, -áča	*Herausgeber*	novčànīk, -íka	*Geldbeutel*
izdàvačk|ī, -ā, -ō	*Verlags-*	nòvine (*Pl.*)	*Zeitung*

òbič|an, -na, -no	gewöhnlich	sájam	Messe
òdabrān, -a, -o	ausgewählt	sàkriti, sàkrijēm pf.	verbergen
òdeća (òdjeća)	Kleidung	sàšiti, sàšijēm pf.	nähen
odlúčiti, òdlūčīm pf.	entscheiden	sȁv, svȁ, svȅ	ganz, all
održávati se,	stattfinden	sávet (sávjet)	Rat
održávām ipf.		slȕčaj, -evi	Fall
oko (G.)	um	slùšalac	Hörer
òktōbar	Oktober	spȍrt, -ovi	Sport
olimpijáda	Olympiade	stâdion	Stadion
orgànizovati ipf.	organisieren	stvàralac	Schaffender,
ovogòdišnj|ī, -ā, -ē	diesjährig		Schöpfer
pìjan, -a, -o	betrunken	svȁdba	Hochzeit
plȉvānje	Schwimmen	šȁh	Schach
posètilac	Besucher	šampánjac	Sekt
(posjètilac)		šȁnsa	Chance
pósrednīk	Vermittler	štȃmpanje	Druck
postò|jati, -jīm ipf.	bestehen	tȃjna	Geheimnis
pòsvađati se pf.	streiten	telèfon	Telefon
potròšiti,	verbrauchen	ténis	Tennis
pòtrošīm pf.		tȋp, típovi	Typ, Type
potròšāč, - áča	Verbraucher	trȉk, trȉkovi	Trick
potròšāčk|ī, -ā, -ō	Verbraucher-	ùčenje	Lernen
póvod	Anlaß	ùčestvovati ipf.	teilnehmen
práz|an, -na, -no	leer	ùrednīk	Redakteur
prevòdilac	Übersetzer	ùtakmica	Spiel,
prežív|eti (pre-	überleben		Wettkampf
žīv|jeti), -īm pf.		vȉc, vȉcevi	Witz
prìjem	Empfang	vȉski	Whisky
pùblika	Publikum	vráta (Pl.)	Tür
rázglednica	Ansichtskarte	zanímanje	Beruf
rekláma	Reklame	zàpāmtiti pf.	behalten, sich
reklamír|ati,	werben		merken
-àmīrām ipf./pf.		zȅt, -ovi	Schwager;
ròba	Ware		Schwieger-
ròbn|ī, -ā, -ō	Waren-		sohn
sàbran, -a, -o	gesammelt		

Übungen

I. Setzen Sie die eingeklammerten Verben ins Präsens! Nennen Sie die Unterschiede im Ijekavischen.

1. *Branka:* Milice i Vera, (poznavati) .... moju sestru Nadu?
2. *Milica:* Ja je ne (poznavati) ...., ali želim da je (upoznati) ....

3. *Vera:* Ja volim da (upoznavati) .... nove ljude i, zašto da (kriti) ...., radoznala sam da vidim kako Nada izgleda.
4. *Milica:* Ali ja moram nešto da ti (priznati) .... : kad neko mnogo priča, ja (postajati) .... nervozna i ne (uspevati) .... da (sakriti) .... tu svoju nervozu.
5. *Branka:* Ja te dobro (razumeti) .... jer sam i ja takva. A Nada ne (prestajati) .... da priča od jutra do mraka, ona ne (umeti) .... da ćuti i da sluša. Ne (smeti) .... te upoznati s njom, bojim se da ćete se posvađati.
6. *Vera:* Ali ja (umeti) .... da ćutim i da slušam, mene (ti, smeti) .... upoznati s njom.
7. *Milica:* Koliko dugo (ostajati) .... Nada kod tebe u gostima?
8. *Branka:* Došla je s mužem i (oni, ostajati) .... nedelju dana. Njena prijateljica Sanja (udavati se) .....
9. *Vera:* Za koga (udavati se) ....?
10. *Branka:* Za jednog glumca, boema. Biće to vesela svadba. Nada hoće da (sašiti) .... Sanji neku lepu haljinu.
11. *Milica:* Nisam znala da Nada (umeti) .... da (šiti) .....
12. *Branka:* Nada je dizajnerka i (šiti) .... prekrasne modele.
13. *Vera:* A šta je njen muž po zanimanju?
14. *Branka:* On je glavni urednik jedne izdavačke kuće, koja (izdavati) ...., uglavnom, strane autore, a imaju izvanredne prevodioce.
15. *Vera:* Ah, da, čula sam da hoće da (oni, izdati) .... sabrana dela Ive Andrića ako (uspeti) .... da (dobiti) .... dozvolu za štampanje.
16. *Milica:* Gde se (prodavati) .... njihova izdanja?
17. *Branka:* Mislim da ih (prodavati) .... i vaša knjižara na uglu ulice.
18. *Milica:* Branka, bojim se da si me pogrešno razumela. Ja želim da (upoznati) .... tvoju sestru i tvoga zeta.
19. *Branka:* Pa, dođite sutra uveče oko osam sati.
20. *Vera:* Doći ćemo, hvala. I do viđenja!

II. Setzen sie die richtigen Kasusformen ein!

1. Kad slušamo radio, mi smo (slušalac) .....
2. Kad gledamo film, onda smo (gledalac) .... ; u bioskopu nema tako mnogo .... kao na stadionu.
3. Brankin zet je lud čovek: popije mnogo (viski) .... pa se vozi po gradu (taksi) .....
4. Dobro je da se ne vozi (svoja kola) .... kad je pijan.
5. Imaš li (današnje novine) ...., njegova slika je u .....
6. Ne mogu da čitam bez (naočari) ..... A ja ne mogu ni sa .... jer sam umorna.
7. Neko kuca na (vrata) ...., molim te otvori .....

III. Beantworten Sie die Fragen!

1. Volite li da dajete savete prijateljima kad Vas pitaju za savet? 2. Tražite li često savet od prijatelja? 2. Jeste li nestrpljivi i nervozni, ili ste flegmatični? 4. Volite li da učite jezike, i jeste li vredni? 5. Ili ste

leni i prestajete da učite kad dođu teške lekcije? 6. Jeste li bili na sajmu knjiga u Frankfurtu? 7. Šta se može videti na tom sajmu? 8. Volite li da čitate, i šta čitate? 9. Šta mislite o prevodiocima? 10. Bavite li se sportom, i kojim? 11. Idete li na utakmice? Zašto (ne) idete? 12. Gde kupujete svoju odeću, u robnim kućama ili buticima? 13. Kupujete li i što Vam treba i što Vam ne treba? 14. Imate li neki svoj trik protiv konzuma? 15. Znate li neki vic? Ispričajte nam ga!

IV. Übersetzen Sie!

a) 1. Ich verkaufe meinen Wagen, weil Autos die Umwelt verunreinigen. 2. Ich muß nicht immer mit einem Wagen fahren; ich habe ein Fahrrad, und ich kann auch zu Fuß gehen. 3. Wir müssen die Natur pflegen — ich säe Rasen (Gras) und Blumen in meinem Garten. 4. „Die Natur braucht uns nicht, aber wir brauchen die Natur." 5. Wenn wir daran denken, dann besteht noch eine Chance, daß wir überleben.

b) ekavisch und ijekavisch: 1. Darf ich dich etwas fragen? 2. Du darfst mich fragen, aber ich weiß nicht, ob ich dir antworten werde. 3. Ich verstehe dich nicht und ich habe dich nie verstanden. 4. Du verstehst mich nicht? Ich spreche kein Chinesisch. 5. Kannst (*umeti*) du wie ein normaler Mensch reden? 6. Ich kann, wenn ich will. Also, frage endlich! 7. Warum durfte mein Bruder gestern abend nicht kommen? Warum durften meine Eltern heute abend nicht kommen? 8. Bitte? Jetzt habe ich nichts verstanden. 9. O Gott! Es ist uns nie gelungen, ein Problem zusammen zu lösen.

18. Lektion — Osamnaesta lekcija

1. Die auf Konsonanten endenden Feminina haben eine besondere Deklination, in der die Endung -*i* vorherrscht, weshalb sie auch *i*-Deklination genannt wird.

	Singular		Plural	
N.	rêč (rȉječ)	rȁdōst	rêči (rȉječi)	rȁdosti
G.	rêči (rȉječi)	rȁdosti	réčī (rijèčī)	rȁdostī
D.	rêči (rȉječi)	rȁdosti	réčima (rijèčima)	rȁdostima
A.	rêč (rȉječ)	rȁdōst	rêči (rȉječi)	rȁdosti
V.	rêči! (rȉječi!)	rȁdosti!	rêči! (rȉječi!)	rȁdosti!
I.	rêčju (rȉječju) rêči (rȉječi)	rȁdošću rȁdosti	réčima (rijèčima)	rȁdostima
L.	réči (rijèči)	rȁdosti	réčima (rijèčima)	rȁdostima

Im Instrumental ist die Endung -*ju* im allgemeinen gebräuchlicher als die Endung -*i*, die letztere kommt nur dann vor, wenn vor dem Substantiv ein Attribut steht:

Mâjka ga je dòčekala s vèlikom rȁdošću (rȁdosti).
Die Mutter empfing ihn mit großer Freude.
S rȁdošću mu je príčala o òcu i sèstri.
Mit Freude erzählte sie ihm vom Vater und der Schwester.

Das *-j-* in der Instrumentalendung ruft die bekannten Konsonantenveränderungen (vgl. E 11) hervor: *t + j > ć, d + j > đ, l + j > lj, st + j > šć, sl + j > šlj*, Labiale *b, p, v + j > blj, plj, vlj*, z.B.:

smȑt - smȑću Tod   *bȍlest - bȍlešću* Krankheit
kâp - kâplju Tropfen   *ljúbav - ljúbavlju* Liebe
sô - sôlju Salz   *mîsao - mîšlju* Gedanke

Nach *ć* und und *đ* verschwindet das *-j-* der Endung:

nôć - nôću Nacht   *žêđ - žêđu* Durst

Für den Lernenden ist es wichtig, diese auf Konsonanten auslautenden Substantive als Feminina zu erkennen, um sie richtig deklinieren zu können; folgende Hinweise können dabei hilfreich sein:

a) Die zahlreichste Gruppe stellen die mit dem Suffix *-ōst* gebildeten Abstrakta dar, so z.B.:

glúpōst Dummheit   (*glûp* dumm),
mlȁdōst Jugendalter (*mlâd* jung),
stȁrōst Alter   (*stȁr* alt) usw.

b) Zu den Feminina gehören auch Abstrakta auf *-ēst, -st*:

vêst (vȉjest) Nachricht   *svêst (svȉjest)* Bewußtsein
bȍlēst Krankheit   *vlâst* Macht, Herrschaft
čâst Ehre   *slâst* Süße

und ebenso einige Konkreta wie

kôst Knochen, Gräte   *mâst* Fett

(sonst sind die Substantive mit konkreter Bedeutung Maskulina, wie z.B. *gôst - gȍsti* Gast, *môst - mȍstovi* Brücke, *hrâst - hrȁstovi* Eiche, *pȑst - pȑsti* Finger u.a.)

c) Die als Feminina sonst schwer zu erkennenden Substantive muß man sich schrittweise gut merken; hier werden die im Alltag gebräuchlichsten genannt:

ćûd Naturell, Laune   *ljúbav* Liebe   *rêč (rȉječ)* Wort
drâž Reiz   *môć* Macht   *smȑt* Tod
glâd Hunger   *nèjāč* wehrlose Perso-   *stvâr* Ding
jȅsēn Herbst   nen (Kinder, Alte)   *vároš* Kleinstadt
kâp Tropfen   *nôć* Nacht   *zôb* Hafer
kȍkōš Huhn   *pȁmēt* Verstand   *žêđ* Durst usw.
kȑv Blut   *pêć* Ofen
lâž Lüge   *pȍmōć* Hilfe

d) Zur *i*-Deklination gehören auch einige Substantive auf *-o* (aus *-l*):

sô (aus *sol*) Salz
mîsao (aus *misal*, bewegliches *-a-*!) Gedanke
pòmīsao Gedanke, Einfall
zàmīsao Idee, Vorstellung

(*smîsao* Sinn, Gen. *smîsla* gehört dagegen zu den Maskulina).

2. Die beiden Substantive *òko* (Auge) und *ùho* oder *ùvo* (Ohr) (mit *v* als Ersatzlaut für *h*) werden im Singular wie die übrigen Neutra dekliniert: Genitiv *òka*, *ùha* oder *ùva* usw.; im Plural dagegen gehören sie zu den Feminina und werden wie folgt dekliniert:

N., A., V.	*òči*	*ùši*
G.	*òčijū*	*ùšijū*
D., I., L.	*òčima*	*ùšima*

3. Die Endung *-ijū* oder *-ū* im Genitiv Plural kommt ausnahmsweise auch bei einigen anderen Substantiven vor; das sind zunächst solche, die paarige Organe bezeichnen, also:

òko - òčijū *ùho - ùšijū*
rúka - rúkū Hand, Arm *nòga - nògū* Fuß, Bein

außerdem:

pȑst - pȑstijū Finger, Zeh *nòkat - nòktijū* Nagel
kôst - kòstijū *slúga - slúgū* Diener
gôst - gòstijū

4. Die Ordnungszahlen (Ordinalia) werden von den Grundzahlen durch Anhängung von *-i*, *-a*, *-o* (*-e*) abgeleitet, wobei in einigen Fällen Besonderheiten zu beachten sind:

pȑvī, -ā, -ō erster *čètvȑtī, -ā, -ō* vierter
drùgī, -ā, -ō zweiter *sêdmī, -ā, -ō* siebter
trèćī, -ā, -ē dritter *ôsmī, -ā, -ō* achter

Die übrigen werden regelmäßig gebildet: *pêtī, -ā, -ō, dèsētī, dvádesetī, dvádeset sêdmī, stôtī, dvèstōtī, pêtstōtī, hìljaditī, miliònitī* usw.

Die Ordinalia werden wie bestimmte Adjektive dekliniert:

Ùčīmo devètnaestū lèkciju. Sêdīm u pȑvoj klúpi.
Wir lernen die 19. Lektion. Ich sitze in der ersten Bank.

Merken wir uns: *pȑvī pût, drùgī pût, trèćī pût* usw. das erste Mal usw.

5. Wie im Deutschen werden die Ordnungszahlen u.a. bei der Angabe des Datums verwendet, wobei einige Besonderheiten zu beachten sind:

a) Die letzte Zahl der Jahreszahl ist Ordnungszahl und steht im Genitiv:

> *Dànās je dvádeset pȓvī fȅbruār hȋljadu dȅvētsto devedèset pȓvē (gȍdinē).*
> Heute ist der 21. Februar 1991 (wörtl.: „des 1991. Jahres").

b) Die Angabe des Datums (dt. „am soundsovielten") steht im Genitiv ohne Präposition:

> *Tô je bílo dvádeset pȓvōg fȅbruāra hȋljadu dȅvētsto devedèset pȓve (gȍdinē).*
> Das war am 21. Februar 1991.

6. Dieser sog. Genitiv der Zeit wird auch sonst immer dann gebraucht, wenn die Zeitbestimmung aus zwei (oder mehr) Gliedern besteht, wenn vor dem Substantiv also ein Attribut steht:

> *Ȉdūćēg ponèdeljka pùtujēm u Beògrad.*
> Am kommenden Montag fahre ich nach Belgrad.
> *Svȁkē pȓvē sùbotē u mȅsēcu môrām da râdīm.*
> Jeden ersten Samstag im Monat muß ich arbeiten.
> *Ȉdūćēg jȁnuāra ću bȉti u Nèmačkōj.*
> Im kommenden Januar werde ich in Deutschland sein.

Wenn vor dem Substantiv kein Attribut steht, dann wird bei Wochentagen die Präposition *u* mit dem Akkusativ und bei Monatsnamen die Präposition *u* mit dem Lokativ verwendet:

> *Pùtujēm u sùbotu. U jȁnuāru ću bȉti u Nèmačkōj.*
> Ich reise am Samstag. Im Januar werde ich in Deutschland sein.

Im Zusammenhang mit Zeitangaben merke man sich noch folgende Besonderheiten:

a) Regelmäßige Wiederholung wird mit dem Instrumental (bei Wochentagen) ausgedrückt:

> *Ȕtorkom i pétkom ȉmām čȁs sȓpskōg jèzika.*
> Dienstags und freitags habe ich Serbischstunde.

Aber:

> *Svȁkōg ùtorka dòlazīm kȁsno.*
> Jeden Dienstag komme ich zu spät.

b) Zeitdauer wird mit Instrumental Plural ausgedrückt:

> *Mârko nam se nìje jávljao mesécima.*
> Marko hat sich monatelang nicht bei uns gemeldet.
> *Nísam ga vȉdela gȍdinama.*
> Ich habe ihn jahrelang nicht gesehen.

c) Die Präpositionen *kroz* und *za* + Akkusativ entsprechen dem deutschen *in* + Dativ:

Dòći ću kroz (za) jèdan sât. Ich werde in einer Stunde kommen.
Vrátiću ti knjȉgu kroz (za) nèdelju dánā.
Ich werde dir das Buch in einer Woche zurückgeben.

d) Die Präposition *na* + Akkusativ entspricht dem deutschen *auf* (*für*) + Akkusativ:

Pùtujēm u Beògrad na nèdelju dánā.
Ich fahre für eine Woche nach Belgrad.
Svrátila sam dànās sȁmo na mȉnūt, ȁli kroz pâr dánā ću ti dóći na célo popódne, ȉli na cȅo dân.
Ich bin heute nur auf eine Minute vorbeigekommen, aber in ein paar Tagen werde ich zu dir auf einen ganzen Nachmittag oder auf einen ganzen Tag kommen.

Nova godina

Danas je prvi januar, i praznik Nova godina. Juče je bio trideset prvi decembar, dan uoči Nove godine. Trideset prvog decembra se čeka Nova godina, to je običaj u mnogim zemljama sveta. Mnogi ljudi izlaze nekuda na svečani doček Nove godine, drugi ostaju kod svoje kuće, sa prijateljima. U ponoć nastaje veliko slavlje i svuda se čuje: „Srećna nova godina". Ali nisu svi ljudi srećni i veseli te noći, ima mnogo tužnih i bolesnih.

Marko i Hans su dočekali Novu godinu u Klubu književnika u Beogradu. Marko se sada bavi književnošću, tj. studira književnost i prevodi srpske pisce na nemački. Često ide na promocije novih knjiga i tako je upoznao mnogo pisaca. Voli da se druži s njima i da ih sluša kad govore. Naučio je od njih mnogo lepih reči koje se ne mogu čuti svakog dana u običnom životu.

Prvog januara mnogi ljudi prave planove za budućnost, koje posle ne ostvaruju. Tako i Hans razmišlja o svojoj budućnosti. Nije zadovoljan prošlošću, svojim životom u prošlosti. Misli da je pogrešio u mnogim stvarima i da je napravio mnoge gluposti. S nežnošću i s ljubavlju misli na svoju suprugu u Hamburgu, koja zbog bolesti nije mogla da im dođe u posetu. Možda joj treba neka pomoć, možda je trebalo da on ode k njoj? Te i takve misli muče Hansa. Hoće da prestane da razmišlja, zato uzima knjigu koju mu je Marko preporučio.

Kompromis kao način života

Toga dana vreme je bilo englesko. I bilo je i nije bilo hladno. I padala je kiša, i nije. Vetra nije bilo, iako je duvalo. ... I ljudi su izgledali kao genetički eksperiment na pola puta između uspeha i neuspeha; ni sasvim mrtvi, ni potpuno živi. ... Sve, dakle, kao što je red u zemlji koja je izmislila kompromis ... [i tako] negovala svoje jednostranosti, krajnosti i nepomirljivosti.

Datum nastanka kompromisa nije poznat. Tvrdi se da je čovek zlatna sredina između božanstva i životinje, i da je to prvi uspeli kompromis iz kojeg su proizišli svi ostali. ...

Ova stara, srećna Engleska, koju je jedan nestrpljivi nemački gost nazvao plovećim muzejem, jer mu frižider nije opravljen istog dana nego već posle dva meseca, može nas još ponečemu naučiti. U prvom redu — strpljenju, kompromisu između imbecilne ravnodušnosti što u nečemu nismo uspeli i imbecilnog besnila što nam to nije pošlo za rukom. ...

(*Aus: Borislav Pekić, Pisma iz tuđine, Zagreb 1987*)

Ханс: У овој књизи има много духовитих мисли. Ко је Пекић?
Марко: Један од познатих, савремених српских писаца. Живео од 1930. до 1992. године.
Ханс: Познајеш ли га? Можеш ли да ми препоручиш још неко од његових дела?
Марко: Не познајем га лично, али сам прочитао неколико његових романа. Препоручујем ти „Златно руно", само то је огроман роман, а ти си нестрпљив читалац.
Ханс: Овде стоји да је писао и новеле и драме.
Марко: Јесте. Та „Писма из туђине" су, у ствари, његови прилози за лондонски радио — Пекић је сарађивао у емисијама енглеског радија за Југославију.
Ханс: Духовита је ова реченица о нестрпљивом немачком госту: фрижидер му је оправљен већ после два месеца!
Марко: Да, да. Могло му се догодити да чека и шест месеци. Дакле, имао је срећу — за разлику од много других гостију.
Ханс: Свиђа ми се и ово о утицају енглеске климе на људе.
Марко: Да. И мени се у Хамбургу догађало да нисам ни сасвим мртав, ни потпуно жив.
Ханс: Али не разумем ове Пекићеве мисли о компромису.
Марко: Прочитај до краја, можда ћеш разумети. Али, човек с твојом непомирљивошћу тешко схвата реч компромис. Ти увек идеш из крајности у крајност.
Ханс: Престани да говориш тако о свом оцу!
Марко: Добро. Престајем да говорим са својим оцем о компромису. Уместо тога прочитаћу ти једну дечју песму и неколико старих народних мудрости (пословица). Слушај!

Dani

Prvi brat — ponedjeljak
ide sasvim sprijeda.
Drugi brat je utorak,
pa sestrica srijeda.
Onda dalje redom:
četvrtak za srijedom,
Petak hoće peto mjesto
a subota šesto.
Sedma ide nedjelja
nasmijana vesela.

(*Gvido Tartalja*)

Народне пословице

Лепа реч и гвоздена врата отвара.
Вук длаку мења, али ћуд никада.
Далеко од очију, далеко од срца.

Vokabeln

Bȁdnje vȅče	*Heiliger Abend*	jednòstranōst	*Einseitigkeit*
bèsnilo (bjèsnilo)	*Wut*	klíma	*Klima*
bòja	*Farbe*	klȗb, klȕbovi	*Klub*
božánstvo	*Gottheit*	knjȉžēvnīk	*Schriftsteller*
Bòžić	*Weihnacht*	književnōst	*Literatur,*
budúćnōst	*Zukunft*		*Belletristik*
četvŕtak	*Donnerstag*	kòmpromis	*Kompromiß*
dàlek, dalèk|a, -o	*fern*	krájnōst	*Extrem*
dȁnju	*tagsüber*	ménjati, mênjām *ipf. ändern*	
dátum	*Datum*	(mijènjati, mȉjenjām)	
dlȁka	*Haar, Pelz*	mȕdrōst	*Weisheit*
dòček	*Empfang*	nȁsmejan	*lachend*
dráma	*Drama*	(nȁsmijan), -a, -o	
eksperìment	*Experiment*	nàstanak	*Entstehung*
emìsija	*Emission,*	nàzvati *pf.*	*nennen*
	Sendung	nȅkuda	*irgendwohin*
genètičk|ī, -ā, -ō	*genetisch*	nepomȉrljivōst	*Unversöhn-*
gvòzden|ī, -ā, -ō	*eisern*		*lichkeit*
idúć|ī, -ā, -ē	*kommend*	nȅuspeh (nȅuspjeh)	*Mißerfolg*
ȉmbecil|an, -na, -no	*schwachsinnig*	nȅžnōst (njȅžnōst)	*Zärtlichkeit*
izg|ovòriti,	*aussprechen*	novèla	*Novelle*
-òvōrīm *pf.*		òbičāj	*Sitte*

òpravljen, -a, -o	repariert	rőđendān	Geburtstag
ostv|arívati,	verwirklichen	rúno	Vlies, Fell
-àrujēm ipf.		sàvremen, -a, -o	zeitgenössisch
plân, plánovi	Plan	sprêda (sprȉjeda)	vorne
plòvēć|ī, -ā, -ē	schwimmend	sȑce	Herz
pogréšiti, pògrēšīm	Fehler	sredìna	Mitte
(pogrijèšiti, pò-	machen	strpljénje	Geduld
griješīm) pf.		svèčan, -a, -o	feierlich
ponèdeljak	Montag	svùdā	überall
(ponèdjeljak)		tuđìna	Fremde
pònešto	manches	tûž|an, -na, -no	traurig
pónoć	Mitternacht	tvŕd, tvŕd|a, -o	hart
pòtpun, -a, -o	vollständig	tvŕditi, tvȓdīm ipf.	behaupten
prâznik	Feiertag	ùmesto	anstelle
prílog	Beitrag	(ùmjesto) (G.)	
proìzīći pf.	hervorgehen	ùoči (G.)	am Vorabend
pròmōcija	Promotion;	ùspel|ī (ùspjel|ī),	gelungen
	Vorstellung	-ā, -ō	
prȍšlōst	Vergangenheit	ùtorak	Dienstag
ravnòdušnōst	Gleichgültig-	vûk, vùkovi	Wolf
	keit	zàdovolj|an,	zufrieden
rečènica	Satz	-na, -no (I.)	
rőđen, -a, -o	geboren	zlát|an, -na, -no	golden

Redewendungen

dȁnju i nȍću	Tag und Nacht	póći za rúkōm	gelingen
dòček Nòvē gȍdinē	Silvesterfeier	ù pomōć!	Hilfe!
kȁo što je rêd	wie es sich gehört		

Übungen

I. a) Koji je (datum) danas? — Danas je 1.1.; 2.2.; 3.3; 4.4.; 7.5.; 8.6.; 17.7.; 18.8.; 20.9.; 30.10; 22.11.; 24.12. (Badnje veče).
b) Dođite 7.1., na pravoslavni Božić; 4.2.; 3.6.; 8.7.; 28.10.; 24.12., na Badnje veče; 31.12. da zajedno čekamo Novu godinu!

II. Setzen Sie die richtige Kasusform ein!
1. Miloš nije izgovorio ni (jedna reč) .... , otišao je bez (reč) ..... .
2. Ana ima lepe (oči) .... , boja njenih .... je lepa. 3. Mnogo (oči) .... više vidi nego dva (oko) ..... 4. Koliko (prst) .... ima čovek? 5. Mnogo (ruka) .... uradi više nego dve ..... 6. To što ti radiš je bez (pamet) ..... 7. Ne veruj tim (laži) ..... 8. Od čega ćeš živeti u (starost) .... kad nećeš da radiš u (mladost) ....? 9. Razmišljam o toj (glupost) ....

danju i noću. 10. Prodao je kuću posle očeve (smrt) ..... 11. Zašto me mučiš (glad i žeđ) .... ? 12. Mnogo si me obradovao tom (vest) ..... 13. S velikom (žalost) .... slušam te strašne (vest) .... o ratu. 14. Tog dana sam dobila vest o njegovoj (smrt) ..... 15. S tom (misao) .... ne možeš biti srećan. 16. Nema smisla da se baviš takvim (stvar i glupost) ..... 17. Balkan je dugo bio pod turskom (vlast) ..... 18. Ko ima (vlast) .... taj ima i (moć) ..... 19. Mali narodi su bez uticaja i (moć) ..... 20. Ne mogu da slušam njegove (laž) ..... 21. Daj mi malo (so) .... !

III. Lösen Sie die Klammern auf!

1. Ljilja je rođena (28. novembar 1967) ..... 2. Milanov rođendan je (24. septembar) ..... 3. Znate li koji je praznik (7. januar) .... ? 4. Došla sam u Beograd (prošli utorak) ..... 5. Putujem u Nemačku (idući petak) ..... 6. Dođi u (subota) .... u dvadeset (čas) ..... 7. Videćemo se (iduća subota) ..... 8. Nisam ga videla (taj dan i ta noć) ..... 9. Nije dolazio kući dugo, (godine) ..... 10. Čekala sam njegovo pismo (meseci) ..... 11. (Dani) .... sam razmišljala o tome. 12. Ljudi (vekovi) .... sanjaju o sreći. 13. Čekam te već (sati) ..... 14. Marko je otputovao u Pariz na (mesec) .... dana. 15. Vraća se iz Pariza kroz (nedelja) .... dana ili kroz dve (nedelja) .... , ne znam tačno.

IV. Beantworten Sie die folgenden Fragen!

1. Koji je praznik 24. decembra? 2. Kog datuma je pravoslavni Božić? 3. Kada se čeka Nova godina? 4. Razmišljate li Vi prvog januara o svojoj budućnosti? 5. Gde Vi obično čekate Novu godinu? 6. A gde su bili Marko i Hans na dočeku Nove godine? 7. Čime se Marko bavi? 8. S kim se Marko druži? 9. Čime Hans nije zadovoljan? 10. Na koga Hans misli prvog januara? 11. Zašto Helga nije došla u Beograd? 12. Šta Hans čita? 13. Ko je Borislav Pekić? 14. Da li ga Marko lično poznaje? 15. Šta je kompromis po Vašem mišljenju?

V. Übersetzen Sie!

1. Ich brauche deine Hilfe. Hilfe! 2. Ich habe fünf Briefe auf Englisch bekommen und ich kann aber kein Wort Englisch. 3. Es hat keinen Sinn, daß du mich bittest, das ist (liegt) nicht in meiner Macht. 4. Ich weiß nichts über diese Dinge. 5. Du hast keinen Verstand, du machst ständig Dummheiten. 6. Tagelang quäle ich mich mit diesem Gedanken. 7. In einem Jahr (zwei Jahren) werde ich meine Diplomprüfung ablegen. 8. Anas Geburtstag ist am 28. Mai; sie wird viele Gäste haben. 9. Im kommenden Herbst werden wir nicht mehr in Belgrad sein. 10. Ich kann leider am kommenden Freitag nicht kommen. Ich werde am Samstag kommen. 11. Ich habe keinen Tropfen Wein im Haus. 12. Sie braucht viel Liebe und Zärtlichkeit. 13. Dieses Problem kannst du nicht mit deiner Unversöhnlichkeit und Einseitigkeit lösen. 14. Ich kann es auch nicht mit deiner Gleichgültigkeit lösen. 15. Nein, du kannst es nur mit Liebe und Verstand lösen.

VI. Das Gedicht „Dani" ist in der ijekavischen Variante verfaßt (vgl. E 8). Welche Wörter lauten in der ekavischen Variante anders?

19. Lektion – Devetnaesta lekcija

1. Zur IV. Verbalklasse B gehören viele Verben auf -*ati*, bei denen durch das -*j*- im Präsens die bekannten Konsonantenveränderungen (E 11) hervorgerufen werden. (Sie müssen also von den Verben der II. Klasse, bei denen das -*a*- zum Präsensstamm gehört, unterschieden werden.) Sie werden nach folgendem Muster konjugiert:

písati *ipf.* schreiben

pîšēm (< pis-jem)	pîšēmo	Imperativ: píši! usw.
pîšēš	pîšēte	Part. Perf.: písao, písala usw.
pîšē	píšū	

Für den Lernenden ist es schwierig zu erkennen, welche der Verben auf -*ati* zu dieser Konjugationsklasse gehören. Um die Bewältigung dieses Problems zu erleichtern, wird hier eine Reihe der gebräuchlichsten von ihnen angeführt, zu denen es zahlreiche, gleich zu konjugierende Zusammensetzungen gibt:

s, h + *j* > *š*

brîsati, brîšēm *ipf.* wischen
dísati, dîšēm *ipf.* atmen
formùlisati, formùlišēm *ipf.* formulieren
ignòrisati, ignòrišēm *ipf.* ignorieren
mìrisati, mìrišēm *ipf.* duften
písati, pîšēm *ipf.* schreiben

telegràfisati, telegràfišēm *ipf.* telegrafieren
ùzdisati, ùzdišēm *ipf.* seufzen
žȋgosati, žȋgošēm *ipf.* stigmatisieren
jȁhati, jȁšēm *ipf.* reiten
máhati, mâšēm *ipf.* winken

g, z + *j* > *ž*

dȋzati, dȋžēm *ipf.* heben
naprézati, nàprēžēm *ipf.* anstrengen
nízati, nîžēm *ipf.* reihen
mázati, mâžēm *ipf.* schmieren
kázati, kâžēm *ipf./pf.* sagen
làgati, lâžēm *ipf.* lügen
légati, lêžēm (lijègati, lȋježēm) *ipf.* sich hinlegen
lízati, lîžēm *ipf.* lecken

pomágati, pòmāžēm *ipf.* helfen
predlágati, prèdlāžēm *ipf.* vorschlagen
slágati se, slâžēm *ipf.* zustimmen
stézati, stêžēm *ipf.* drücken
stȋzati, stȋžēm *ipf.* ankommen, erreichen
rȅzati, rȅžēm *ipf.* schneiden
vézati, vêžēm *ipf.* binden

k, c + j > č

ìsticati, ìstičēm ipf. hervorheben
jàukati, jàučēm ipf. (weh)klagen
klicati, klȉčēm ipf. jauchzen
mìcati, mȉčēm ipf. bewegen
nìcati, nȉčēm ipf. sprießen

plàkati, plȁčēm ipf. weinen
skákati, skȁčēm ipf. springen
tícati se, tȋčēm ipf. (+ G.)
angehen, berühren
víkati, vȋčēm ipf. rufen, schreien

t + j > ć

dàhtati, dȁhćēm ipf. keuchen
krétati (se), krêćēm ipf. (sich) bewegen, aufbrechen
mètati, mèćēm ipf. legen
òkretati se, òkrećēm ipf. sich umdrehen

òsvrtati se, òsvrćēm ipf. sich umblicken
srètati, srèćēm ipf. begegnen
svȉtati, svȋćē ipf. Tag werden
šàp(u)tati, šȁp(u)ćēm ipf. flüstern

d + j > đ, sk + j > št, šć; p + j > plj

glòdati, glȍđēm ipf. nagen
ìskati, ȉštēm ipf. fordern

pŕskati, pŕšćēm ipf. spritzen
kàpati, kȁpljēm ipf. tropfen

Die Verben, die schon im Infinitiv vor -ati einen palatalen Konsonanten (š, lj, nj, zuweilen r) aufweisen, erhalten im Präsens ein -e- vor den Personalendungen:

čèšati, čèšēm ipf. kratzen
dèrati, dèrēm ipf. zerreißen
ìzvirati, ìzvirēm ipf. hervorquellen
kàšljati, kȁšljēm ipf. husten
òrati, ȍrēm ipf. pflügen
pòčinjati, pòčinjēm ipf. beginnen

sàtirati, sàtirēm ipf. aufreiben
(s)pòminjati, (s)pòminjēm ipf. erwähnen
stènjati, stènjēm ipf. stöhnen
vèrati se, vèrēm ipf. klettern
ždèrati, ždèrēm ipf. fressen

Ebenso geht: ŕvati se, ŕvēm ipf. ringen.

Es sei hier noch angemerkt, daß viele Verben dieser Konjugationsklasse durch Stammveränderung abgeleitete Imperfektiva sind, wie aus dem folgenden Beispiel klar zu ersehen ist:

lèteti (lètjeti), lètīm ipf. fliegen — slèteti (slètjeti), slètīm pf. herunterfliegen, landen — slétati, slêćēm (slijètati, slȋjećēm) ipf. herunterfliegen, landen.

(Perfektive Entsprechungen für manche dieser Verben wird der Lernende in der V. Konjugationsklasse vorfinden.)

2. Unbestimmte (indefinite) Pronomina werden im Serbischen auf unterschiedliche Weise gebildet, die jeweils unterschiedliche Stufen der Unbestimmtheit ausdrücken. Hier sollen zunächst die gebräuchlichsten von ihnen vorgestellt werden.

Mit dem Präfix *ne-* werden aus Fragepronomina die Indefinita gebildet:

nȅko jemand, nȅšto etwas, nȅčijī jemandem gehörig, jemandes, nȅkī, nȅkā, nȅkō irgendein (zu kòjī, kòjā, kòjē welcher), nȅkakav irgendein (von kàkav wie beschaffen).

3. Die verneinten Pronomina werden dagegen mit dem Präfix *ni-* gebildet:

nȉko niemand, nȉšta nichts, nȉčijī niemandem gehörig, niemandes, nȉkojī gar kein, nȉkakav gar kein, keinerlei (auch: schlecht).

4. Diese Zusammensetzungen werden wie ihre Bestandteile dekliniert. Bei den verneinten Pronomina ist jedoch auf die folgende Besonderheit zu achten: Wenn sie mit einer Präposition verwendet werden, zerfällt die Zusammensetzung in ihre Bestandteile, und die Präposition wird dazwischen eingefügt. Beispiele:

Ljílja ràzmīšljā o nȅčemu. Ljilja denkt über etwas nach.
Ne ràzmīšljām nȉ o čemu. Ich denke über nichts nach.
S kȋm si bíla sȉnōć? — Nȉ s kīm.
Mit wem warst du gestern abend (zusammen)? — Mit niemandem.
Ne làži, bíla si s nȅkīm mladićem. — Nísam bíla nȉ s kakvim mladićem, bíla sam sáma.
Lüge nicht, du warst mit einem jungen Mann (zusammen). — Ich war mit gar keinem jungen Mann (zusammen), ich war allein.
O čèmu ste razgovárali? — Nȉ o čemu, ćútali smo.
Worüber habt ihr gesprochen? — Über gar nichts, wir haben geschwiegen.
Tȋ se bòjīš nȅčega? — Ne bòjīm se nȉčega.
Du hast Angst vor etwas? — Ich habe vor nichts Angst.

5. Mit denselben Präfixen *ne-* und *ni-* werden unbestimmte und verneinte Adverbien gebildet: nȅgde (nȅgdje) irgendwo, nȅkad(a) irgendwann, einst, nȅkuda irgendwohin, nȅkāko irgendwie; nȉgde (nȉgdje) nirgendwo, nȉkad(a) niemals, nȉkuda nirgendwohin, nȉkāko auf keine Weise usw.

Miloš Crnjanski

Živeo je od 1893. do 1977. godine. Crnjanski je veoma značajan srpski pisac. Pisao je pesme (Lirika Itake), romane (Dnevnik o Čarnojeviću, Seobe, Roman o Londonu), drame, eseje i putopise. Njegova dela su prevođena na razne jezike, „Seobe" su, na primer, prevođene na nemački dva puta. Ali, čitajte taj roman na srpskom jeziku, jer Crnjanski piše izvanredno lepim stilom. Ovde vam dajemo nekoliko odlomaka iz njegovih putopisa (o Parizu i Berlinu), i nekoliko stihova iz pesme „Lament nad Beogradom".

„... Hteo sam da pišem o politici Treće Republike. Odustajem, jer ne znamo da se smejemo ... Ni umetnost nije više opasna. Ko ima talenta, piše lepo i pametno ljubavne drame. Ona, on, i muž ... Ni jedan pesnik ne jauče. To čine još samo Sloveni. Ovde ljudi davno znaju da to nema smisla ... Uostalom, ovaj patos, to je zao uticaj Tolstoja na mene, koji je mrzeo kulturu, voleo seljake, išao bos, i jahao skupe konje ... Inače, ni ovdašnja štampa ne trpi da joj se kaže istina u lice. Ali poštuje onog ko joj kaže iza leđa ... Oni su sa detinjastim oduševljenjem dočekali Ruse ... Ako carski balet ... skače i lebdi, oni ga upoređuju sa pticama ... Oni vrlo tačno znaju da se od sume franaka, kad se preračunaju u marke, diže kosa na glavama nemačkim. Ipak će oni dobiti sve što se može..."

„... Pa ipak, ta amerikanizirana, čista i racionalna ... berlinska ulica, pri prvom pogledu ima u sebi toliko uzdržljivosti, ozbiljnosti, pa i plemenitosti ... Prvi moj osećaj za njih: muče se, muče se i naprežu. Ustreljeni su strelom žudnje da podižu brda ... Nisu zli; udareni su gromom vavilonskim; ne vide da je sve prolazno ... iskopali su Troju, ali nikada da stanu, da stanu i da se zagledaju onamo, gde je „gore" i „dole" isto..."

. . .
„Ti, međutim, krećeš, ko naš labud večni,
Iz smrti i krvi, prema Suncu, na svoj put.
Dok meni dan tone u tvoj ponor rečni,
Ti se dižeš, iz jutra, sav zracima obasut ...
A kad dođe čas, da mi se srce staro stiša ...
Tvoj će bagrem pasti na me kao kiša. "
. . .

Институт за стране језике

У Београду има много страних студената, који студирају разне предмете, али прво морају да науче српски језик. За странце је посебно тешка коњугација, па погледајмо како једна група вежба глаголе.

А.: Испричаћу вам један виц са глаголом писати. Слушајте!
Мали Влада седи за очевим столом, и мајка га пита: „Владо, шта радиш?" А он јој одговара: „Пишем писмо Дејану." Мајка му онда каже: „Па ти још уопште не знаш да пишеш." А Влада: „Није важно. Ни Дејан не зна да чита."

Б.: И ја сам измислио један виц са неколико компликованих глагола:
Неки старац долази лекару. Тешко се креће и једва дише. Лекар га пита шта му је. А старац уздише, стење и шапће: „Докторе,

боли ме лева нога." „То је од старости" — каже му лекар. „Али, докторе — сад старац почиње да јауче — и десна нога је стара, али ме не боли."

Цела група се смеје и виче „браво". Један младић предлаже да до идућег часа свако од њих напише неки виц или малу причу, па да све те вицеве и приче предају професору на коректуру. Сви се слажу с тим предлогом.

Ц.: Хајде још мало да вежбамо. На пример: кад мој пријатељ лаже, ја му не кажем „не лажи!" него: "ти не говориш истину".
Д.: И шта постижеш таквом својом љубазношћу?
Ц.: Не постижем ништа. Формулишем само лепе, љубазне реченице.
Д.: А твој пријатељ се не осврће на твој протест, можда баш зато што си га тако љубазно формулисала.
Ц.: Можда си у праву. Али, он је иначе добар и много ми помаже. Зато ја често и не спомињем његове мале грешке.
Д.: У реду, то је твој проблем. То се мене не тиче.
Б.: Да, да. А што се тиче коњугације, ја мислим да ћемо је научити.
А.: Разуме се да ћемо је научити. Нисмо глупи, а трудимо се и напрежемо се да је научимо.
Ц.: Гледајте, киша је престала и сунце сија, а ми седимо овде. Хајдемо у шетњу, треба да се крећемо.
А.: Ти, дакле, предлажеш да бежимо с часа! Крећи се после часова и преко викенда!
Ц.: Преко викенда не могу. У суботу рано ујутро крећем на пут.
А.: Час почиње кроз два минута. Треба да обришемо таблу. Увек је професор брише.
Ц.: Па обриши је, зашто је ниси већ обрисао?

Народне пословице

Ко једанпут слаже, други пут залуду каже.
Вô се веже за рогове, а човек за језик.

Vokabeln

amerikanìziran, -a, -o	amerikanisiert	dòktor	Doktor
avìōn, -óna	Flugzeug	dòle (dòlje)	unten
bàgrem	Akazie	èsēj, -éja	Essay
bàlēt, -éta	Balett	frànk	Franc (franz.)
bèrlīnsk|ī, -ā, -ō	Berliner adj.	gròm, gròmovi	Donner
bôs, bòs|a, -o	barfuß	instìtūt, -úta	Institut
cârsk|ī, -ā, -ō	kaiserlich	ìpāk	doch, dennoch
čìniti ipf.	tun	iskòpati, iskòpām pf.	ausgraben
dètinjast (djètinjast), -a, -o	kindlich	ìstina	Wahrheit
		jèdva	kaum
dnêvnīk	Tagebuch	kòmplikovān, -a, -o	kompliziert
		kònj, kònji	Pferd

korektúra	Korrektur	ptȉca	Vogel
kòsa	Haar	pùtopīs	Reisebe-
kréma	Creme		schreibung
làbūd, -ovi	Schwan	ràcionāl|an, -na, -no	rational
làment	Lamento,	Rȃjna	Rhein
	Klage	rȅčn|ī, -ā, -ō (rjȅčnī)	Fluß-
lèbdeti (lèbdjeti) ipf.	schweben	rȏg, rògovi	Horn
léđa (Pl.)	Rücken	sèljāk, -áka	Bauer
líce	Gesicht;	seòba	Wanderung
	Person	slàgati, slȁžēm pf.	lügen
lìrika	Lyrik	stȁrac	alter Mann
ljúbavn|ī, -ā, -ō	Liebes-	stȉl, stȉlovi	Stil
ljùbaz|an, -na, -no	freundlich	stȉšati se pf.	still werden
ljùbaznōst	Freundlichkeit	stréla (strijèla)	Pfeil
međùtim	unterdessen,	sùma	Summe
	aber	štȃmpa	Presse
mŕzeti (mŕziti) ipf.	hassen	tábla	Tafel
nȁpamēt	auswendig	tàlent	Talent
òbasut, -a, -o	überschüttet	tònuti, tȍnēm ipf.	(ver)sinken
òbrisati pf.	abwischen	tŕpeti (tŕpjeti) ipf.	leiden, dulden
òdlomak	Auszug,	ùdaren, -a, -o	geschlagen,
	Bruchstück		getroffen
odùstajati ipf.	aufgeben,	ȕjutro	morgens
	ablassen	ùmetnōst	Kunst
oduševljénje	Begeisterung	(ùmjetnōst)	
ònāmo	dorthin	uòstālōm	im übrigen
opisívati,	beschreiben	upor|eđívati,	vergleichen
opìsujēm ipf.		-èđujēm ipf.	
ȍsećāj (ȍsjećāj)	Gefühl	ùstrēljen (ùstrije-	getroffen
òvdašnj|ī, -ā, -ē	hiesig	ljen), -a, -o	
ozbíljnōst	Ernst(haftigkeit)	uzdŕžljivōst	Zurückhaltung
pȁsti, pȁdnēm pf.	fallen	vavilonsk|ī, -ā, -ō	babylonisch
pȃtos	Pathos	vȃž|an, -na, -no	wichtig
plȅmenitōst	Edelmut	vȅč|an, -na, -no	ewig
pónor	Abgrund	(vjȅčan)	
prèdati pf.	übergeben,	vȅžbati (vjȅžbati),	üben
	abgeben	ipf.	
prédmet	Fach;	vȏ, vòlovi	Ochse
	Gegenstand	zàgledati se pf.	hinschauen
preračùnati pf.	umrechnen	zàlud(u)	vergeblich
prèvođen, -a, -o	übersetzt	znȁčaj|an, -na, -no	bedeutend
pri (L.)	bei	zrȃk, zrȃci	Strahl
prólaz|an, -na, -no	vergänglich	žúdnja	Sehnsucht
pròtest	Protest		

Übungen

I. Setzen Sie die eingeklammerten Verben ins Präsens!
1. Zima tek (počinjati) ..., a ti već (kašljati) ..... 2. Idi i ne (okretati se) ....! Zašto se ....? 3. Šta ti (predlagati) ....? 4. Ja ne (ignorisati) .... tvoj predlog. 5. Oni (slagati se) .... s mojim predlogom. 6. Zašto Ana (plakati) ....? Ana, molim te, ne ....! 7. Deca moraju da (kretati se) .... i da (skakati) .... 8. Zato deca brzo (derati) .... svoju odeću i obuću. 9. Mi u petak (kretati) .... na godišnji odmor. 10. Moj avion (poletati) .... u osam časova. 11. Ti lepo (mirisati) ..... 12. Ja (mazati se) .... tom kremom svakog dana, ali ona ne (pomagati) ..... 13. Naša mama rano (legati) .... i rano (ustajati) ..... 14. Molim te, zatvori prozor, voda (kapati) .... u sobu. 15. Znate li gde (izvirati) .... reke Rajna i Dunav?

II. Ergänzen Sie die Sätze mit verneinten Pronomina und Adverbia!
1. Da li me je neko tražio? — .... te nije tražio. 2. Od koga si čula tu vest? — Nisam je čula ...., pročitala sam je u novinama. 3. Sećaš li se nečega iz tog razgovora? — Ne sećam se ..... 4. Čemu se smeješ? — ..... Uopšte se ne smejem. 5. Kome pišeš? — Ne pišem ...., crtam. 6. S kim putuješ na odmor? — ..... Putujem sama. 7. O kome si mu pričala? — ..... Razgovarali smo o jednoj novoj knjizi. 8. Ideš li nekuda večeras? — Ne idem ..... 9. Ne znam gde su moji ključevi, nema ih ..... 10. Da li si bio nekada u Ljubljani? — Nisam .... bio tamo.

III. Beantworten Sie die Fragen!
1. Šta znate o Milošu Crnjanskom? 2. Šta je pisao? Znate li neko njegovo delo? 3. Da li ste pročitali nešto od njega? 4. Koliko puta su „Seobe" prevođene na nemački jezik? 5. Šta Crnjanski kaže o savremenoj umetnosti u Parizu? 6. Znate li ko je Tolstoj? Šta Crnjanski kaže o njemu? 7. Kako Crnjanski opisuje berlinsku ulicu? 8. Šta Crnjanski misli o Nemcima iz 1931. godine? 9. Slažete li se Vi danas sa njegovim mišljenjem? 10. Sviđaju li Vam se njegovi stihovi o Beogradu? Hoćete li da ih naučite napamet?

IV. Übersetzen Sie!
1. Der Roman „Wanderungen" von Miloš Crnjanski ist sehr interesssant. 2. Seine Sprache und sein Stil sind sehr schön. 3. Die Sätze sind für einen Ausländer oft ziemlich kompliziert. 4. Aber ich strenge mich an, sie zu verstehen. 5. Ich schlage euch vor, viel auf Serbisch zu lesen. 6. Ich höre, wie Anna seufzt. Warum seufzt du? 7. Ich breche morgen früh zu einer langen Reise auf. 8. Ich habe viel zu tun. Ich muß auch meine Fenster putzen (wischen). 9. Niemand hilft mir, niemanden gehen meine Probleme an. 10. Was deine Probleme betrifft, ist das nicht wahr. 11. Ljiljana geht weg und blickt sich um. 12. Wir winken ihr (zu). 13. Bitte verbinden (povézati) Sie mich mit Professor Savić! 14. Ich kann Sie nicht mit ihm verbinden, er ist nicht hier. 15. Diesen Witz habe ich von niemandem gehört. Ich habe ihn ausgedacht.

20. Lektion – Dvadeseta lekcija

1. **Komparation der Adjektive:** Der Komparativ wird mit einem der Suffixe *-ši*, *-ji* oder *-iji* gebildet.

a) Nur drei Adjektive bilden ihren Komparativ mit dem Suffix *-ši*:

lêp (lȉjep) —	lȅpšī (ljȅpšī), -ā, -ē	schöner
lȁk —	lȁkšī, -ā, -ē	leichter
mȅk —	mȅkšī, -ā, -ē	weicher

b) Mit dem Suffix *-ji* bilden ihren Komparativ die meisten einsilbigen Adjektive mit dem langfallenden Akzent (^). Durch das *-j-* kommt es zu den bekannten Konsonantenveränderungen (E 11):

jâk + ji	>	jȁčī, -ā, -ē	stärker
mlâd + ji	>	mlȁđī, -ā, -ē	jünger
žût + ji	>	žȕćī, -ā, -ē	gelber
drâg + ji	>	drȁžī, -ā, -ē	lieber
bȓz + ji	>	bȑžī, -ā, -ē	schneller
skûp + ji	>	skȕpljī, -ā, -ē	teurer
grûb + ji	>	grȕbljī, -ā, -ē	gröber
gûst + ji	>	gȕšćī, -ā, -ē	dichter
žîv + ji	>	žȉvljī, -ā, -ē	lebendiger
lên (lȉjen) + ji >		lȅnjī, (ljȅnjī) -ā, -ē	fauler

Einige einsilbige Adjektive mit kurzfallendem Akzent gehören ebenfalls hierher:

dȕg + ji	>	dȕžī, -ā, -ē	länger
tȉh + ji	>	tȉšī, -ā, -ē	stiller

Ebenso gehören hierher zweisilbige, auf *-ak*, *-ok*, *-ek* endende Adjektive, bei denen diese Silben wegfallen und das *-ji* an den verbleibenden einsilbigen Stamm angefügt wird:

krȁtak:	krat- + ji >	krȁćī, -ā, -ē	kürzer
dȕbok:	dub- + ji >	dȕbljī, -ā, -ē	tiefer
dȁlek:	dal- + ji >	dȁljī, -ā, -ē	weiter

Nach bereits in der Positivstufe vorhandenen palatalen Konsonanten (ebenso nach *-r-*) schwindet das *-j-* des Komparativs:

tézak —	tȅžī, -ā, -ē	schwerer
šȉrok —	šȉrī, -ā, -ē	breiter

c) Einsilbige Adjektive mit kurzfallendem Akzent (`` ` ``), zweisilbige (mit Ausnahme derjenigen auf *-ak*, *-ok*, *-ek*) und alle mehrsilbigen bilden den Komparativ mit dem Suffix *-iji*, wobei keine Konsonantenveränderung eintritt (zu beachten ist jedoch das bewegliche *-a-*):

stȁr	— stàrijī, -ā, -ē	älter
nȍv	— nòvijī, -ā, -ē	neuer
pȕn	— pùnijī, -ā, -ē	voller
mȉo	— mìlijī, -ā, -ē	lieber
bȍgat	— bogàtijī, -ā, -ē	reicher
zȁdovōljan	— zadovòljnijī, -ā, -ē	zufriedener

d) Unregelmäßig ist der Komparativ folgender Adjektive:

dȍbar	— bȍljī, -ā, -ē	besser
zȁo	— gȍrī, -ā, -ē	schlechter
dèbeo	— dȅbljī, -ā, -ē	dicker
vȅlikī	— vȅćī, -ā, -ē	größer
mâlī	— mȁnjī, -ā, -ē	kleiner

e) Der Superlativ wird mit dem Präfix *nâj-* vom Komparativ abgeleitet:

nâjlepšī, nâjdražī, nâjboljī, nâjzadovòljnijī.

f) Die Komparation weist sehr einfache Akzentverhältnisse auf, die man sich leicht merken kann:
— die mit *-ji* gebildeten Komparative haben immer den kurzfallenden Akzent (`) auf der ersten Silbe (vgl. die Beispiele unter b));
— die Komparative auf *-iji* haben immer den kurzsteigenden Akzent auf der Silbe vor *-iji* (vgl. die Beispiele unter c));
— im Superlativ ist das *nâj-* immer betont, beim mehrsilbigen Adjektiv wird dazu der Akzent des Komparativs beibehalten, so daß die Superlativform häufig zwei Akzente trägt: *nâjinteresàntnijī.*

g) In bezug auf die Adverbia merke man sich die unregelmäßige Komparation von *mnȍgo:* *vȉše, nâjvȉše.*

h) Bei Vergleichen werden nach der Positivstufe des Adjektivs Satzglieder mit *kao* (wie), ganze Sätze jedoch mit *kȁo što* (wie) angeschlossen:

Ôn nìje tȁko stȁr kao *jâ.* Er ist nicht so alt wie ich.

Ôn nìje tȁko stȁr kȁo što *sam mȉslio.*
Er ist nicht so alt, wie ich gedacht habe.

Nach dem Komparativ steht für das deutsche „als" entweder *nȇgo* mit Nominativ oder die Präposition *od* mit Genitiv:

Ôn je stàrijī nego jâ. Ôn je stàrijī od mène. Er ist älter als ich.

Ein ganzer Satz wird nach dem Komparativ mit *nȇgo što* (als) angeschlossen:

Ôn je stàrijī nȇgo što sam mȉslio. Er ist älter, als ich gedacht habe.

Dem deutschen *je ... desto* entspricht im Serbischen *što ... to* oder *ukòliko ... utòliko*, jeweils mit Komparativ:

Što vȉše — to bȍlje. Je mehr — desto besser.

Ukòliko (što) si stàrijī, utòliko (to) si lȕđī.
Je älter du bist, umso verrückter bist du.

Dem deutschen „immer" + Komparativ entspricht *sve* + Komparativ:

Mârko je sve lȅpšī i sve bȍljī.
Marko ist (wird) immer schöner und immer besser.

Dem deutschen „möglichst" + Positiv entspricht *što* + Komparativ:

Dóđi što bȑže. Komm möglichst schnell.

Вук Караџић (1787 - 1864)

Вук Караџић је један од највећих и најпознатих људи у историји српске културе. Он је реформатор српског књижевног језика, сакупљач народне поезије, историчар, књижевник, преводилац итд. Реформисао је српску азбуку - то је ова ћирилица коју сада читате. Сарађивао је са представницима хрватског „Илирског покрета"; из те њихове сарадње настао је заједнички књижевни језик Срба и Хрвата - српскохрватски. Сарађивао је такође са многим, најпознатијим људима Европе, као нпр. са Јакобом Гримом, Гетеом, историчаром Леополдом Ранкеом и другима. Српске народне песме из Вукових збирки су много превођене на све европске језике, а нарочито су биле омиљене код Немаца. И следећа песма је из његове збирке.

Риба и дјевојка

Дјевојка сједи крај мора,
Пак сама себи говори:
„Ах, мили Боже и драги!
Има л' што шире од мора?
Има л' што дуже од поља?
Има л' што брже од коња?
Има л' што слађе од меда?
Има л' што драже од брата?"

Говори риба из воде:
„Дјевојко, луда будало!
Шире је небо од мора,
Дуже је море од поља,
Брже су очи од коња,
Слађи је шећер од меда,
Дражи је драги од брата."

Студенти вежбају поређење придева

А.: Слажете ли се да вам испричам две анегдоте? Добро, слушајте!
1. Зло, горе, најгоре. Неко је упитао једног досадног професора:

„Смета ли Вам кад слушаоци на Вашем предавању стално гледају на сат?" „Не, — одговорио је професор — али ми страшно смета кад гледам како приносе часовник уву јер мисле да је стао."
2. Лен, лењи, најлењи. Нека три лењивца су лежала на трави. Наишао је један човек, па кад их је видео како леже, казао им је: „Даћу сто динара ономе који је најлењи." Први лењивац је скочио на ноге с речима: „Дај ми паре! Ја сам најлењи." „Е, ниси ти најлењи" — одговорио му је човек. И други лењивац је скочио на ноге: „Дај мени паре; ја сам најлењи." „Е, ниси ни ти најлењи" — казао је човек. "Стави их у мој џеп" — биле су речи трећег лењивца, који је и даље мирно лежао на трави.

Б.: Што се тиче прве анегдоте, она је досаднија од тог досадног професора. Али је, ипак, боља него што сам очекивао, јер ти не умеш да причаш вицеве.
А.: А ти си груб, грубљи него што сам мислила. И трудиш се да изгледаш што паметнији, а паметан ниси.
Ц.: О, о! Ситуација постаје све критичнија. Хоћете ли да се побијете?
Д.: Ја нисам измислила никакав виц, али сам нашла једну лепу песму — ја сигурно не умем измислити лепшу. Прочитаћу вам је.

Sunčev sistem

Sunce je najveće:
Sa devet planeta se okreće.

Merkur je najmanji,
ali najbliži sunčevoj putanji. ...

Zemlja najviše nam znači:
Plavetnilo u svemir zrači.

Najveći je Jupiter, po redu peti.
Oko njega dvanaest satelita leti. ...

Pluton sa imenom rimskoga boga smrti
najdalje od Sunca se vrti.

Izgleda u sunčevoj orbiti
jedini živi smo ja i ti.

(Dragan Mraović)

A.: To je stvarno lepa pesma. Deca mogu iz nje mnogo da nauče.
C.: Ne samo deca. Ja, na primer, nisam znao da se Pluton nalazi najdalje od Sunca.
D.: A zašto pesnik kaže da Zemlja zrači plavetnilo?
B.: Kad se Zemlja posmatra iz svemira, ona izgleda plava.
C.: Meni se svidela ova anegdota o lenjivcima. Naročito mi se sviđa treći lenjivac: on mirno leži i čeka da mu čovek stavi novac u džep.
D.: A meni se sviđaju narodne pesme. Interesantna je slika sveta u njima.
B.: Da. Čovek komunicira sa celom prirodom kao što ovde devojka razgovara s ribom.
A.: A šta znamo o Vuku Karadžiću? Kada je živeo?
B.: Rođen je 1787. i živeo je do 1864. godine.
C.: Napisao je gramatiku i rečnik srpskog jezika.

D.: Njegovu „Srpsku gramatiku" je Jakob Grim preveo na nemački jezik.
A.: Sakupljao je narodne pesme, a one su više puta prevođene na nemački i na druge evropske jezike.
B.: Moj sat zaostaje. Koliko je sada sati?
C.: Ni moj ne radi tačno. Profesor dolazi najranije kroz dva minuta, a najkasnije kroz pet minuta.
B.: Divno! To je najtačniji odgovor na moje pitanje. Hvala.

Vokabeln

ázbuka	*Alphabet*	Plùtōn, -óna	*Pluto*
blȉ|zak, -ska, -o	*nah*	pòbiti se *pf.*	*sich schlagen*
bògat, -a, -o	*reich*	pòređenje	*Vergleich,*
čàsōvnīk	*Uhr*		*Komparation*
ćìrilica	*kyrillische*	prevè|sti, -dēm *pf.*	*übersetzen*
	Schrift	prídev (prídjev)	*Adjektiv*
ilīrsk|ī, -ā, -ō	*illyrisch*	prinòsiti,	*(heran)tragen*
istòričār	*Historiker*	prìnosīm *ipf.*	
jȅftin, -a, -o (jȅvtin)	*billig*	putànja	*Pfad; Bahn*
Jùpiter	*Jupiter*	refòrmator	*Reformator*
kòlāč, -áča	*Kuchen*	sakùpljāč, -áča	*Sammler*
ȉme, -na	*Name*	sakúpljati,	*sammeln*
izglédati, ìz-	*scheinen,*	sàkūpljām *ipf.*	
glēdām *ipf.*	*aussehen*	sarádnja	*Zusammen-*
komun|icírati,	*kommunizieren*		*arbeit*
-ìcirām *ipf./pf.*		sar|ađívati,	*zusammen-*
krìtič|an, -na, -no	*kritisch*	-ađujēm *ipf.*	*arbeiten*
lènjivac	*Faulenzer*	satèlīt, - íta	*Satellit*
(ljènjivac)		skòčiti, skòčīm *pf.*	*springen*
mêd	*Honig*	smétati,	*stören*
Mȅrkūr, -úra	*Merkur*	smêtām *ipf.* (*D.*)	
mètāl, -ála	*Metall*	svèmīr	*Weltall*
nàići *pf.*	*vorbeikommen*	šȅćer	*Zucker*
òpšīr|an, -na, -no	*ausführlich*	širok, širòka, -o	*breit*
òrbita	*Orbit*	upítati, ùpītām *pf.*	*fragen*
pak	*und*	vŕteti se (vŕtjeti	*sich drehen*
pàra	*Hundertstel*	se) *ipf.*	
	Dinar; Münze	zaòstajati *ipf.*	*zurückbleiben;*
pȁre	*Geld*		*nachlaufen*
pítanje	*Frage*	zbȋrka	*Sammlung*
planéta	*Planet*	zráčiti, zrȃčīm *ipf.*	*strahlen*
plavètnilo	*Blau*		

Übungen

I. Ergänzen Sie die Sätze mit entsprechenden Komparativformen!
1. Ana je lepa, ali je Ljilja još ..... 2. Zadaci nisu laki, mislili smo da će biti ..... 3. Molim te, trči što (brz) .... 4. Dani postaju sve (kratak) ..... 5. Ovaj hotel je mnogo skup, ali taj je još ..... 6. Moj stan je veliki, ali tvoj je još ..... 7. Tvoj kofer je težak, a moj je još ..... 8. Naš pas je debeo, a njihov je još ..... 9. Mi stanujemo daleko, a Vi još ..... 10. Ovaj kolač je mnogo sladak. Da, ali šećer je još ..... 11. Kupi mi što (lep) .... i što (jeftin) .... kaput. 12. Tvoje dete je sve (dobar) ...., a moje je sve (zao) .....

II. Bilden Sie Vergleiche in einem Satz mit Hilfe von *od* und *nego*!
1. Tvoj sin je mlad; moj sin je mlađi. 2. Tvoja ćerka je mala; moja je manja. 3. Markova knjiga je nova; Ljiljina je novija. 4. On je bogat; mi smo bogatiji. 5. Dunav je dubok; more je dublje.

III. Setzen Sie die Superlativformen ein!
1. Kada su (dug) .... dani u godini? 2. Milan je (visok) .... mladić u našoj grupi. 3. Koji je metal (tvrd) ...., a koji je (mek) ....? 4. Moj tata je (drag) .... čovek na svetu. 5. Tvoj poklon me je (mnogo) .... obradovao.

IV. Verbinden Sie die Sätze mit entsprechenden Konjunktionen!
1. On nije tako dobar .... ti misliš. 2. On je gori .... ti misliš. 3. Ovaj roman nije tako loš .... si mi pričao. 4. Ovaj roman je mnogo gori .... si mi pričao. 5. Situacija nije tako teška .... si mi govorio. 6. Situacija je mnogo teža .... si mi govorio.

V. Beantworten Sie die Fragen!
1. Koja anegdota Vam se više sviđa, prva ili druga? 2. Koja je duhovitija? 3. Šta je u prvoj anegdoti ono najgore? 4. Ko je lenji, Vi ili treći lenjivac iz druge anegdote? 5. Koji je najveći grad u Nemačkoj? 6. Koja je najduža reka u Nemačkoj? 7. Koja je planeta najmanja? 8. Šta znate o Vuku Karadžiću? Kada je živeo? S kim je sarađivao? 9. Koja njegova dela znate? 10. Ko je u našoj grupi najvredniji, najsimpatičniji, najlepši?

VI. Übersetzen Sie!
1. Je früher du kommst, desto besser. 2. Unsere Studenten sprechen immer besser Serbisch. 3. Europäer lernen fremde Sprachen leichter als Amerikaner. 4. Ljilja schreibt schöner als Marko. 5. Mein älterer Bruder ist kleiner als ich. 6. Er ist so groß wie du. 7. Er ist der zufriedenste Mensch auf der Welt. 8. Miloš Crnjanski ist einer der besten Schriftsteller. 9. Er ist besser, als ich gedacht habe. 10. Am meisten gefallen mir seine Gedichte. 11. Vuk Karadžić ist einer der bekanntesten Menschen in der serbischen Kulturgeschichte. 12. Wer ist der größte deutsche Dichter? 13. Wer ist Ihr Lieblingsautor (*omiljen*, Superlativ)?

VII. Stellen Sie die ijkavischen Formen im Volkslied „Riba i djevojka" fest und nennen Sie ihre ekavischen Entsprechungen!

21. Lektion – Dvadeset prva lekcija

1. Die IV. Verbalklasse C umfaßt eine gewisse Anzahl von Verben, bei denen im Präsens sogar die Wurzel eine Änderung erfährt. Diese ließe sich historisch erklären, doch gehört das nicht hierher. Hier werden die wichtigsten dieser Verben, zu denen es auch viele gleich zu konjugierende Zusammensetzungen gibt, angeführt, um das Erlernen der etwas komplizierten Formen zu erleichtern.

Infinitiv	Präsens	Imperativ	akt. Partizip
brȁti ipf. pflücken	bèrēm - bèrū	bèri!	brȁo, brála
nàbrati pf. pflücken	nàberēm - nàberū	nabèri!	nàbrao, nàbrála
izàbrati pf. wählen	izàberēm - izàberū	izabèri!	ȉzabrao, ȉzabrāla
prȁti ipf. waschen	pèrēm - pèrū	pèri!	prȁo, prála
zvȁti (se) ipf. rufen, nennen (heißen)	zòvēm - zòvū	zòvi!	zvȁo, zvála
pòzvati pf. (an)rufen; einladen	pòzovēm - pòzovū	pozòvi!	pòzva|o, -la
klȁti ipf. schlachten	kȍljēm - kȍljū	kȍlji!	klȁo, klȁla
slȁti ipf. schicken	šȁljēm - šȁljū	šȁlji!	slȁo, slȁla
pòslati pf. schicken	pòšaljēm / pòšljēm	pošȁlji!/ pòšlji!	pòsla|o, -la

Infinitiv auf -eti (-ijeti)

mréti ipf. (mrijèti) sterben (heute etwas archaisch)	mrȇm - mrȗ	mȑi!	mȑo, mŕla
ùmreti pf. (ùmrijeti) sterben	ùmrēm - ùmrū	ùmri!	ùmro, ȕmŕla
(ùmirati ipf. sterben	ùmirēm	ùmiri!	ùmira|o, -la)
pròstrēti pf. (pròstrijeti) ausbreiten	pròstrēm - pròstrū	pròstri!	pròstro, pròstŕla
(pròstirati ipf. ausbreiten	pròstirēm	pròstiri!	pròstira|o, -la)
pròdrēti pf. (pròdrijeti) durchdringen	pròdrēm - pròdrū	pròdri!	pròdro, pròdŕla
(pròdirati ipf.	pròdirēm	pròdiri!	pròdira|o, -la)
mlȅti ipf. mahlen (mljȅti)	mȅljēm - mȅljū	mèlji!	mlȅo, mlȅla (mljȅ|o, -la)

Infinitiv auf -eti (ekavisch und ijekavisch)

ùzēti pf. nehmen (ùzimati ipf. II. Kl.)	ùzmēm - ùzmū	ùzmi!	ùzeo, ùzēla
òtēti pf. wegnehmen (òtimati ipf. II. Kl.)	òtmēm - òtmū	òtmi!	òteo, òtēla
péti se / pènjati se ipf. klettern	pènjēm - pènjū	pènji!	pȅo, péla / pènja|o, -la
pòpēti (se) pf. hinaufheben (-klettern)	pòpnēm - pòpnū	pòpni!	pȍpeo, pȍpēla
žȅti (auch: žnjȅti) ipf. ernten	žȁnjēm - žȁnjū	žȁnji!	žȅo, žȅla (žnjȅ|o, -la)
pòčēti pf. anfangen (pòčinjati ipf. anfangen	pòčnēm - pòčnū pòčinjēm	pòčni! pòčinji!	pòčeo, pòčēla pòčinja|o, -la)
kléti (se) ipf. fluchen (schwören)	kùnēm - kùnū	kùni!	klȅo, kléla
sàžēti pf. zusammenfassen; pressen (sažímati ipf. II. Kl.)	sȁžmēm - sȁžmū	sȁžmi!	sȁžeo, sȁžēla

Infinitiv auf -uti

nàduti pf. aufblähen (nadímati ipf. II. Kl.)	nȁdmēm - nȁdmū	nȁdmi!	nȁdu|o, -la
nàsūti pf. aufschütten; eingießen (sípati ipf. II. Kl.)	nȁspēm - nȁspū	nȁspi!	nȁsu|o, -la

Infinitiv mit vokalischem -r-

tŕti ipf. reiben (heute üblicher: tŕljati, II. Kl.)	trêm (tārēm) - trû (tārū)	tŕī! (tàri!)	tȑo, tȑla
sàtrti pf. aufreiben (sàtirati ipf.	sàtrēm sàtirēm	sàtri! sàtiri!	sàtro, sàtŕla sàtira|o, -la)
òtrti pf. abreiben, abwischen (òtirati ipf.	òtrēm (òtarēm) òtirēm	òtrī! òtiri!	òtro, òtŕla òtira|o, -la)

2. Der Konditional ist im Serbischen leicht zu bilden, wenn man das aktive Partizip kennt; dieses wird einfach mit folgenden Formen des Hilfsverbs bȉti verbunden.

	Singular	Plural
1.	bȉh	bȉsmo
2.	bî	bȉste
3.	bî	bî

So lautet der Konditional z.B. von *dóći*:

1. *Jâ bih dòšao (dòšla) sûtra.* Ich würde morgen kommen.
2. *Tî bi dòšao (dòšla) sûtra.*
3. *Ôn bi dòšao sûtra.*
   Ána bi dòšla sûtra.
   Déte bi dòšlo sûtra.
1. *Mî bismo dòšli (dòšle) sûtra.*
2. *Vî biste dòšli (dòšle) sûtra.*
3. *Ôni bi dòšli sûtra.*
   Ône bi dòšle sûtra.
   Ôna bi dòšla sûtra.

Die Hilfsverbformen stehen (wie die übrigen Enklitika, d.h akzentlos) an zweiter Stelle, akzentuiert dürfen sie jedoch im Fragesatz am Anfang stehen; bei der Verneinung steht das *ne* davor. Beispiele:

Bîste li dòšli sûtra? oder: *Dằ li biste dòšli sûtra?*
Würden Sie morgen kommen?

Sûtra nȇ bih mògla dóći. Zàto bih dòšla dànās popódne.
Morgen könnte ich nicht kommen. Deshalb würde ich heute nachmittag kommen.

Der Konditional wird zum Ausdruck verschiedener Modalitätsgrade verwendet (vgl. Bedingungssätze), für die im Deutschen häufig der Konjunktiv erforderlich ist. Anders als im Deutschen ist seine Verwendung im Absichtsatz und insbesondere als Erzähltempus für eine Wiederholung der Handlung in der Vergangenheit (etwa: *zu tun pflegen*). Beispiele:

Dóđi u mòju sȍbu da razgòvārāmo na míru.
Komm in mein Zimmer, damit wir in Ruhe sprechen.

Oder aber:

Dóđi u mòju sȍbu da bismo razgovárali na míru.
Komm in mein Zimmer, damit wir in Ruhe sprechen (können).

Nèdeljōm bi nam dòlazili dȅda i báka. Dȅda je ùmeo lêpo da prîča, i sâtima bi nam príčao o svòjōj mlȁdosti.
Sonntags pflegten Opa und Oma zu uns zu kommen. Opa konnte schön erzählen, und er erzählte uns (oft) stundenlang von seiner Jugend.

3. Das **reflexive Pronomen**, von dem bisher nur die kurze Form des Akkusativs vorgekommen ist, wird wie folgt dekliniert:

N. — V. —
G. *sèbe* I. *sȍbom*
D. *sèbi* L. *sèbi*
A. *sèbe, se*

Diese Formen werden — anders als im Deutschen — für alle Personen im Singular und Plural verwendet, z.B.:

Jâ gòvōrīm o sȅbi.   Ich spreche über mich.
Tȋ gòvōrīš o sȅbi.   Du sprichst über dich.
Vȋ gòvōrīte o sȅbi. Ihr sprecht über euch.

Кад би . . .

Кад би јелен им'о крила,
То би лепа птица била.
Кад би лутка знала шити,
Могла би ми шваља бити.
Кад би хлебац пад'о с неба,
Свак би им'о кол'ко треба.

Кад би млеком текла Сава,
Сир би био забадава.
Кад би увек био мај,
Пећима би био крај.
Кад би Дунав био врео,
Свак би рибље чорбе јео.

Кад би, — ал' што не мож' бити,
О том немој говорити.

(Јован Јовановић Змај, 1833-1904)

Географија

. . .
Још горе би било када би нам професор објашњавао планетни систем.
— Нека изађу оне планете од прошлога часа — рекао би.
Те планете били смо Живко, Сретен и ја.
— Ти, Живко, као што се зна, ти си Сунце. Стани овде и тихо, мирно, окрећи се око себе!
— Ти ћеш се, Сретене, такође окретати око себе и истовремено трчати око овога Живка који представља, као што знаш, Сунце.
Затим стави мене у ред.
— Ти си Месец. Ти ћеш се окретати око себе, а и око овога Сретена и, с њим заједно, окретаћете се око Сунца, односно око Живка.
Он то нама тако објасни, па онда узме штап и стане са стране као укротитељ зверова како би нас ударио по глави ако неко погреши, и онда, на његову команду, стане једно окретање и трчање да те Бог сачува. Окреће се Живко у месту, окреће се јадни Сретен око себе и око Живка, окрећем се ја око себе па око Сретена и с њим заједно око Живка . . . Не направимо ни први круг, а ми се сви срушимо онесвешћени од вртоглавице. Најпре ја као Месец, на мене Земља, а на њу Сунце. Направи се једна гомила, нити знаш ко је Месец, ко је Сунце а ко Земља. Видиш само, вири једна нога Сунчева или нос Земљин или тур Месечев. А професор стоји над том гомилом и, док ми стењемо, он објашњава ђацима планетни систем . . .

(Бранислав Нушић, 1864-1938; Аутобиографија; leicht adaptiert)

Studenti su umrli od smeha

B.: Umro sam od smeha kad sam čitao Nušićevu „Autobiografiju".
C.: To je divna smrt: umreš i ostaneš živ!
D.: Ja bih želeo najpre da čujem šta znate o Jovanu Jovanoviću Zmaju.
A.: Zmaj se rodio 1833. a umro je 1904. godine. Pisao je, uglavnom, pesme, a naročito su lepe njegove dečje pesmice.
B.: Divna je ova slika sa jelenom kao pticom.
C.: Kad bi lutke umele da šiju, one bi bile konkurencija firmama za konfekciju.
D.: Na žalost, hleb ne pada s neba. Mnogi ljudi nemaju dovoljno hleba i umiru od gladi.
A.: Zamislite mleko u Dunavu i u Rajni! Francuski sirevi bi bili mnogo jeftiniji.
B.: Ovo Zmajevo dete ne zna da je kod nas na severu hladno i u maju. Mi više nemamo peći ali imamo radijatore i centralno grejanje.
C.: Ima li riba u Dunavu?
D.: Ima, ali ima i hemikalija. Dakle, to ne bi bila riblja nego hemijska čorba.
A.: A ko zna nešto o Branislavu Nušiću?
D.: Rođen je 1864. a umro je 1938. godine. Najpoznatiji je kao pisac komedija, ali pisao je i pripovetke i putopise.
C.: Ovaj Nušićev profesor odlično objašnjava. Naš profesor ne objašnjava tako dobro.
A.: Misliš li da svako od nas treba da predstavlja jedan glagol?
D.: Treba li i naš profesor da nas bije štapom kao ovaj Nušićev?
C.: Možda bi to bila najbolja metoda. Inače, ne znam kako ćemo naučiti ove užasne glagole iz najnovije lekcije.
A.: Ja već počinjem da gubim strpljenje.
B.: Bolje bi bilo da počneš da učiš.
D.: Nemoj da gubiš strpljenje! Biće lakše ubuduće. Ovi glagoli su najgori.
C.: Hajde da počnemo sa vežbama! Svako neka kaže jednu rečenicu sa jednim od ovih glagola!
B.: Dobro. Počeću ja. Kako se zovete?
A.: Zovem se Aleksandar, ali me ovde zovu Aca.
B.: Želim da pozovem našeg profesora na kafu, ali ne smem da mu to kažem.
C.: A ti ga pozovi telefonom — možda će ti tako biti lakše da mu to kažeš.
B.: Zvala sam ga, ali nije bio kod kuće.
C.: A ti mu pošalji pozivnicu.
D.: Gde je moja knjiga? Ko je uzeo moj udžbenik? Zašto stalno uzimaš moje pero? Uzmi svoje!
B.: Nisam uzela tvoje pero, kunem ti se.
D.: Ne verujem ti. Klela si se i juče.
B.: Kad umrem, da li ćeš verovati da sam umrla?
D.: Hoću. Ali moraš da umreš pre mene.
A.: Molim vas da ne umirete dok ne naučite glagole. A posle umrite ako želite.

B.: Ana, zašto trljaš oči prljavim rukama? Operi ih!
A.: Stalno ih perem. Oprala sam ih pre pet minuta.
B.: Da. Ali si ih otrla prljavim peškirom. Tim peškirom brišem tablu.
C.: Umirem od žeđi. Molim te, naspi mi malo vode!
B.: Na žalost, ne mogu da ti naspem ni kap — Ana je sve popila.
A.: Drage koleginice i kolege, pozivam vas sve na kafu, ili na mineralnu vodu.
B.: Predlažem da idemo nekuda u prirodu, možemo i tamo vežbati glagole.
C.: Kako bi bilo da se popnemo na brdo?
B.: A ja volim da berem cveće.
D.: Dobro. Ti beri cveće, a ti se penji na brdo! Ja ostajem ovde. Ne želim da idem nikuda.
C.: A ja predlažem ovaj kompromis: popnite se na ono drvo u bašti i naberite voća! A ja ću kupiti mineralne vode, pa možemo da ostanemo u bašti. Možemo da prostremo novine na travu i tako da sedimo u prirodi.
D.: I da vežbamo gramatiku. Možda ćemo uspeti da naučimo ove glagole.

Vokabeln

autobiogràfija	*Autobiographie*	òkretanje	*Drehen*
čòrba	*Suppe*	onèsvešćen, -a, -o	*bewußtlos*
dèčjı̄,-ā,-ē (djèčjī)	*Kinder-*	(onèsvješćen)	
dȑvo	*Baum; Holz*	pâd, pádovi	*Fall*
geogràfija	*Geographie*	pèsmica (pjèsmica)	*Gedicht, Liedchen*
gòmila	*Haufen*	pèškīr, -íra	*Handtuch*
grèjānje (grȉjānje)	*Heizung*	pózivnica	*Einladung*
gùbiti *ipf.*	*verlieren*	prèdstavljati, *ipf.*	*vorstellen;*
hemìkalija	*Chemikalie*		*darstellen*
hlȅbac (*arch.*)	*Brot*	rèkao *von* rèći	*sagen*
istòvremen, -a, -o	*gleichzeitig*	rȉbljı̄, -ā, -ē	*Fisch-*
jèlen	*Hirsch*	ròditi se *pf.*	*geboren werden*
jȅo *v.* jȅsti	*essen*	sačúvati,	*(auf)bewahren*
kòmanda	*Kommando*	sàčūvām *pf.*	
kòmēdija	*Komödie*	srȕšȉiti (se), -īm *pf.*	*(zusammen-)*
konfèkcija	*Konfektion*		*stürzen*
konkuréncija	*Konkurrenz*	štâp, štápovi	*Stock*
krílo	*Flügel*	švâlja	*Näherin*
lùtka	*Puppe*	tèkla *von* tèći	*fließen*
nàpraviti *pf.*	*machen*	tȑčānje	*Rennen*
nȉti ... nȉti	*weder ... noch*	tûr, túrevi	*Hinterteil*
nôs, nòsovi	*Nase*	učìniti, ùčinīm *pf.*	*tun*
objȉašnjávati,	*erklären*	ùdariti *pf.*	*schlagen*
-àšnjāvām *ipf.*		ukròtitelj	*Bändiger*
òdnosno		van (*G.*)	*außer*
		víriti *ipf.*	*(hervor-)schauen*

vrȅ|o, -la, -lo	heiß	zàmisliti pf.	sich etw. vor-
vrtòglavica	Schwindel		stellen
	(-gefühl)	zmȁj, -evi	Drache
zabadàva	umsonst	zvêr f., m. zvêri f.,	Raubtier
zàgađen, -a, -o	verunreinigt	zvȅrovi m. (zvȋjer)	

Redewendungen

bȉti van sèbe	außer sich sein	da Bôg sàčūvā	Gott behüte
dóći (k) sèbi	zu sich kommen	pòzvati telefónom	anrufen

Übungen

I. Setzen Sie die entsprechende Form des reflexiven Pronomens *sebe* ein!
1. On stalno govori o .... , zato ne volim da se družim s njim. 2. Hans razgovara sam sa ..... 3. On nije zadovoljan (I.) .... , a jeste li vi zadovoljni ....? 4. Kupila sam taj kolač .... a ne tebi, zašto mi ga uzimaš? 5. Otac se strašno ljutio; bio je van .... od besa. 6. Milane, dođi (k) .... , ne viči!

II. Bilden Sie den Konditional!
1. Ja (dati) .... svoje pero, ali nije dobro. 2. Mi (svratiti) .... danas popodne, hoćete li biti kod kuće? 3. Marko (hteti) .... da putuje u Srbiju, ali nema novaca. 4. Gospođo i gospodine, da li (biti) .... tako ljubazni da ne razgovarate za vreme koncerta. 5. Moj otac (želeti) .... da te upozna, dođi nam u posetu! 6. Ja (voleti) .... da to nije istina. 7. Sigurna sam da Marko to (ne učiniti) ..... 8. Ja (ne moći) .... da objasnim zašto mi se taj čovek ne sviđa. 9. Ja (ne želeti) .... da me pogrešno razumeš. 10. Ne mogu ništa da kažem, (hteti) .... da razmislim o tome.

III. Bilden sie das Präsens!
1. Čas (počinjati) .... kroz pet minuta, a ja moram da (popeti se) .... na peti sprat. 2. Treba da (izabrati) .... neki lep poklon za mamu i da ga (poslati) .... poštom. 3. Ja (slati) .... svoja pisma uvek avionom. 4. Dejane, zašto (otimati) .... čokoladu od malog brata? Ti si veći i jači pa možeš da mu je (oteti) .... ali i ja mogu da je (oteti) .... od tebe. 5. Ja (mleti) .... svoju kafu kod kuće, a ti je .... u prodavnici. 6. Ti pričaš mnogo opširno; zašto to ne (sažeti) .... u dve-tri rečenice? 7. Ti možeš da popiješ mnogo vina. Stalno ti (sipati) .... , a ti stalno govoriš: (nasuti) .... mi malo! 8. A sutra će te boleti glava pa ćeš da me (kleti) ..... 9. Sunčevi zraci ne mogu da (prodreti) .... do zemlje

zbog smoga. 10. Hemikalije (prodirati) .... u atmosferu. 11. Seljaci seju i (žeti) .... na zagađenoj zemlji. 12. Mi (prati) .... voće i povrće, ali hemikalije ne možemo da (oprati) ..... 13. Mnogi ljudi (umirati) .... posle havarije nuklearke u Černobilu. 14. Koliko ljudi treba da (umreti) .... zbog atomske energije? 15. Treba svi da (početi) .... da razmišljamo o budućnosti.

IV. Zu den Verben der dritten Übung: Nennen Sie die jeweiligen Aspektpaare, die 1. Pers. Sg. Präsens und das Partizip Perfekt!

V. Geben Sie eine kurze Nacherzählung von Nušićs „Geografija"! Hier haben Sie einige Stichworte:

Nušić nam .... pričati .... o .... čas .... geografija .... u .... svoja škola. Pisati .... o .... svoj profesor .... , koji .... umeti .... lepo .... objašnjavati .... planetni sistem: jedan učenik bi .... predstavljati .... Sunce, drugi učenici bi .... predstavljati .... planete. Planete se .... okretati .... oko .... Sunce .... i oko sebe. Na .... kraj .... svi .... padati .... onesvešćen .... od .... vrtoglavica .... Sunce, Mesec i Zemlja .... ležati .... na .... jedna gomila .... koja .... stenjati .... dok profesor .... objašnjavati .... učenici .... planetni sistem. Da li .... Vi .... sviđati se .... ovaj profesor? — Sviđa mi se.

VI. Übersetzen Sie!

1. Er gefällt mir nicht, er spricht nur über sich (selbst). 2. Wir sind mit uns und unserem Leben nicht zufrieden. 3. Würden Sie so gut sein und schweigen? 4. Ich möchte nach Serbien fahren. 5. Könntest du heute nachmittag kommen? 6. Ich lade dich zum Kaffee (Mittagessen) ein. 7. Ruf mich heute abend an! 8. Wasch die Hände und trockne (wisch) sie mit diesem Handtuch ab! 9. Bitte schick mir mein Buch möglichst bald! 10. Warum nimmst du ständig meinen Regenschirm? Nimm deinen (eigenen)! 11. Klettere nicht auf das Bett mit den schmutzigen Schuhen! 12. Branislav Nušić ist 1864 geboren und 1938 gestorben. 13. Jeden Tag sterben viele Menschen auf unseren Straßen.

22. Lektion – Dvadeset druga lekcija

1. Bei der Darstellung der Kasusendungen wurde darauf hingewiesen, daß diese bei den Neutra im Nominativ, Akkusativ und Vokativ sowohl im Singular als auch im Plural gleich sind, und daß die Instrumentalendung im Singular (*-om* / *-em*) sich nach dem auslautenden Vokal (*-o* / *-e*) des Nominativs richtet, also:

Pišem pèrom. Stòjīm pred pózorištem.

2. Die Deklination der Neutra muß nun ergänzt werden: es gibt eine Anzahl von Substantiven auf *-e*, die vom Genitiv Singular ab den Stamm um *-en-* bzw. *-et-* erweitern (daher als *n-* und *t-* Stämme bezeichnet); an den so erweiterten Stamm werden dann die bekannten Endungen angefügt.

a) Stammerweiterung duch *-en-* haben heute nur wenige Substantive:

brȅme Last	*sȅme (sjȅme)* Same
ȉme Name	*tȅme (tjȅme)* Scheitel
plȅme (Volks)Stamm	*vȉme* Euter
rȁme Schulter	*vréme (vrijème)* Zeit

	Singular	Plural
N., A., V.	*vréme (vrijème)*	*vremèna*
G.	*vrȅmena* (ekav. und ijek.)	*vreménā*
D., L.	*vrȅmenu*	*vremènima*
I.	*vrȅmenom*	*vremènima*

Man beachte die Akzentverschiebung im Plural um eine Silbe zum Wortende!

b) Stammerweiterung duch *-et-*:

	Singular	Plural
N., A., V.	*dùgme*	*dugmèta*
G.	*dùgmeta*	*dugmétā*
D., L.	*dùgmetu*	*dugmètima*
I.	*dùgmetom*	*dugmètima*

Auch bei dieser Stammerweiterung wird im Plural der Akzent um eine Silbe zum Wortende hin verschoben.

Wie *dùgme* Knopf werden einige wenige Bezeichnungen von Sachen wie *ćèbe* (Woll)Decke, *bùre* Faß, *sìrće* Essig dekliniert. Hierher gehören aber auch viele Bezeichnungen für junge Lebewesen und zahlreiche Diminutive; das Besondere bei den meisten von ihnen ist die Pluralform auf *-ad*, die ein Kollektivum ist und zur (femininen) *i-* Deklination gehört. (Ein Kollektivum wird in grammatischer Hinsicht als Singular behandelt, vgl. im Deutschen „Gebüsch" u. ä.) Beispiele:

jȁgnje Lamm — *jȁgnjād*
pàšče Hündchen — *pȁščād*
kùče Hündchen — *kùčići*
pȉle Küken — *pȉlād, pȉlići*
prȃse Ferkel — *prȁsād, prasići, prȁščići*
tèle Kalb — *tèlād*
ždrȇbe (ždrijèbe) Fohlen — *ždrȅbād*
dèvōjče (Dim. zu *dèvōjka*) *(djèvōjče)* — *devojčād (djevojčād)*

mȍmče (Dim. zu mòmak Junge, Bursche) — mȍmčād
sirȍče Waisenkind — sȉročād, sirȍčići
ùnuče Enkelkind — ùnučād, ùnučići

Auch Sachbezeichnungen haben häufig doppelte Pluralbildungen:

burèta — bȕrād;   dugmèta — dugmād;   ćebèta — ćȅbād

Die Kollektiva auf -ad werden wie folgt dekliniert:

N., A.   tȅlād
G.   tȅlādi
D., L., I. tȅlādi (telādima)

Ònāj sèljāk ȉmā lépu tȅlād. Njègova tȅlād je gládna. Ȏn dájē svòjoj tȅlādi (svòjim telādima) sȁmo svȅžu trávu.
Jener Bauer hat schöne Kälber. Seine Kälber sind hungrig. Er gibt seinen Kälbern nur frisches Gras.

c) Besondere Beachtung muß man dem Wort déte Kind schenken:

Singular

N., A. déte (dijète)
G.   dèteta (djèteta)
D., L. dètetu (djètetu)
V.   déte (dȉjete)
I.   dètetom (djètetom)

Plural

N.   dèca (djèca)
G.   dȅcē
D., L. dȅci
A.   dȅcu
V.   dȅco
I.   dȅcōm

Wie zu ersehen ist, wird die Pluralform dèca wie ein Femininum im Singular dekliniert; dasselbe gilt auch für brȁća (Plural zu brȁt) und gospòda (Plural zu gospòdin). Das jeweilige Attribut kongruiert mit dem Substantiv, das Prädikat steht jedoch im Plural Neutrum:

Mòja dèca se ȉgrajū s tvòjōm dècōm.
   Meine Kinder spielen mit deinen Kindern.
Mâjke mnȍgo gòvōrē o svòjoj dȅci.
   Mütter reden viel von ihren Kindern.
Tȋ ȉmāš lépu brȁću. Gdȅ su tvòja brȁća?
   Du hast schöne Brüder. Wo sind deine Brüder?
Mòja brȁća su ȍtputovāla na môre.
   Meine Brüder sind ans Meer abgereist.
Ne žèlīm da razgòvārām s tôm gospòdōm.
   Ich möchte mich mit diesen Herren nicht unterhalten.

d) Das Wort dȑvo Baum, Holz wird im Singular wie dùgme dekliniert, die Pluralformen haben unterschiedliche Bedeutungen: dȑva Holz, drvèta (einzelne) Bäume, *drvéće* Bäume (Kollektivum). Die Pluralform *drvèta* wird hauptsächlich nach Zahlen ab *fünf* und *nekoliko* gebraucht.

U mòjoj bášti ìmā mnȍgo mládog drvéćā.
In meinem Garten sind viele junge Bäume.
Mládo drvéće je lȅpše od stȁrog.
Junge Bäume sind schöner als alte.
Nèkoliko drvétā je pȍred teràse, a pêt drvétā je pored púta.
Einige Bäume sind neben der Terasse, und fünf Bäume sind neben der Straße.
Jâ mnȍgo vȍlīm visòko drvéće. Ich mag hohe Bäume sehr.

Das Substantiv *jáje* Ei hat im Singular Doppelformen: Genitiv *jája* oder *jàjeta* usw. — im Plural dagegen nur *jája* (ohne Stammerweiterung).

3. Von den früher vorhandenen *es* - Stämmen sind nur drei Pluralformen übriggeblieben, die nur im besonderen (stilistischen) Kontext gebraucht werden:

nȅbo Himmel — *nȅba; nebèsa: Bôg na nebèsima*
čȕdo Wunder — *čȕda; čudèsa* (meist ironisch)
têlo (*tȋjelo*) Körper — *têla* (*tȋjela*); *telèsa* (*tjelèsa*) (pejorativ)

4. Das Neutrum *vèče* erweitert seinen Stamm durch *-er-* und lautet im Genitiv *večera* usw., als solches bildet es keinen Plural. Daneben existiert das Femininum *vèčēr*, das zur *i* - Deklination gehört: G. Sg. *vèčeri* — N. Pl. *vèčeri*. Im Sprachgebrauch überschneiden sich die neutralen und die femininen Formen, so daß die erweiterten Formen überwiegend als Feminina der *i* - Deklination verwendet werden:

Tô vèče je bílo lépo. Tê vèčeri su bíle lépe.
Dieser Abend war schön. Diese Abende waren schön.
Ìmali smo sȋnōć lépo vèče.
Wir hatten gestern einen schönen Abend.
Ràzmīšljām o tôj vèčeri (*tôm vèčeru*).
Ich denke über diesen Abend nach.
Nísam ga vȉdela tê vèčeri (*tôg večera*).
An jenem Abend habe ich ihn nicht gesehen.
Dòbro vèče! Dòbra vèčēr! (Regional: *Dòbar vèčēr!*)
Guten Abend!

5. Das Neutrum *dôba* Zeit, Zeitalter ist indeklinabel: *u tô dôba* zu jener Zeit, *od nèko dôba* seit einiger Zeit; da seine Verwendung kontextabhängig ist, sollte man *vréme* vorziehen. Indeklinabel ist auch *pódne* Mittag.

6. Schließlich muß man sich noch zwei Feminina merken (bei denen die ehemalige Stammerweiterung durch *-r-* reflektiert wird): Neben dem hier

bisher verwendeten Wort ćérka (daneben: kćérka) existieren die Formen kći und kćêr Tochter, Genitiv kćêri usw., die zur i - Deklination gehören.

Ebenso existieren neben dem im Alltag üblichen Wort mȃjka die Formen mȁti und mȁtēr, Genitiv mȁtere usw., die also wie sonstige a - Feminina (wie žèna) dekliniert werden.

7. Mit zar etwa werden Fragesätze eingeleitet, die a) zugleich auch eine Verwunderung ausdrücken oder b) ein verneintes Prädikat enthalten.

Zar je Mȃrko dòšao?! Ist etwa auch Marko gekommen ?!
Zar Mȃrko nȉje dòšao?! Ist Marko nicht gekommen ?!

Momo Kapor: „011 — Istok — Zapad"

51. Kada mi se neko hvali kako perfektno govori šest jezika, obično mu savetujem da se zaposli na nekoj hotelskoj recepciji. Tamo čeznu za takvima. Ja, lično, imam velikih muka i sa maternjim. Jedva nađem reči koje su mi potrebne za sva čuda koja nam se događaju ...
Nikako da *uhvatim* jedno *slobodno poslepodne* i naučim taj engleski! Jedna .... dama u nekom otmenom diplomatskom društvu pokušala je da me uvredi: „Kako nam to vi *otkrivate Ameriku* u svojim knjigama, a ne znate engleski?" pitala me je.
„Gospođo — kazao sam — Kolumbo je, takođe, otkrio Ameriku, a nije znao ni reči engleskog!"
Siroti naši prevodioci! Kako li je tek njima teško kada pokušaju da prevedu neprevodivo. Piše mi jedan iz Amerike:
„U vašoj priči koju upravo prevodim, postoje neki nejasni izrazi, pa vas molim da mi ih objasnite. Pišete da je to *koštalo kao kajgana Svetog Petra*. Odakle znate da je Sv. Petar jeo omlete? Ako je, pak, jeo, koliko je mogla da košta, ta kajgana, kada je tako skupa? Od koliko jaja? U kojoj je valuti naplaćena? Da li bih taj izraz mogao da prevedem kao: *St. Peter's scrambled eggs?* Kad smo već kod jaja, kod vas sam pronašao i izraz *jaje na oko*! Šta je to? *Egg on eye?* Zašto bi neko stavio jaje na oko? Da se, možda, kod vas očna oboljenja ne leče jajima? Unapred zahlvalan" itd. ...
Jedan drugi me pita u pismu, šta to znači da je mališan bio „*pljunuti otac*"? Ko mu je i zašto ispljuvao tatu? Da li se kod nas pljuju očevi i kojom prilikom?
Zanima ga, takođe, izraz „*buni se k'o Grk u apsu*". Zbog čega je taj Grk zatvoren kod nas, i zašto je protestvovao? I kako je, uopšte, moguće da nekome *padne sekira u med*? Otkud sekira u medu? Zar se med ne čuva u teglama ili zatvorenim posudama?
Prevodioce zanima još i to zašto su za nas toliko udaljena baš španska sela („To su za mene *španska sela*"), kad ima mnogo udaljenijih .... i zbog čega se neko *smeje k'o lud na brašno*? Šta ima smešno u brašnu? Da li kod vas u pekarama rade ludaci?

Ipak, lakše mi je da odgovorim na pitanje o rečima i izrazima, nego o stvarima koje ni ja, zaista, ne umem da objasnim.

„U vašoj knjizi — piše mi prevodilac iz Švajcarske — pričate na jednom mestu da dva dana niste imali struje, a naredna dva dana vode. Koliko sam razumeo, radnja se ne događa za vreme rata, već prošle godine. Kako je to moguće? Još nešto: zar je, zaista, u vašem gradu nestalo šećera, mleka i ulja? Nije moguće da nije bilo hrane za bebe i lekova za bolesne. Možete li to da mi objasnite detaljnije?"
Objasniću vam, čim objasne meni. S poštovanjem ....

Једна жеља

. . .

Ја бих да ми Време да̂ све моје дане
Што би редом дошли с далеких крајева,
Да их све од једном као јато шева,
Пустим у слободу на четири стране.

Ја бих да исцрпем дане мога века
На пречац у крају топлом, сјајном, ледном,
И с очима пуним планина и река
Да проживим живот у тренутку једном!

(Milan Rakić, 1876-1938)

Vokabeln

ȁps (arch.)	Gefängnis
béba	Baby
brȁšno	Mehl
búniti se, bûnīm ipf.	protestieren
civìlizovan, -a, -o	zivilisiert
čȅz|nuti, - nem ipf.	sich sehnen
čȋm	sobald
ćȅlav, -a, -o	glatzköpfig
dáma	Dame
dètālj|an, -na, -no	detailliert
Gȑk, Gȑci	Grieche
ispljùvati, ìspljujēm pf.	bespucken
ȉzrāz	Ausdruck
jȁto	Schar
kȁjgana	Omelett
kóštati, kôštām ipf.	kosten
léčiti, lêčīm (lijèčiti, lȉječīm) ipf.	heilen
lȅd|an, -na, -no	eisig
lȇk, lékovi (lȉjek, lijèkovi)	Arznei
malìšan	Kleiner
nàplāćen, -a, -o	bezahlt
nárednǀī, -ā, -ō	folgend
nèjas|an, -na, -no	unklar
neprevòdiv, -a, -o	unübersetzbar
neprílika	Verlegenheit, Kummer
oboljénje	Erkrankung
òčn|ī, -ā, -ō	Augen-
òmlet	Omelett
opísati, òpīšēm pf.	beschreiben
òtkako	seit
òtkri|ti, -jēm pf.	entdecken
otkrívati, òtkrīvām ipf.	aufdecken
òtkud(a)	woher
òtmen, -a, -o	vornehm
pèkara	Bäckerei

pèrfekt|an, -na, -no	perfekt	špânsk|ī, -ā, -ō	spanisch
pljùvati, pljûjēm ipf.	spucken	Švàjcarskā	Schweiz
pljû|nuti, -nem pf.	spucken	tégla	Einmachglas
pòkušati pf.	versuchen	trenútak	Augenblick
pòsuda	Gefäß	ùdāljen, -a, -o	entfernt
pòtreb|an, -na, -no	nötig	ùhvatiti pf.	fangen
pózivn|ī, -ā, -ō	Ruf-	ûlje	Öl
prèčac	Querweg	unàpred	im voraus
na prèčac	auf einmal	uvréditi, ùvrēdīm	beleidigen
prézime	Familienname	(uvrijèditi) pf.	
prílika	Gelegenheit	valúta	Währung
prílikom	anläßlich	zȁhval|an, -na, -no	dankbar
prožíveti (prožívjeti) pf.	durchleben	zanímati, zànīmām ipf.	interessieren
pùstiti pf.	loslassen	zapòsliti (se),	(sich) beschäf-
rádnja	Handlung	zàposlīm pf.	tigen
rêdom	der Reihe nach	zȁr	etwa
sèkira (sjèkira)	Axt	zátvor	Haft
sjáj|an, -na, -no	leuchtend, glänzend	zàtvoren, -a, -o	verhaftet
		znâ|k, -ci, znȁkovi	Zeichen
méš|an, -na, -no (smiješan)	komisch, lächerlich	žèn|iti se, -īm ipf.	heiraten (Mann)
strúja	Strom	žîv, žív|a, -o	lebendig, lebhaft
svèt|ī, -ā, -ō	heilig	za vréme (vrijème) (G.)	während
šéva	Lerche		

Redewendungen

búniti se k'o Gȑk u àpsu — heftig protestieren
jáje na òko — Spiegelei
òtkriti Amèriku — Bekanntes entdecken
pàla mu (joj) je sèkira u mêd — unverdient einen Vorteil haben
pljùnūtī òtac — völlig (wie) der Vater
skûp kao kàjgana Svètōg Pètra — sündhaft teuer
smèjati se k'o lûd na brȁšno — grundlos lachen
špânska sèla — böhmische Dörfer
ùhvatiti slòbodno poslepódne — einen freien Nachmittag finden

Übungen

I. Setzen Sie die richtige Kasusform ein!

1. Ova (vreme) .... su teška, živimo u teškim ..... 2. U staro (vreme) .... ljudi su živeli u (pleme, Pl.) ..... 3. Ne mogu da dođem, nemam

(vreme, part. G.) ..... 4. Hoću da sejem cveće, kupila sam mnogo raznog (seme) ..... 5. Marko ima široka (rame) .... ; zato on stalno govori o lepim ..... 6. Starac stenje pod teškim (breme) ..... 7. On nema kose na (teme) .... ćelav je. 8. Dete voli da se igra sa (jagnje) .... ; ja volim (belo jagnje, Pl.) ..... 9. Koliko (dete) .... imaš? Samo dva ..... 10. Molim te, ne daji (moja deca) .... čokoladu! 11. Tvoje dete je otelo čokoladu od (moje dete) ..... 12. Nisam zadovoljna (svoja deca) ...., neće da uče. 13. Ne pričaj mi više o (tvoja deca) .... dosta mi je ..... 14. Hoćeš li da ti pričam o (moja braća) ....? 15. Hoću. Volim (tvoja braća) ..... Htela bih da razgovaram s ..... 16. Pozovi (ta gospoda) .... telefonom! 17. Koliko (brat) .... imaš ti? Imam tri (jedan) ..... 18. Moj najstariji brat ima tri (kćer) .... ali nije srećan sa svojim ..... 19. Njegova deca nisu od (ista mati) ...., on se ženio nekoliko puta. 20. Jadna deca! Ona su bez majke kao (siroče) ..... 21. Uskoro ću biti baka. Dobiću (unuče) ...., a koliko .... imaš ti? Ja već imam dva ..... 22. Vidiš li ono drvo? Na onom .... je neka velika ptica. 23. U šumi ima mnogo (drvo) .... i mnogo ptica. 24. Danas su drva mnogo skupa, zato se ljudi ne greju ..... 25. Moj pisaći sto je od lepog, svetlog (drvo) ..... 26. Šta je živo: drveće ili drva? ..... 27. Tvoja braća su pozvala i mene, ali nisam mogla da dođem (to veče) ...., nisam imala (vreme) ..... 28. Prošlo je mnogo (vreme) .... otkako se nismo videli. 29. Zato, molim te, dođi sa (svoje dete) ...., ono se može igrati sa (naša deca) ..... 30. Napravila sam im veliku tortu od sedam (jaje) .... i mnogo čokolade. 31. Kako se zove tvoj drug, ne sećam se njegovog (ime) ....? Njegovo .... je Marko, a prezime Marković.

II. Bilden Sie die Sätze in Fragesätze um!

a) 1. Mile je loš čovek! 2. On je lopov! 3. Uspeo je da te laže godinama! 4. I ti ga voliš!
b) 1. Nisi znala ko je on. 2. Nisi videla da on ništa ne radi. 3 Ti mi ne veruješ.

III. Erzählen Sie „011" nach! Hier haben Sie einige Stichworte.

1. Zašto se hvališ? .... jer govorim mnogo (strani jezik) .....
2. Dobro. Savetujem ti da .....
3. Ja ne mogu da nađem reči za .....
4. Nemam (reč) .... da sve to (opisati) .....
5. Kapor (opisivati) .... muke s (reč, Pl.) ..... Tom (prilika) .... nam objašnjava neke (izraz) .....
6. Teško je prevoditi — (prevodilac, Pl.) .... imaju mnogo (muka) .... sa (neprevodiv izraz, Pl.) .....
7. Mi ih (kritikovati) .... zbog (greška, Pl.) .... ali lakše je kritikovati (dt. als) .... prevoditi.
8. Od jaja se prave jeftina jela: ..... Ja ne (umeti objasniti) .... zašto je .... tako skupa.

9. Možda je na (nebo, Pl.) .... sve skupo?
10. Gde se čuva med? U ..... A gde se pravi hleb? U ..... U njima rade obični ljudi, a ne .....
11. Zašto se buniš kao ....? .... protiv (ta laž, Pl.) ..... Lakše mi je kad .... nego kad (ćutati) .....
12. Naše (vlast) .... zbog (teška situacija) ..... Nema (šećer, voda, struja) .....
13. Treba mi jedan lek, ali nema .... ni .... za bebe. Užas!
14. Neće biti tako! A šta treba da (značiti) .... ovaj broj 011? — To je pozivni znak za Beograd!

IV. Übersetzen Sie!
1. Momo Kapor ist 1937 geboren und lebt in Belgrad. 2. Er ist ein sehr bekannter Schriftsteller. 3. Er ist auch Maler, bekannter ist er aber als Schriftsteller. 4. Viele seiner Romane waren und blieben lange Bestseller. 5. Viele seiner Bücher sind in verschiedene Sprachen übersetzt (worden). 6. Er ist besonders beliebt bei jungen Lesern. 7. Er hat viel über Belgrad und seine Menschen geschrieben. 8. Die Vorwahl von Belgrad ist 011. 9. Ich rate Ihnen, etwas von ihm zu lesen. 10. Seine Sprache und sein Stil sind nicht schwer. 11. Es gibt jedoch viele unübersetzbare Ausdrücke in seinen Büchern. 12. Bei der Gelegenheit können Sie sie lernen. 13. Milan Rakić ist einer der bedeutendsten serbischen Dichter des Symbolismus. 14. Viele seiner Gedichte sind auch heute sehr bekannt und beliebt. 15. Besonders schön sind seine Liebesgedichte.

23. Lektion — Dvadeset treća lekcija

1. Präpositionen bereiten beim Erlernen einer Fremdsprache gewisse Schwierigkeiten, weshalb sie hier systematisch aufgeführt werden sollen. Im Serbischen regieren die meisten von ihnen, vor allem die zusammengesetzten, den Genitiv. Zu den bereits bekannten sollte man sich die hinzukommenden gut merken.

bez	ohne	*pored*	neben
blizu	nahe	*pre (prije)*	vor
do	bis, bis zu	*preko*	über
duž	längs	*preko púta*	gegenüber
ispod	unter	*protiv*	gegen
ispred	vor	*put*	in Richtung
iz	aus	*radi*	wegen
iza	hinter	*s(a)*	von ... her(ab)
između	zwischen	*s ònē stránē*	jenseits

iznad über, oberhalb	*s òvē strānē* diesseits
kod bei	*u* bei
kraj, pokraj neben	*(u)mesto (mjesto)* statt
mimo an, vorbei, gegen	*uoči* am Vorabend
niže unterhalb	*usled (usljed)* infolge
od von	*usred* inmitten
oko(lo) um ... herum	*van, izvan* außerhalb
osim außer	*više* oberhalb
posle (poslije) nach	*za vréme, za* während
poput ähnlich wie	*zbog* wegen

Nur wenige Präpositionen verlangen den Dativ:

k(a) zu	*nasuprot* entgegen, gegenüber
prema zu, zu ... hin	*u(s)prkos* trotz

Man merke sich, daß alle zusammengesetzten Präpositionen außer *nasuprot* und *u(s)prkos* den Genitiv regieren; *prema* steht mit Dativ nur nach Verben der Bewegung (sonst mit dem Lokativ).

Folgende Präpositionen regieren ausschließlich den Akkusativ:

kroz durch; in (zeitl.)	*uz* hinauf
niz hinunter	

Die Präposition *po* um ... zu, je drückt mit dem Akkusativ das Ziel (die Absicht) oder eine Verteilung aus:

Ìdēm po Nádu. Ich gehe, um Nada abzuholen.

Kúpili smo po knjîgu. Wir haben je ein Buch gekauft.

Hinzu kommen die bereits bekannten Präpositionen *u, na, nad, pred, pod, među, za*, die auf die Frage wohin? (und ebenso in zeitlicher Bedeutung) den Akkusativ erfordern.

Den Instrumental erfordern die bereits bekannten Präpositionen

s(a) mit	*pod* unter
među zwischen	*pred* vor
nad über	*za* hinter

Folgende Präpositionen verlangen schließlich den Lokativ:

o von, über
po in ... umher: *Pùtujē po svétu.* Er reist in der Welt herum.
po (oder *prema*) gemäß, nach, bei
  po môm mȋšljenju meiner Meinung nach, *po kȉši* bei Regen
pri bei: *pri svêsti* bei Bewußtsein
u in   } auf die Frage *wo?*
na an, auf

Zusammenfassend soll darauf hingewiesen werden, daß einige Präpositionen mehrere Kasus regieren:

na } Akkusativ auf die Frage *wohin?*
u } Lokativ auf die Frage *wo?*

među zwischen
nad über
pod unter } Akkusativ auf die Frage *wohin?*
pred vor } Instrumental auf die Frage *wo?*
za für,
    hinter, nach (*örtl.*)
    in (*zeitl.*)

po um (zu holen); je — mit Akkusativ
po in ... herum; gemäß — mit Lokativ
prema zu ... hin — Dativ: *Ȉdi prema ùlazu.*
                            Gehe zum Eingang hin.
prema gemäß, nach — Lokativ: *prema ùputstvu*
                          gemäß dem Hinweis
s(a) von ... her(ab) — Genitiv: *s kȕće* vom Haus herab
s(a) mit — mit Instrumental: *sȁ mnōm* mit mir
u bei — mit Genitiv (heute zumeist mit Personalpronomina):

Ljûdi su u (kod) nâs mnȍgo zàbrinuti.
Die Menschen sind bei uns sehr besorgt.

Mnȍgo je pȁmetnīh ljúdī u nâs, a situácija je uprkos tȍme veòma téška.
Es gibt viele kluge Menschen bei uns, die Situation ist aber trotzdem sehr schwer.

Was den Akzent der Präpositionen betrifft, so haben sie keine eigene Betonung, sondern bilden mit dem nachfolgenden Wort eine Akzenteinheit auf zweifache Weise:
a) die Präposition wird nicht betont: *pred pózorištem*; b) sie zieht den Akzent auf sich: *prȅd kuću, ȕ vodu, ȕ grād* (Welcher der beiden Akzente ˝ oder ˋ die Präposition dann trägt, hängt von den historischen Intonationsverhältnissen ab). Die Übertragung des Akzents auf die Präposition wird heute nicht überall konsequent durchgeführt und ist nicht verpflichtend (also auch: *pred kȕću, u vȍdu, u grâd*).

2. Das Serbische besitzt auch zwei Gerundien (Verbaladverbien), die undeklinabel sind.

Das Gerund der Gegenwart (Gerund I) wird nur von imperfektiven Verben gebildet, indem man an die 3. Person Plural Präsens ein *-ći* anhängt:

    vȉdeti: vȉdē — vȉdēći sehend; *ìći: ȉdū — ȉdūći* gehend
    ìmati: ìmajū — ìmajūći habend; *písati: pîšū — pîšūći* schreibend

Das Gerund der Vergangenheit (Gerund II) wird vom aktiven Partizip der perfektiven Verben gebildet, indem die Endung -o durch -vši (seltener -v) ersetzt wird:

naùčiti: naùčio — naùčīvši gelernt habend
dóći: dòšao — dòšāvši gekommen seiend
napísati: napísao — napísāvši geschrieben habend

Die Gerundien dienen zur Verkürzung von Nebensätzen (Temporal- und Kausalsätzen mit *indem, während, weil, als, nachdem*), deren Subjekt in der Regel mit dem des Hauptsatzes identisch ist. Dabei wird durch das Gerund I Gleichzeitigkeit, durch das Gerund II Vorzeitigkeit gegenüber der Handlung des Hauptsatzes ausgedrückt. Beide Gerundien werden mehr in der Literatur und weniger in der gewöhnlichen Alltagssprache gebraucht; in dieser setzt man statt dessen lieber einen vollständigen Nebensatz. Beispiele:

Ìdūći pútem razmíšljao je o svòjoj sùdbini. (= *Dok je ìšao pútem, razmíšljao je o svòjoj sùdbini.*)
Während er den Weg entlangging, dachte er über sein Schicksal nach.

Dòšāvši kùći sâtima je sèdeo i ćútao. (= *Kad je dòšao kùći, sâtima je sèdeo i ćútao.*)
Nachdem er nach Hause gekommen war, saß er stundenlang und schwieg.

Einige Gerundien sind Adjektive geworden, d.h. sie unterscheiden die drei Genera (-i, -a, -e) und werden dekliniert. Beispiele:

ìdūćī pût nächstes Mal, *ìdūćā gòdina* nächstes Jahr, *kùpāćī kòstīm* Badeanzug, *pùtujūćē pózorište* Wanderbühne, *vládajūćī sìstēm* herrschendes System *njègova bùdūćā sùpruga* seine künftige Frau, *njên bîvšī mûž* ihr ehemaliger Mann, *spàvāćā sòba* Schlafzimmer, *pìsāćā mašína* Schreibmaschine.

Tamni vilajet

Bio jedan car, pa došavši s vojskom na kraj svijeta, pođe u tamni vilajet, gdje se nikada ništa ne vidi. Ne znajući kako će se natrag vratiti, ostave ondje ždrebad od kobila da bi se uz pomoć kobila iz one pomrčine vratili. Kad su ušli u tamni vilajet i išli po njemu, osjećali su pod nogama nekakvo sitno kamenje, a iz mraka nešto poviče: „Ko ovoga kamenja ponese, kajaće se, a ko ne ponese kajaće se!" Neki su pomislili: „Kad ću se kajati, zašto da ga nosim?" a neki: „Daj barem jedan da ponesem!" Kad su se vratili iz tame na svijet, a to sve je bilo drago kamenje; onda oni koji nijesu ponijeli ništa stanu se kajati (zato) što nijesu, a oni koji su ponijeli što nijesu više.

(Narodna pripovijetka, leicht adaptiert)

Doktor Jan

Našega starog doktora Jana
telefon zove s Kalemegdana:
„Doktore dragi, hitno je vrlo,
imamo gosta, boli ga grlo!"
„Imate gosta?
Da nije stranac?"
„Pravo ste rekli. Jest, Afrikanac!"
Doći ću brzo, za jedan sat.
Kažite samo: na koji sprat?"
„Na kome spratu? Teško je reći,
boli ga čitav — drugi i treći."
Čudom se čudi naš doktor Jan:
„Kakav bolesnik?! Je l' trospratan?"
„Doktore, jeste, to nije varka,
zovemo, znate, iz zoo-parka.
Žirafu jednu boli nam vrat,
a to je drugi i treći sprat."

(Branko Ćopić, 1914 - 1984)

Београде, добро јутро!

Јутрос будале претичу идиоте, јер испред идиота неким кретенима не раде стоп-светла.

Не претичите паметније од себе! Права возачка такмичарска дисциплина зове се — ко ће дуже, а не ко ће брже.

Не заборавите:
Многи никад више не би возили брзо, али, на жалост, такву прилику више неће имати.

Оно што сте пропустили у животу, не можете надокнадити брзом, сумануом вожњом.

Изнервира вас жена, па правите глупости и грешке у саобраћају. Онда наиђете на милиционера, кога је такође изнервирала жена, и он вам одузме возачку дозволу.

Тако је мало љубави међу људима. Ко уме да воли, не би требало ништа друго да ради.

(Душан Радовић, 1922 - 1986)

Razgovor o književnosti i svakodnevnom životu

A.: Branko Ćopić je jedan od najpopularnijih pisaca u posleratnom vremenu.
B.: Pisao je romane, pripovetke i pesme.

A.: Ljudi su ga mnogo voleli i zbog njegovog vedrog humora.
B.: Meni se mnogo sviđaju njegove pesme za decu.
A.: Da. Ovu žirafu boli grlo. Boli li tebe nešto?
B.: Boli me zub. Loše se osećam. Molim te, pozovi lekara.
A.: Ne mogu da ga zovem. Doktor je na Kalemegdanu, u Zoološkom vrtu.
B.: Ali ja sam hitan slučaj. Pozovi hitnu pomoć!
A.: Kako bi bilo da mi idemo lekaru? I bolnica i ambulanta su blizu moje kuće.
B.: Ne mogu, lift ne radi. Neću da idem peške sa šestog sprata. Čudim se vama koji to možete.
A.: Tako se krećemo više nego ti, a to je dobro za zdravlje. Na kom spratu stanuješ ti?
B.: U prizemlju, u jednoj dvospratnoj zgradi. Ja volim male kuće i vrtove sa cvećem i drvećem.
A.: Ko to ne voli? Ali u centru su, uglavnom, velike, višespratne zgrade. I ja sam ranije stanovao u zelenilu, u predgrađu. Ali se ne kajem što sam se preselio u centar.
B.: Mrak je. Ništa se ne vidi. Molim te, upali svetlo.
A.: Evo, upalio sam ga. Na jugu leti mrak pada ranije nego na severu.
B.: Interesantno je da na vašem jeziku sve „pada": kiša pada, sneg pada — i mrak pada. A znaš li da zimi na severu skoro uopšte ne sviće? Ceo dan je mrak kao u ovom „tamnom vilajetu".
A.: Ali to se tebe ne tiče. Ti možeš da biraš gde ćeš živeti. Imaš dovoljno novaca (para).
B.: A kad izaberem, onda ću se u svakom slučaju kajati. Molim te ugasi svetlo, a upali sveću! Bole me oči.
A.: Kako možeš da voziš kola sa bolesnim očima?
B.: Ne vozim više. Policija mi je oduzela vozačku dozvolu. Imao sam saobraćajnu nesreću.
A.: Znači, bio si kriv. Ovde se često dešavaju saobraćajne nesreće, jer mnogi ljudi voze kao sumanuti. I juče se desila nesreća na uglu naše ulice.
B.: Vozači stalno pretiču jedan drugoga, na najgorim mestima.
A.: Da li si nekada slušao emisije na radiju Dušana Radovića?
B.: Na žalost, nisam. Propustio sam tu priliku koja se ne može više nadoknaditi. Znam da je umro.
A.: On je pisao i divne pesme za decu.

Vokabeln

Afrikánac	*Afrikaner*	disciplína	*Disziplin*
ambulànta	*Ambulanz*	dok	*während*, bis
bâr, bárem	*wenigstens*	dvòsprat|an, -na, -no	*zweistöckig*
bolèsnīk, -íka	*Kranker*	hȉt|an, -na, -no	*eilig*
bólnica	*Krankenhaus*	hȉtnā pòmōć	*Notdienst*

idìot	Idiot	sȁobraćāj	Verkehr
izn|ervírati, -èrvirām pf.	nerven	sȁobraćājn|ī, -ā, -ō sȉt|an, -na, -no	Verkehrs- klein
jȕtros	heute morgen	sùmānūt, -a, -o	wahnsinnig
kàmēnje	Gestein	svéća (svijèća)	Kerze
krètēn, -éna	Kretin	svètlo (svjètlo)	Licht
kȕče	Hund	svȉtati, svȉćē ipf.	Tag werden
kòbila	Stute	tàkmičarsk|ī, -ā, -ō	wetteifernd
lȅti (ljȅti)	im Sommer	táma	Dunkelheit
miliciònēr, -éra	Polizist	tròsprat|an, -na, -no	dreistöckig
nadòknaditi pf.	ersetzen	ugásiti, ùgāsīm pf.	löschen
nàtrāg	zurück	upáliti, ùpālīm pf.	anzünden
odùzeti, òduzmēm pf.	wegnehmen	ùputstvo vârka	Anleitung Täuschung
pòmisliti pf.	denken	vilàjet (arch.)	Reich
pòmrčina	Finsternis	višèsprat|an,	mehrstöckig
pònēti (pònijeti) ponèsēm pf.	mitnehmen	-na, -no vójska	Heer
pȍpular|an, -na, -no	populär	vòzāčk|ī, -ā, -ō	Fahrer-
poslèratn|ī, -ā, -ō (poslijèratnī)	Nachkriegs-	vóžnja vrât, vràtovi	Fahrt Hals
povíkati, pòvīčēm pf.	rufen, schreien	vȓt, vȑtovi zàbrin|uti (se),	Garten (sich) Sorgen
prédgrāđe	Vorstadt	-ēm pf.	machen
prèticati ipf.	überholen	zdrâvlje	Gesundheit
prízemlje	Erdgeschoß	zelènilo	Grün(anlage)
pȑkos	Trotz	zíma	Winter
pròleće (pròljeće)	Frühling	zîmi	im Winter
propùstiti, pròpustīm pf.	versäumen	zoòlošk|ī, -ā, -ō žiráfa	zoologisch Giraffe

Redewendungen

lȉft (sât, frìžider) nè rādī Lift (Uhr, Kühlschrank) funktioniert nicht
Sèdīm za stòlom Ich sitze am Tisch
Sȅdi za stô! Setze dich an den Tisch!

Übungen

I. Üben Sie die Präpositionen!

1. Ne slažem se s tobom uprkos (svi tvoji argumenti) ..... 2. Nemam novaca, ostala sam bez (dinar) ..... 3. Blizu (moja kuća) .... se nalazi

veliki park. 4. Danas putujem samo do (Zagreb) .... i ostajem u Zagrebu do (petak) ..... 5. Kada si se vratila iz (Nemačka) ....? 6. Iza (ona planina) .... se prostiru velike ravnice. 7. Njihovo selo je između (reka i planina) ..... 8. Oni stanuju iznad (ja) ...., ali danas nisu kod (kuća) ..... 9. Po (njegovo mišljenje) .... to nije tako. 10. Anin apartman je ispod (moj stan) ..... 11. Molim te, idi ispred (dete) ...., ono se boji onog (kuče) ..... 12. Njihova kuća je kraj (put) .... koji vodi duž (reka) ..... 13. Pređite preko (most) ...., na desnoj strani niže (most) .... je ta prodavnica koju tražite. 14. Preko puta (ta prodavnica) .... je garaža, a pored (garaža) .... je neki hotel. 15. Molim te, neka ovo ostane među (mi) ..... 16. S ove strane (reka) .... je stari deo grada; a s one strane (Sava i Dunav) .... su nove ali ružne zgrade. 17. Molim vas da ćutite za vreme (koncert) ..... 18. Razgovarajte posle (čas) ....! 19. Zašto si protiv (ja) ....? Nisam protiv (ti) ...., ja sam protiv (tvoj predlog) ..... 20. Lakše je ići uz (brdo) .... nego niz ..... 21. Pre (ručak) .... moram da odem u prodavnicu; posle (večera) .... uvek idem u šetnju. 22. Zbog (bolest) .... je ostala kod (kuća) .... — zbog (to) .... nije došla. 23. Popodne sam u (biblioteka) ...., dođi i ti u ..... 24. Kupila sam deci po (čokolada) ..... 25. Oni stanuju (iz)van (grad) ..., u jednom malom selu. 26. Imaju lepu kuću i veliku baštu oko (kuća) ..... 27. Svi sede za (sto) ...., sedi i ti za ....! 28. Oni nisu kod (kuća) ...., putuju po (Evropa) ..... 29. Svi su došli osim (tvoj prijatelj) ..... 30. Crkva je na brdu više (selo) ...., a usred (selo) .... je mali trg. 31. Došao je u (proleće) .... a otišao je u (jesen) ..... 32. Nije govorio istinu, prema (to) ...., lagao je.

II. Bilden Sie die entsprechenden Gerundien. Formen Sie dann die Sätze in zusammegesetzte Sätze um.

1. Smejala sam se (čitati) .... njegovo pismo.
2. (Čekati) .... pred prodavnicom ljudi su se svađali.
3. (Prodati) .... kuću u selu, Dejan se preselio u grad.
4. (Razmišljati) .... o tim problemima danima je sedeo u kući.
5. (Naći se).... u teškoj situaciji morao je tražiti neki izlaz.
6. (Pomagati) .... drugima pomažemo i sebi.
7. (Sedeti) .... u svojoj sobi ne možeš upoznati nikoga.
8. (Putovati) .... po svetu upoznala sam razne ljude.

III. Stellen Sie in „Tamni vilajet" Ijekavismen fest und nennen Sie deren ekavische Entsprechungen!

IV. Bilden Sie einige Sätze mit den Vokabeln der obigen Texte! Hier einige Stichwörter!

Svaka država .... imati .... svoja vojska ..... Zato je u .... istorija .... bilo mnogo .... rat ..... Ne mislim da .... postojati .... kraj .... svet ..... Niko se nije .... vratiti .... s kraj .... svet ..... Juče .... ja .... boleti .... glava ..... Sada (ja) .... kajati se ....

što nisam .... pozvati .... lekar .... ili .... hitna pomoć ..... Marko je .... imati .... saobraćajna nesreća ..... On je .... biti .... kriv. Zato .... on .... policija .... oduzeti .... saobraćajna dozvola ..... Marko sada .... ići .... peške, i tako .... kretati se .... više nego ranije. On .... kritikovati .... vozači .... koji .... voziti .... brzo, kao sumanut ..... (On) kazati .... da su oni .... budala .... idiot .... kreten ..... Naučio je mnogo .... lepa reč .... na .... srpski jezik ....

V. Übersetzen Sie!
1. Ich fühle mich schlecht, deshalb muß ich zum Arzt gehen. 2. Gestern war ich mit meinen Kindern im Zoo. 3. Meinen Kindern hat insbesondere die Giraffe gefallen. 4. Mein Wagen ist alt: die Brems-Lichter funktionieren nicht. 5. Meine Kinder sind im Wagen, deshalb fürchte ich mich vor einem Verkehrsunfall. 6. Unsere Fahrer fahren schnell und überholen ständig, deshalb passieren oft Unfälle. 7. Gott sei Dank, der Aufzug funktioniert, wir wohnen nämlich in einem sechsstöckigen Gebäude. 8. In der Vorstadt gibt es mehr Grün(anlagen) als im Stadtzentrum. 9. Es ist dunkel, ich sehe nichts — bitte mach das Licht an. 10. Mach dieses Licht aus, meine Augen tun mir weh. Nimm die Brille!

24. Lektion — Dvadeset četvrta lekcija

1. In die V. Verbalklasse gehören die Verben, deren Infinitive auf *-nuti* und deren Präsens auf *-nēm* usw. ausgeht. Mit Ausnahme einiger weniger sind dies perfektive Ableitungen anderer Verben, und sie bezeichnen eine Augenblickshandlung („momentane Verben"). Das Verhältnis des abgeleiteten perfektiven zum imperfektiven Verb kann durch folgendes Beispiel verdeutlicht werden:

kùcati ipf. klopfen — *kùcnuti pf.* kurz (einmal) (an)klopfen
Nèko kùcā na vrátima. Nèko je kùcnuo.

Die wenigen imperfektiven (nicht abgeleiteten) Verben bilden ihre perfektive Entsprechungen durch Zusammensetzen mit Präfixen. Das sind:

blènuti gaffen   *mȑznuti (se)* frieren
brìnuti (se) (sich) sorgen   *sàhnuti* welken
čèznuti sich sehnen   *tònuti* sinken
gìnuti umkommen   *vènuti* welken

Die meisten Verben dieser Klasse sind einfach zu konjugieren:

tònēm   *tònēmo*
tònēš   *tònēte*
tònē   *tònū*

Part. Perf. tònuo, tònula; Imperativ tòni! Gerund I tōnūći

2. Durch gewisse Eigentümlichkeiten nähern sich manche Verben auf -nuti denen der VI. Klasse (auf -ći, sog. konsonantische Stämme, vgl. dort), sie haben nämlich doppelte Infinitivformen und infolge davon auch doppelte Formen des Partizip Perfekt und des Gerund II (sowie des Aorists, vgl. dort), von denen diejenigen ohne -nu- in der Regel gebräuchlicher sind (also: dȋći, dȋgnēm, dȋgao, dȋgāvši).

Infinitiv	Präsens	Partizip Perfekt
dȉgnuti/dȋći heben	dȋgnēm	dȋgnuo / dȋgao, dȋgla
klȅknuti/klȅći niederknien	klȅknēm	klȅknuo/klȅkao, klȅkla
màknuti/màći (beiseite)rücken	màknēm	màknuo/màkao, màkla
nàviknuti/nàvići se sich gewöhnen	nàviknēm	nàviknuo/nàvikao, nàvikla
nȉknuti/nȉći sprießen	nȉknēm	nȉknuo/nȉkao, nȉkla
pòbegnuti/pòbeći entfliehen (pòbjegnuti, pòbjeći)	pòbegnēm	pòbegnuo/pòbegao, pòbegla
pȕknuti/pȕći platzen	pȕknēm	pȕknuo/pȕkao, pȕkla
stȋgnuti/stȋći ankommen, einholen	stȋgnēm	stȋgnuo/stȋgao, stȋgla
(do)tàknuti/(do)tàći berühren	(do)tàknēm	(do)tàknuo/(do)tàkao, (do)tàkla

3. Einige Verben haben den Infinitiv nur auf -nuti und bilden dennoch doppelte Partizipformen:

ìščeznuti verschwinden	ìščeznēm	ìščeznuo/ìščezao, ìščezla
nàgnuti (se) (sich) beugen	nàgnēm	nàgnuo/nàgao, nàgla
naprégnuti (se) (sich) anstrengen	nàpregnēm	naprégnuo/nàpregao, nàpregla
sàgnuti (se) (sich) bücken	sàgnēm se	sàgnuo/sàgao, sàgla
smȓznuti (se) erfrieren	smȓznēm	smȓznuo/smȓzao, smȓzla
tȓgnuti (se) zusammenfahren, zucken	tȓgnēm	tȓgnuo/tȓgao, tȓgla
usàhnuti verwelken	ùsahnēm	usàhnuo/ùsahao, ùsahla
ùvenuti verwelken	ùvenēm	ùvenuo/ùveo, ùvela

4. Nach einem alten Lautgesetz sind vor dem -n- (in -nu-) gewisse Konsonanten (k,t,d) ausgefallen, die in den Formen ohne -n- wieder zum Vorschein kommen:

prìtisnuti (an)drücken	prìtisnēm	prìtisnuo/prìtiskao, prìtisla
pȓsnuti platzen	pȓsnēm	pȓsnuo/pȓskao, pȓsla

In prìtisla, pȓsla ist eine Vereinfachung der Konsonantengruppe -skl- eingetreten.

5. Es sei schließlich darauf hingewiesen, daß die imperfektiven Entsprechungen zu diesen Verben, von denen die meisten bereits vorgekommen sind, verschiedenen Verbalklassen angehören: zur I.: *bèžati, kléčati*, zur II.: *iščezávati, navikávati (se), půcati, tȓzati se, pritískati, pȓskati*, zur IV.: *dȋzati, mȋcati, nȋcati, stȋzati, tícati, nàginjati (se), naprézati (se), sàginjati se*.

Beograde, dobro jutro!

Ko je imao sreće da se jutros probudi u Beogradu, može smatrati da je za danas dovoljno postigao u životu. Svako dalje insistiranje na još nečemu, bilo bi neskromno.

Pre nego što krenete da tražite sreću, proverite — možda ste već srećni. Sreća je mala, obična i neupadljiva i mnogi ne umeju da je vide.

Čuvajte se na pešačkim prelazima. Ima vozača kojima je dojadio život, samo još ne znaju čiji.

Kako regulisati saobraćaj u Beogradu? Evo jednog radikalnog predloga: Ukinuti sve saobraćajne propise, ukloniti saobraćajnu miliciju, ukinuti polaganje vozačkih ispita i dozvoliti prirodnu selekciju i vozača i kola.

Požurite! Neko je krenuo ko zna odakle, možda čak iz Hamburga, da se sudari sa vama.

Ko živi peške, duže živi. Ko peške krene u bolnicu, kasnije će stići. Pešaci se druže, a automobilisti se svađaju. Automobilisti se žure. Jedino pešaci imaju vremena da žive.

Beograd nam je prljav. Beograđani, kao Ivica i Marica, ostavljaju tragove za sobom da bi po njima umeli da se vrate kućama. Na svakih pedeset metara po jedan trag. Ako znate šta puše i od čega boluju, lako biste ih mogli naći.

Zašto se ulične korpe za otpatke ne podignu na visinu koševa za košarku? Bila bi to provokacija kojoj niko od naše košarkaške nacije ne bi odoleo. Koševi bi bili puni, a Beograd čist.

Kupajte se i secite nokte kad ste u inostranstvu! Šišajte se kad odete na godišnji odmor! Što više đubreta ostavljajte van Beograda! U Beogradu više nema mesta.

Grehota je oduzeti život ribi koja je preživela sva zagađenja svoje životne sredine.

Znate kada će biti rešen vaš problem? Ako ne umrete — nikada.

Čuvajte se slobodnih dana! Nisu slobodni dani za svakog. Slobodan čovek uvek je u iskušenju da misli. A ko pet dana nije mislio, možete misliti šta taj može misliti kad odjednom počne da misli.

Problem nisu oni koji ne vole da čitaju, već oni koji vole da pišu.
Lakše je nekoga navići da čita, nego odvići da piše.
Molimo domaće pisce da do daljega ne pišu. Još nismo pročitali ni ovo.

(Dušan Radović)

Лав

Био једном један лав. . .
Какав лав?
Страшан лав,
нарогушен и љут сав!
Страшно, страшно!
Ишао је на три ноге,
слушао је на три ува,
гледао је на три ока!
Страшно, страшно!
Не питајте шта је јео.
Тај је јео шта је хтео

- трамвај цео
и облака један део!
Страшно, страшно!
Зуби оштри, поглед зао
- он за милост није знао!
Страшно, страшно!
Док га Брана
једног дана
није гумом избрисао!
Страшно, страшно!

(Душан Радовић)

Vokabeln

automobìlist(a)	*Autofahrer*	kúpati se,	*baden*
bâjka	*Märchen*	kûpām *ipf.*	
bolòvati,	*krank sein*	làv, -ovi	*Löwe*
bòlujēm *ipf.*		ljût, -ā, -ō	*böse*
cvêt, cvètovi	*Blume*	mêtar	*Meter*
(cvȉjet, cvjètovi)		mìlīcija	*Miliz*
dojáditi, dòjādīm *pf.*	*lästig werden*	mȉlōst *f.*	*Gnade*
đùbre	*Schmutz, Abfall*	narògušen, -ā, -ō	*kampfbereit, erzürnt*
grehòta	*Sünde*	nèskrom|an, -na, -no	*unbescheiden*
gùma	*Gummi*	neupàdljiv, -a, -o	*unauffällig*
inostrànstvo	*Ausland*	nòkat	*Nagel*
insistíranje	*Insistieren*	òblāk	*Wolke*
iskušénje	*Versuchung*	odòleti (odòljeti) (*D.*) *pf.*	*widerstehen*
Ȉvica i Màrica	*Hänsel und Gretel*	òdviknuti (òdvići) (se) *pf.*	*(sich) abgewöhnen*
jèo *von* jèsti	*gegessen*	òstavljati *ipf.*	*hinterlassen*
kórpa	*Korb*	òtpadak	*Abfall*
košàrkāšk|ī, -ā, -ō	*Basketball-Korb*	pèšāk (pjèšāk), -áka	*Fußgänger*
kȍš, kòševi			
krénuti, krênēm *pf.*	*aufbrechen*		

pòdići pf.	hochheben	sìjati,-am ipf.	scheinen
pògled	Blick	smátrati,	meinen
poláganje	Ablegen	smȃtram ipf.	
pòstići pf.	erreichen	strépeti (strépjeti)	bangen
prélaz (prijèlaz)	Übergang	ipf.	
própis	Vorschrift	sùdariti se, -īm pf.	zusammen-
pròveriti (prò-	prüfen		stoßen
vjeriti) pf.		šíšati (se),	Haare schnei-
provokácija	Provokation	šȋšām ipf.	den (lassen)
pȕšiti ipf.	rauchen	trȃg, trȁgovi	Spur
pȕšenje	Rauchen	ùkinuti pf.	abschaffen
rȁdikalan, -na, -no	radikal	uklòniti, ùklonīm pf.	beseitigen
regùlisati, -šem	regulieren	ùličnī, -ā, -ō	Straßen-
ipf.		vȅć	sondern
rēšen (rȋješen),	gelöst	visìna	Höhe
-a, -o		zagađénje	Verunreini-
sécite!	schneidet!		gung
selèkcija	Selektion	žúriti (se), -īm ipf.	eilen

Übungen

I. Üben Sie die Vokabeln. Erzählen Sie eine kleine Geschichte. Hier sind einige Stichworte.

Jutros .... probuditi se .... rano. Proveriti .... da li je lepo vreme: Sunce je .... sijati ..... Ustati .... i krenuti .... u grad. Ne tražiti .... ništa, želeti .... da .... šetati. Na .... pešački prelaz .... razmišljati: kako da se .... regulisati .... saobraćaj. U .... veliki gradovi .... to je veliki problem. Dok .... stajati i razmišljati ...., dva .... automobil .... sudariti se ..... Život mi .... dojaditi .... zbog .... smog ..... Setiti se .... jedan radikalan predlog ....: treba da .... ukinuti .... automobili .... i da .... voziti se .... autobus .... tramvaj ..... Ranije .... ljudi .... ići .... peške. Da li .... živeti .... duže ili .... lepše? A danas: pešaci .... družiti se ...., vozači .... žuriti se .... voziti brzo .... i svađati se ..... Oni .... ne imati .... vreme ....!

Ivica i Marica — tako .... zvati se .... brat i sestra u .... prevod .... jedna bajka .... od .... braća Grim. Oni .... ostavljati .... trag .... za sobom da .... vratiti se .... kuća. Ljudi .... ostavljati .... otpadak .... u .... korpa za ...., i na .... ulice .... su ..... Jugosloveni su .... nacija .... voleti .... da .... igrati .... košarka .... ne mogu da .... odoleti .... košarka ..... Ni moj sin .... ne moći .... da .... odoleti .... to iskušenje ....

A moja ćerka .... mala .... lepa ...., ... cvet. Ja .... mnogo ....
voleti .... svoja mala devojčica ..... Zato .... brinuti se .... o njoj,
zato .... strepeti .... da joj se .... moći .... desiti nešto loše.

II. Setzen Sie die Verben ins Präsens oder Perfekt.
1. Ja (čeznuti) .... za suncem. 2. Sunce je opet (iščeznuti) .....
3. Moje cveće još nije (niknuti) ...., ne može da .... jer je zemlja hladna. 4. Ja sam (smrznuti se) ..... 5. Flaše s pivom su (smrznuti se i pući) ...., ne smem da ih (dotaknuti) ..... 6. Da, sve flaše su (prsnuti) ..... 7. Ako hoćeš da upališ svetlo, treba da (pritisnuti) .... ovo dugme. 8. Sanjala sam nešto strašno pa sam (trgnuti se) .... i probudila. 9. Zašto se ne (sagnuti i podići) .... knjigu? 10. Zašto si (pobeći) .... iz kuće? 11. Molim te da (pomaći) .... sto prema prozoru. Zašto ga nisi ....? 12. Moram da (stići) .... na univerzitet do 9 časova. 13. Kada si (stići) .... iz Zagreba? Pre dva dana. 14. Marko (brinuti se) .... zbog majke, bolesna je. Da li se neko .... o njoj? 15. Ne mogu da (naviknuti se) .... na kišu i sivo nebo. Ne mogu da (odviknuti se) .... od pušenja. 16. Mnogi ljudi (ginuti) .... na našim putevima. 17. Mi treba da (napregnuti se) .... i da nađemo neko rešenje tog problema. 18. Mi (tonuti) .... u sve veće probleme. 19. Ja (brinuti se) .... mnogo zbog toga. 20. Moram da (stići) .... na vreme. Zato treba da (krenuti) odmah.

III. Übersetzen Sie!
1. Er hat viel im Leben erreicht, hat aber auch Glück gehabt. 2. Ich meine nicht, daß er unbescheiden ist. 3. Du suchst immer noch dein Glück. Prüfe es, vielleicht bist du ja schon glücklich. 4. Hüte dich vor schlechten Menschen und vor verrückten Autofahrern. 5. Heute haben wir Vorschriften für jede Situation im Leben. 6. Wir können Verkehrsvorschriften nicht abschaffen. 7. Ich kann meinem Kind solche Sachen nicht erlauben. 8. Ich kann dieser Versuchung nicht widerstehen. 9. Ich rauche viel und kann mir das Rauchen nicht abgewöhnen. 10. Es ist eine Sünde, daß du so etwas sagst. 11. Hast du Angst vor Löwen? - Nein. Ein Löwe ist eine große Katze. 12. Ich mag Katzen, also mag ich auch Löwen.

25. Lektion - Dvadeset peta lekcija

1. In der VI. Verbalklasse sind die Verben zusammengefaßt, die im Infinitiv auf -*ći* oder -*sti* und im Präsens auf -*ēm* usw. ausgehen. Es handelt sich um die sogenannten konsonantischen Stämme, d.h., daß ihr Infinitivstamm auf einen Konsonanten auslautet, der infolge alter Lautveränderungen nicht leicht zu erkennen ist, bei der Bildung der Konjugationsformen jedoch wieder zum Vorschein kommt. Alle diese Verben haben in der maskulinen Form des Partizip Perfekt das „bewegliche *a*".

2. Die nicht zahlreichen Verben mit der Infinitivendung -ći enthalten in ihrem Stamm die Konsonanten -k bzw. -g (-ći < -kti oder -gti), die vor dem Vokal -e- des Präsens zu -č- bzw. -ž-, vor dem -i- des Imperativs zu -c- bzw. -z- werden. In den Formen, welche die Vokale e oder i nicht enthalten, bleiben k und g unverändert, so auch im Partizip Perfekt.

Man merke sich die Formenbildung am Beispiel von

pèći (< *pekti*) *ipf.* backen, braten

Präsens		Imperativ	Partizip Perfekt
pèčēm	pèčēm	pèci!	pèkao, pèkla
pèčēš	pèčēte		
pèčē	pèkū		
		Gerund I	Gerund II
		pèkūći	ispèkāvši

Ebenso gehen folgende Verben und deren Zusammensetzungen:

Infinitiv	Präsens	Imperat.	Part. Perf.
sèći (sjèći) *ipf.* schneiden	séčēm (sijèčēm)	séci! (sijèci!)	sèkao, sèkla (sjèkao, sjèkla)
tèći *ipf.* fließen	tèčēm	tèci!	tèkao, tèkla
túći *ipf.* schlagen	túčēm	túci!	tûkao, túkla
vúći *ipf.* ziehen, schleppen	vúčēm	vúci!	vûkao, vúkla
obúći *pf.* anziehen (*ipf.* obláčiti, 1.Kl.)	obúčēm	obúci!	òbūkao, obúkla
svúći *pf.* ausziehen (*ipf.* svláčiti, 1.Kl.)	svúčēm	svúci!	svûkao, svúkla

Ein -g- im Stamm haben neben dem bereits bekannten Verb mòći, die (heute selten vorkommenden) Verben

žèći *ipf.* brennen	žèžēm	žèzi!	žègao, žègla
strîći *ipf.* scheren	strízēm	strízi!	strîgao, strîgla

Einige der hierhergehörigen Verben bilden ihr Präsens nach der V. Verbalklasse, davon weisen einige Doppelformen auf (so die Zusammensetzungen mit tèći).

lèći *pf.* sich hinlegen	lègnēm	lèzi!	lègao, lègla
pomòći *pf.* helfen	pòmognēm	pomòzi!	pòmogao, pomògla

| rèći pf. sagen | rĕknēm | rèci! | rĕkao, rèkla |
| stèći pf. erwerben | stĕknēm (stèčēm) | stèci! | stĕkao, stèkla |

3. Bei den auf -sti auslautenden Infinitiven sind drei Gruppen zu unterscheiden:

a) Bei einigen Verben gehört der Konsonant -s- (oder -z- im Falle s<z, vgl. E 9 über "regressive Assimilation") zum Stamm und bleibt in allen Formen erhalten.

Infinitiv	Stamm	Präsens	Imperat.	Part. Perf.
pásti ipf. weiden	pas-	pásēm	pási!	pâsao, pásla
rásti ipf. wachsen	rast-	rástēm	rásti!	râstao, rásla
spásti pf. retten	spas-	spásēm	spási!	spâsao, spásla
grȉsti ipf. beißen	griz-	grízēm	grízi!	grȉzao, grȉzla
vésti ipf. sticken	vez-	vézēm	vézi!	vêzao, vézla

Hierzu kommt eine Reihe von perfektiven Zusammensetzungen mit dem selbstständig nicht existierenden -vesti (Stamm -vez-), deren imperfektive Entsprechungen mit vòziti, vòzīm ipf. fahren gebildet werden, zum Beispiel:

dovèsti pf. herbeifahren	dovez-	dovèzēm	dovèzi!	dòvezao, dovèzla
odvèsti pf. wegfahren	odvez-	odvèzēm	odvèzi!	òdvezao, odvèzla
izvèsti pf. hinausfahren, exportieren	izvez-	izvèzēm	izvèzi!	ìzvezao, izvèzla
uvèsti pf. hineinfahren, importieren	uvez-	uvèzēm	uvèzi!	ùvezao, uvèzla

b) Bei einigen wenigen Verben ist -sti als Infinitivendung zu betrachten (erkennbar sind sie an einem vorangehenden -p- , da dieses -sti < -pti, -bti entstanden ist):

| grèpsti ipf. kratzen | greb- | grèbēm | grèbi! | grèbao, grèbla |
| zépsti ipf. frieren | zeb- | zébēm | zébi! | zêbao, zébla |

cŕpsti ipf.	crp-	cŕpēm	cŕpi!	cȓpao,
(er)schöpfen				cŕpla

c) In Hinblick auf zahlreiche Zusammensetzungen sollten insbesondere die Verben beachtet werden, deren Stamm auf *-t-* oder *-d-* endet (*-sti* < *-dti, - tti*):

mèsti ipf. fegen	met-	mètēm	mèti!	mȅo, mȅla
plèsti ipf. flechten, stricken	plet-	plètēm	plèti!	plȅo, plȅla
bòsti ipf. stechen	bod-	bòdēm	bòdi!	bô, bòla
krȁsti ipf. stehlen	krad-	krádēm	krádi!	krȁo, krȁla
jȅsti ipf. essen	jed-	jȅdēm	jȅdi!	jȅo, jȅla
prȅsti ipf. spinnen, schnurren	pred-	prédēm	prédi!	prȅo, prȅla

Hierher gehört auch eine Reihe von perfektiven Zusammensetzungen mit dem selbständig nicht existierenden *-vesti* (Stamm *-ved-*), deren imperfektive Entsprechungen mit *vòditi, vȍdīm ipf.* führen gebildet werden, zum Beispiel:

dovèsti pf. herführen	doved-	dovèdēm	dovèdi!	dòveo, dovèla
odvèsti pf. wegführen	odved-	odvèdēm	odvèdi!	ȍdveo, odvèla
uvèsti pf. (her)einführen	uved-	uvèdēm	uvèdi!	ȕveo, uvèla
izvèsti pf. hinausführen	izved-	izvèdēm	izvèdi!	ȉzveo, izvèla
razvèsti se pf. sich scheiden lassen	razved-	razvèdēm	razvèdi!	rȁzveo, razvèla

Wie aus den Beispielen ersichtlich ist, fehlen im Partizip Perfekt die Stammkonsonanten *d, t,* d.h., daß die Partizipendungen an die Stelle der Infinitvendung *-sti* treten (sprachhistorisch gesehen handelt es sich um die sogenannte Vereinfachung der Konsonantengruppen *dl, tl > l* und dann *l > o*).

4. Von den Verben auf *-sti* bilden drei (und ihre Zusammensetzungen) das Präsens nach der V. Konjugationsklasse:

pȁsti pf. fallen	pad-	pȁdnēm	pȁdni!	pȁo, pȁla
sȅsti (sjȅsti) pf. sich hinsetzen	sed-	sȅdnēm (sjȅdnēm)	sȅdi! (sȅdni!) sjȅdi! (sjȅdni!)	sȅo, sȅla (sjȅo, sȉo, sjȅla)
srȅsti (se) pf. begegnen, treffen	sret-	srȅtnēm	srȅtni!	srȅo, srȅla

5. Man beachte die zusammengesetzte Futurform der Verben auf -sti (s > š):

Dovèšću i déte. Ich werde auch das Kind mitbringen.
Pòješćemo svȅ. Wir werden alles aufessen.

6. Außerhalb der Reihe stehen heute die perfektiven Zusammensetzungen mit -nēti (-nijeti, Stamm -nes-), deren imperfektive Entsprechungen mit nòsiti, nȍsīm ipf. tragen gebildet werden, zum Beispiel:

dònēti (dònijeti) pf. herbringen	donèsēm donèsi! (ekav. und ijekav)	dȍneo, dȍnēla (dȍnio, dȍnijela)
òdnēti (òdnijeti) pf. wegtragen	odnèsēm odnèsi! (ekav. und ijekav.)	ȍdneo, ȍdnēla (ȍdnio, ȍdnijela)
pònēti (pònijeti) pf. mitnehmen	ponèsēm ponèsi! (ekav. und ijekav.)	pȍneo, pȍnēla (pȍnio, pȍnijela)

Iz "Autobiografije" Branislava Nušića

Strani jezici

Nemački jezik nam je išao već nešto teže, a savladali smo ga jedino blagodareći okolnosti što smo imali profesora koji nam je neobično lepo umeo da objasni mnoge stvari koje bi nam inače bile nejasne.

– Pomoćni glagol, deco, to je onaj glagol koji pomaže glavnom. Na primer, ja kopam vinograd i onda sam ja glagol *graben*, dakle: *ich grabe*. Jest, ali *graben* ne može da stigne da okopa sam vinograd, kratak dan pa ne može da stigne. Zato on pozove svoga komšiju *habena* i kaže mu: "Učini mi toliko, komšija *haben*, pomozi mi da okopamo vinograd!" *Haben*, kao dobar komšija, pristane i pomogne mu. Zajedno su stigli da okopaju vinograd, i to je onda *ich habe gegraben*. *Haben* je, dakle, u ovome slučaju pomoćni glagol, to jest glagol koji je pritekao u pomoć *grabenu*. . . .Prema tome, svaki pomoćni glagol na nemačkom jeziku jeste komšija. . .

Najviše jada i nevolja su nam zadavali izuzeci, koji su prosto bili grobnica u koju je legao čitav jedan razred ako ne i čitavo jedno pokolenje. I u drugim gramatikama ima izuzetaka, ali su nekako uljudni i pristojni. Ali ovi u nemačkom jeziku! Prosto osećate da su ih Nemci izmislili kao jedno od svojih militantnih sredstava za uništavanje neprijatelja. Ili, ako ne to, onda kao bodljikavu žicu, kojom je nemački jezik ograđen kako se ne bi moglo olako prodreti u znanje istoga.

Мртви језици

Мени још ни данас никако не иде у главу тај појам: мртав језик. Ја разумем да изумре један језик а да живи народ, али да изумре народ а да живи језик, то никако да разумем. . . Ја мислим да мртав језик не може бити употребљен ни за шта друго осим као професорска професија. . . . А треба видети те професоре са каквим задовољством вас довуку до друге деклинације или треће конјугације, а то је смртоносно место у латинској граматици, које је теже препливати него канал Ламанш. То је та конјугација због које су вероватно и изумрли стари народи који су се морали служити латинским језиком . . . .

У средњем веку, за време знамените инквизиције, consecutio temporum је служио као једна од најопаснијих справа у мучилишту. Дође, на пример, великоме инквизитору калуђер-тамничар да му референе о стању ствари, и овај га упита:

- Је ли још жив дон Мигуел Фернандес граф од Сакрамента! - Јесте!
- А признаје ли да се занимао безбожним мислима? - Не признаје.
- Јесте ли га разапињали на точак? - Јесмо!
- Јесте ли му стављали жеравицу под табане? - Јесмо!
- Јесте ли му ударали клинце под нокте? - Јесмо!
- Јесте ли му сипали врело уље у грло? - Јесмо!
- Па ипак не признаје? - Не!
- Тад - грми велики инквизитор - нека ми бог опрости што морам употребити и последње средство да истерам демона из тог безбожника. . . Дајте му овај задатак - ако зна, прашта му се, ослободите га!

(leicht adaptiert)

Nema za mačke škole

- Kamo ćeš s torbom? -
Upita Miru mačka.

- U školu! Đak sam!
Ovo je torba đačka!

- I ja bih s tobom! -
Mačkine oči mole.

- Ne možeš, draga,
Nema za mačke škole.

Mački je dosta,
Da zna presti,
Da zna loviti,
Da zna jesti,
Da se zna verati
i da mijauče,
A to sve mačke
Kod kuće nauče.

(Grigor Vitez, 1911 - 1966)

Pomozite nam da prevedemo neprevodivo!

A.: Profesore, uvukli ste nas u velike neprilike sa ovim glagolima. Sada treba da nam pomognete da se izvučemo iz njih.

Prof.:	Pomoći ću vam i uvek sam vam pomagao. Mogu vam reći da ste se već izvukli iz najgorega. Ovo je bila poslednja grupa glagola.
B.:	Rekli ste jedanput da je srpski jezik lak i tako ste me naveli na pogrešan zaključak. Mislio sam da ću ga lako naučiti.
Prof.:	Niste korektno naveli moje reči. Navedite ih tačno!
C.:	Navešću ih ja. Ne, ne mogu da ih navedem, zaboravila sam ih. Mislim da ste rekli da srpski jezik nije težak.
B.:	Molim te, ne izvodi! Šta ti pada na pamet? Kao da to nije isto: "lak" i "nije težak".
C.:	Naravno da nije isto! A ti si to, očigledno, pogrešno preveo na svoj maternji jezik. Prevedi doslovno i razmisli pa ćeš razumeti razliku.
B.:	Ti, verovatno, doslovno prevodiš i onu narodnu poslovicu: "Ispeci, pa reci!" Pa pošto dobro razumeš njen smisao, ćuteći pečeš, na primer, tortu!
C.:	Ne spasavaj se glupostima! Glupi vicevi ne mogu da te spasu iz glupe situacije. A ta poslovica se odnosi upravo na tebe, dakle: "Razmisli, pa reci!".
A.:	Hej, hoćete li Vi još i da se potučete? Profesore, kakav zaključak Vi izvlačite iz ove svađe, s obzirom na onu tvrdnju da se suprotnosti privlače?
Prof.:	Ne znam, ali moju pažnju je privukla jedna reč koju je koleginica ponovila više puta. Kako bi bilo da promenimo temu?
A.:	Imam jedno pitanje. Kako da upotrebljavam ove glagole tipa *odvesti, dovesti* itd.?
Prof.:	Navešću Vam nekoliko primera: Vaše dete je malo i ne sme da ide samo na ulicu pa ga zato vi vodite u šetnju. Morate svakog dana da ga izvedete na svež vazduh; pre podne ga izvodite Vi, a posle podne Vaša supruga. Sutra dolazite kod mene pa Vas molim da dovedete i svoju suprugu i dete, jer ja volim decu. U oktobru odlazite na dva meseca u Pariz i hoćete da povedete i svoju porodicu.
A.:	Mislim da sam sada razumeo. Vi ste pozvali mene, a ja ću dovesti i svoju suprugu, ali to ne znači da ću je voditi za ruku.
Prof.:	Iduće godine Vaše dete polazi u školu, a škola je daleko od Vaše kuće. Moraćete svakog jutra da ga odvezete do škole, a u podne da ga dovezete kući. Pošto svoja kola držite u garaži, moraćete pre toga da ih izvezete iz garaže, a uveče da ih opet uvezete u garažu. A vaša zemlja izvozi i mora da izveze svoje industrijske proizvode i da uveze južno voće i povrće koje ne raste u vašoj zemlji.
C.:	I ja bih htela da doprinesem nešto Vašem zanimljivom razgovoru. Niste spomenuli neke veoma važne glagole koje ću ja upotrebiti u sledećoj priči: Jedan naš kolega misli da je strašno privlačan zato što se oblači po poslednjoj modi. (Danas je obukao džemper koji je sam ispleo, znate, on ume i da plete!)

To je strašno uobražen tip jer misli da se dopada svim ženama. A kad se njemu dopadne neka žena, on ne ume da joj se udvara. Donosi li joj cveće?- Ne. - Jedanput joj je doneo jednu ružu koju je ukrao u tuđoj bašti. (Znate, on voli i da krade). Taj čovek je šeprtlija!

B.: Nije mi dobro, imam jak nazeb. Nazebao sam sedeći ovde pored otvorenog prozora. Moram da idem kući. Do viđenja!

Vokabeln

àgresīv|an, -na, -no	agressiv	klȉnac	Nagel
bèzbož|an, -na, -no	gottlos	kòpati, kȍpām ipf.	graben
bèzbožnīk	Gottloser	kòrekt|an, -na, -no	korrekt
blagodáreći	dank(end)	lòviti ipf.	jagen
bòdljikav, -a, -o	stachelig	mȁčka	Katze
davljènīk, -íka	Ertrinkender	mijàukati ipf.	miauen
deklinácija	Deklination	militànt|an, -na, -no	militant
dèmōn, -óna	Dämon	móda	Mode
donòsiti, dòno- sīm ipf.	bringen	mùčilīšte	Folterkammer
		náravno	natürlich
doprìneti (-nijeti) pf.	beitragen	navèsti pf.	anführen
dòslōv|an, -na, -no	buchstäblich	názeb	Erkältung
dovúći pf.	herbeiziehen	nazépsti pf.	sich erkälten
drùkčije	anders	nȅkāko	irgendwie
đȁčk|ī, -ā, -ō	Schüler-	nȅprijatelj	Feind
džèmper	Pullover	nèvolja	Not
gŕmeti ipf.	donnern	nezàposlen, -a, -o	arbeitslos
gròbnica	Gruft	nȉkāko	auf keine Weise
indùstrijsk|ī, -ā, -ō	Industrie-	ȍbzīr	Rücksicht
inkvizícija	Inquisition	očȉgledno	offensichtlich
inkvìzitor	Inquisitor	odnòsiti se, òdno- sīm ipf.	sich beziehen
ìseći, isécēm pf. (ìsjeći, isijèčēm)	(zer)schneiden		
		òdraslī	Erwachsene
ispèći pf.	backen	odrásti pf.	aufwachsen
ìsterati pf.	(hin)austreiben	ògrāđen, -a, -o	umzäumt
izmàknuti, ìzmak- nēm pf.	wegrücken, entweichen	okólnōst f.	Umstand
		òlako	
izùmreti, ìzumrēm pf.	aussterben	opròstiti, òprostīm pf.	verzeihen
izuzétak	Ausnahme		
izvúći (se) pf.	herausziehen sich retten	pážnja	Aufmerksamkeit
jȁd, -ovi	Kummer	pidžáma	Schlafanzug
kàluđer	Mönch	pójam, pójmovi	Begriff
kȁmo	wohin	pòjesti pf.	aufessen
kànāl, -ála	Kanal	pokolénje	Generation
kao da	als ob	pȍmoćnī glágol	Hilfsverb

ponòviti, pònovīm pf.	wiederholen	sùprotnōst f.	Gegensatz
pošto	weil, nachdem	svàđa	Streit
potúći se pf.	sich schlagen	šȁl, šȁlovi	Schal
povèsti pf.	mitnehmen	šèprtlja	Tolpatsch
práštati, prȃštām ipf.	verzeihen	tàban	Fußsohle
		tȁd, tàda	dann
prèplivati pf.	durchschwimmen	tòčak	Rad
		tȗđ, túđa, -e	fremd
prevèsti pf.	übersetzen	tvŕdnja	Behauptung
prȉstoj|an, -na, -no	anständig	ùdarati ipf.	schlagen
pritèći, prìteknēm, (pritèčēm) pf.	herbeieilen	udvárati se, ùdvārām ipf.	den Hof machen
prȋvlāč|an, -na, -no	anziehend	ùgristi, ugrízēm pf.	beißen
privláčiti, prìvlāčīm ipf.	anziehen	ujédati, ùjēdām ipf.	beißen
		ùjesti pf.	beißen
privúći pf.	anziehen	ùkrasti, ukrádēm pf.	stehlen
pròfesorsk|ī, -ā, -ō	Professoren-	ùljud|an, -na, -no	artig
profèsija	Beruf	uništávanje	Vernichtung
pròsto	einfach	uòbražen, -a, -o	eingebildet
razàpinjati ipf.	strecken	upotrébiti, upòtrēbīm, (upotrijèbiti, upòtrijebīm) pf.	verwenden
razvòditi se, ràzvodīm ipf.	sich scheiden lassen		
refèrisati ipf.	referieren	upo|trebljávati, -trèbljāvām ipf.	verwenden
rukàvica	Handschuh		
savládati, sàvlādām pf.	bewältigen	uvláčiti, ùvlāčīm ipf.	hineinziehen
smrtònos|an, -na, -no	todbringend	uvúći pf.	hineinziehen
		vèrati se, vèrēm ipf.	klettern
spasávati, spàsāvām, ipf.	retten	vȋr, vírovi	Wasserstrudel
		zadovóljstvo	Zufriedenheit
spoménuti, spòmēnēm pf.	erwähnen	zato što	weil
		znàmenit, -a, -o	bedeutend
sprȁva	Gerät	žèravica	Glut
stánje	Zustand	žȉca	Draht

Redewendungen

izvòditi s òbzīrom na (A.)	Theater spielen hinsichtlich	pȁdati/pȁsti na pȁmēt	einfallen

Übungen

I. Lösen Sie die Klammern auf:
1. Dejane, (leći) . . . . i spavaj! Molim te, (reći) . . . . Marku da i on (leći) . . . .. Jeste li već (leći) . . . .?
2. Nado, molim te (pomoći) . . . . Marku da (svući se) . . . . i da (obući) . . . . pidžamu! Jesi li čula šta sam (reći). . . .?
3. Marka boli noga, pas ga je (ujesti) . . . .. Jedna žena ga je (spasti) . . . . - Moglo je biti i gore.
4. A zašto je Marko (tući) . . . . psa? I zašto se stalno (tući) . . . . s drugovima? Juče je on (ugristi) . . . . jednog druga, a danas je pas (ugristi) . . . . njega. Tako mu i treba!
5. I odrasli (tući se) . . . . i (ujedati se) . . . ., samo malo drukčije nego deca, na primer, rečima.
6. Marko je veoma agresivno dete. On, na primer, (seći/iseći). . . . tuđe cveće, a juče je . . . . i naše.
7. Markovi roditelji su (razvesti se) . . . .. Deca su uvek nesrećna kad im se roditelji (razvoditi) . . . . jer ne shvataju zašto moraju da (razvesti se) . . . ..
8. Marku treba mnogo pažnje i ljubavi. Juče je u parku (sesti) . . . . na klupu i počeo da plače. Pitala sam ga da li i ja mogu da (sesti) . . . . pored njega. Rekao je: (sesti) . . . .! Dugo smo (sedeti) . . . . i pričali.

II. Ergänzen Sie die Sätze mit dem entsprechenden Verb im Präsens bzw. Perfekt!
1. Gladan sam, hoću da . . . .. Smem li da . . . . sve? Ceo dan nisam ništa . . . ., zato sam sada . . . .sve. (jesti/pojesti).
2. Mama, molim te da mi . . . . ovakav džemper, ti umeš lepo da . . . . Odavno mi nisi ništa . . . ., a ranije si mi uvek . . . . džempere, rukavice i šalove. (plesti/isplesti)
3. A zašto ti meni više ne . . . . poklone? Mogao bi da mi . . . bar jednu ružu. Odavno mi nisi . . . . nikakav poklon, a ranije si mi često . . . . cveće. (donositi/doneti)
4. Ljudi se ljute kad kiša . . . . a sada želimo da . . . bar malo, jer kiša odavno nije . . . . a juče je . . . . samo nekoliko kapi. (padati/ pasti)
5. Deca brzo . . . . a roditelji bi hteli da deca . . . . što pre. Niko nije . . . . pre vremena. (rasti/odrasti)
6. Ja rano . . . . jer rano i . . . .. I večeras moram rano da . . . jer moram da . . . . u šest sati. (legati/leći; ustajati/ustati)
7. Odavno nisam . . . . Nadu, ranije smo se često . . . .. Tako je to u životu: . . . . ljude koje ne želim da . . . . a ne . . . . one koje želim da . . . .. (sretati/sresti)

III. Machen Sie eine schriftliche Nacherzählung der obigen Texte!

IV. Übersetzen Sie!
1. Ist dieser Stuhl frei? Ja. Darf ich mich hinsetzen? Bitte, setzen Sie sich hin! 2. Ich treffe Nada jeden Tag. Marko habe ich seit langem nicht getroffen und ich möchte ihn möglichst bald treffen. Wir haben uns vor zwei Jahren in Deutschland getroffen. 3. Marko ist ein guter Mensch. Kennst du ihn nicht? Er hilft allen Menschen; auch mir hat er geholfen. Deshalb will auch ich ihm helfen. 4. Mir ist eingefallen, daß er jetzt arbeitslos ist, daß er vielleicht nichts zu essen hat. 5. Ich werde ihn zum Abendessen einladen und bitten, daß er auch seine Familie mitbringt. 6. Sage mir, was fällt dir ein? Willst du dich scheiden lassen? Was wird mit den Kindern (sein)? 7. Viele Menschen lassen sich scheiden. Auch meine Eltern haben sich scheiden lassen. - Gut, laßt euch scheiden, es geht mich nichts an.

26. Lektion - Dvadeset šesta lekcija

1. Das Serbische besitzt zum Ausdruck der Vergangenheit außer dem zusammengesetzten Perfekt auch noch zwei einfache Tempora, nämlich das Imperfekt (die sogenannte "unvollendete Vergangenheit"), das nur von imperfektiven Verben gebildet wird, und den Aorist (die sogenannte "vollendete Vergangenheit"), der dagegen hauptsächlich von perfektiven Verben gebildet wird.

Beide Tempora kommen im normalen Sprachgebrauch heute selten vor, für das Verständnis literarischer Texte sind sie jedoch unabdingbar.

2. Der Aorist wird vom Infinitivstamm mit Hilfe folgender Endungen gebildet:

a) Singular	Plural	b) Singular	Plural
1. -h	-smo	1. -oh	-osmo
2. -	-ste	2. -e	-oste
3. -	-še	3. -e	-oše

Die überwiegende Anzahl der Verben erhält die unter a) angeführten Endungen, wogegen die unter b) genannten Endungen nur an die konsonantischen Stämme der Verben mit dem Infinitiv auf -sti und -ći angefügt werden.

Vor der Endung -e kommt es zum Konsonantenwechsel von k > č, g > ž. Beispiele:

otputòvati	*dóći*	*rèći*	*sèsti*
1. *otputòvah* (ich reiste ab)	*dóđoh* (ich kam)	*rèkoh* (ich sagte)	*sèdoh* (ich setzte mich)
2. *òtputova*	*dóđe*	*rèče*	*sède*
3. *òtputova*	*dóđe*	*rèče*	*sède*
1. *otputòvasmo*	*dóđosmo*	*rèkosmo*	*sèdosmo*
2. *otputòvaste*	*dóđoste*	*rèkoste*	*sèdoste*
3. *otputòvaše*	*dóđoše*	*rèkoše*	*sèdoše*

Bei den Verben der V. Verbalklasse mit doppelten Infinitivformen sind auch im Aorist Doppelformen vorhanden:

nàviknuti / nàvići, nàviknuh/ nàvikoh

Ebenso bei den vom Stamm *tisk-* und *kid-* (*kȉdati ipf.* reißen) abgeleiteten perfektiven Verben:

prȉtisnuti (<*pritisknuti*), *prȉtisnuh/ prȉtiskoh*
òtkinuti (<*otkidnuti*), *òtkinuh/ òtkidoh*

Die Verben *dȁti, stȁti* lauten im Aorist: *dȁdoh, stȁdoh* usw. In den Zusammensetzungen treten Doppelformen auf:

pròdadoh/ pròdah; *prȉstadoh/prȉstah*

Der Aorist wird in der Literatur aus stilistischen Gründen verwendet: Im Unterschied zum Perfekt vermitteln seine einfachen Formen den Eindruck eines beschleunigten Erzähltempos, was an folgender Gegenüberstellung leicht festzustellen ist:

Dóđoh, vȉdeh, pobédih. Ich kam, sah (und) siegte.
Dòšao sam, vȉdeo sam, pobédio sam.

In der Alltagssprache kommen nur einzelne Aoristformen vor, und zwar in der Bedeutung der nahen Vergangenheit oder Zukunft:

Kȁo što rèkoh... Wie ich (soeben) sagte...
Òdoh u pròdāvnicu. Ich gehe (jetzt, sofort) ins Geschäft.
(eigentlich: Ich bin schon weg.)

3. Das Imperfekt wird heute auch in der Literatur selten gebraucht, doch ist seine Kenntnis zum Verständnis der älteren Texte und insbesondere der Volksdichtung notwendig. Es drückt einen Zustand oder eine länger während Handlung in der Vergangenheit aus. Das Imperfekt wird mit folgenden Endungen gebildet:

a)
	Singular	Plural
1.	-āh	-āsmo
2.	-āše	-āste
3.	-āše	-āhu

b)
	Singular	Plural
1.	-(i)jāh	-(i)jāsmo
2.	-(i)jāše	-(i)jāste
3.	-(i)jāše	-(i)jāhu

pùtòvati		*vȉdeti*	
1. pùtovāh	pùtovāsmo	1. vȉđāh	vȉđāsmo
2. pùtovāše	pùtovāste	2. vȉđāše	vȉđāste
3. pùtovāše	pùtovāhu	3. vȉđāše	vȉđāhu

Die zahlreichen Verben mit dem Vokal *a* vor der Infinitivendung bilden das Imperfekt mit der Endung *-āh*, diejenigen Verben, die einen anderen Vokal vor der Infinitivendung aufweisen, bilden es mit *-jāh* (und Palatalisation), während die Verben mit einem konsonantischen Stamm die Endung *-ijāh* erhalten (*pèći, pècijāh; plèsti, plètijāh*). Einige Besonderheiten zeigt das Verb **bȉti**

1. bȅjāh oder bȅh   bȅjāsmo oder bȅsmo
   (bȋjāh oder bjȅh)
2. bȅjāše oder bȅše   bȅjāste oder bȅste
3. bȅjāše oder bȅše   bȅjāhu oder bȅhu

4. Während der Aorist in der Regel den Akzent des Infinitivs erhält (mit Verlegung auf den Wortanfang in der 2. und 3. Person Singular, vgl. *otputòvati*), behält das Imperfekt den Akzent des Präsens (vgl. *putòvati, pùtujēm*).

Ivica i Marica

Evo i bajke o tinejdžerima!

Živeo u velikome gradu prezaposleni državni službenik, sa svojom nervoznom ženom, koja je bila zla maćeha njegovoj maloletnoj deci - Ivici i Marici.

Odrasli su imali toliko briga, da uopšte nisu nalazili vremena da se bave decom, već su ih puštali da sama lutaju po gradu, od jutra do mraka, i da udišu lepak i smog.

Jedne večeri službenik duboko uzdahnu i, misleći da deca spavaju, reče zabrinuto ženi:

- Sutra imam naporan dan. Šta ćemo sa decom?
- Odvešćemo ih u centar grada, tamo gde je saobraćaj najgušći
- odgovori mu žena. - Svakome ćemo dati po komadić hleba, neka im to bude za užinu. Zatim ćemo otići na posao, svako na svoju stranu, a njih ćemo ostaviti same u gradu. Oni će čitavog dana lutati ulicama, jer neće umeti da se vrate kući, i tako ćemo ih se lako osloboditi...

- Žao mi je jadne dece - reče otac zevajući, - ali šta se tu može!

Deca koja nisu mogla zaspati, jer su do kasno u noć gledala televiziju, čula su ovaj razgovor.

- Sad je gotovo sa nama! - prošaputa devojčica. - Progutaće nas ulica.

– Ne tuguj, sestrice! – poče je hrabiti dečak. – Ja ću nam već nekako pomoći . . . I on stavi u džep bočicu sa sprejom. Kad osvanu dan, dođe maćeha govoreći deci: – Ustajte, lenštine, idite u bioskop! – Svakome dade po komadić hleba. – To vam je za užinu! – reče im. Zatim svi krenuše u grad.

Putem je Ivica zaostajao i ispisivao je sprejom "grafite" po zidovima kuća: "Dole šminkeri!", "Bog je panker", "Živela anarhija!"

Kad ih roditelji ostaviše same, deca su dugo lutala po bioskopima i parkovima, a čim pade mrak, devojčica poče da plače.

– Kako ćemo se vratiti kući? – upita ona.

Brat uze sestricu za ruku i povede je, od "grafita" do "grafita", sve do kućnih vrata . . .

– Nevaljala deco! – povika lukava maćeha, čim ih je ugledala. – Toliko ste skitali po gradu da sam mislila kako se uopšte nećete ni vratiti kući!

Otac je, kao i obično, bio zauzet poslom, pa nije ni primetio da su deca došla – a kad ih je najzad opazio, on im se mnogo obradovao, jer mu je bilo teško što ih je same ostavio u gradu.

Kad je svanulo, maćeha prvo sakri onaj sprej, pa tek onda dade deci po komad hleba i ponovo ih povede u grad. Odvela ih je još dublje kroz gustu šumu ulica, tako da više nisu umela da se vrate.

Ivica je, putem, bacao mrvice hleba – nadajući se da će, po njima, naći put do kuće – ali pošto je u gradu bilo mnogo gladnih životinja koje su, kao i deca, lutale ulicama (pasa, mačaka i velikih pacova!), one pojedoše mrve hleba, tako da sirota deca ne nađoše put.

Hodali su do kasno u noć, zalazeći sve dublje u grad, privučeni neonskim svetlima i primamljivim reklamama noćnog života. Dođoše, najzad, do jedne kuće, napravljene od slatkiša, iz koje je dopirala zaglušujuća muzika. Bio je to disko-klub koji je držala neka stara veštica: prozori su bili od providnog šećera, zidovi od čokolade, a na sve strane naokolo bile su razbacane bombone i raznobojne pilulice, od kojih su se dobijali fantastični opojni snovi.

Tek što su progutali po nekoliko pilula, dečak i devojčica počeše da haluciniraju.

– Ja ću pojesti komadić krova! – reče dečak. – A ti, sestrice, grickaj deo prozora, koji je vrlo sladak . . .

Osećali su se izvanredno, uz opojnu disko muziku!

Tada ih pozva jedan umiljat glas iz kuće.

– Ej, draga deco! – dozivao ih je taj glas. – Uđite slobodno unutra i ostanite kod mene. Neće vam se ništa loše dogoditi. Ludo ćete se provesti. – Bila je to stara veštica .

(Stvari su dalje tekle po poznatom scenarijumu. Evo jednog odlomka iz dijaloga između veštice i Marice.)

– Roditelji vas baš ničemu ne uče. Samo se smucate naokolo! A ja sam, posle, za sve kriva!

Marica je zamoli:

– Molim vas, gospođo, pogledajte da li vatra gori!

Kad veštica proturi glavu u peć, devojčica je gurnu unutra i zatvori za njom vrata.

– Uh, kakva grozna mladež! – poče se derati veštica. – Sve je teže izaći na kraj sa tom prokletom decom! . . .

(Marica je, kao i u staroj bajci, spasilac i oslobodilac – i primer ženske emancipacije, koju neki muškarci još uvek nisu uspeli da shvate. Samo, ova moderna bajka se ne završava hepiendom.)

– Kuda ćemo sada? – upitaše se deca, kad se opet nađoše na ulici.

Evo ih i danas, stoje pred veštičinom kućom. Odavno su prestali da udišu lepak i da gutaju raznobojne pilule – malo po malo, počeli su i da se "fiksaju". . . Divno im je kao u bajci.

     (Aus: Slobodan Novaković, Kako braća Marks čitaju braću Grim, Beograd 1986; adaptiert)

Разговор о дрогама

А.: Наркоманија је један од највећих проблема савременог света. На жалост, највише страдају млади људи, а омладина је - како се то лепо каже - наша будућност.

Ц.: Све више младих људи умире од прејаке дозе наркотика, а, осим тога, ињекцијама се преноси и сида (или AIDS).

Б.: Мени није јасно зашто се то зло све више шири.

Ц.: Разлози су веома комплексни. Један од њих је, сигурно, и ситуација у породици.

Д.: Многа деца почну да узимају дроге сасвим случајно, јер су случајно доспела у друштво које се дрогира.

Б.: Да. А родитељи им нису објаснили куда то може да их одведе.

Ц.: Сви, углавном, почињу са такозваним лаким дрогама, као што су хашиш или марихуана.

А.: Препродавачи дрога, тзв. дилери, често мешају са лаким дрогама и јаке од којих човек постаје зависан. Тако и та деца постану наркомани.

Б.: Одвикавање од дрога је тешко и дуго траје. Наркоманима је потребна помоћ лекара (нарочито психијатра), породице, пријатеља - и то не само за време него и после лечења.

Ц.: Али поставља се и питање како да спроведемо у праксу ону стару народну мудрост: „Боље спречити него лечити".

Vokabeln

anàrhija	Anarchie	lénština (lijènština)	Faulenzer
bàcati *ipf.*	werfen	lépak (lijèpak)	Kleber
bòčica	Fläschchen	lùkav, -a, -o	listig
bombóna	Bombon	lútati, lûtām *ipf.*	irren
bûdē *pf.* von bȉti	sein	màćeha	Stiefmutter
Crvènkapa	Rotkäpchen	malòlet|an -na, -no	minderjährig
čȋm	sobald	(malòljetan)	
čokoláda	Schokolade	marihùāna	Marihuana
dèrati se, dȅrēm *ipf.*	schreien	mládež *f.*	Jugend
dijàlog	Dialog	mòdēr|an, -na, -no	modisch, modern
díler	Dealer	mȑvica	Krümelchen
dȉsko-klûb	Diskothek	mȑva	Krümel
dòpirati *ipf.*	reichen, dringen	narkòmān, -ána	Drogensüchtiger
		narkomànija	Drogensucht
dóza	Dosis	narkòtik	Rauschmittel
dozívati, dòzīvām *ipf.*	(herbei)rufen	nèōnsk|ī, -ā, -ō	Neon-
		nevàlja|o, -la, -lo	mißraten, schlecht
dróga	Droge	nòćn|ī, -ā, -ō	Nacht-
drogírati se, drògīrām *ipf.*	Drogen nehmen	odvikávanje	Abgewöhnung, Entzug
emancipácija	Emanzipation	òmladina	Jugend
fȉksati se *ipf.*	fixen	òpaziti *pf.*	bemerken
gòreti (gòrjeti) *ipf.*	brennen	òpoj|an, -na, -no	berauschend
gràfīt, -íta	Grafitti	oslobòdilac	Befreier
grȉckati *ipf.*	knabbern	oslobòditi, oslòbodīm *pf.*	befreien
grôz|an, -na, -no	schauderhaft		
gȕrnuti *pf.*	schubsen	oslobòditi se (G.)	loswerden
gùtati *ipf.*	schlucken	osvànuti, òsvanē *pf.*	dämmern
halu|cinírati, -cinīrām *ipf.*	Halluzinationen haben	òtkinuti *pf.*	abreißen
		pànker	Punker
hàšiš	Haschisch	pácov	Ratte
hèpiend	Happyend	pȉlula	Pille
hódati, hôdām *ipf.*	gehen	pȉlulica	Pillchen
hrábriti, hrȃbrīm *ipf.*	ermutigen	pobédíti, pòbēdīm (pobijèditi, pòbijedīm)	siegen
injèkcija	Injektion		
ispísati, ìspīšēm *pf.*	ausschreiben	pòsao, pòslovi	Arbeit, Geschäft
ispisívati, ispìsujēm *ipf.*	ausschreiben		
		pòstavljati *ipf.*	stellen
komàdić	Stückchen	pràksa	Praxis
kòmpleks|an, -na, -no	komplex	prèjāk, -a, -o	zu stark
		prenòsiti, prènosīm *ipf.*	übertragen
krôv, kròvovi	Dach		
kȕćn|ī, -ā, -ō	Haus-	preprodávac	Wiederverkäufer
léčenje (lijèčenje)	Heilung, Behandlung	prezàposlen, -a, -o	überbeschäftigt
		primàmljiv, -a, -o	verlockend

89

primétiti, prìmētīm (primijètiti, prìmijetīm) pf.	bemerken	šmìnker tȉnejdžer tugòvati, tùgujēm ipf.	Popper Teenager trauern
progùtati, prògutām pf.	verschlucken, verschlingen	ùdisati ipf.	einatmen, schnüffeln
prȍklēt, -a, -o	verflucht	ùgledati pf.	erblicken
prošapùtati, -šàpućēm pf.	flüstern	ùmiljat, -a, -o	einschmeichelnd, lieb
pròturiti pf.	durchstecken	ùnūtra	drinnen
provèsti se pf.	Zeit verbringen	uzdàhnuti, ùzdahnēm pf.	seufzen
prȍvīd|an, -na, -no psihìjatar	durchsichtig Psychiater	ȕžina	Zwischenmahlzeit
púštati, pûštām ipf.	lassen	vàtra	Feuer
razbàcati, ràzbacām pf.	herumwerfen	vèštica (vjèštica) vèštičin, -a, -o (vjèštičin)	Hexe Hexen-
ràznobōj|an, -na, -no	verschiedenfarbig	zàbrinūt, -a, -o	besorgt
scènārijum	Scenario	zaglùšujūć|ī, -ā, -ē	ohrenbetäubend
sída	AIDS	zàlaziti ipf.	hineingehen
sìrot, siròta, -o	arm	zalútati, zàlūtām pf.	sich verirren
skítati, skîtām ipf.	sich herumtreiben	zamòliti, zàmolīm pf. zaòstajati ipf.	bitten zurückbleiben
slàtkīš, -íša	Süßigkeit	zaòstati pf.	zurückbleiben
slȕčāj|an, -na, -no	zufällig	zàplakati pf.	(anfangen zu)
slȕžbenīk	Angestellter		weinen
smúcati se, smûcām ipf.	herumstreichen	zàspati, zàspīm pf. zàuzet, -a, -o	einschlafen beschäftigt
spàsilac	Retter	závis|an, -na, -no	abhängig
sprȇčiti, sprȇčīm (sprijèčiti, sprȉječīm) pf.	verhindern	zévat i, zêvām (zijè- vati, zȉjevām) ipf.	gähnen
sprȇj, sprȅjovi	Spray	zîd, zȉdovi zlȍ	Wand das Böse
svànuti, svȁnē pf.	dämmern	žènsk|ī, -ā, -ō	weiblich

Redewendungen

Žȁo mi je (G.): Žȁo mi je jȁdne dècē. *Die armen Kinder tun mir leid.*
Žȁo mi je Mârka. Žȁo mi ga je. *Marko tut mir leid. Er tut mir leid.*

Übungen

I. Bilden Sie Aoristformen von vȉdeti, pomòći, srȅsti und Imperfektformen von čȉtati, pȉti!

II. Stellen sie im obigen Text die Formen beider Tempora fest!

III. Erzählen Sie das obige Märchen nach! Hier sind einige Stichworte!
Pročitali smo .... savremena bajka .... o tinejdžeri .... Ivica i Marica ..., a to su, ustvari, Hänsel i Gretel, koji još nisu .... odrasli. Oni imaju .... loši roditelji .... ne imati .... svoja majka.... nego .... zla maćeha .... koja .... ne voleti .... deca .... Njihov otac nikada .... ne imati .... vreme .... za njih. Jednoga dana roditelji su .... odvesti .... deca .... daleko od .... kuća .... u .... nepoznata ulica ...., i tamo ih .... ostaviti ..... Ali deca su .... znati .... taj plan .... svoji roditelji ..... Zato je Ivica .... poneti .... sprej i .... ispisivati .... grafiti .... pa su se lako .... vratiti .... kući. Sledećeg dana nisu .... uspeti .... da se ... vratiti .... jer su .... gladna životinja .... pojesti .... mrvica .... hleb ..... Dugo su .... lutati .... ulice .... i .... zalutati .... u savremena veštičina kuća ..... Tamo je bilo mnogo .... razne droge .... i deca su .... drogirati se ..... Zato je ova bajka bez .... srećan kraj ...., bez hepiend ..... Molimo vas, ...pomoći .... ta i druga deca....!

IV. Üben Sie den Gebrauch von èvo, èto, èno mit dem Genitiv:

Èno nāše dècē. (Schau) Dort sind (kommen) unsere Kinder.
Èno i učitèljice s njīma. (Schau dort) Die Lehrerin ist auch mit ihnen.

1. Ne znam gde je moje pero. - Eto (ono) .... na stolu ispred tebe. Eto i (plava olovka) .... koju si juče tražio.
2. Gde su deca? - Eno (ona) .... tamo u parku, vidiš li ih? - Vidim ih. Eno i (baka) .... s njima.
3. Evo (naša ćerka) ....! Gde si bila tako dugo? Gde je Marko, zašto nije i on došao? - Došao je. Evo (on) ...., sakrio se iza mene.

V. Wählen Sie das entsprechende Verb!

1. Otac je duboko ...., a majka ga je upitala: "Zašto ....?" (uzdisati/uzdahnuti)
2. Devojčica je ...., ali nije .... dugo. (plakati/zaplakati)
3. Ivica je .... da .... jedan grafit - on je često .... i .... grafite. (zaostati/zaostajati; ispisati/ispisivati)
4. Deca su se uvek sama .... kući, ali tog dana se nisu ...., jer su zalutala. (vraćati se/vratiti se)
5. Deca su počela da .... razne pilule i sada ih još uvek ..... Vuk je .... Crvenkapu! (gutati/progutati)

VI. Übersetzen Sie

1. Wer hat dieses Märchen aus dem Deutschen ins Serbische übersetzt?
2. Ist das ein Märchen aus der Sammlung von Vuk Karadžić oder der

Brüder Grimm? 3. Die Drogensucht ist eines der größten Probleme, insbesondere in Amerika und Europa. 4. Viele junge Leute beginnen mit sogenannten leichten Drogen, viele von ihnen nehmen später auch die harten und werden so drogenabhängig. 5. Viele Menschen sind schon an Drogen gestorben. 6. Wir wissen nicht, wie wir dieses Problem lösen sollen, weil wir auch seine Ursachen nicht richtig kennen.

27. Lektion - Dvadeset sedma lekcija

1. Wie im Deutschen ist das Verb *bȉti* sein einerseits ein selbständiges Verb und andererseits dient es als Hilfsverb zur Bildung verschiedener Tempora und Modi. Im Präsens hat es neben den bereits bekannten ipf. auch pf. Formen, von denen dann die Imperativformen abgeleitet werden.

Präsens		Imperativ	
bȕdēm	bȕdēmo		bȕdimo!
bȕdēš	bȕdēte	bȕdi!	bȕdite!
bȕdē	bȕdū		

Beispiele:

Mȏrām da ȉdēm, trȅbā da bȕdēm kod kùćē u ȍsam čàsōvā.
Ich muß gehen, ich muß um acht Uhr zuhause sein.

Trȅbalo je da bȕdēš pamètnijī od njèga i da se ne túčeš s njîm.
Du hättest klüger sein müssen als er und dich nicht mit ihm schlagen sollen.

Dȅco, mȍlīm vas da bȕdēte tȋhi jer báka spávā.
Kinder, ich bitte euch leise zu sein, da die Großmutter schläft.

Mȍlīm te da bȕdēš moj gȏst.
Ich bitte dich mein Gast zu sein.

Žèlīm ti da bȕdēš srȅćna s njîm.
Ich wünsche dir, daß Du glücklich mit ihm bist.

Néću da bȕdēm s njȉma u drúštvu jer su lȍši ljúdi.
Ich möchte nicht in ihrer Gesellschaft sein, weil es schlechte Menschen sind.

Mȍlīm te da ne bȕdēš lûd i ne prȁvīš ȍpet ȋste grȅške.
Ich bitte dich, sei nicht verrückt und mache nicht wieder die gleichen Fehler!

Dȅco, bȕdite tȋhi! Bȕdite mírni!
Kinder, seid leise! Seid ruhig!

Mȍlīm Vas, bȕdite tȁko ljȕbāzni i pomȍzite mi!
Ich bitte Sie, seien Sie so liebenswürdig und helfen Sie mir!

Bȕdi u šêst čȁsōvā pred pózorištem!
Sei um sechs Uhr vor dem Theater!

Ne bȕdi lûd, glȅdaj svȍja pȍsla!
Sei nicht verrückt, kümmere dich um deine Angelegenheiten!

2. Das Futur II (futurum exactum) wird mit den pf. Präsensformen von *bȉti* und dem Partizip Perfekt des zu konjugierenden Verbs gebildet.

bȕdēm dȍšao/dȍšla   *bȕdēmo dȍšli/dȍšle*
bȕdēš dȍšao/dȍšla   *bȕdēte dȍšli/dȍšle*
bȕdē dȍšao/dȍšla   *bȕdū dȍšli/dȍšle*

Das Futurum exactum wird nur im Nebensatz gebraucht und drückt die Vorzeitigkeit gegenüber der Handlung des Hauptsatzes aus, der meistens das gewöhnliche Futur oder auch einen Imperativ enthält. Es handelt sich um zusammengesetzte Temporal- oder Konditionalsätze.

Čȋm bȕdēm stȋgla, jáviću ti se.
Sobald ich ankomme (angekommen sein werde), werde ich mich bei dir melden.

Ako bȕdēm dȍbila stipèndiju, studíraću u Parízu.
Wenn ich das Stipendium bekomme, werde ich in Paris studieren.

Ako ne bȕdeš ȉmao nòvācā, jávi mi!
Wenn Du kein Geld mehr haben wirst, melde es mir!

Kad bȕdēš ȉmala vrȅmena, svráti na kàfu!
Wenn Du Zeit hast, komm auf einen Kaffee!

Vorzeitigkeit der Handlung des Nebensatzes kann auch durch die Präsensform eines pf. Verbes ausgedrückt werden, (wogegen ein ipf. Verb in diesem Falle Gleichzeitigkeit bedeuten würde), so daß von den angeführten Beispielsätzen die beiden ersten auch wie folgt lauten können:

Čīm stīgnēm, jávićù ti se.
Ako dòbijēm stipèndiju, studíraću u Parízu.

3. Das Serbische besitzt zusätzliche Möglichkeiten für eine exakte Angabe der Anzahl von Personen auch im Hinblick auf ihr Geschlecht. Kollektivzahlen werden auf Personen gemischten Geschlechts und Kinder bezogen: sie erfordern den Genitiv Plural und das Prädikat in der 3. Pers. Sg. Neutrum (das letztere wird heute nicht konsequent befolgt.) Man merke sich die ersten drei Formen, die übrigen werden durch Anfügen des Suffixes -oro an die Kardinalzahl gebildet:

dvòje   *pètoro*   *dvádesēt dvòje*
tròje   *sèdmoro*   *òboje*
čètvoro   *òsmoro*

Jèlena i Pètar ìmaju tròje dècē. Njȋh pètoro žívī (zívē) u dvòsobnom stánu.
Kòliko stùdenātā je bílo dànas na čàsu? – Bílo nas je sȁmo dèsetoro, trî mladíća i sèdam dèvojākā. Pètoro stùdenātā je òtputovalo, a tròje ih je bȍlesno.

Die heute selten vorkommenden Pluralformen *dvòji, dvòje, dvòja, tròji* usw. werden hauptsächlich vor Pluralwörtern (Pluralia tantum) verwendet, z.B. *dvòja vráta, tròje gáće.* usw.
Zur Alltagssprache gehören dagegen die Zahlsubstantive, mit denen die Anzahl von Personen männlichen Geschlechts angegeben wird. Sie werden von den Kollektivzahlen mithilfe des Suffixes *-ica* abgeleitet:

dvòjica   *četvòrica*
tròjica   *obòjica*

Auch die Zahlsubstantive erfordern den Gen. Pl., das Prädikat steht jedoch im Plural, wobei das Part. Perf. sowohl mit der Endung *-i* als auch *-a* gebraucht wird.:

Tròjica stùdenātā su bíli (bíla) u bibliotéci.
Kùda ìdēte vâs dvòjica? – Nâs dvòjica néćemo ìći nȉkuda.

Die Zahlsubstantive werden wie Feminina im Sg. dekliniert. Wenn sie im Dat. Instr. Lok. verwendet werden, dann stimmen die Personalpronomina mit ihnen überein.

Vȁma dvòjici nísam nȉšta rèkla. S vȁma dvòjicōm ne razgòvārām. O vȁma dvòjici néću govòriti.

4. Zur Deklination aller Zahlen läßt sich zusammenfassend folgendes sagen:
a) Von den Kardinalzahlen wird nur die Zahl *jèdan, jèdna, jèdno* konsequent (wie ein Adjektiv) dekliniert. Von *dvâ, dvê, trî* und selten *čètiri* kommen hin und wieder Kasusendungen vor, die hier der Vollständigkeit halber angeführt werden.

N.	*dvâ*	*dvê (dvȋje)*	*trî*
G.	*dváju*	*dvéju (dvíju)*	*tríju*
D.I.L.	*dváma*	*dvéma (dvijèma)*	*tríma*

Òba, òbe (òbje) wird wie *dvâ, dvê, (dvȋje)* dekliniert.

b) Die Ordnungszahlen werden wie bestimmte Adjektive dekliniert.

c) Die Kollektivzahlen werden selten dekliniert, und wenn, dann nach folgendem Muster:

N.A. *dvǒje*   G. *dvóga*   D.I.L *dvóma*

d) Wie schon gesagt, werden dagegen die Zahlsubstantive wie Feminina konsequent dekliniert.

5. Zum Ausdruck von Lust und Unlust wird dem Verb **se** hinzugefügt, wobei das logische Subjekt im Dativ steht und das Objekt zum grammatischen Subjekt wird:

Ne jȅdē mi se. - Ich habe keine Lust zu essen.
Nȉje mi se píla kàfa, pílo mi se víno. - Ich hatte keine Lust, Kaffee zu trinken, ich hatte Lust, Wein zu trinken.

Влада Булатовић ВИБ

Рођен сам 8. марта 1931. године, на Дан жена, који се тад није славио, као ни жене, уосталом.
Мајка учитељица, отац судија.
Боравио сам с мајком по сеоским школама. Никад нисам могао да схватим где престаје мајка, а где почиње учитељица.
Прва три разреда гимназије учио сам, под окупацијом, у Крагујевцу, у кафани „Волга".
Имао сам три предмета: географију, хигијену и веронауку; географију - да учим како је Југославија избрисана с мапе Европе; хигијену - да умрем од глади чист; веронауку - да схватим да бог није на небу већ у Берлину.

За Божић 1942. видео сам на божићној јелки извешане партизане.
Студирао сам, разуме се. А шта бих друго у земљи у којој има више доктора наука него писмених људи.
Пошто нисам могао да се бавим бројевима и будем математичар, дочепао сам се речи. После извесног времена испоставило се да нисам заборавио да пишем, због чега је нарочито била срећна моја мајка.
Следеће питање је било - шта писати: оде, псалме, речи за маршеве или нешто друго. Определио сам се за то друго...

(aus: Antologija leve strane, Beograd 1985, S.242-243.)

Винце (народна песма)

Винце је текло,	Мене ће бити,
Нама је рекло:	А вас бити неће,
„Пијте ме, пијте,	Али ће бити,
Добри јунаци!	Ко ће ме пити.

Radni dan jedne zaposlene žene

Jelena je lekarka, specijalista za dečje bolesti, i radi u najvećoj dečjoj klinici u Beogradu. Njeno radno vreme počinje u osam časova, ali od kuće mora da krene u pola osam, a s posla se vraća u 15 časova.
I njen muž Petar je zaposlen i radi duže nego ona - odlazi ranije, a vraća se kasnije.
Oni imaju troje dece, dva sina, koji idu u školu, i četvorogodišnju ćerkicu, koju svakog dana vode u dečje obdanište. Oboje se brinu o deci i kući, ali najveći deo posla ipak pada na Jelenu. Ona često razmišlja o takozvanoj ravnopravnosti muškarca i žene i smatra da ni jedno društvo do sada nije stvorilo uslove za takvu ravnopravnost.
Evo kako izgleda početak i kraj jednog njenog radnog dana:

Jelena: Deco, dečice! Ustajte, već je sedam časova!
Mira: Neću da ustanem, spava mi se.
Jelena: Marko, Jovane! Vas dvojica idite prvo u kupatilo! Operite zube! Čim se budete istuširali, izlazite brzo, jer treba da okupam Miru.
Mira: Mama, ako budem dobra, hoćeš li mi dati onu veliku čokoladu?
Jelena: Budi dobra i ustani, a o čokoladi ćemo razgovarati kasnije. Halo, vas dvojica, čim budete gotovi u kupatilu, obucite se i doručkujte! Doručak je na stolu.
Mira: Ja ne mogu da doručkujem, ne jede mi se. Ne pije mi se mleko, hoću koka-kolu!
Jelena: Srce mamino, dušo moja, koka-kola ne valja. Moraš da piješ mleko ako hoćeš da porasteš i budeš velika kao tvoja braća, ako hoćeš da budeš lepa devojka.

Marko: Mama, možeš li da odvezeš nas dvojicu do škole?
Jelena: Mogu ako budete spremni na vreme, zato požurite! A kada se budete vraćali iz škole, svratite po Miru, ona se danas mora vratiti tramvajem s vama dvojicom, jer ja moram da odem na pijacu i u prodavnicu, treba nam svežeg voća i povrća, a Miri trebaju nove cipele.
Deca: Dobro, mama. Hajdemo!

Po povratku sa klinike i iz kupovine Jelena treba da spremi deci užinu, večeru i ručak za sutra, da pregleda domaće zadatke, da pročita važnu stručnu literaturu i bar nešto iz književnosti (ona mnogo voli poeziju), i tako njeno radno vreme traje bar do ponoći.

Vokabeln

bòraviti *ipf.*	*weilen*	opredéliti se, oprè-dēlīm *pf.* (opredijè-liti, oprèdijelīm)	*sich entscheiden*
bòžićn|ī, -ā, -ō	*Weihnachts-*		
četvorogòdišnj|ī, -ā, -ē	*vierjährig*	partìzān, -ána	*Partisan*
ćèrkica	*Töchterchen*	pìjaca	*Markt*
dèčića (djèčica)	*Kinderchen*	pìsmen, -a, -o	*des Schreibens kundig*
dočèpati se (*G.*) dòčepām *pf.*	*ergreifen*	počétak	*Anfang*
dòručak	*Frühstück*	pónoć *f.*	*Mitternacht*
dúša	*Seele*	porásti, *pf.*	*groß werden, wachsen*
gìmnazija	*Gymnasium*		
gòtov, -a, -o	*fertig*	prédmet	*Fach*
higijéna	*Hygiene*	prègledati *pf.*	*durchsehen*
ispòstaviti se *pf.*	*sich herausstellen*	psàl|am, -mi	*Psalm*
		ravnoprávnost *f.*	*Gleichberechtigung*
istušírati se, istùšīrām *pf.*	*duschen*		
		sèosk|ī, -ā, -ō	*Dorf-, dörflich*
ìzbrisati *pf.*	*auswischen*	slàviti *ipf.*	*feiern*
ìzves|tan, -na, -no (ìzvjestan)	*gewiss*	smâtrati, smâtrām *ipf.*	*meinen*
jêlka	*Tanne*	specijàlista *m.*	*Fachmann*
jùnak, -áka	*Held*	sprèm|an, -na, -no	*bereit*
kafàna	*Kaffeehaus*		
màpa	*Landkarte*	s̀rce	*Herz*
mȁrš, -evi	*Marsch*	strùčn|ī, -ā, -ō	*Fach-*
matemàtičār	*Mathematiker*	sùdija	*Richter*
òbdanīšte	*Tagesstätte*	uòstalom	*im übrigen*
óda	*Ode*	úslov	*Bedingung*
okupácija	*Besatzung*	vàljati *ipf.*	*wert sein*
okúpati, òkūpām *pf.*	*baden*	vèčera	*Abendessen*

| veronáuka (vjero- | Religionsun- | vínce | Weinchen |
| náuka) | terricht | zàposlen, -a, -o | berufstätig |

Übungen

I. Bilden Sie das Futur II!

1. Marko, ako ne (moći doći) . . . . danas, dođi sutra!
2. Ljiljo, čim (doći) . . . . kući, pozovi me telefonom!
3. Jovane, ako ne (učiti) . . . . i ne (položiti) . . . . ispit, nećeš ići na more.
4. Kad (završiti) . . . . studije, putovaću oko sveta.
5. Ako (videti) . . . . Marka, pozdravi ga od mene!

II. Setzen sie die richtigen Formen von bȉti ein!

1. Trebalo je da . . . . kod njih večeras.
2. Nisam htela da . . . . neljubazna.
3. Hteo je da . . . . prijatelj sa svima, ali to nije moguće.

III. Setzen Sie die Kollektivzahlen bzw. Zahlsubstantive und die richtigen Kasusformen ein!

1. Petar i Jelena imaju (šest, deca) . . . . 2. (Četiri, deca) . . . . ide u školu, a (dva, deca) . . . . ide u obdanište. 3. Doputovalo je (dvadeset, Nemci) . . . ., među njima su i (dva, lekari) . . . . 4. Razgovarala sam sa (oni, dva) . . . . 5. (Oni, dva) . . . . žele da rade na dečjoj klinici, (oba) . . . . su studirala u Beogradu.

IV. Übersetzen Sie!

1. Bitte seid still, während ich rede! 2. Seien Sie so freundlich und sagen Sie mir, was ich tun soll! 3. Wenn ich gesund und am Leben bin, werde ich bestimmt kommen. 4. Falls Du zu dieser Zeit in Belgrad bist, melde dich bitte! 5. Sobald ich ein bißchen freie Zeit finde, werde ich dich besuchen. 6. Falls ich deine Eltern nicht sehe, grüße sie von mir. 7. Fünf junge Leute sind nach Belgrad abgereist: darunter sind drei junge Männer und zwei junge Frauen. 8. Mit diesen drei ist es schön zu reisen, weil sie sehr geistreich sind. 9. Habe ich dir von diesen drei schon erzählt? 10. Ich habe genug von deinen Geschichten. Ich habe keine Lust, hier zu sitzen. 11. Ich möchte (Ich habe Lust) spazieren zu gehen. - Und ich habe Lust, mit Menschen zu reden.

28. Lektion — Dvadeset osma lekcija

1. Ein Passives Partizip wird von transitiven Verben beider Aspekte auf folgende Weise gebildet
   a) die zahlreichen Verben unterschiedlicher Konjugationsklassen, deren Infinitive auf -ati auslauten, bilden das passive Partizip mit folgenden Endungen:

	Singular	Plural
m.	-n	-ni
f.	-na	-ne
n.	-no	-na

Beispiele:

čìtati:	čȉtān, čȉtāna, čȉtāno, čȉtāni, čȉtāne, čȉtāna	gelesen
kupòvati:	kȕpovān, -a, -o usw.	gekauft
posećívati:	posèćīvān, -a, -o	besucht
napísati:	nàpīsān, -a, -o	geschrieben
održati:	ȍdržān, -a, -o	gehalten
grȅjati:	grȅjān, -a, -o	geheizt

Man merke sich, daß der Vokal -a- nicht beweglich ist.

b) Die Verben der ersten Konjugationsklasse bilden das passive Partizip mit -jen, -jena, -jeno usw., wobei das -j- die bekannten Lautveränderungen hervorruft:

pòsetiti: pòsećen, -a, -o usw.	besucht
vȉdeti: vȉđen, -a, -o	gesehen (als Adj. angesehen)
stȁviti: stȁvljen, -a, -o	gelegt
kúpiti: kûpljen, -a, -o	gekauft
vòleti: vȍljen, -a, -o	geliebt
zabrániti: zȁbrānjen, -a, -o	verboten
objásniti: òbjāšnjen, -a, -o	erklärt
ìzmisliti: ìzmišljen, -a, -o	erdacht
ispràzniti: ìsprāžnjen, -a, -o	geleert
ùčiti: ùčen, -a, -o	gelernt (als Adj. gelehrt)
trážiti: trâžen, -a, -o	gesucht
stvòriti: stvȍren, -a, -o	geschaffen

c) Die Verben mit dem Infinitiv auf -ći und -sti („konsonantische Stämme") bilden ihr passives Partizip mit -en, -ena, -eno usw., wobei -k- und -g- zu -č- bzw. -ž- werden.

rèći: rèčen, rečèn|a, -o   gesagt
dovèsti: dovèden, dovedèn|a, -o   herbeigeführt

Hierher gehören auch die Verben der vierten Verbalklasse mit den Vokalen -i- und -u- vor der Infinitivendung, bei denen vor der Partizipendung ein -j- bzw. -v- eingefügt wird.

pòpiti: popìjen, popijèn|a, -o   getrunken
ùbiti: ubìjen, ubijèn|a, -o   getötet
òbuti: obùven, obuvèn|a, -o   angezogen (Schuhe)

d) Die Verben auf -nuti/-ći wie auch diejenigen, bei denen im Präsens -n- oder -m- auftritt, bilden das passive Partizip mit -t, -ta, -to usw.

pòdignuti / pòdići: pòdignūt, -a, -o usw.   gehoben
pomòći (pòmognēm): pòmognūt, -a, -o   geholfen
odùzēti (òduzmēm): òduzēt, -a, -o   weggenommen
òtēti (òtmēm): òtēt, -a, -o   weggenommen, geraubt
pròklēti (pròkunēm): pròklēt, -a, -o   verflucht
zapòčēti (zàpočnēm): zàpočēt, -a, -o   angefangen

Einige Verben haben schließlich Doppelformen auf -t und -n wie z.B.:

dȁti: dȁt, dȁn   dònēti: donèsen, dȍnēt

Die passiven Partizipia dienen einerseits zur Bildung des Passivs, andrerseits werden viele von ihnen als Adjektive verwendet, deren (mehr oder weniger veränderte) Bedeutung die aus der Verbalhandlung hervorgegangene Eigenschaft ist.

Napísao je písmo vȍljenoj dèvōjci.
Er schrieb seiner geliebten Freundin einen Brief.

Ôn je veòma ùčen i veòma vȋđen čòvek.
Er ist ein sehr gelehrter und sehr angesehener Mann.

U njègovom sȁžētom predávānju ȉmā mnȍgo interesàntnih mȉslī.
In seinem knappen Vortrag gibt es viele interessante Gedanken.-

2. Das Passiv wird im Serbischen viel seltener gebraucht als im Deutschen. Stattdessen werden aktive Formen vorgezogen. Es bestehen grundsätzlich zwei Möglichkeiten, Passivformen zu bilden:

I. das passive Partizip wird mit den entsprechenden Formen des Hilfsverbs *bȉti/bívati* verbunden, z.B.

bȉti ùhvaćen gefangen genommen werden

Präsens: *Jâ bîvām ùhvaćen.* Ich werde gefangen genommen.
Perfekt: *Jâ sam ùhvaćen.* Ich wurde gefangen genommen./ Ich bin gefangen genommen worden.
Futur: *Jâ ću bȉti ùhvaćen.* Ich werde gefangen genommen werden.
Futurum exactum (nur in Nebensätzen): *Ako bȕdem (bȉo) ùhvaćen, bȉće lȍše i za tèbe.* Falls ich gefangen genommen werde, wird das auch für dich schlecht sein.
Konditional: *Ako bih jâ bȉo ùhvaćen, bílo bi tô lȍše i za tèbe.* Sollte ich gefangen genommen werden, wäre das auch für dich schlecht.

Theoretisch existieren die Passivformen auch für die übrigen Tempora (Aorist, Imperfekt, Plusquamperfekt vgl. nächste Lektion), die jedoch noch seltener vorkommen als die eben genannten Tempora.
Die für das Präsens angegebene Passivform wird relativ selten gebraucht, ihr wird die Aktivform vorgezogen, wobei im Präsens das ipf. Verb gebraucht wird: *Hvȁtajū me. Polìcija me hvȁta.*
Zu der für das Perfekt angegebenen Passivform wäre anzumerken, daß solche Konstruktionen im Falle von Zustandsverben und Adjektiven, die von Partizipien abgeleitet wurden, die Bedeutung des Präsens haben.

Jâ sam zàbrinūta. Ich bin besorgt.
Njègovo predávanje je sȁžēto i ȍriginālno.
Sein Vortrag ist knapp und originell.

II. Die Umschreibung des Passivs mit *se* und Aktivformen wurde bereits erwähnt (*I*, S.112). Dieses *se*-Passiv ist sehr gebräuchlich; es wird jedoch fast ausschließlich für die 3. Person Sg. und Pl. verwendet:

Óvde se grâdī nȍva škôla. Hier wird eine neue Schule gebaut.
Rànije su se zgrȁde grádile mesécima, a dànās se sàgrādē za nȅkoliko dána.
Früher wurden Gebäude monatelang gebaut und heute werden sie in einigen Tagen erbaut.
Óvde će se gráditi / sagráditi nȍva škôla.
Hier wird eine neue Schule gebaut werden.

Ako se óvde bȕdē sagrádila nȍva škȏla, tȏ će bȉti dòbro za mȍju dȅcu.
Falls hier eine neue Schule gebaut wird, wird das für meine Kinder gut sein.
Ako bi se óvde sagrádila nȍva škȏla, bílo bi tȏ dòbro.
Falls hier eine Schule gebaut werden würde, wäre das gut.

Bei den *se*-Konstruktionen muß zwischen passivischer und reflexiver Bedeutung unterschieden werden, was aus dem jeweiligen Kontext logischerweise hervorgeht. Dazu kann angemerkt werden, daß die auf vernünftige und zur Durchführung der gemeinten Handlung fähigen Wesen bezogene *se*-Konstruktionen reflexiv sind.

Mȁrko se kûpa svȁkog jȕtra. Marko badet jeden Morgen.
Bébe se kúpaju ȕjutru i ȕveče. Babies werden morgens und abends gebadet.
Automobíli se ne pèrū na ùlicama. Autos werden nicht auf der Straße gewaschen.
Bolesníci se hrânē lȁkom i vitamínima bògatom hránōm. Kranke ernähren sich (werden) mit leichter und vitaminreicher Nahrung (ernährt).

Während die reflexive bzw. passivische Bedeutung der ersten drei Sätze leicht erkennbar ist, bleibt der letzte Satz ohne zusätzliche Angaben zweideutig.
Die Angabe des logischen Subjekts der passivischen Sätze (im Dt. von + Dat.) existiert zwar auch im Serbischen: *od, od strane* von, seitens; sie wird jedoch selten und bei den *se*-Konstruktionen überhaupt nicht gebraucht, stattdessen wird die Aktivform bevorzugt, also statt: *Ȕhvaćen sam od (stráne) polìcije.- Polìcija me je ùhvatila.*
Dem Lernenden sei schließlich der Rat gegeben, das relativ selten vorkommende Passiv im Serbischen zu beobachten und in Zweifelsfällen die Aktivformen zu gebrauchen.

Феномен

Као да је неко јео зидове.
Сваког дана по једна дубока бразготина. И то само на другом спрату.
Били су кивни на странке. Мотрили су.
Ухваћен је на делу Пивчевић. Он није био странка већ домаћи, комерцијалиста.
Гребао је лењиром и халапљиво трпао прашину у уста.
— Шта је то, Пивчевићу?!
— Не знам, шефе. . . Ухватило ме тако и морам да гребем.
— Добро што гребете, али ви и једете?!
— Морам и да једем. Тера ме нешто да једем зид.

— То је онда недостатак калцијума у организму. Вама недостаје калцијум.
— И ја то мислим.
Упућен је на преглед. Бразготине су се појавиле на новом месту. Пивчевић је јео зидове амбулантне. Са прегледом и анализама ишло је споро. Пивчевић је једног јутра затечен са кваком у устима.
— Пивчевићу, забога?!
— Морам, шефе. . .
— Шта морате, несрећни човече?
— Морам да једем и гвожђе.
— Није то гвожђе, Пивчевићу. Кваке су месингане.
— Не знам шта је. Организам тражи кваку. Изгледа да немам месинга у крви. . .
Шеф је звао амбулантну и тражио да му што пре пошаљу анализе. Када су му стигле, испоставило се да је крвна слика комерцијалисте Пивчевића нормална. Изгрдили су га и одузели лењир. Био је миран петнаест дана. Уздржавао се. Јео је свеже воће.. Тада су му пронашли мањак. Огромна сума. Он је смирено објаснио да је сав новац потрошио на одржавање свог несрећног организма. Али, то није било тачно. Проверавањем је утврђено да је Пивчевић покраденим новцем подигао на периферији нову кућу. Није могао да порекне. Али се правдао. Нешто у том смислу да је мислио на старост. Да једнога дана, кад оде у пензију и напусти комерцијално, има своје зидове и своје кваке.

(Душан Радовић).

Афоризми

На дрвету истине највише је објешних.
Пјесници су пробуђени дијелови народа који је успаван.
Све о паклу што сам прочитао на нашу је земљу наличило.
Много је атеиста који су себе сматрали боговима.
Од човјека до човјека најдуже је растојање.
Зли језици и звијезде у блато обарају.
Најгласније и најагресивније пјевају и говоре заблуде.

(Момир Војводић, рођен 1939).

Epilog

Mnogo samuješ i dugo ćutiš, sine moj, otrovan si snovima, izmoren putevima duha.. Lik ti je pognut i lice blijedo, duboko spuštene vjeđe. . . Iziđi u ljetni dan, sine moj!
— Šta si vidio u ljetni dan, sine moj?
Vidio sam da je zemlja jaka i nebo vječno, a čovjek slab i kratkovjek.
— Šta si vidio, sine moj, u ljetni dan?

Vidio sam da je ljubav kratka a glad vječna.
- Šta si vidio, sine moj, u ljetni dan?
Vidio sam da je ovaj život stvar mučna, koja se sastoji od nepravilne izmjene grijeha i nesreće, da živjeti znači slagati varku na varku.
- Hoćeš da usneš, sine moj?
Ne, oče, idem da *živim*.

(Ivo Andrić, 1892-1975; Nobelpreis 1961)

Vokabeln

aforìzam	*Aphorismus*	lènjīr, -íra	*Lineal*
analíza	*Analyse*	lȅtnj|ī (ljȅtnj|ī), -ā, -ē	*Sommer-*
atèist(a)	*Atheist*		
blȁto	*Schmutz, Matsch*	lȋk, líkovi mánjak	*Gestalt Manko, Fehlbetrag*
bràzgotina	*Ritze, Kerbe*		
dȅlo (djȅlo)	*Tat*	mesing	*Messing*
epìlog	*Epilog*	mèsingan, -a, -o	*aus Messing*
fenòmēn, -éna	*Phänomen*	mòtriti *ipf.*	*beobachten*
glȁs|an, -na, -no	*laut*	mȕč|an, -na, no	*qualvoll*
glȅdati telèviziju	*fernsehen*	náličiti *ipf.*	*ähneln*
gvȏžđe	*Eisen*	nàpustiti *pf.*	*verlassen*
halàpljiv, -a, -o	*gierig*	nedostátak	*Mangel*
hrániti (se), hrā- nīm *ipf.*	*(sich) ernähren*	nȅpravīl|an, -na, -no	*unregelmäßig*
ȉzmena (ȉzmjena)	*Wechsel*	nȍrmal|an, -na, -no	*normal*
isprázniti, ìsprā- znīm *pf.*	*ausleeren*	obárati, òbārām *ipf.*	*(um)stürzen*
ispòstaviti se *pf.*	*sich herausstellen*	òbesiti (òbjesiti) *pf.* održávanje	*erhängen Erhaltung*
izglédati, ìzglēdām *ipf.*	*scheinen*	održávati se, odřžā- vām *ipf.*	*stattfinden*
izgŕditi, ìzgŕdīm *pf.*	*ausschimpfen*	organìzam	*Organismus*
izmòriti, ìzmorīm *pf.*	*ermüden*	pȁk|ao, - la pènzija	*Hölle Rente, Pension*
kālcijum	*Calcium*	perìferija	*Peripherie*
kȁo da	*als ob*	pògnuti (se), pògnēm *pf.*	*(sich) beugen, bücken*
kȋv|an, -na, -no	*erbost*		
komercijàlist(a)	*Kommerzfachmann*	pojáviti se, pòjā- vīm *pf.*	*erscheinen*
kratkòvek (kratkòvjek), -a, -o	*kurzlebig*	pòkrasti, pokrádēm *pf.*	*stehlen*
kȓvn|ī, -ā, -ō	*Blutbaden*	porèći, pòreknēm *pf.*	*abstreiten*
kúpati (*se*), kûpām *ipf.*		prȃvdati se *ipf.*	*sich rechtfertigen*
kvȁka	*Türklinke*		

prégled (prijègled)	Untersuchung	upútiti, ùpūtīm *pf.*	über-, verweisen
pròklēti *pf.*	verfluchen		sen
proverávanje	Überprüfung	uspávati, ùspāvām	einschläfern
pùšenje	Rauchen	*pf.*	
rastojánje	Entfernung	ústa (*Pl.*)	Mund
samòvati, sàmu--jēm *pf.*	einsam sein	utvŕditi, ùtvŕdīm *pf.* uzdržávati se,	feststellen sich zurück-
sastòj|ati se, -īm *ipf.*	sich zusammensetzen	uzdȑžāvām *ipf.* vȃrka	halten Täuschung
sȁžēt, -a, -o	knapp	vȅč|an (vjȅč|an),	ewig
slȁb, -a, -o	schwach	-na, -no	
slágati, slȃžēm *ipf.*	schichten, zusammenlegen	vȅda (vjȅđa) zȁboga	Augenbraue um Gottes
smȋren, -a, -o	ruhig, beruhigt	zȃbluda	willen Irrtum
spȍr, -a, -o	langsam	zabrániti, zàbrānīm *pf.*	verbieten
spùstiti *pf.*	senken		
strànka	Kunde	zapòčēti, zàpoč-nēm *pf.*	anfangen
sùma	Summe		
šȅf, šȅfovi	Chef	zatèći, zàtek-nēm *pf.*	erwischen
tȁd, tàda	dann		
tȅrati (tjȅrati) *ipf.*	treiben, zwingen	zaùzēti, zàuzmēm *pf.*	einnehmen
tȑpati *ipf.*	stopfen	zȋd, zȋdovi	Wand

Übungen

I. Stellen Sie in den obigen Texten alle Passivformen fest!

II. Bilden Sie passive Partizipia von den folgenden Verben:
uraditi, želeti, kupiti, igrati, organizovati, ispiti, prodati, vezati, zauzeti, prevoditi, prevesti, obući, ipeći, naći, zabraniti.

III. Bilden Sie das Passiv:

a) mit *se* im Präsens, Perfekt und Futur!
1. Na času (govoriti) .... samo srpski. 2 Gde (održavati) .... časovi srpskog jezika? 3. Pavićev novi roman (čitati) .... mnogo. 4. Njene ploče (prodavati) .... u svim knjižarama. 5. Prodavnice su zatvorene jer (ne raditi) ....

b) mit dem Hilfsverb *biti* im Perfekt und Futur!
1. Ovaj roman (prevoditi) .... na nemački više puta. Da li (prevesti) .... i na engleski? 2. Posao (ne uraditi) .... kako treba. 3. Hleb (ne

ispeći) .... dobro, zato (ne prodati) .... 4. U našem gradu (organizovati) ..., velike demonstracije protiv rata. 5. Ljudi se nadaju da (pronaći) .... lek protiv raka.

IV. Übersetzen Sie!

1. Heute wird nicht gearbeitet, weil heute ein Feiertag ist. 2. Ljilja ist schön gekleidet (angezogen). Sie hat viel Geld. 3. Mein Wagen ist (wurde) gestohlen und nicht mehr gefunden (worden). 4. Diese Ware wurde im Ausland gekauft und wird in den Geschäften im Stadtzentrum verkauft. 5. Das Rauchen ist im Unterricht verboten. 6. Diese Zigaretten werden viel verlangt (tražiti) und viel gekauft. 7. Leider wird heute wenig gelesen und viel ferngesehen. 8. In der Nähe unseres Hauses wird eine neue Schule gebaut. 9. Diese Kirche wurde im 12. Jhd. erbaut. 10. Falls die Schule bis zum Herbst fertig gebaut wird, wäre das schön für unser Kind.

29. Lektion - Dvadeset deveta lekcija

1. Vom passiven Partizip ausgehend wird durch Anhängung von -je das Verbalsubstantiv gebildet, das dem deutschen substantivierten Infinitiv oder den Substantiven auf -ung (und anderen Abstrakta) entspricht. Es wird sowohl von transitiven als auch intransitiven, meist imperfektiven seltener perfektiven Verben gebildet und trägt meistens den Akzent des Infinitivs, wobei der Vokal vor dem Suffix lang ist.

písati ipf. - *písānje* Schreiben
trážiti ipf. - *trážēnje* Suchen, Forderung
objásniti pf. - *objašnjēnje* Erklärung
objašnjávati ipf. - *objašnjávānje* Erklären
oslobáđati ipf. - *oslobáđānje* Befreien, Befreiung
oslobòditi pf. - *oslobođénje* Befreiung
dòstići pf. - *dostignúće* Erreichen, Errungenschaft
stàjati ipf. - *stàjānje* Stehen
tŕčati ipf. - *trčānje* Rennen
sèdeti ipf. - *sèdēnje* Sitzen

2. Mit dem Suffix -je werden auch die sogenannten Kollektiva gebildet - das sind Substantive, die in grammatischer Hinsicht Singulare sind, obwohl sie einen Plural ausdrücken (vgl. im Dt. die Bildungen mit Ge- wie *Gestein, Gebüsch* u.ä.)

kȁmēn Stein	kàmēnje Gestein	(kȁmenovi Steine)
cvêt Blume	cvêće Blumen	(cvȅtovi Blumen)
lȋst Blatt	lȋšće Laub	(lȋstovi Blätter, Papier)
grȍb Grab	grôblje Friedhof	(grȍbovi Gräber)
grôzd Traube	grôžđe Trauben	(grózdovi einzelne Trauben)
dȓvo Baum	dȓvēće Bäume	(drvȅta einzelne Bäume)

Mòje cvêće je pròcvetalo. Meine Blumen sind aufgeblüht.
U jȅsēn lȋšće pȁda s dȓvēća. Im Herbst fällt das Laub von den Bäumen.

3. Zur Angabe von Eigenschaft (insbesondere bei Beschreibung von Personen) wird im Serbischen gerne der sog. qualitative Genitiv gebraucht (im Dt. von, mit + Dat.). Voraussetzung ist jedoch, daß die Eigenschaftsangabe ein Adjektiv als Attribut bei sich hat. Beispiele:

U sȍbu je ùšla mláda žèna vȋtkog stȃsa, dȕge cȓnē kȍsē i lépih plávih òčijū. Za njôm je ùšao muškárac srȅdnjih gȍdīnā, visȍkog rȃsta i séde kȍsē.

Ins Zimmer kam eine junge Frau von schlanker Gestalt, mit langem schwarzen Haar und schönen blauen Augen. Hinter ihr kam ein Mann, mittleren Alters, von großem Wuchs und mit grauem Haar.

4. Das Serbische besitzt auch einen possessiven Dativ, der sich im heutigen Sprachgebrauch überwiegend auf die Personalpronomina beschränkt: Anstelle der possessiven Pronomina kann also der Dativ der Personalpronomina gebraucht werden. Beispiele:

Òtac mi je stȁr i bȍlestan, a mâjka mi je ȕmrla prê dvádeset dvê gȍdine. (statt: *Môj òtac..., mòja mâjka*).

Gdȅ Vam žíve ròditelji? (statt: *Gdȅ žíve Vaši ròditelji*).

5. Über unbestimmte Pronomina und Adverbia (*nȅko* jemand, *nȅkad* einst usw.) wurde bereits einiges gesagt (vgl. 19. Lektion). Im Serbischen existieren jedoch Bezeichnungen für unterschiedliche Grade/Abstufungen der Unbestimmtheit/des Unbestimmten, die häufig schwer zu übersetzen sind.

ȉko irgendjemand; *ȉšta* irgendetwas; *ȉkakav* irgendwie, irgendwelcher; *ȉčijī* irgendwem gehörig; *ȉkojī* irgendwelcher

Durch das Vorsetzen von *ma* (seltener *makar*), *bílo* vor das Pronomen oder seine Verbindung mit nachgesetztem *god* wird ein höherer Grad der Unbestimmtheit ausgedrückt (dt. „... auch immer), Beispiele:

ma kȍ, bílo ko, ko gȍd (kògod) wer auch immer, irgendwer
ma štȁ, bílo šta, šta gȍd (štògod) was auch immer, irgendwas
ma kòjī, bílo kòjī, kòjī gȍd welcher auch immer, irgendwelcher
ma kàkav, bílo kàkav, kàkav gȍd wie auch immer beschaffen, irgendwelcher
ma čȋjī, bílo čȋjī, čȋjī gȍd wessen auch immer

Wie bei den verneinten Pronomina (vgl. *nȉko, nȋ od koga*, 19. Lektion) werden die Präpositionen meist auch zwischen *i, ma, bílo* und die Pronomina eingeschoben:

Dȁ li si to čȕla ȋ od koga? Hat du das von irgendjemand gehört?
Jèsi li ȋ s kim razgovárala o tȏme? Hast du mit irgendjemand darüber gesprochen?
Žèlela je da vȋdi bílo koga (koga gȍd), da razgòvarā bílo s kim (ma s kȋm). Sie wünschte sich, wen auch immer (überhaupt jemanden) zu sehen, mit wem auch immer zu reden.

Zu den unbestimmten Pronomina gehören auch die Zusammensetzungen mit *sva-* (verallgemeinernd), *koje-* (abschätzig), *što-, gde-,* z.B.

svȁko jeder, *svȁšta* alles mögliche, *svȁčijī* jedermanns
kojèšta allerlei (wertloses Zeug), *kojekàkav* wertlos
štòšta dies und jenes, *štòko, štòkojī, gdèkojī* mancher, manch einer

Auf die gleiche Weise werden auch unbestimmte Adverbia gebildet, z.B. *ȉkad(a)* überhaupt irgendwann, jemals; *ȋgde* überhaupt irgendwo; *ma kàda, bílo kàda, kad gȍd* wann auch immer usw.

6. Die unbestimmte Adjektivdeklination, zu der außer der unbestimmten auch die possessiven Adjektive und einige Pronomina (*njègov, kàkav, tàkav*) gehörten, hat im Singular außer im Vokativ und Instrumental die Endungen des Substantivs, im Plural dagegen dieselben Endungen wie das bestimmte Adjektiv (jedoch behält das best. Adjektiv den Akzent des maskulinen Nominativs Sg. durch die gesamte Deklination, also *mlâdī, mlâdō, mlâdā, mlâdīh* usw.).

	Singular			Plural		
	m.	n.	f.	m.	n.	f.
N.	mlâd	mládo	mláda	mládi	mláda	mláde
G.	mláda	mláda	mládē		mládīh	
D.	mládu	mládu	mládoj		mládīm	

A. *mlâd*   *mládo*   *mládu*   *mláde*   *mláda*   *mláde*
    (unbelebt!)
    mláda
    (belebt!)
I. *mládīm*   *mládōm*   *mládōm*   *mládīm*
L. *mládu*   *mládu*   *mládoj*   *mládīm*

Die unbestimmte Adjektivdeklination ist aus dem heutigen Sprachgebrauch weitgehend veschwunden, an ihrer Stelle werden die Endungen der bestimmten Adjektivdeklination (unter Beibehaltung der Akzentunterschiede) gebraucht, ihre Kenntnis ist jedoch wegen der älteren Texte erforderlich.

Како је постала кртица

Некакав сељак хтео да присвоји туђи њиву, па свога сина закопао у земљу, пошто га је најпре научио што ће одговорити кад се запита. Судија и парничари дођу на њиву, и ту онај, што је хтео туђе да приграби, рекне: „О црна земљо, кажи чија си?" - „Твоја сам, твоја сам"! зачује се детињи глас из земље. Прави газда чувши то тргне се, и судија пресуди да њива припадне неправедноме. Кад се сви разиђу, онда отац с мотиком у рукама навали копати земљу да извади дете, али детета нема! Отац га зове, и дете се одзива, али све даље бежи. И тако се претвори у кртицу. - Тако је, веле, постала прва кртица.

Вече на шкољу

Пучина плава
Спава,
Прохладни пада мрак;
Врх хриди црне
Трне
Задњи румени зрак.

И јеца звоно.
Боно
По кршу дршће звук;
С уздахом туге
Дуге
Убоги моли пук.

Клече костури
Главе
Пред ликом бога свог, -
Ишту . . . Но тамо
Само
Ћути распети бог . . .

И сан све ближе
Стиже
Прохладни пада мрак.
Врх хриди црне
Трне
Задњи румени зрак.

(Алекса Шантић, 1868-1924.)

Prestao čovek da pije

U bifeu gost naruči dva vinjaka, a kada je poslužen, kucne jednu čašicu o drugu, ispije, uzme drugu i nju iskapi. Isti ritual ponovi se sledećeg puta. I tako je to išlo danima. Kelner više nije mogao da izdrži.

- Izvinite, ali zašto ne poručite dupli vinjak?
- Ovako činim zato što sam se sa najboljim drugom u vojsci, kada smo se rastajali, dogovorio da svako od nas, ako negde pije, jedno piće popije i za onog drugog.

Tako je trajalo mesecima, dok jedne večeri gost nije naručio samo jedan vinjak. Kelner zabrinuto zapita:

- Da se Vašem prijatelju nije nešto desilo?
- Ne, nije - odgovori gost - samo sam ja prestao da pijem.

Народне пословице

Боље ишта него ништа.
Боље икад него никад.

Vokabeln

bìfē, -èa	Buffet	kȑš	Felsenland-
bôl|an, -na, -no	schmerzlich		schaft
bôno s. bôlno		kȑtica	Maulwurf
čȁšica	Gläschen	lîk	Gestalt
čìniti ipf. tun		mòtika	Hacke
dètinj|ī, -ā, -ē	kindlich	naváliti, nàvālīm pf.	sich stürzen
(djètinj|ī)			auf
dȑšće (arch.) s. dȑhtati		nèpraved|an, -na, -no	ungerecht
dȕpl|ī, -ā, -ō	doppelt		
gȁzda	Besitzer, Herr	njȉva	Acker
hrîd f.	Felsen	od(a)zívati se,	antworten
iskápiti, ìskāpīm pf.	austrinken	òd(a)zīvām ipf.	
izdȑžati pf.	aushalten	párničār	Streitpartei
ìzvaditi pf.	herausholen	pešáčiti, pèšāčīm	zu Fuß gehen
jȅcati ipf.	Schluchzen	ipf. (pješáčiti)	
kèlner	Keller	ponòviti (se), pòno-	(sich) wieder-
kòsa	Haar	vīm pf.	holen
kòstūr	Skelett	poslúžiti, pòslūžīm pf.	bedienen

presúditi, prèsūdīm pf.	urteilen	stâs školj (arch.)	Gestalt Felsenland-
pretvòriti (se), prètvorīm pf.	(sich) verwandeln	tȑgnuti se pf.	schaft zucken,
prèviše zu viel			erschrecken
prìgrabiti pf.	an sich reißen	tȑnuti ipf.	erlöschen
prìpasti pf.	zufallen	tûđ, túđ|a, -e	fremd
prisvòjiti, prìsvojīm pf.	sich aneignen	túga ùbog, -a, -o	Trauer arm
procvètati, pròcvetām (procvjètati) pf.	aufblühen	umòriti (se), ùmorīm pf.	ermüden
pròhlād|an, -na, -no	kühl	ùzdah	Seufzen
pùčina	offenes Meer	vìnjāk	Weinbrand
pûk (arch.)	Volk	vójska	Heer
rȁspēt, -ā, -ō	gekreuzigt	zàbrinūt, -a, -o	besorgt
râst Wuchs		zàčuti se pf.	ertönen
ràstaj|ati se, -ēm ipf.	sich trennen	zȁdnj|ī, -ā, -ē zakòpati, zàkopām	letzter vergraben
razíći se, ràzīdēm pf.	auseinandergehen	pf. zdrâvlje	Gesundheit
ritùāl, -ála	Ritual	zvȍno	Glocke
rùmen, -ā, -ō	rötlich	zvûk, -ci	Klang
srèdnj|ī, -ā, -ē	mittlerer		

Übungen

I. Bilden Sie Verbalsubstantive!

1. Umorila sam se (čitati, Instr.). . . ., moram da idem na (spavati). . . .
2. Nisam zadovoljan tvojim (objasniti). . . . 3. (Pešačiti). . . .je dobro za zdravlje. 4. Ovde je zabranjeno (pušiti). . . . 5. Marko se sada bavi (pisati). . . . kriminalnih romana.

II. Lösen Sie die Klammern auf!

1. Kupila sam (beo) . . . . grožđe. Grožđe (biti, skup). . . ., ali nije (dobar i sladak). . . . 2. Moje cveće (biti, lep). . . . i cvetati. . . . preko celog leta. 3. Drveće (rasti). . . . brzo, i moje drveće (biti, veliki). . . . Imam u bašti tri (lepo drvo). . . .

III. Lösen Sie die Klammern auf!

1. Ana se ne seća da je ikada (od, iko). . . . dobila bilo kakav poklon.
2. Nije smela da se druži (s, bilo ko). . . . 3. Kad god je pričala majci o

nekom prijatelju ili o (bilo ko, ma ko) . . . . majka se ljutila. 4. Za nju niko nije bio dobar (ko god) . . . je Ana upoznala. 5. Majka se bavila (svašta). . . . kupovala je koješta, (svakakav). . . ., ponekad i ukradene stvari od (bilo ko). . . ., ali Ani je zabranjivala da se bavi (išta). . . .

IV. Übersetzen Sie!

1. In unserer Stadt gibt es viele Parks und in ihnen viele große Bäume und wunderschöne Blumen. 2. Ich mag schöne Bäume, aber in meinem kleinen Garten habe ich nur zwei kleine Bäume. 3. Jeden Frühling säe ich Blumen und freue mich, wenn sie aufblühen. 4. Wer auch immer zu mir zu Besuch kommt, bekommt von mir einige (drei, fünf) Blumen als Geschenk. 5. Ich mag dieses Stehen und Warten nicht, ich bin nervös. 6. Ich habe mit niemandem darüber gesprochen, weil ich über meine Probleme nicht mit irgendjemand (wem auch immer) rede. 7. Ich muß etwas lesen, bringe mir bitte irgendein Buch!. 8. Rede kein dummes (wertloses) Zeug! Ich habe dies und jenes und alles mögliche gehört, das aber ist mir zu viel. 9. Erinnerst Du dich an irgendjemanden (wen auch immer) aus seiner Familie? 10. Die Gräber seiner Eltern befinden sich auf diesem Friedhof. 11. Kennst Du seine Frau? Das ist jene hübsche Dame mit langem schwarzen Haar, die dort am Fenster steht. 12. Sie haben eine Tochter, aber ihre Tochter ist heute abend nicht hier.

30. Lektion - Trideseta lekcija

1. Das Serbische besitzt auch ein Plusquamperfekt, das die Vorzeitigkeit gegenüber einer vergangenen Handlung ausdrückt. Es wird mit dem Perfekt (seltener Imperfekt) des Hilfsverbs *bȉti* und dem aktiven Partizip Perfekt gebildet.

    bȉo sam dòšao / bíla sam dòšla
    bȉo si dòšao / bíla si dòšla usw.

oder

    bȅjāh (bȅh) dòšao / dòšla
    ijek. *bȉjāh (bjȅh) dòšao/dòšla*
    bȅjāše (bȅše) dòšao/dòšla
    ijek. *bȉjāše (bjȅše) dòšao/dòšla* usw.

Kàda sam jâ dòšla, Mârko je vȅć bȉo òtišao (bȅše vȅć òtišao). Als ich kam, war Marko bereits weggegangen.

Das Plusquamperfekt wird im Serbischen viel seltener gebraucht als im Deutschen, da die Vorzeitigkeit durch andere sprachliche Mittel (Perfekt eines pf. Verbs, Konjunktionen pòšto nachdem, prȇ nȅgo što bevor, Gerund II) ausgedrückt werden kann.

Mȃrko je òtišao prȇ nȅgo što sam jȃ dòšla.
Marko war weggegangen, bevor ich gekommen bin.

Kȁd/Pòšto sam završila pòsao, òtišla sam u šétnju.
Als (Nachdem) ich die Arbeit beendet hatte, bin ich spazierengegangen.

2. Noch seltener (hauptsächlich in älteren Texten) kommt der II. Konditional als Möglichkeitsform der Vergangenheit vor, der mit dem Konditional I des Hilfsverbs *bȉti* und dem Partizip Perfekt aktiv gebildet wird:

(jȃ) bih bȉo (bíla) dòšao (dòšla).
(tȋ) bi bȉo (bíla) dòšao (dòšla) usw.

Anstelle des II. Konditionals wird der Kond. I gebraucht, seine logische Zeitzugehörigkeit wird durch das Tempus des Nebensatzes oder durch ein Zeitadverb ausgedrückt (vgl. dazu die Ausführungen über die Konditionalsätze.)

3. Sehr gebräuchlich ist dagegen die Verwendung des aktiven Partizips Perf. als Wunschform (sog. Optativ), das sowohl (ohne Hilfsverb!) zum Ausdruck guter Wünsche als auch von Verwünschungen und Flüche dient:

Žíveo krȃlj! Es lebe der König!
Žíveli! Prosit!
Dòbro dòšli! Willkommen!

4. Die folgende Übersicht über die Verbalformen des Serbischen soll zur Wiederholung und Systematisierung des Gelernten beitragen.

Infinitiv: *vȉdeti* ipf./pf.
Präsens: *vȉdīm*
Perfekt: *vȉdeo sam*
Futur: (jȃ) *ću vȉdeti/vȉdeću*
Futur II: *bȕdēm vȉdeo*
Aorist: *vȉdeh*
Imperfekt: *vȉđāh*
Plusquamperfekt: *bȉo sam vȉdeo*
    bȇjāh vȉdeo

Imperativ: *vȉdi!*
Konditional I: *vȉdeo bih*
Konditional II: *bȉo bih vȉdeo*
Gerund I: *vȉdēći*
Gerund II: *vȉdēvši*
Partizip akt.: *vȉde|o, -la*
Partizip pass.: *vȉđen, -a, -o*
Passiv: *bȋvām vȉđen; vȉđen sam;*
    bȉću vȉđen

Manche dieser Formen wie Plusquamperfekt und Konditional II werden überhaupt nur selten, andere dagegen wie Aorist, Imperfekt und Gerundia hauptsächlich in literarischen Texten gebraucht. Wie bereits gesagt, stimmen der Infinitiv- und der Präsensstamm häufig nicht überein: Vom Infinitiv ausgehend werden Aorist, Gerund II, akt. Partizip und Futur gebildet - vom Präsens wiederum Imperativ, Gerund I und teilweise auch das Imperfekt.

5. Von all den Verbalformen hat das Präsens die größte Aufmerksamkeit des Lernenden beansprucht. Die zu Lernzwecken vorgenommene Einteilung in sechs Konjugationsklassen sei hier der Übersichtlichkeit halber zusammengestellt.

I Infinitiv: *-i-/ -(j)e-* , *-a-* Präsens: *-i-*
ráditi: *rādīm*, *rádi|o*, *-la*; *vȉdeti*: *vȋdīm*, *vȋde|o*, *-la*; *dr̀žati*: *dr̀žīm*, *dr̀ža|o*, *-la*.

II Infinitiv: *-a-* Präsens: *-a-*
čȉtati: *čȋtām*, *čȋta|o*, *-la*.

III Infinitiv: *-ova-/-iva-* Präsens: *-uje-*
putòvati: *pùtujēm*, *pùtova|o*, *-la*; *poručívati*:*porùčujēm*, *poručíva|o*, *-la*.

IV a) Infinitiv: *-i- /-u-/ -ja-* / *-va-* Präsens *-je-*
pȉti: *pȉjēm*, *pȋ|o*, *-la*; *čȕti*: *čȕjēm*, *čȕ|o-la*; *pòstajati*: *pòstajēm*, *pòstaja|o*, *-la*; *prodávati*: *pròdājēm*, *prodáva|o*, *-la*; *upoznávati*: *upòznājēm*, *upoznáva|o*, *-la*.

b) Infinitiv: *-a-* Präsens *-je-* (Palatalisation)
plȁkati: *plȁčēm*, *plȁka|o*, *-la*; *krétati*: *krêčēm*, *kréta|o*, *-la*.

c) Infinitiv: *-a-* / *-(j)e-*, vokalisches *-r-* Präsens *-e-* (Besonderheiten)
brȁti: *bèrēm*, *brȁo*, *brála*; *ȕzēti*: *ȕzmēm*, *ȕze|o*, *-la*; *ùmrēti*: *ùmrēm*, *ùmr|o*, *-la*; *kléti*: *kùnēm*, *klȅo*, *kléla*.

V Infinitiv *-nu-* Präsens *-ne-*
tònuti: *tònēm*, *tònu|o*, *-la*; *nàviknuti/nàvići*: *nàviknēm*, *nàviknu|o*, *-la* / *nàvik|ao*, *-la*.

VI Infinitiv *-sti* (< *s, z, t, d*) *-ći* (< *k, g*) Präsens *-e-* (*k>č, g>ž*)
odvèsti: *odvèzēm*, *òdvez|ao*, *-la*; *odvèsti*: *odvèdēm*, *òdve|o*, *-la*; *jȅsti*: *jȅdēm*, *jȅ|o*, *-la*; *pèći*: *pèčēm*, *pèkao*, *pèkla*.

6. Schließlich sei hier eine der zu wissenschaftlichen Zwecken dienenden Klassifikationen angeführt:

I a *trésti*: *trésēm*
   b *pèći*: *pèčēm*
   c *jèsti*: *jèdēm*

II a *pràti*: *pèrēm*
   b *písati*: *pîšēm*

III *krénuti*, *krênēm*

IV a *pȉti*: *pȉjēm*
   b *stanòvati*: *stànujēm*

V *čìtati*: *čìtām*

VI a *ráditi*: *râdīm*
   b *žíveti*: *žívīm*
   c *dŕžati*: *dŕžīm*

У цара Тројана козје уши

Био један цар који се звао Тројан. Он је имао козје уши. Цар је позивао бербере да га бријy, а после бријања би их упитао да ли су видели нешто на њему.Пошто су бербери одговарали да су видели козје уши, ни један од њих се није жив вратио. Тако дође ред на једног старог берберина,али он се направи болестан и посла свог момка. Овај момак на царево питање одговори да није видио ништа, а цар му даде дванаест дуката и рече му да од сада увек долази он да га брије.

Момак је долазио редовно и за свако бријање добијао дванаест дуката, али га после неког времена почне мучити то што не сме никоме да каже. Мајстор то опази па му рече: Кажи мени, а ја нећу рећи никоме. Ако се бојиш мени да кажеш, а ти изађи у поље, па ископај јаму и завуци главу у њу,па три пута кажи земљи шта знаш, па онда јаму закопај!

Момак изабра ово друго: ископа јаму, завуче главу у њу и три пута рече земљи: " У цара Тројана козје уши!"

После извесног времена, ниче зова и нарастоше три лепа прута. Чобанчад одсекоше један прут и направише од њега свиралу, али кад почеше свирати, чуо се глас: " У цара Тројана козје уши!"

То се одмах разгласи по граду, а цар Тројан позва оног момка и упита га зашто је то казао народу. Момак му све исприча и објасни, а цар, желећи да види је ли то истина, пође са момком на оно место: тамо нађоше још само један прут, начинише од њега свиралу, а кад почеше да свирају, чуо се глас: "У цара Тројана козје уши!"

Онда цар увиде да се на замљи ништа не може сакрити, поклони ономе момку живот, и дозволи да га свако може бријати.

(Народна приповетка; gekürzt und adaptiert)

Рибица и вино

Десило се то, кажу у првим годинама овог века. Неки сељак крене у град и - прелазећи реку - ухвати рибицу, завије је у марамицу и стави у џеп.

Кад му је, касније, у кафани " Код бурета" келнер донео вино, "риболовац" кријући стави рибицу у чашу, па позове газду.
"Па шта је ово, побогу, газда? Риба у вину!
Збуњени кафеџија му се извини, и рече му да не треба ништа да плати.
Иза шанка газда се издера на келнера:
" Јесам ли ти сто пута рекао да у вино не сипаш воду из реке, него само из бунара!"

Благослов

Сву ноћ ми соко препјева
на Милнову пенџеру:
"Устани горе, Милане!
Дјевојка ти се удаје,
И тебе зове на свадбу;
Ако јој нећеш на свадбу,
А ти јој пошљи благослов."-
"Нека је, нек се удаје!
Ићи јој нећу на свадбу,
Него јој шаљем благослов:
Мушкога чеда немала!
Колико хљеба појела,
Толико једа имала!
Колико воде попила,
Толико суза пролила!"

(Народна песма, leicht adaptiert)

Vokabeln

bèrberin	*Barbier*	mâjstor	*Meister*
blăgolslov	*Segen*	màramica	*Taschentuch*
čĕdo	*Kind*	mȕšk|ī, -ā, -ō	*männlich*
dùkat	*Dukate*	nàpraviti se *pf.*	*sich stellen*
kòzj|ī, -ā, -ē	*Ziegen-*	narásti *pf.*	*(er)wachsen*
inostrànstvo	*Ausland*	péndžer (*arch.*)	*Fenster*
izdèrati se, ìzderēm *pf.*	*schreien*	penziònisati *ipf.*	*pensionieren*
izvíniti (se), ìzvīnīm *pf.*	(*sich*) *entschuldigen*	prèpevati (prepjevati) *pf.*	*durchsingen*
jȁma	*Grube*	pròliti, pròlijēm *pf.*	*vergießen*
jêd	*Kummer*	prût	*Zweig, Rute*
kafàna	*Kaffeehaus*	razglásiti se, ràzglāsīm *pf.*	*sich herumsprechen*
kafèdžija	*Kaffeehausbesitzer*		

rȅdov|an, -na -no	regelmäßig	svìrala	Flöte
rȉbica	Fischlein	šȁnk	Theke
ribolóvac	Fischer	ùvideti (ùvidjeti) pf.	einsehen
spȏljn|ī, -ā, -ō	außen, äußer-	zàviti, zàvijēm pf.	einwickeln
	lich	zavúći pf.	hineinstecken
sùza	Träne	zóva	Holunder

Übungen

I. Bestimmen Sie die Verbalformen in den obigen Texten:

1. Nennen Sie davon die im Alltag selten vorkommenden Verbalformen.
2. Nennen Sie bei jedem Verb a) den Infinitiv und sein Aspektpaar (soweit vorhanden, vgl. Verzeichnis der Verben); b) die 1. Pers. Sg. Präsens (s. Verzeichnis der Verben); c) das Partizip Perfekt aktiv, m. und f. Form!

II. Bilden Sie vom Verb objavlívati/objáviti alle im Serbischen vorhandenen Verbalformen (vgl. Übersicht)!

III. Nennen Sie die 1. Pers. Sg. Präs. folgender Verben:

klečati, oboleti, školovati, sakrivati, izdavati, doznavati, stati, predlagati, mahati, nasuti, kleti, navići se, plesti, izvući (vgl. Verzeichnis der Verben)!

IV. Wie lauten Genitiv Sg., Nominativ und Genitiv Pl. folgender Substantive:

ugao, kraj, građanin, sudija, oko, dete, sestra, brat, otac, vreme, jesen, radost.

V. Worin besteht der Unterschied zwischen den folgenden Fragesätzen? Übersetzen Sie sie!

Da li je i Marko došao? Zar je i Marko došao?

VI. Übersetzen Sie!

1. Ich esse gerne Fisch, aber Fisch mag es, im Wein zu schwimmen - also muß ich auch Wein trinken. 2. Bitte, schenke mir ein Glas Weißwein ein! 3. Gestern war ich bei einer Hochzeit: meine Schwester (mein Bruder) hat geheiratet. Und meine Tochter heiratet im März. 4. Entschuldige bitte, wie viele Schwestern hast Du? Warum entschuldigst du

dich, wir kennen uns nicht sehr lange. 5. Sage mir, ist es wahr (die Wahrheit), daß deine Tochter mit ihrem künftigen Mann ins Ausland, nach Griechenland zieht (geht)? 6. Ja, es ist wahr. Ihr künftiger Mann ist Diplomat. 7. Sie werden in Griechenland nur zwei Jahre verbringen, weil er in Zukunft wissenschaftlich tätig sein will (sich mit Wissenschaft beschäftigen will). 8. Außerdem mögen sie beide Kinder und möchten zwei oder drei Kinder haben. 9. Das alles sind schöne Nachrichten. Ich wünsche deiner Tochter, daß sie glücklich wird. 10. Und wann gehst du in Rente? In zwei Jahren. Mein Mann ist bereits pensioniert.

Auflösung der Übungen

16. lekcija

I. a) 1. Marko će učiti novu lekciju, a Liljana će čitati roman. 2. Ići ćemo večeras u bioskop. 3. Gledaćemo jedan lep film. 4. Večeraćemo u restoranu. 5. Mama će se radovati poklonu.
b) 1. Hoće li (Da li će) Marko učiti. . ., a hoće li (da li će) Liljana čitati. . .? 2. Hoćemo li (Da li ćemo) gledati. . .? 4. Hoćemo li (Da li ćemo) večerati. . .? 5. Hoće li (Da li će) se mama radovati. . .?
c) 1. Marko neće učiti. . ., a Liljana neće čitati. . . 2. Nećemo ići. . .. 3. Nećemo ići. . . 3. Nećemo gledati. . . 4. Nećemo večerati. . . 5. Mama se neće radovati. . .

II. 1. će doći 2. Ići ćemo 3. će biti 4. Moraću 5. će mi dati 6. ću se prehladiti 7. Šetaćemo, ćemo ići 8. Vratićemo se 9. će se ljutiti 10. Objasniću 11. Kupiću 12. će se radovati, neće biti 13. ćeš se vratiti, ćeš biti 14. ćeš ležati 15. Boleće 16. će se svađati.

III. 1. ćeš raditi, ću raditi, ću čitati 2. ćeš čitati 3. ćeš ga pročitati. Pročitaću. 4. čitaću, pročitati.

V. 1. Nije mi dobro, imam temperaturu. 2. Mene boli glava, a Marka boli zub. 3. Ljiljana se prehladila i leži bolesna u krevetu. 4. Iz inata je bila po kiši i snegu u brdima. 5. Otišla je na izlet Marku uz inat. 6. Sada se kaje, ali je prekasno. 7. Trebalo je da odloži izlet. 8. Sada će biti bolesna čivatu nedelju dana, jer grip traje bar sedam do deset dana. 9. Radite li Vi nešto iz inata? - Da, ćutim. 10. Ali to nije dobro. Ne treba da ćutite. 11. Znam. Ubuduće ću se svađati sa svim ljudima. 12. Gospode Bože! Užasno! Vi ćete postati svađalica! Ljudi će bežati od vas.

17. lekcija

I. 1. poznajete. 2. poznajem, upoznam. 3. upoznajem, krijem. 4. priznam, postajem, uspevam, sakrijem. 5. razumem, prestaje, ume, smem. 6. umem, smeš. 7. ostaje. 8. ostaju, se udaje. 9. se udaje. 10. sašije. 11. ume, šije. 12. šije. 14. izdaje. 15. izdaju, uspeju, dobiju. 16. prodaju. 17. prodaje. 18. upoznam.

II. 1. slušaoci. 2. gledaoci, gledalaca. 3. viskija, taksijem. 4. svojim kolima. 5. današnje novine, današnjim novinama. 6. naočara, naočarima. 7. vratima, vrata.

IV. a) 1. Prodajem svoja kola jer automobili zagađaju čovekovu okolinu. 2. Ne moram uvek da se vozim kolima; imam bicikl, a mogu da idem i peške. 3. Moramo da negujemo prirodu – ja sejem travu i cveće u svojoj bašti. 4. „Mi ne trebamo prirodi, ali priroda treba nama". 5. Ako mislimo na to, onda još postoji šansa da preživimo.
b) 1. Smem (Smijem) li da te pitam nešto? 2. Smeš (Smiješ) da me pitaš, ali ne znam da li ću ti odgovoriti. 3. Ne razumem (razumijem) te i nikada te nisam razumeo/razumela (razumio/razumjela). 4. Ne razumeš (razumiješ) me? Ja ne govorim kineski. 5. Umeš (Umiješ) li da govoriš kao normalan čovek (čovjek)? 6. Umem (Umijem) kad hoću.. Dakle, pitaj najzad! 7. Zašto moj brat nije smeo (smio) da dođe sinoć? Zašto moji roditelji nisu smeli (smjeli) da dođu večeras? 8. Molim? Sada ja nisam ništa razumeo (razumio). 9. O Bože! Nikada nismo uspeli (uspjeli) da rešimo (riješimo) neki problem zajedno.

18. lekcija

I. a) prvi januar; drugi februar; treći mart, četvrti april; sedmi maj; osmi jun(i); sedamnaesti jul(i); osamnaesti avgust; dvadeseti septembar; trideseti oktobar; dvadeset drugi novembar; dvadeset četvrti decembar.
b) sedmog januara; četvrtog februara; trećeg juna; osmog jula; dvadeset osmog oktobra; dvadeset četvrtog decembra; trideset prvog decembra.

II. 1. jednu reč, reči. 2. oči, očiju. 3. očiju, oka. 4. prstiju. 5. ruku, ruke. 6. pameti. 7. lažima. 8. starosti, mladosti. 9. gluposti. 10. smrti. 11. glađu i žeđu. 12. vešću. 13. žalošću, vesti. 14. smrti. 15. mišlju. 16. stvarima i glupostima. 17. vlašću. 18. vlast, moć. 19. moći. 20. laži. 21. soli.

III. 1. dvadesest osmog novembra hiljadu devetsto šezdeset sedme (godine). 2. dvadeset četvrtog septembra. 3. sedmog januara. 4. prošlog utorka. 5. idućeg petka. 6. subotu, časova. 7. iduće subote. 8. tog dana i te noći. 9. godinama. 10. mesecima. 11. Danima. 12. vekovima. 13. satima. 14. mesec. 15. nedelju, nedelje.

V. 1. Treba mi tvoja pomoć. U pomoć! 2. Dobio sam pet pisama na engleskom, a ne znam ni jednu reč engleski. 3. Nema smisla da me moliš, to nije u mojoj moći. 4. Ne znam ništa o tim stvarima. 5. Nemaš pameti, stalno praviš gluposti. 6. Danima se mučim tom mišlju. 7. Kroz godinu (dve godine) ću položiti svoj diplomski ispit. 8. Anin rođendan je dvadeset osmog maja; imaće mnogo gostiju. 9. Iduće jeseni nećemo više biti u Beogradu. 10. Na žalost ne mogu da dođem idućeg petka. Doći ću u subotu. 11. Nemam ni kapi vina u kući. 12. Njoj treba mnogo ljubavi i nežnosti. 13. Taj problem ne možeš rešiti sa tvojom nepomirljivošću i jednostranošću. 14. Ne mogu ga rešiti ni sa tvojom ravnodušnošću. 15. Ne, možeš ga rešiti samo s ljubavlju i pameću.

VI. ponedeljak, spreda, sreda, mesto, nedelja, nasmejana.

19. lekcija

I. 1. počinje, kašlješ. 2. okreći se, okrećeš. 3. predlažeš. 4. ignorišem. 5. se slažu. 6. plače, plači. 7. se kreću, skaču. 8. deru. 9. krećemo. 10. poleće. 11. mirišeš. 12. se mažem, pomaže. 13. leže, ustaje. 14. kaplje. 15. izviru

II. 1. Niko. 2. ni od koga. 3. ničega 4. Ničemu. 5. nikome. 6. Ni si kim. 7. Ni o kome. 8. nikuda. 9. nigde. 10. nikada.

IV. 1. Roman „Seobe" Miloša Crnjanskog je veoma interesantan. 2. Njegov jezik i njegov stil su veoma lepi. 3. Rečenice su, za stranca, često prilično komplikovane. 4. Ali ja se naprežem da ih razumem. 5. Predlažem vam da čitate mnogo na srpskom. 6. Slušam kako Ana uzdiše. Zašto uzdišeš? 7. Krećem sutra ujutru na dug put. 8. Imam mnogo posla. Moram da obrišem i svoje prozore. 9. Niko mi ne pomaže, nikoga se ne tiču moji problemi. 10. Što se tvojih problema tiče, to nije istina. 11. Ljiljana odlazi i okreće (osvrće) se. 12. Mi joj mašemo. 13. Molim Vas, povežite me sa profesorom Savićem! 14. Ne mogu da Vas povežem s njim jer nije ovde. 15. Ovaj vic nisam čula ni od koga, izmislila sam ga.

20. lekcija

I. 1. lepša. 2. lakši. 3. brže. 4. kraći. 5. skuplji. 6. veći. 7. teži. 8. deblji. 9. dalje. 10. slađi. 11. lepši, jeftiniji 12. bolje, gore.

II. 1. Moj sin je mlađi od tvog sina. 2. Moja ćerka je manja od tvoje. 3. Ljiljina kniga je novija nego Markova. 4. Mi smo bogatiji od njega. 5. More je dublje nego Dunav.

III. 1. najduži. 2. najviši. 3. najtvrđi, najmekši. 4. najdraži. 5. najviše.

IV. 1. kao što. 2. nego što. 3. kao što. 4. nego što. 5. kao što. 6. nego što.

VI. 1. Što pre dođeš, to bolje. 2. Naši studenti govore srpski sve bolje. 3. Evropljani uče strane jezike lakše nego Amerikanci. 4. Ljilja piše lepše nego Marko. 5. Moj stariji brat je maniji od mene. 6. On je visok kao ti. 7. On je najzadovoljniji čovek na svetu. 8. Miloš Crnjanski je jedan od najboljih pisaca. 9. Bolji je nego što sam mislio. 10. Najviše mi se dopadaju njegove pesme. 11. Vuk Karadžić je jedan od najpoznatijih ljudi u istoriji srpske kulture. 12. Ko je najveći nemački pesnik. 13. Ko je Vaš najomiljeniji autor?.

VII. djevojka - devojka; sjedi - sedi.

21. lekcija

I. 1. sebi. 2. sobom. 3. sobom, sobom. 4. sebi. 5. sebe. 6. sebi.

II. 1. bih dao. 2. bismo svratili. 3. bi hteo. 4. biste bili. 5. bi želeo. 6. bih volela. 7. ne bi učinio. 8. ne bih mogla. 9. ne bih želeo. 10. htela bih.

III. 1. počinje, se popnem. 2. izaberem, pošaljem. 3. šaljem. 4. otimaš, otmeš, otmem. 5. meljem, melješ. 6. sažmeš. 7. sipam, naspi. 8. kuneš. 9. prodru. 10. prodiru. 11. žanju. 12. peremo, operemo. 13. umiru. 14. umre. 15. počnemo.

IV. 1. počinjati, počinjem, počinja|o -la - početi, počnem, poče|o -la; peti se / penjati se, penjem, pe|o -la / penja|o -la - popeti se, popnem, pope|o -la. 2. birati, biram, bira|o -la - izabrati, izaberem, izabra|o -la. 3. slati, šaljem, sla|o -la - poslati, pošaljem, posla|o -la. 4. otimati, otimam, otima|o -la - oteti, otmem, ote|o -la. 5. mleti, meljem, mle|o -la - samleti, sameljem, samle|o -la. 6. sažimati, sažimam, sažima|o -la - sažeti, sažmem, saže|o -la. 7. sipati, sipam, sipa|o -la - nasuti, naspem, nasu|o -la. 8. kleti, kunem, kle|o -la - prokleti, prokunem, prokle|o -la. 9./10. prodirati, prodirem, prodira|o -la - prodreti, prodrem, prodr|o -la. 11. žeti, žanjem, že|o -la - požeti, požanjem, pože|o -la. 12. prati, perem, pra|o -la - oprati, operem, opra|o -la. 13./14. umirati, umirem, umira|o -la - umreti, umrem, umr|o -la. 15. (S. 1)

VI. 1. On mi se ne dopada, govori samo o sebi. 2. Nismo zadovoljni sobom i svojim životom. 3. Da li biste bili tako dobri i ćutali? 4. Želela bih da putujem u Jugoslaviju. 5. Da li bi mogla da dođeš danas posle podne? 6. Pozivam te na kafu (ručak). 7. Pozovi me telefonom večeras! 8. Operi ruke i obriši ih ovim peškirom. 9. Molim te, pošalji mi moju knjigu što pre. 10. Zašto stalno uzimaš moj kišobran? Uzmi svoj! 11. Ne penji se na krevet sa prljavim cipelama! 12. Branislav Nušić je rođen 1864. a umro je 1938. godine. 13. Svakog dana mnogo ljudi umire na našim putevima.

22. lekcija

I. 1. vremena, vremenima. 2. vreme, plemenima. 3. vremena. 4. semena. 5. ramena, ramenima. 6. bremenom. 7. temenu. 8. jagnjetom, belu jagnjad. 9. dece, deteta. 10. mojoj deci. 11. mog deteta. 12. svojom decom. 13. tvojoj deci, tvoje dece. 14. mojoj braći. 15. tvoju braću, tvojom braćom. 16. tu gospodu. 17. braće, tri (jednog) brata. 18. kćeri, kćerima. 19. iste matere. 20. siročad. 21. unuče, unučića, unučeta. 22. drvetu. 23. drveća. 24. drvima. 25. drveta. 26. drveće. 27. te večeri, vremena. 28. vremena. 29. svojim detetom, našom decom. 30. jaja. 31. imena, ime.

II. a) 1. Zar je Mile loš čovek? 2. Zar je on lopov? 3. Zar je uspeo da te laže godinama? 4. Zar ga i ti voliš?
b) 1. Zar nisi znala ko je on? 2. Zar nisi videla da on ništa ne radi? 3. Zar mi ti ne veruješ?

IV. 1. Momo Kapor je rođen 1937. godine i živi u Beogradu. 2. On je veoma poznat pisac. 3. On je i slikar, ali je poznatiji kao pisac. 4. Mnogi njegovi romani su bili i dugo ostali bestseleri. 5. Mnoge njegove knjige su prevedene na razne jezike. 6. Naročito je omiljen kod mladih čitalaca. 7. Pisao je mnogo o Beogradu i njegovim ljudima. 8. Pozivni broj za Beograd je 011. 9. Savetujem Vam da pročitate nešto od njega. 10. Njegov jezik i jegov stil nisu teški. 11. Ali ima mnogo neprevodivih izraza u njegovim knjigama. 12. Tom prilikom možete da ih naučite. 13. Milan Rakić je jedan od najznačajnijih srpskih pesnika simbolizma. 14. Mnoge njegove pesme su i danas veoma poznate i omiljene. 15. Naročito su lepe njegove ljubavne pesme.

23. lekcija

I. 1. svim tvojim argumentima. 2. dinara. 3. moje kuće. 4. Zagreba, petka 5. Nemačke 6. one planine 7. reke i planine 8. mene, kuće. 9. njegovom mišljenju. 10. mog stana 11. deteta, kučeta. 12. puta, reke. 13. mosta, mosta 14. te prodavnice, garaže 15. nama. 16. reke, Save i Dunava. 17. koncerta. 18. časa. 19. mene, tebe, tvog predloga. 20. brdo, brdo. 21. ručka, večere. 22. bolesti, kuće, toga. 23. biblioteci, biblioteku. 24. čokoladu. 25. grada. 26. kuće. 27. stolom, sto. 28. kuće, Evropi. 29. tvog prijatelja. 30. sela, sela. 31. proleće, jesen. 32. tome.

II. 1. Čitajući, Dok sam čitala. 2. Čekajući, Dok su čekali. 3. Prodavši, Kad/Pošto je prodao. 4. Razmišljajući, Dok je razmišljao. 5. Našavši se, Kad se našao. 6. Pomažući, Kad pomažemo. 7. Sedeći, Dok sediš. 8. Putujući, Dok sam putovala.

III. svijet - svet; gdje - gde; ondje - onde; osjećali - osećali; nijesu - nisu, ponijeli - poneli.

V. 1. Osećam se loše, zato moram da idem lekaru. 2. Juče sam bila sa svojom decom u zoološkom vrtu. 3. Mojoj deci se naročito svidela žirafa. 4. Moja kola su stara: stop svetla ne rade. 5. Moja deca su u kolima, zato se bojim saobraćajne nesreće. 6. Naši vozači voze brzo i stalno pretiču, zato se stalno događaju saobraćajne nesreće. 7. Hvala Bogu, lift radi - mi, naime, stanujemo u šestospratnoj zgradi. 8. U predgrađu ima više zelenila nego u centru grada. 9. Mrak je, ništa ne vidim - molim te, upali svetlo. 10. Ugasi to svetlo, bole me oči. Uzmi naočare!

24. lekcija

I. 1. čeznem. 2. iščezlo. 3. niklo, nikne. 4. se smrzao/smrzla. 5. se smrzle i pukle, dotaknem. 6. prsle. 7. pritisneš. 8. se trgla. 9. sagneš i podigneš. 10. pobegao /pobegla 11. pomakneš, pomakao/pomakla. 12. stignem. 13. stigao/stigla. 14. se brine, brine. 15. se naviknem, se odviknem 16. ginu. 17. se napregnemo. 18. tonemo. 19. se brinem. 20. stignem, krenem.

III. 1. On je mnogo postigao u životu, ali imao je i sreće. 2. Ne mislim da je neskroman. 3. Ti još uvek tražiš svoju sreću. Proveri, možda si već srećan! 4. Čuvaj se loših ljudi i sumanutih vozača! 5. Danas imamo propise za svaku situaciju u životu. 6. Ne možemo ukinuti saobraćajne propise. 7. Ne mogu dozvoliti svom detetu takve stvari. 8. Ne mogu da odolim tom iskušenju. 9. Pušim mnogo i ne mogu da se odviknem od pušenja. 10. Grehota (Greh) je da kažeš tako nešto. 11. Bojiš li se lavova? - Ne, lav je velika mačka. 12. Ja volim mačke, dakle, volim i lavove.

25. lekcija

I. 1. lezi, reci, legne, legli. 2. pomozi, se svuče, obuče, rekla. 3. ujeo, spasla. 4. tukao, tuče, ugrizao, ugrizao. 5. se tuku, ujedaju se. 6. seče, isekao. 7. se razveli, razvode, se razvedu. 8. seo, sednem, sedite, sedeli.

II. 1. jedem, pojedem, jeo, pojeo. 2. ispleteš, pleteš, isplela, plela. 3. donosiš, doneseš, doneo, donosio. 4. pada, padne, padala, palo. 5. rastu, odrastu, odrastao. 6. ležem, ustajem, legnem, ustanem. 7. srela, sretale, srećem, sretnem, srećem, stretnem.

IV. 1. Da li je ova stolica slobodna? Jeste. Smem li da sednem? Izvolite, sedite. 2. Srećem Nadu svakog dana. Marka nisam odavno srela i želim da ga sretnem što pre. Sreli smo se u Nemačkoj pre dve godine. 3. Marko je dobar čovek. Zar ga ne poznaješ. On pomaže svim ljudima, i meni je pomogao. Zato i ja hoću da pomognem njemu. 4. Palo mi je na pamet da je sada nezaposlen (bez posla) i da, možda, nema šta da jede. 5. Pozvaću ga na večeru i zamoliću ga da povede i svoju porodicu. 6. Reci mi, šta ti pada na pamet? Hoćeš li da se razvedeš? Šta će biti sa decom? 7. Mnogi ljudi se razvode. I moji roditelji su se razveli. Dobro, razvedite se, to se ne tiče mene.

26. lekcija

I. 1. videh, vide, vide, videsmo, videste, videše; pomogoh, pomože, pomože, pomogosmo, pomogoste, pomogoše; sretoh, srete, srete, sretosmo, sretoste, sretoše; čitah, čitaše, čitaše, čitasmo, čitaste, čitahu; pijah, pijaše, pijaše, pijasmo, pijaste, pijahu.

II. Aoristformen: uzdahnu, reče, odgovori, prošaputa, poče, stavi, osvanu, dođe, dade, krenuše, ostaviše, pade, upita, uze, povede, povika, sakri, pojedoše, nađoše, dođoše, počeše, pozva, zamoli, proturi, gurnu, zatvori, upitaše se.

IV. 1. ga, plave olovke. 2. ih, bake. 3. naše ćerke, ga.

V. 1. uzdahnuo, uzdišeš. 2. zaplakala, plakala. 3. zaostao, ispiše, zaostajao, ispisivao. 4. vraćala, vratila. 5. gutaju, gutaju, progutao.

VI. 1. Ko je preveo ovu bajku sa nemačkog na srpski? 2. Da li je to bajka iz zbirke Vuka Karadžića ili braće Grim? 3. Narkomanija je jedan od najvećih problema, a naročito u Americi i Evropi. 4. Mnogi mladi ljudi počinju sa takozvanim lakim drogama, mnogi od nijh uzimaju kasnije i jake droge i tako postanu narkomani. 5. Mnogo ljudi je već umrlo od droga. 6. Ne znamo kako da rešimo taj problem, jer ne znamo tačno njegove uzroke.

27. lekcija

I. 1. budeš mogao doći. 2. budeš došla. 3. budeš učio, budeš položio. 4. budem završila. 5. budeš videla.

II. 1. budem. 2. budem. 3. bude.

III. 1. šestoro dece. 2. Četvoro dece, dvoje dece. 3. dvadesetoro Nemaca, dvojica lekara. 4. njima dvojicom. 5. Njih dvojica, obojica.

IV. 1. Molim vas, budite tihi (mirni) dok ja govorim. 2. Budite tako ljubazni i recite mi šta da radim. 3. Ako budem zdrava i živa, doći ću sigurno. 4. Ako u to vreme budeš (bio) u Beogradu, molim te, javi se! 5. Čim nađem (budem našla) malo slobodnog vremena, posetiću te. 6. Ako ne budem video tvoje roditelje, pozdravi ih od mene. 7. Petoro mladih ljudi je otputovalo u Beograd: među njima su trojica (tri) mladića i dve devojke. 8. S njima trojicom je lepo putovati jer su veoma duhoviti. 9. Da li sam ti pričala o njima trojici? 10. Dosta mi je tvojih priča! Ne sedi mi se ovde. 11. Ide mi se u šetnju. - A meni se razgovara s ljudima.

28. lekcija

I. uhvaćen je, upućen je, zatečen je, smiren, utvrđeno je, pokraden.

II. urađen, željen, kupljen, igran, organizovan, ispijen, prodan (prodat), vezan, zauzet, prevođen, preveden, obučen, ispečen, nađen, zabranjen.

III. a) 1. Na času se govori / se govorilo / će se govoriti samo srpski.
2. Gde se održavaju / su se održavali / će se održavati časovi srpskog jezika. 3. Pavićev novi roman se čita / se čitao / će se čitati mnogo.
4. Njene ploče se prodaju / su se prodavale / će se prodavati u svim knjižarama. 5. jer se ne radi/nije radilo/neće raditi.
b) 1. je prevođen / će biti prevođen; je preveden / će biti preveden. 2. nije urađen / neće biti urađen. 3. nije ispečen / neće biti ispečen, nije prodan (prodat) / neće biti prodan. 4. su organizovane / će biti organizovane. 5. je pronađen / će biti pronađen.

IV. 1. Danas se ne radi jer je danas praznik. 2. Lilja je lepo obučena. Ona ima mnogo novaca. 3. Moja kola su ukradena i nisu više pronađena.
4. Ova roba je kupljena u inostranstvu i prodaje se u prodavnicama u centru grada. 5. Zabranjeno je pušenje na času. 6. Ove cigarete se mnogo traže i mnogo kupuju. 7. Na žalost, danas se malo čita, a mnogo gleda televizija. 8. Blizu naše kuće se gradi nova škola. 9. Ova crkva je sagrađena u dvanaestom veku. 10. Ako škola bude (bila) sagrađena do jeseni, bilo bi to lepo za naše dete.

29. lekcija

I. 1. čitanjem, spavanje. 2. objašnjenjem. 3. Pešačenje. 4. pušenje. 5. pisanjem.

II. 1. belo, je bilo skupo, dobro i slatko. 2. je (bilo) lepo, cvetalo je. 3. raste, je veliko, lepa drveta.

III. 1. i od koga. 2. bilo s kim. 3. bilo kome, ma kome. 4. koga god. 5. svačim, svakakve, bilo koga, ičim

IV. 1. U našem gradu ima mnogo parkova i u njima mnogo velikog drveća i divnog cveća. 2. Volim lepo drveće, ali u mojoj maloj bašti imam samo dva mala drveta. 3. Svakog proleća sejem cveće i radujem se kada procveta. 4. Ko god mi dođe u posetu, dobije od mene nekoliko cvetova (dva cveta, pet cvetova) na poklon. 5. Ne volim ovo stajanje i čekanje, nervozna sam. 6. Nisam ni s kim razgovarala o tome, jer ne razgovaram bilo s kim o svojim problemima. 7. Moram da čitam nešto, molim te, donesi mi bilo kakvu (ma kakvu) knjigu! 8. Ne pričaj koješta! Slušala sam štošta i svašta, ali ovo je za mene previše. 9. Sećaš li se bilo koga (ma koga, koga god) iz njegove porodice? 10. Grobovi njegovih roditelja se nalaze na ovom groblju. 11. Poznaješ li mu ženu (njegovu ženu)? To je ona lepa dama duge crne kose koja stoji pored prozora.
12. Oni imaju jednu ćerku, ali ćerka im večeras nije ovde.

30. lekcija

II. objavljujem/objavim; objavljivao/objavio sam; objavljivaću/objaviću; budem objavio; objavih; objavljivah; bio sam objavio; objavi! objavljuj!; objavljivao/objavio bih; bio bih objavio; objavljujući; objavivši; objavljivan/objavljen.

III. klečim, obolim, školujem, sakrivam, izdajem, doznajem, stanem, predlažem, mašem, naspem, kunem, naviknem se, pletem, izvučem.

IV. ugla, uglovi, uglova; kraja, krajevi, krajeva; građanina, građani, građana; sudije, sudije, sudija; oka, oči, očiju; deteta, deca, dece; sestre, sestre, sestara; brata, braća, braće; oca, očevi (ocevi), očeva (oceva)/otaca; vremena, vremena, vremena; jeseni, jeseni, jeseni; radosti, radosti, radosti.

V. Ist auch Marko gekommen? Ist etwa auch Marko gekommen?

VI. 1. Volim da jedem ribu, a riba voli da pliva u vinu - dakle moram da pijem i vino. 2. Molim te, naspi mi čašu belog vina! 3. Juče sam bila na svadbi: moja sestra se udala (moj brat se oženio). A moja ćerka se udaje u martu. 4. Izvini, koliko sestara ti imaš? Zašto se izvinjavaš, mi se ne poznajemo dugo. 5. Reci mi, je li istina da tvoja ćerka sa svojim budućim mužem odlazi u inostranstvo, u Grčku? 6. Da, istina je. Njen budući muž je diplomata. 7. Provešće u Grčkoj samo dve godine, jer on hoće da se ubuduće bavi naukom. 8. Osim toga, oboje vole decu i žele da imaju dvoje ili troje dece. 9. To su sve lepe vesti. Želim tvojoj ćerki da bude srećna. 10. A kada ti ideš u penziju? Kroz dve godine. Moj muž je već pensionisan.

Zusammenfassung grammatischer Formen

1. Deklination der Substantive

Maskulina

Singular

N. ùčenīk	grâd	čìtalac	slúga	râdio
G. ùčenīka	grâda	čìtaoca	slúgē	râdija
D. ùčenīku	grâdu	čìtaocu	slúzi	râdiju
A. ùčenīka	grâd	čìtaoca	slúgu	râdio
V. ùčenīče!	grâde!	čìtaoče!	slûgo!	râdio!
I. ùčenīkom	grâdom	čìtaocem	slúgōm	râdijem
L. ùčenīku	grádu	čìtaocu	slúzi	râdiju

Plural

N. ùčenīci	grădovi	čìtaoci	slûge	râdiji
G. ùčenīkā	gradóvā	čìtalācā	slùgū	râdījā
D. ùčenīcima	gradòvima	čìtaocima	slúgama	râdijima
A. ùčenīke	grădove	čìtaoce	slûge	râdije
V. ùčenīci!	grădovi!	čìtaoci!	slûge!	râdiji!
I. ùčenīcima	gradòvima	čìtaocima	slúgama	râdijima
L. ùčenīcima	gradòvima	čìtaocima	slúgama	râdijima

Neutra

Singular

N. sèlo	pòlje	vréme	jàgnje	déte
G. sèla	pòlja	vrèmena	jàgnjeta	dèteta
D. sèlu	pòlju	vrèmenu	jàgnjetu	dètetu
A. sèlo	pòlje	vréme	jàgnje	déte
V. sèlo!	pòlje!	vréme!	jàgnje!	déte!
I. sèlom	pòljem	vrèmenom	jàgnjetom	dètetom
L. sèlu	pòlju	vrèmenu	jàgnjetu	dètetu

Plural

N. sȅla	pòlja	vremèna	jàgnjād	dèca
G. sêlā	pôljā	vreménā	jàgnjādi	dècē
D. sèlima	pòljima	vremènima	jàgnjādi	dèci
A. sȅla	pòlja	vremèna	jàgnjād	dècu
V. sȅla!	pòlja!	vremèna!	jàgnjād!	dèco!
I. sèlima	pòljima	vremènima	jàgnjād	dècōm
L. sèlima	pòljima	vremènima	jàgnjādi	dèci

Feminina
Singular   Plural

N. *knjĩga*	*rêč*	*rȁdōst*	*knjĩge*	*rêči*	*rȁdosti*
G. *knjĩgē*	*rêči*	*rȁdosti*	*knjîgā*	*réčī*	*rȁdostī*
D. *knjĩzi*	*rêči*	*rȁdosti*	*knjĩgama*	*réčima*	*rȁdostima*
A. *knjĩgu*	*rêč*	*rȁdōst*	*knjĩge*	*rêči*	*rȁdosti*
V. *knjigo!*	*rêči!*	*rȁdosti!*	*knjĩge!*	*rêči!*	*rȁdosti!*
I. *knjĩgōm*	*rêčju*	*rȁdošću*	*knĩgama*	*réčima*	*rȁdostima*
	rêči	*rȁdosti*			
L. *knjĩzi*	*réči*	*rȁdosti*	*knjĩgama*	*réčima*	*rȁdostima*

2. Deklination der bestimmten Adjektive

Singular

	Maskulinum		Neutrum		Femininum	
N.	*mlâdī*	*svȅžī*	*mlâdō*	*svȅžē*	*mlâdā*	*svȅžā*
G.	*mlâdōg(a)*	*svȅžēg(a)*	*mlâdōg(a)*	*svȅžēg(a)*	*mlâdē*	*svȅžē*
D.	*mlâdōm(e)*	*svȅžēm(u)*	*mlâdōm(e)*	*svȅžēm(u)*	*mlâdōj*	*svȅžōj*
A.	*mlâdī*	*svȅžī*	*mlâdō*	*svȅžē*	*mlâdū*	*svȅžū*
	mlâdōg(a)	*svȅžēg(a)*				
V.	*mlâdī!*	*svȅžī!*	*mlâdō!*	*svȅžē!*	*mlâdā!*	*svȅžā!*
I.	*mlâdīm*	*svȅžīm*	*mlâdīm*	*svȅžīm*	*mlâdōm*	*svȅžōm*
L.	*mlâdōm(e)*	*svȅžēm(u)*	*mlâdōm(e)*	*svȅžēm(u)*	*mlâdōj*	*svȅžōj*

Plural

	Maskulinum		Neutrum		Femininum	
N.	*mlâdī*	*svȅžī*	*mlâdā*	*svȅžā*	*mlâdē*	*svȅžē*
G.	*mlâdīh*	*svȅžīh*	*mlâdīh*	*svȅžīh*	*mlâdīh*	*svȅžīh*
D.	*mlâdīm(a)*	*svȅžīm(a)*	*mlâdīm(a)*	*svȅžīm(a)*	*mlâdīm(a)*	*svȅžīm(a)*
A.	*mlâdē*	*svȅžē*	*mlâdā*	*svȅžā*	*mlâdē*	*svȅžē*
V.	*mlâdī!*	*svȅžī!*	*mlâdā!*	*svȅžā!*	*mlâdē!*	*svȅžē!*
I.	*mlâdīm(a)*	*svȅžīm(a)*	*mlâdīm(a)*	*svȅžīm(a)*	*mlâdīm(a)*	*svȅžīm(a)*
L.	*mlâdīm(a)*	*svȅžīm(a)*	*mlâdīm(a)*	*svȅžīm(a)*	*mlâdīm(a)*	*svȅžīm(a)*

3. Deklination der unbestimmten Adjektive

	Singular			Plural		
	Mask.	Neutr.	Fem.	Mask.	Neutr.	Fem.
N.	*mlâd.*	*mládo*	*máda*	*mládi*	*máda*	*máde*
G.	*máda*	*máda*	*mádē*		*mládīh*	
D.	*mádu*	*mádu*	*mádōj*		*mládīm*	

A. mlâd   mládo   mládu   mláde   mláda   mláde
   (unbelebt!)
   mláda
   (belebt!)
V. stets bestimmte Form sowohl im Sg. als auch im Pl.
I. mládīm   mládīm   mládōm   mládīm
L. mládu   mládu   mládōj   mládīm

4. **Deklination der Pronomina**

a. Deklination der Personalpronomina

	N. *jâ*	*tî*	*ôn ôno*	*ôna*
G.	mène, me	tèbe, te	njèga, ga	njê, je
D.	mèni, mi	tèbi, ti	njèmu, mu	njôj, joj
A.	mène, me	tèbe, te	njèga, ga	njû, je, ju
V.	-	tî!	-	-
I.	mnôm	tôbōm	njîm(e)	njôm(e)
L.	mèni	tèbi	njèmu	njôj

	N. *mî*	*vî*	*ôni ôna ône*
G.	nâs, nas	vâs, vas	njîh, ih
D.	nǎma, nam	vǎma, vam	njȋma, im
A.	nâs, nas	vâs, vas	njîh, ih
V.	-	vî!	-
I.	nǎma	vǎma	njȋma
L.	nǎma	vǎma	njȋma

b. Deklination der Possessivpronomina

	Singular			Plural		
	Mask.	Neutr.	Fem.	Mask.	Neutr.	Fem.
N.	mòj	mòje	mòja	mòji	mòja	mòje
G.	mòjeg(a) = mòg(a)		mòjē	m ò j ī h		
D.	mòjem(u) = môm(e)		mòjōj	m ò j ī m (a)		
A.	mòj (unbelebt)	mòje	mòju	mòje	mòja	mòje
	mòjeg(a) = mòg(a)					
	(belebt)					
V.	môj!	mòje!	mòja!	mòji!	mòja!	mòje!
I.	mòjīm		mòjōm	m ò j ī m (a)		
L.	mòjem(u) = môm(e)		mòjōj	m ò j ī m (a)		

Singular			Plural		
Mask.	Neutr.	Fem.	Mask.	Neutr.	Fem.
N. *njègov* *njègovo*		*njègova*	*njègovi*	*njègova*	*njègove*
G. *njègovog(a)*		*njègovē*	*n j è g o v ī h*		
D. *njègovom(e)*		*njègovōj*	*n j è g o v ī m (a)*		
A. *njègov* *njègovo* (unbelebt) *njègovog(a)* (belebt)		*njègovu*	*njègove*	*njègova*	*njègove*
V. *njègov!* *njègovo!*		*njègova!*	*njègovi!*	*njègova!*	*njègove!*
I. *njègovīm*		*njègovōm*	*n j è g o v ī m (a)*		
L. *njègovom(e)*		*njègovōj*	*n j é g o v ī m (a)*		

c. Deklination der Demonstrativpronomina *òvāj, tàj, ònāj*

Singular			Plural		
N. *tâj* *tô*		*tâ*	*tî*	*tâ*	*tê*
G. *tȍg(a)*		*tē̄*	*t î h*		
D. *tȍm(e)*		*tôj*	*t î m (a)*		
A. *tâj* *tô* (unbelebt) *tȍg(a)* (belebt)		*tû*	*tê*	*tâ*	*tê*
V. -		-	-		-
I. *tîm, tíme*			*t î m (a)*		
L. *tȍm(e)*		*tôj*	*t î m (a)*		

d. Deklination der Pronomina *kȍ* und *štȁ*

N. *kȍ*	*štȁ*
G. *kòga*	*čèga*
D. *kòme*	*čèmu*
A. *kòga*	*štȁ*
V. -	-
I. *kîm, kíme*	*čîm, číme*
L. *kòme*	*čèmu*

e. Deklination der Pronomina *sébe* und *săv, svă, svĕ*

sébe sich (Singular und Plural)
N. (fehlt!)
G. sébe
D. sèbi
A. sèbe
V. –
I. sȍbōm
L. sébi

săv, svă, svĕ aller, alle, alles (ganz)

	Singular			Plural		
	m.	n.	f.	m.	n.	f.
N.	săv	svĕ	svă	svȉ	svă	svĕ
G.	svèga		svê		svíh (svíjū)	
D.	svèmu		svôj		svîm	
A.	svèga/săv	svĕ	svù	svĕ	svă	svĕ
V.	–	–			–	
I.	svîm		svôm		svîm	
L.	svéga		svôj		svîm	

7. Konjugation der Verben

Präsens
Singular

I. ráditi	vȉdeti	držàti	II. čìtati	III. putòvati	poručívati
1. râdīm	vȉdīm	dr̀žīm	čìtām	pùtujēm	porùčujēm
2. râdīš	vȉdīš	dr̀žīš	čìtāš	pùtjēš	porùčujēš
3. râdī	vȉdī	dr̀žī	čìtā	pùtujē	porùčujē

1. râdīmo	vȉdīmo	dr̀žīmo	čìtāmo	pùtujēmo	porùčujēmo
2. râdīte	vȉdīte	dr̀zīte	čìtāte	pùtujēte	porùčujēte
3. râdē	vȉdē	dr̀žē	čìtajū	pùtujū	porùčujū

IV. pȉti	pòstajati	poznávati	plăkati	bràti
1. pȉjēm	pòstajēm	pòznājēm	plăčēm	bèrēm
2. pȉjēš	pòstajēš	pòznājēš	plăčēš	bèrēš
3. pȉjē	pòstajē	pòznājē	plăčē	bèrē

1.	pȉjēmo	pòstajēmo	pòznājēmo	plȁčēmo	bèrēmo
2.	pȉjēte	pòstajēte	pòznājēte	plȁčēte	bèrēmo
3.	pȉjū	pòstajū	pòznājū	plȁčū	bèrū

V.	tònuti	VI.	plèsti	jèsti	pèći	strȉći
1.	tȍnēm		plètēm	jèdēm	pèčēm	strížēm
2.	tȍnēš		plètēš	jèdēš	pèčēš	strížēš
3.	tȍnē		plétē	jèdē	pèčē	strížē

1.	tȍnēmo	plètēmo	jèdēmo	pèčēmo	strížēmo
2.	tȍnēte	plètēte	jèdēte	pèčēte	strížēte
3.	tȍnū	plètū	jèdū	pèkū	strígū

Imperativ

Singular

2.	ràdi!	vȉdi!	dȑži!	čȉtāj!
3.	neka râdī!	neka vȉdī!	neka dȑžī!	neka čȉtā!

Plural

1.	rádimo!	vȉdimo!	dȑžimo!	čȉtājmo!
2.	rádite!	vȉdite!	dȑžite!	čȉtājte!
3.	neka râdē!	neka vȉdē!	neka dȑžē!	neka čȉtājū!

Singular

2.	pùtuj!	porùčuj!	plȁči!	jèdi!	pèci!
3.	neka pùtujē!	neka porùčujē!	neka plȁčē!	neka jèdē!	neka pèčē!

Plural

1.	pùtūjmo!	porùčujmo!	plȁčimo!	jèdimo!	pècimo!
2.	pùtūjte!	porùčujte!	plȁčite!	jèdite!	pècite!
3.	neka pùtūju!	neka porùčujū!	neka plȁčū!	neka jèdū!	neka pèkū!

Verneinter Imperativ

Singular

1.
2. ne rádi (nèmōj da râdiš)!
3. nȅka ne râdī!

Plural

ne rádimo (nèmōjmo ráditi)!
ne rádite (nèmōjte ráditi)!
nȅka ne râde!

Perfekt

Singular

1. (jâ) sam rádi|o, -la   (jâ) sam plăka|o, -la, brăo, jěo, pěkao
2. (tî) si rádi|o, -la   (tî) si   plăka|o, -la, brăo, jěo, pěkao
3. (ôn) je rádio   (ôn) je   plăkao, brăo, jěo,   pěkao
    (òna) je rádila   (òna) je plăkala, brála, jěla,   pěkla
    (òno) je radilo   (òno) je plăkalo, brálo, jělo,   pěklo

Plural

1. (mî) smo rádil|i, -e   (mî) smo plăkal|i, -e, bráli, jěli, pěkli
2. (vî) ste rádil|i, -e   (vî) ste   plăkal|i, -e, bráli, jěli, pěkli
3. (òni) su rádili   (òni) su plăkali, bráli, jěli,   pěkli
    (òne) su rádile   (òne) su plăkale, bréle, jěle,   pěkle
    (òna) su rádila   (òna) su plăkala, brála, jěla,   pěkla

Verneintes Perfekt

1. nísam rádio (rádila)   nísmo rádili (rádile)
2. nísi rádio (rádila)   níste rádili (rádile)
3. nìje rádio (rádila, rádilo)   nísu rádili (rádile, rádila)

1. nísam pěkao (pěkla)   nísmo pěkli (pěkle)
2. nísi pěkao (pěkla)   níste pěkli (pěkle)
3. nìje pěkao (pěkla, pěklo)   nísu pěkli (pěkle, pěkla)

Futur

Singular   Plural

1. (jâ) ću raditi   (mî) ćemo ráditi
2. (tî) ćeš raditi   (vî) ćete ráditi
3. (ôn, òna, òno) će ráditi   (òni, òne, òna) će ráditi

Verneintes Futur

Singular   Plural
1. néću ráditi   néćemo ráditi
2. nêćeš ráditi   néćete ráditi
3. nêće ráditi   néćē ráditi

Futurum exactum (Futur II)

Singular
1. bȕdēm rádio (rádila)
2. bȕdēš rádio (rádila)
3. bȕdē rádio (rádila, rádilo)

Plural
bȕdēmo rádili (rádile)
bȕdētē rádili (rádile)
bȕdū rádili (rádile, rádila)

Gerund I   rádēći; čȉtajući   Gerund II   urádīvši; pročȉtāvši

Aorist

Sg.	Pl.	Sg.	Pl.
1. pročȉtah	pročȉtasmo	ispèkoh	ispèkosmo
2. prȍčita	pročȉtaste	ȉspeče	ispèkoste
3. prȍčita	pročȉtaše	ȉspeče	ispèkoše

Imperfekt

Sg.	Pl.	Sg.	Pl.
1. čȉtāh	čȉtāsmo	vȋđāh	vȋđāsmo
2. čȉtāše	čȉtāste	vȋđāše	vȋđāste
3. čȉtāše	čȉtāhu	vȋđāše	vȋđāhu

Plusquamperfekt

Singular
1. bȉo sam (bȇjāh) urádio
   bíla sam (bȇjāh) urádila usw.
2. bȉo si (bȇjāše) urádio
3. bȉo je (bȇjāše) urádio

Plural
bíli smo (bȇjāsmo) urádili
bíli ste (bȇjāste) urádili
bíli su (bȇjāhu) urádili

Konditional I

Singular
1. (jâ) bih rádio (rádila)
2. (tî) bi rádio (rádila)
3. (ôn) bi rádio
   (òna) bi rádila
   (òno) bi rádilo

Plural
(mî) bismo rádili (rádile)
(vî) biste rádili (rádile)
(òni) bi rádili
(òne) bi rádile
(òna) bi rádila

Konditional II

Singular
1. (jâ) bih bȉo rádio
    (bíla rádila usw.)
2. (tî) bi bȉo rádio (usw.)
3. (ôn) bi bȉo rádio
    (òna) bi bíla rádila
    (òno) bi bílo rádilo

Plural
(mî) bismo bíli rádili
    (bíle rádile usw.)
(vî) biste bíli rádili (usw.)
(òni) bi bíli rádili
(òne) bi bíle rádile
(òna) bi bíla rádila

Passiv

bîvām vȉđen; vȉđen sam; bȉću vȉđen

Verzeichnis der Verben

Benutzungshinweis: Angegeben werden Aspektpaare (soweit sie existieren), Bildung des Präsens und in besonderen Fällen des Partizip Perfekt Aktiv sowie die gebräuchlichste Verwendungsweise der Verben (Kasus, Präposition, Phraseologie). Das Reflexivpronomen *se* wird jeweils nur mit dem Infinitiv genannt, auf eine Wiederholung nach Konjugationsformen wird aus Platzgründen verzichtet.

- bàc|ati, -ām *ipf.*, bȁc|iti, -īm *pf. werfen*

- bȁv|iti se, -īm (*I.*) *ipf. sich beschäftigen, treiben;* ⁓ sportom, politikom *Sport treiben, sich mit Politik beschäftigen.*

- bèž|ati, (bjè|žati), -īm *ipf.*; pòbe|ći (pòbje|ći), -gnēm, pòbegao, -gla, *pf. fliehen, flüchten;* ⁓ od straha, iz grada, u šumu *vor Angst, aus der Stadt, in den Wald fliehen.*

- bírati, bîrām *ipf.*; izà|brati, -berēm, -brao, -ala *pf. wählen;* ⁓ poklon majci (za majku) *ein Geschenk für die Mutter wählen;* ⁓ za predsednika *zum Vorsitzenden wählen;* ⁓ između *wählen zwischen.*

- bȉ|ti, bȉjēm *ipf.*; ìzbiti, ȉzbijēm *pf.* 1. *schlagen.* Zašto biješ dete? *Warum schlägst du das Kind?* Izbij ga! *Verprügel ihn!* 2. ⁓ se, pòbiti se *pf. sich schlagen.* Deca su se pobila. *Die Kinder haben sich geschlagen.*

- bȉti, jèsam *ipf./pf.*, bȕdēm *pf. sein* Kako si? *Wie geht es dir?* Šta je bilo? *Was ist geschehen?* Bilo kako bilo *wie dem auch immer sei;* bílo je (G.) *es gab,* bíće (G.) *es wird geben;* Bilo je kiše, nije bilo snega *Es gab Regen, es gab keinen Schnee.* Ako ne budeš dobar, biće problema. *Falls du nicht brav bist, wird es Probleme geben.*

- bívati, bîvām *ipf. werden, geschehen.* On biva se čudnji. *Er wird immer seltsamer.* Tada on biva uhvaćen i zatvoren. *Dann wird er gefaßt und eingesperrt.* Tako to često biva. *Das geschieht oft so.*

- blȅ|nuti, -nēm *ipf. gaffen*

- bòjati se, -īm *ipf.* (G.) *sich fürchten, Angst haben;* ⁓ psa *sich vor dem Hund fürchten;* Bojim se za majku. *Ich habe*

Angst um die Mutter. Bojim se da je ona bolesna. *Ich habe Angst, daß sie krank ist.*

- bȍl|eti, (bȍl|jeti), -īm *ipf. schmerzen.* Boli me glava. *Der Kopf tut mir weh.*

- bolòvati, bòlujēm *ipf. krank sein,* ~ od tuberkuloze *an Tuberkulose erkranken.*

- bòraviti, -īm *ipf. weilen*

- bòr|iti se, -īm *ipf. kämpfen;* ~ protiv njega *gegen ihn kämpfen;* ~ s njima za slobodu *mit ihnen für die Freiheit kämpfen;* ~ s teškim problemima *mit schweren Problemen kämpfen.*

- bȍ|sti, -dēm, bō, bòla *ipf.;* ubȍ|stí -dēm, ùbō, ubòla *pf. stechen*

- brȁti, - bèrēm *ipf.;* odà|brati, -berēm; òd|brati, -berēm *pf. pflücken*

- brȉj|ati (se), -ēm *ipf.;* òbrij|ati (se), -ēm *pf.* (*sich*) *rasieren*

- brȉn|uti (se) -ēm *ipf.;* 1. zàbrin|uti (se), -ēm *pf.* (*sich*) *sorgen* ~ za nekoga *sich um jemanden Sorgen machen.* 2. ~ ; pòbrin|uti (se), -ēm *pf.* ~ o nekome *sich um jmd. Sorgen machen.*

- brȉ|sati, -šēm *ipf.,* òbri|sati, -šēm *pf. wischen*

- bròj|ati, -īm *ipf.;* izbròjati, ìzbrojīm *pf. zählen;* izbrojati na prste *an den Fingern abzählen;* izbrojati sve zvezde *Sternchen sehen (bei starken Schmerzen).*

- brúj|ati, -īm *ipf. brummen, summen.*

- búditi, bûdīm *ipf.;* probúditi, pròbūdīm *pf. wecken.* ~ se *aufwachen.*

- búniti (se), bûnīm *ipf.;* pobúniti (se), pòbūnīm pf. *protestieren, sich auflehnen*

- céniti, cênīm (cijèniti, cȉjenīm) *ipf. achten, schätzen.*

- cȑp|sti, -ēm *ipf.;* iscȑp|sti, -ēm *pf.* (*er*) *schöpfen;* ~ vodu, snagu *Wasser, Kraft schöpfen.* (s. iscrpljivati)

- cȑt|ati, -ām *ipf.*; nàcrt|ati, -ām *pf. zeichnen*

- cvèt|ati (cvjèt|ati), -ām, *ipf.*; pròcvètati, pròcvetām (procvjètati, pròcvjetām) *pf.* (*auf*)*blühen.*

- čȅk|ati, -ām *ipf.*; pričèk|ati, -ām *pf. warten*; Čekam mamu. *Ich warte auf die Mama.*

- čȅšati (se), čȅšēm *ipf.*; počȅšati (se), pòčešēm *pf.*; (*sich*) *kratzen*

- čȅzn|uti, -ēm *ipf.*; *sich sehnen* ~ za nekim/nečim s*ich nach jemandem/etwas sehnen.*

- čìniti, -īm *ipf*; 1. učìniti, ùčinīm *pf. tun* 2. ~ ; načìniti, nàčinīm *pf. machen, herstellen* ~ nekome nažao *jemandem weh tun*, ~ to nam čini čast *das ist eine Ehre für uns.*

- čȉst|iti, -īm *ipf.*; òčist|iti, -īm *pf. reinigen*

- čȉt|ati, -ām *ipf.*; pročìtati, pròčitām *pf. lesen*

- čȕd|iti se, -īm *ipf.*; zàčud|iti se, -īm *pf.* (*D.*) *sich wundern;* Čudim se tebi. *Ich wundere mich über dich.* Čudim se što nisi došao. *Ich wundere mich, daß du nicht gekommen bist.*

- čȕ|ti, -jēm *ipf./pf. hören*; Čula sam to od njega. *Ich habe das von ihm gehört.* Čula sam nešto ružno o njemu. *Ich habe etwas Schlechtes über ihn gehört.* Čula sam za njega. *Ich habe von ihm gehört.* Čula sam da je on u Beogradu. *Ich habe gehört, daß er in Belgrad ist.* 2. ~ se; zàču|ti se, -jēm *pf. ertönen.* Čuli (Začuli) su se glasovi. *Es ertönten Stimmen.*

- čúvati, čûvām *ipf.*; sačúvati, sàčūvām *ipf. hüten, bewahren, aufpassen;* ~ pisma, knjigu *die Briefe, das Buch aufbewahren;* Čuvaj se! *Paß auf dich auf!* ~ se (*G.*) *sich hüten vor;* Čuvaj se lоših ljudi! *Hüte dich vor schlechten Menschen!*

- ćút|ati, -īm *ipf,* ućút|ati, -īm *pf. schweigen.*

- dàh|tati, -ćēm *ipf. keuchen*

- dá|vati, -jēm *ipf.*; dàti, dâm *pf. geben;* ~ nekome nešto *jemandem etwas geben;* U bioskopu se daje lep film. *Im Kino* wird ein schöner Film gezeigt. On se ne da lako. Er gibt nicht leicht auf.

- dem|onstrírati, -ònstrīrām *ipf./pf. demonstrieren*

- dèrati, dèrēm *ipf.*; podèrati, pòderēm *pf. zerreißen.*

- dešávati se, dèšāvā *ipf.*, dèsiti se, dèsī *pf. geschehen, passieren;* Šta se desilo? *Was ist passiert?*

- dí|sati, dȋšēm *ipf. atmen*

- dìskut|ovati, -ujēm *ipf./pf. diskutieren;* ~ o problemima *über Probleme diskutieren.*

- dȋ|zati, -žēm *ipf.*; dȋg|nuti/dȋći, -nēm, dȋgnuo/dȋgao, dȋgla *pf. er-, ab-, heben.* Dižem novac u banci. *Ich hebe Geld in der Bank ab.* Dižem ruku. *Ich hebe die Hand.*

- dobíjati, dòbijām *ipf.*; dòbiti, dòbijēm *pf. bekommen.*

- dočekívati, dočèkujēm *ipf.;* dòček|ati -ām *pf. warten;* Dočekao me je na aerodromu. *Er hat auf mich am Flughafen gewartet.* Lepo su me dočekali. *Sie haben mich nett empfangen.* Dočekujemo Novu godinu kod kuće. *Wir feiern (warten auf) das neue Jahr zu Hause* Dočekao je duboku starost. *Er hat ein hohes Alter erreicht.* Dočekali smo da nemamo ništa. *Wir haben es erlebt, nichts zu haben.*

- doč|epávati (se), -èpāvām *ipf.*; dočèpati (se), dòčepām *pf. ergreifen* ~ nekoga za kosu *jemanden am Haar ergreifen.* ~ se (G.) vlasti *Macht ergreifen*

- dod|eljívati (dodj|eljívati), -èljujēm *ipf.* dodéliti, dòdēlīm (dodijèliti, dòdijelīm) *pf. erteilen, verleihen.* Nobelova nagrada za književnost se dodeljuje svake godine. *Der Nobelpreis für Literatur wird jedes Jahr verliehen.*

- dogáđati se, dògāđā *ipf.*; dogòditi se, dògodī *pf. geschehen, passieren;* Šta mu se dogodilo? *Was ist ihm passiert?* S njim se nešto događa? *Mit ihm geschieht etwas.*

- dogòvarati se, dogòvārām *ipf.*; dogovòriti se, dogòvorīm *pf. sich absprechen;* ~ o nečemu *sich über etwas absprechen.*

- dòlaz|iti, -īm *ipf.*; dóći, dôđēm, dòš|ao, -la *pf. kommen.*

- donòsiti, dònosīm *ipf.*; dònēti (dònijeti), donèsēm *pf. (her) bringen.*

- dòpad|ati se, -ām *ipf.*; dòpa|sti se, -dnēm, dòpao, dòpala *pf. gefallen;* Dopadam se Marku, ali on se meni ne dopada. *Ich gefalle Marko, aber er gefällt mir nicht.* Kako vam se dopao film? *Wie hat euch der Film gefallen?*

- dòpir|ati, -ēm *ipf.*; dòprēti (dòprijeti), dòprēm, dòpro, dòpŕla *pf. reichen, dringen.* Sneg je dopro do krova. *Der Schnee reichte bis zum Dach.* Iz kuće je dopirao nečiji glas. *Aus dem Haus drang eine Stimme.*

- dopr|inòsiti, -ìnosīm *ipf.*; doprìneti (doprìnijeti), doprinèsēm *pf. beitragen* ⁀ nešto nečemu *etwas dazu beitragen.*

- doput|òvati, -ùjēm *pf. anreisen.* Kada ste doputovali? *Wann sind Sie angereist (angekommen)?*

- dòručk|ovati, -ujēm *ipf./pf. frühstücken.*

- dospévati, dòspēvām (dospijèvati, dòspijevām) *ipf.*; dòsp|eti, -ēm (dòspjeti, dòspijēm) pf. *(hin)gelangen.* Dospeo sam u tešku situaciju. *Ich bin in eine schwierige Situation geraten.* Ne dospevam da uradim sve što želim. *Ich schaffe es nicht, alles zu tun, was ich möchte.*

- dòsti|zati, -žēm *ipf.*; dòstig|nuti/dòstići, -nēm, -ao, -la *pf. erreichen, einholen;* ⁀ nekoga *jem. einholen;* ⁀ slavu *Ruhm erringen.*

- dòti|cati, -čēm *ipf.*; dotàk|nuti/dotàći, dòtaknēm, -nuo/-ao, -la *pf. berühren.* Dotakni to! *Berühre das!* Ne dotiči me! *Rühre mich nicht an!*

- dovòditi, dòvodīm *ipf.*; dovè|sti, -dēm, dòveo, dovèla *pf. herführen, mitbringen.* Dovedi i svoju ćerku! *Bringe auch deine Tochter mit!*

- dovòziti, dòvozīm *ipf.*; dovè|sti, -zēm, dòvezao, dovèzla *herfahren.* Dovezi dete kući! *Fahre das Kind nach Hause!*

- dovláčiti, dòvlačīm *ipf.*; dovú|ći, -čēm, dòvuk|ao, dovúkla *pf. herbeiziehen, heranschleppen.* ⁀ stvari kolima *Sachen mit dem Wagen bringen.* Ne dovlači nam takve tipove u kuću! *Schlepp uns nicht solche Typen ins Haus!*

- doznávati, dòznājēm *ipf.*;dòzn|ati, -ām *pf. erfahren.* Doznala sam to preko radija. *Ich habe das über das Radio erfahren.*

- dozvoljávati, dozvòljāvām *ipf.*; dozvòliti, dòzvolīm *pf. erlauben;* Lekar mi ne dozvoljava da pušim. *Der Arzt erlaubt mir nicht, daß ich rauche.*

- dož|ivljávati, -ìvljāvām *ipf.*; dožív|eti (dožív|jeti), -īm *pf. erleben.*

- dȑht|ati, -īm *ipf.*; uzdȑht|ati, -īm *pf. zittern;* ~ od straha *vor Angst zittern.*

- drogírati se, dròg īrām *ipf./pf. Drogen nehmen.*

- drúžiti se, -drûžīm *ipf. zusammen sein, Umgang pflegen, befreundet sein;* Hajde da se družimo! *Laßt uns etwas gemeinsam unternehmen!* Mi se družimo s njima. *Wir sind häufig mit ihnen zusammen.* Oni se ne druže. *Sie verkehren nicht miteinander.*

- dȑž|ati, -īm *ipf. halten, abhalten;* 1. ~ knjigu u ruci *das Buch in der Hand halten;* ~ dete za ruku *das Kind an der Hand halten;* Držim ga za pametnog čoveka. *Ich halte ihn für einen klugen Mann.* 2. ~ , odȑž|ati, -īm *pf.* Držim predavanje studentima. *Ich halten den Studenten einen Vortrag.* Održao sam predavanje iz lingvistike. *Ich habe einen linguistischen Vortrag gehalten.* (*s.* održavati)

- dúvati, dûvām *ipf. wehen, blasen.* Duvao je jak vetar. *Es blies ein starker Wind.* Znam ja odakle taj vetar duva. *Ich weiß, woher der Wind weht.*

- fȉks|ati se, -ām *ipf./pf. fixen.*

- formùlis|ati, -šēm *ipf./pf.* formulieren

- gásiti, gâsīm *ipf.*; ugásiti, ùgāsīm *pf. löschen, ausschalten.* ~ vatru *Feuer löschen,* ~ svetlo, radio *das Licht, das Radio ausschalten.*

- gȉn|uti, -ēm *ipf.*; pògin|uti, -ēm *pf. umkommen*

- glásiti, glâsī, *ipf. lauten;* Kako to glasi na nemačkom? *Wie lautet das auf deutsch?*

- glȅd|ati, -ām *ipf.*; pògled|ati, -ām *pf. schauen, betrachten, sehen;* Gledali smo dobar film. *Wir haben einen guten*

Film gesehen. Gledam ih kako igraju. *Ich schaue ihnen beim Tanzen zu.* Pogledaj šta ima na televiziju! *Schau mal, was es im Fernsehen gibt!*

- glòǀdati, -đēm *ipf.*; òglo|dati, -đēm *pf. nagen.* ~ nokte *an den Fingernägeln kauen.*

- gòrǀeti (gòrǀjeti), -īm *ipf. brennen.*

- govòriti, gòvorīm *ipf. sprechen, reden.*

- gràbǀiti, -īm *ipf.*; zgràbǀiti, -īm *pf. raffen, packen, an sich reißen.*

- gráditi, grâdīm *ipf.*; sagráditi, sàgrādīm *pf. bauen.*

- gŕditi, gŕdīm *ipf.*; izgŕditi, ìzgŕdīm *pf. (aus)schimpfen.* Mama nas grdi jer je ne slušamo. *Mama schimpft uns aus, weil wir nicht auf sie hören.*

- grèjǀati (grȉjǀati), -ēm, *ipf.*; ùgrejǀati (ùgrijǀati), -ēm *pf. wärmen, heizen.* Mnogi ljudi greju svoje kuće sunčevom energijom. *Viele Leute heizen ihr Haus mit Sonnenenergie.* Noću sunce ne greje. *Nachts scheint (wärmt) die Sonne nicht.*

- grèǀpsti, -bēm, grèbao, grèbla *ipf.*; ogrèǀpsti, -bēm, ògrebao, ogrèbla *pf. kratzen.* Mačka me je ogrebla. *Die Katze hat mich gekratzt.*

- gréšiti, grēšīm (grijèšiti, grȉješīm) *ipf.*; pogréšiti, pògrēšīm (pogrijèšiti, pògriješīm) *pf. Fehler machen.*

- grȉckǀati, -ām *ipf.*; pògrickǀati, -ām *pf. knabbern.*

- grȉsti, grízēm, grȋzǀao, -la *ipf.*; ùgriǀsti, ugrízēm, ùgrizǀao, -la *pf. beißen.*

- gŕmǀeti (gŕmǀjeti), -īm *ipf. donnern.* Grmi, grmelo je celu noć. *Es donnert, es hat die ganze Nacht gedonnert.*

- gùbǀiti, -īm *ipf.*; izgùbiti, ìzgubīm *pf. verlieren.*

- gúrati, gûrām *ipf.*; gȕrnǀuti, -ēm *pf. schieben, schubsen.*

- gùtǀati, -ām *ipf.*; progùtati, pr̀ogutām *pf. schlucken, verschlingen.*

- halucǀinírati, -ìnīrām *ipf./pf. Halluzinationen haben.*

- hódati, hôdām *ipf. gehen, schreiten.* Dete već ume da hoda. *Das Kind kann schon laufen.* Hodao je gore-dole po sobi. *Er ging im Zimmer umher.*

- hrábriti, hrâbrīm *ipf.*; ohrábriti, òhrābrīm *pf. ermutigen.*

- hrániti, hrânīm *ipf.*; nahrániti, nàhrānīm *pf. (er)nähren, füttern.* Moram da nahranim bebu. *Ich muß das Baby füttern.*

- htȅti (htjȅti), hòću *ipf. wollen, wünschen;* Hoćete li čaj ili kafu? *Wünschen (Möchten) Sie Tee oder Kaffee?*

- húč|ati, -īm *ipf. tosen.* More huči. *Das Meer tost.*

- húj|ati, -īm *ipf.*; prohúj|ati, -īm *pf. sausen;* Vetar huji. *Der Wind saust.* Vreme je prohujalo. *Die Zeit ist verflogen.* "Prohujalo sa vihorom" *"Vom Wind verweht".*

- hvàliti, hvâlīm *ipf.*; pohváliti, pòhvālīm *pf. loben;* ~ se *prahlen.*

- hvȁt|ati, -ām *ipf.;* ùhvatiti, -īm *pf. (er)greifen;* ~ lopova *den Dieb ergreifen;* ~ nekoga u laži *jemanden beim Lügen ertappen;* Strah me hvata. *Die Angst ergreift mich.* Moj radio ne hvata WDR. *Mein Radio empfängt kein WDR.* ~ se za glavu. *sich an den Kopf fassen.*

- ìći, ȉdēm, ȉšao, ȉšla *ipf. gehen;* ~ u park u šetnju *in den Park spazieren gehen;* ~ za rukom *gelingen (wörtlich: gut von der Hand gehen);* ~ natraške (nizbrdo) *verkehrt (bergab) gehen;* Ideš mi na živce. *Du gehst mir auf die Nerven.*

- ignòri|sati, -šēm *ipf. ignorieren*

- ìgr|ati, -ām *ipf. spielen, tanzen;* ~ fudbal *Fußball spielen;* ~ tango *Tango tanzen;* ~ se *(ohne Objekt) spielen* Deca se igraju u parku. *Die Kinder spielen im Park.*

- ìm|ati, -ām *ipf. haben;* ~ knjigu, novaca, sreće *(G.) ein Buch, Geld, Glück haben.* ìma, nêma *(G.) es gibt (nicht);* Ima li hleba? *Gibt es Brot?* Nema hleba, ali ima kafe. *Es gibt kein Brot, aber es gibt Kaffee.*

- ìteres|ovati (se), -ujēm *ipf./pf. (sich) interessieren.* To me ne interesuje. *Das interessiert micht nicht.* On se interesuje za tebe. *Er interessiert sich für dich.*

- is|crpljívati, -cȑpljujēm *ipf.*, iscŕp|sti, -ēm *pf. erschöpfen.*

- ishr|anjívati, -ànjujēm *ipf.*; ishrániti, ìshrānīm *pf. ernähren (zum überleben), durchfüttern.* Ne možemo ishraniti toliko ljude. *Wir können so viele Menschen nicht durchfüttern.*

- ispíjati, ìspījām *ipf.*; ìspiti, ȉspijēm *pf. austrinken.*

- ispòstavlj|ati (se), -ām *ipf.*; ispòstav|iti, -īm (se) *pf. ausstellen, liefern, (sich) herausstellen.* Ispostavite račun (robu) na moju adresu. *Stellen Sie die Rechnung (Ware) an meine Adresse zu.* Ispostavilo se da je to bila laž. *Es stellte sich heraus, daß es dies eine Lüge war.*

- is|terívati, -tèrujēm *ipf.*; ìster|ati, -ām *pf. (hin)austreiben.*

- ìsti|cati (se), -čēm *ipf.*, istàknuti/istàći (se), ìstaknēm, ìstakao, ìstàkla *pf. hervorheben, (sich) hervortun.* Istakla se pameću i lepotom. *Sie hat sich durch Klugheit und Schönheit hervorgetan.* ~ nešto *etw. hervorheben.*

- istražívati, istràžujēm *ipf.*; istrážiti, ìstražīm *pf. untersuchen, erforschen.*

- istrčávati, istȑčāvām *ipf.*; istȑč|ati, -īm *pf. hinausrennen;* ~ iz kuće, na ulicu, u park *aus dem Haus, auf die Straße, in den Park rennen*

- izabírati, izàbīrām *ipf.*; izàbrati, izàberēm *pf. auswählen.* (s. birati).

- ìzbri|sati, -šēm *pf. auswischen* (s. brisati).

- izdávati, ìzdājēm *ipf.*; ìzdati, ìzdām *pf. (her)ausgeben.* ~ knjige, novine *Bücher, Zeitungen herausgeben;* ~ novac *Geld ausgeben.* Izdajem stan. *Ich vermiete eine Wohnung.* Ti se me izdao. *Du hast mich verraten.*

- iz|držávati, -dȑzāvām *ipf.*; izdȑž|ati, -īm *pf. aushalten.* ~ težak rad *eine schwere Arbeit aushalten.* Ko izdržava tvog sina? *Wer zahlt den Unterhalt deines Sohnes?*

- izglédati, ìzglēdām *ipf. scheinen.* Izgledalo (mi) je da nemamo šanse. *Es schien (mir), das wir keine Chance haben.*

- izgovárati, izgòvārām *ipf.*; izgovòriti, izgòvorīm *pf. aussprechen.*
- izjavljívati, izjàvljujēm *ipf.*, izjáviti, ìzjāvīm *pf. erklären, mitteilen;* Izjavio je da nije kriv. *Er hat erklärt, daß er nicht schuld sei.*
- isk|apljívati, -àpljujēm *ipf.*; iskápiti, ìskāpām *pf. austrinken.*
- ìskati, ìštēm *ipf.*; zaìskati, zaìštēm *pf. fordern, suchen, heischen.*
- isk|opávati, -òpāvām *ipf.*; iskòpati, ìskopām *pf. ausgraben.*
- ìzlaz|iti, -īm *ipf.;* ìzāći, ìzāđēm, ìzašao, -šla (ìzīći, ìzīđēm, ìzišao, -šla) *pf. heraus-, hinausgehen;* ~ iz kuće *aus dem Haus gehen;* Večeras izlazimo. *Heute abend gehen wir aus.*
- izmárati, ìzmārām *ipf.*; izmòriti, ìzmorīm *pf. ermüden, erschöpfen.*
- ìzmi|cati, -čēm *ipf.*; izmàknuti/izmàći, ìzmaknēm, izmàknuo/ìzmak|ao, -la *pf. wegrücken, entweichen.* ~ stolicu *den Stuhl wegrücken.* Lopov je izmakao policiji. *Der Dieb ist der Polizei entkommen.*
- izmíšljati, ìzmīšljām *ipf.*; ìzmisl|iti, -īm *pf. ausdenken.*
- ispljùvati, ìspljujēm *pf. bespucken* (s. pljuvati).
- išč|ezávati, -èzāvām *ipf.*; isčez|nuti, -nēm, -nuo/-ao, -la *pf. verschwinden.*
- izumévati, izùmēvām (izumijèvati, izùmijevām) *ipf.*; izùmeti, izùmēm (izùmjeti, izùmijēm) *pf. erfinden* ~ novu mašinu, novi svetski poredak *neue Maschine, neue Weltordnung erfinden.*
- izùmir|ati, -ēm *ipf.*; izùmreti (izùmrijeti), izumrēm, ìzumr|o, -la *pf. aussterben.*
- izúvati, ìzūvām *ipf.*; ìzuti, ìzujēm *pf. Schuhe ausziehen.*
- izvirívati, -vìrujēm *ipf.;* izvír|iti, -īm *pf. herausschauen* ~ iz kuće, kroz prozor *aus dem Haus, durchs Fenster herausschauen.*
- izvòditi, ìzvodīm *ipf.*; izvèsti, izvèdēm, ìzveo, izvèla *pf.* 1. *hinausführen;* ~ dete u šetnju *ein Kind zum Spaziergang*

ausführen; 2. *aufführen;* ~ dramu u pozorištu *ein Drama im Theater aufführen.*

- izolévati, izvòlēvām (izvoljévati, izvòljēvām) *ipf.;* izvòleti (izvòljeti), ìzvolīm *pf. geruhen, belieben;* Izvolite sesti! *Bitte setzen Sie sich!* Izvolite, poslužite se! *Bitte bedienen sie sich!* Izvolite! Bitte! *(Womit kann ich dienen?)*

- izvòziti, ìzvozīm *ipf.;* izvè|sti, -zēm, ìzvezao, izvèzla *pf. hinausfahren, exportieren.*

- izv|injávati (se), -ìnjāvām *ipf.;* izvíniti (se), ìzvīnīm *pf. (sich) entschuldigen.* Izvinite! *Entschuldigen Sie!* Izvinjavam se. *Ich entschuldige mich.*

- ìzvir|ati, -ēm *ipf. hervorquellen.* Gde izvire Rajna? *Wo entspringt der Rhein?*

- izvláčiti (se), ìzvlāčīm *ipf.;* izvú|ći (se), -čēm, ìzvukao, izvúkla *pf. herausziehen.* ~ novac iz džepa. *Geld aus der Tasche ziehen.* ~ se iz teške situacije sich *aus einer schweren Situation retten.*

- jàhati, jȁšēm *ipf. reiten*

- jàu|kati, -čēm *ipf.;* jaùknuti, jàuknēm pf. *(weh)klagen; schreien* ~ od bola *vor Schmerz schreien.* Jaukala je za sinom. *Sie klagte um den Sohn.*

- jávljati (se), jávljām *ipf.;* jáviti (se) jávīm *pf. (sich) melden;* Javljam ti ovu vest. *Ich teile dir diese Nachricht mit.* Javljam ti da je ona otputovala. *Ich melde dir, daß sie abgereist ist.* Javi se kad dođeš! *Melde dich, wenn du angekommen bist!*

- jȅc|ati, -ām *ipf. schluchzen*

- jȅ|sti, -dēm, -o, -la *ipf.;* pòje|sti, -dēm, -o, -la *pf. essen.*

- kȁj|ati se, -ēm *ipf.;* pòkaj|ati se, -ēm *pf. bereuen.* Kajem se zbog toga. *Ich bereue das.*

- kȁp|ati, -ljēm *ipf. tropfen.*

- kàšljati, kȁšljēm *ipf. husten.*

- kázati, kâžēm *ipf./pf. sagen.* Šta kažeš? *Was sagst du?*

- klàti, kòljēm *ipf.*; zàklati, -koljēm *pf. schlachten.*

- klé|čati, -īm *ipf.*; klěk|nuti, -nēm *pf. knien;* ⁓ pred nekim *vor jemandem knien.*

- kléti (se), kùnēm *ipf.* 1. pròk|lēti, -kunēm *pf. verfluchen* (s. proklinjati). 2. ⁓ se, zàklinj|ati se, -ēm *ipf;* zà|klēti se, -kunēm *pf. schwören.* Majka ga kune. *Die Mutter verflucht ihn.* Kunem se Bogom. *Ich schwöre bei Gott.* Zaklinjem ti se. *Ich schwöre dir.*

- klȉ|cati, -čēm *ipf.*; klȉkn|uti, -ēm *pf.* jauchzen. ⁓ od radosti *vor Freude jauchzen.*

- komun|icírati, -ìcīrām *ipf./pf. kommunizieren.*

- kòpati, kòpām *ipf. graben.* Ko drugome jamu kopa, sam u nju padne. *Wer anderen eine Grube gräbt, fällt selbst hinein.*

- kóštati, kôštām *ipf. kosten.* Koliko to košta? *Was kostet das?*

- krà|sti, krádēm, -o, -la *ipf.*; ùkra|sti, ukrádēm, -o, -la *pf. stehlen.*

- krìtik|ovati, -ujēm *ipf./pf. kritisieren.*

- krétati (se), krêćēm *ipf.*; krénuti (se), krênēm *pf. (sich) bewegen, aufbrechen.* Malo se krećemo. *Wir bewegen uns wenig.* Sutra krećem na put. *Morgen verreise ich.*

- krȉ|ti (se), -jēm *ipf.*; sàkriti (se), sàkrijēm *pf. verbergen, (sich) verstecken* ⁓ nešto od nekoga *etwas vor jemandem verbergen*

- kùc|ati, -ām *ipf.* 1. ⁓ ; kùcn|uti, -ēm *pf.*, pòkuc|ati, -ām *pf. (an)klopfen* ⁓ na vratima *an der Tür klopfen.* ⁓ se čašama *anstoßen (beim Antrinken).* Kucnuo je poslednji čas. *Die letzte Stunde hat geschlagen.* 2. ⁓ , òtkucati *tippen.* Umete li da kucate? *Können Sie tippen?* Otkucajte mi ovo pismo! *Tippen Sie mir diesen Brief!*

- kúpati (se), kûpām *ipf;* okúpati (se), òkūpām *pf. baden.*

- kupòvati, kùpujēm *ipf.*, kúpiti, kûpīm *pf. (ein)kaufen.*

- làgati, lȁžēm *ipf.*; slàgati, slȁžēm *pf.* *(be)lügen.* Zašto (me) lažeš? *Warum (be)lügst du (mich)?*

- lȁj|ati, -ēm *ipf. bellen*

- lèbd|eti (lèbd|jeti), -īm *ipf. schweben*

- léčiti, lēčīm (liječiti, lȉječīm) *ipf.*; izléčiti, ìzlēčīm (izliječiti, ìzliječīm) *pf. heilen, behandeln.*

- légati, lēžēm (lijègati, lȉježēm) *ipf.*; lèći, lȅgnēm, lȅzi!, lȅgao, lègla *pf. sich hinlegen.*

- lèt|eti (lèt|jeti), -īm *pf. fliegen.*

- lèž|ati, -īm *ipf. liegen;* ᴕ u krevetu *im Bett liegen;* ᴕ na samrti *im Sterben liegen;* ᴕ u zatvoru *im Gefängnis sitzen.*

- líč|iti, -īm *ipf. ähneln.* Ličim na majku. *Ich sehe der Mutter ähnlich.*

- lȉ|ti, -jēm *ipf. gießen.* Kiša lije kao iz kabla. *Es (der Regen) gießt wie aus Kübeln.*

- lízati, līžēm *ipf.*; polízati, pòlīžēm *pf. lecken.* Jelo je takvo da prste poližeš. *Das Essen ist so gut, daß man sich die Finger leckt.*

- ljútiti (se) ljūtīm *ipf.*; naljútiti (se), nàljūtīm *pf. (sich) ärgern;* Zašto se ljutiš? *Warum ärgerst du dich? (Warum bist du wütend?)* Zašto si naljutio mamu? *Warum hast du die Mama geärgert?*

- lòv|iti, -īm *ipf.*; ulòviti, ùlovīm *pf. jagen, fangen;* ᴕ vuka, ribu *einen Wolf jagen, einen Fisch fangen.*

- lútati, lūtām *ipf. irren, herumlaufen.* ᴕ po gradu, kroz šumu *durch die Stadt, durch den Wald irren.*

- máhati, mȁšēm *ipf.*; máhnuti, mȃhnēm *pf. winken.* ᴕ rukom nekome. *jemandem mit der Hand winken.*

- mȁ|zati, -žēm *ipf.*; nàma|zati, -žēm *pf. schmieren.* ᴕ ruke kremom. *Hände mit Creme einschmieren.*

- ménjati, mēnjām (mijènjati, mȉjenjām) *ipf.*; proméniti, pròmēnīm (promijèniti, pròmijenīm) *pf. wechseln, tauschen;* ᴕ novac u banci *Geld in der Bank wechseln;* ⁓ staru knjigu za novu *ein altes Buch für ein neues tauschen.*

- mè|sti, -tēm, -o, -la *ipf.*; pomè|sti, -tēm, pòmeo, pomèla *pf. fegen.*

- méšati (se), mēšām (mijèšati, mȉješām) *ipf.*; 1. ⁓ ; uméšati (se), ùmēšām (umijèšati, ùmiješām) *pf. mischen, sich einmischen;* ⁓ vino sa vodom *Wein mit Wasser mischen;* ⁓ se u politiku *sich in die Politik einmischen.* 2. ⁓ ; poméšati, pòmēšām (pomijèšati, pòmiješām) *pf. vermischen, durcheinander bringen* ⁓ Marka s Dejanom. *Marko und Dejan verwechseln.*

- mètati, mèćēm *ipf.*; mètnuti, mètnēm *pf. legen.* Metni decu u krevet! *Lege die Kinder ins Bett!*

- mȉ|cati (se), -čēm *ipf.* màk|nuti/màći (se), -nēm, -nuo/-kao, -la (*sich*) *bewegen, rühren.* Ne miči se s mesta! *Rühre dich nicht von der Stelle!*

- mijàu|kati, -čēm *ipf. mijauen.*

- mìri|sati, -šēm *ipf. duften.*

- mȉsl|iti, -īm *ipf.*; pòmisl|iti, -īm *pf. denken;* ⁓ na tebe *an dich denken;* ⁓ o tebi *über dich nachdenken;* Ja mislim da to nije dobro. *Ich denke, daß das nicht gut ist.*

- mȉ|ti, -jēm *ipf. waschen* (s. umívati).

- mlèti (mljèti), mèljēm *ipf.*; sàmleti (sàmljeti), sàmeljēm *pf. mahlen.*

- mòći, mògu, mògao, mògla *ipf. können.* Možeš li doći večeras? *Kannst du heute abend kommen?* Možete li nam dati tu knjigu? *Könnt ihr uns dieses Buch geben?*

- mòliti, mòlīm *ipf.*; zamòliti, zàmolīm *pf. bitten.* Molim? *Bitte?* Molim Vas da mi učinite jednu uslugu. *Ich bitte Sie mir einen Gefallen zu tun.*

- mórati, mōrām *ipf. müssen.*

- mòtr|iti, -īm *ipf. beobachten.*

- mréti (mrijèti), mrêm *ipf.* (s. umirati); ùmr|eti (ùmr|ijeti), -ēm, -o, -la *pf. sterben.*

- mŕz|eti (mŕz|iti), -īm *ipf. hassen.*

- mŕz|nuti (se), -nēm, -nuo/-ao, -la *ipf.* (s. smrzavati) *frieren.* Napolju mrzne. *Es friert draußen.*

- mǜč|iti (se), -īm *ipf.*; nàmuč|iti (se), -īm *pf.* (*sich*) *quälen;* ᴗ nekoga *jemanden quälen;* ᴗ se s gramatikom *sich mit Grammatik herumquälen.*

- nádati se, nâdām se *ipf.* (*D.*) *hoffen;* ᴗ boljim danima *auf bessere Tage hoffen;* Nadam se u tebe. *Ich vertraue auf dich.* Nadam se da si dobro. *Ich hoffe, daß es dir gut geht.* Nadajmo se! *Laßt uns hoffen!*

- nadímati, nàdīmām *ipf.*; nàduti, nȁdmēm *pf. aufblähen.*

- nàginj|ati (se), -ēm *ipf.*; nàgnuti (se), nȁgnēm *pf.* (*sich*) *beugen.* ᴗ nad stolom, preko balkona, kroz prozor *sich über den Tisch, den Balkon, durch das Fenster beugen.*

- naìlaz|iti, -īm *ipf.*; nàī|ći, -đēm, nàiš|ao, -la *pf. vorbeigehen, -kommen.* Naišao sam slučajno. *Ich bin zufällig vorbeigekommen.* ᴗ na razumevanje. *Ich bin auf Verständnis gestoßen.*

- nàlaz|iti, īm *ipf.*; náći, nâđēm, nàšao, -šla *pf. finden;* ᴗ se *sich befinden.*

- nálič|iti, -īm *ipf. ähneln* (s. líčiti).

- naprézati (se), nàprēžēm *ipf.*; naprégnuti (se), nàprēgnēm *pf.* naprégnuo/nàpreg|ao, -la *pf.* (*sich*) *anstrengen.*

- napúštati, nàpūštām *ipf.*; napùstiti, nàpustīm *pf. verlassen.*

- narástati, nàrāstām *ipf.*; narást|i, -ēm *pf. an-, erwachsen, groß werden.* Zbog jakih kiša narastaju i male reke. *Wegen starker Regenfälle schwellen auch kleine Flüsse an.* Trava je brzo narasla. *Das Gras ist schnell gewachsen.*

- naručívati, narùčujēm *ipf.*; narúčiti, nàručīm *pf. bestellen.*

- nàsip|ati, -ām *ipf.*; nàsūti, nȁspēm *pf. aufschütten* ᴗ zemlju *Erde aufschütten.*

- nàstaj|ati, -ēm *ipf.;* nàsta|ti, -nēm *pf. entstehen.* Nastaje gužva (proleće). *Es ensteht Gedränge (Frühling).*

- nav|aljívati, -àljujēm *ipf.;* naváliti, nàvālīm *pf. bedrängen, sich stürzen auf* ⁓ na nekoga/nešto *sich auf jemanden/etwas stürzen.*

- nazívati, nàzīvām *ipf.;* nàzvati, nàzovēm *pf. nennen.* Nazvali su ga budalom. *Sie nannten ihn einen Narren.*

- nav|ikávati (se), -ìkāvām *ipf.;* nàvik|nuti/nàvići se, -nēm, -nuo/-ao, -la *pf. (sich) gewöhnen* ⁓ na nešto/nekoga *sich an etwas/jemanden gewöhnen.*

- navòditi, nàvodīm *ipf.;* navè|sti, -dēm *pf. anführen, verleiten.* ⁓ na pogrešan zaključak *zu einem falschen Schluß verleiten.*

- nazé|psti, -bēm, nàzēbao, nazébla *pf. sich erkälten* (s. zepsti).

- nȅg|ovati (njȅg|ovati), -ujēm *ipf. pflegen.*

- nervírati (se), nèrvīrām *ipf.;* izn|ervírati (se), -èrvīrām *pf. nerven.* Nerviraš me. Nerviram se zbog tebe. Du nervst mich. *Wegen dir bin ich nervös.*

- nèstaj|ati, -ēm *ipf.;* nèsta|ti, -nēm *pf. verschwinden.*

- nȉ|cati, -čēm *ipf.;* nȉk|nuti/nȉći, -nēm, -nuo/-ao, -la *sprießen.* ⁓ trava, cveće *Gras, Blumen sprießen.*

- nízati, nîžēm *ipf.;* nanízati, nànīžēm *pf. reihen.*

- nòsiti, nȍsīm *ipf. tragen.*

- obárati, òbārām *ipf.;* obòriti, òborīm *pf. (um)stürzen.* Auto je oborio ženu. *Das Auto fuhr eine Frau um.* ⁓ vladu *die Regierung stürzen.* ⁓ oči *Augen senken.* ⁓ drvo *einen Baum fällen.*

- obećávati, obèćavām *ipf.;* obèćati, òbećām *pf. versprechen.*

- objašnjávati, objàšnjāvām *ipf.;* objásniti, òbjasnīm *pf. erklären;* ⁓ studentima novu lekciju *den Studenten eine neue Lektion erklären.*

- objavljívati, objàvljujēm *ipf.*; objáviti, òbjāvīm *pf. veröffentlichen, verkünden.*

- obolévati, obòlēvām (obolijèvati, obòlijevām) *ipf.*; obòl|eti (obòl|jeti), -īm *pf. erkranken;* ⁓ od tuberkuloze *an Tuberkulose erkranken.*

- obláčiti (se), òblāčīm *ipf.*; obú|ći (se), -čēm, òbukao, obúkla *pf. (sich) anziehen.*

- òbraz|ovati (se), -ujēm *ipf. (sich) bilden;* ⁓ u školi *sich in der Schule bilden;* ⁓ vladu *eine Regierung bilden.*

- obúvati, òbūvām *ipf.*; òbuti, òbujēm *pf. Schuhe anziehen.*

- očekívati, očèkujēm *ipf. erwarten;* ⁓ goste *Gäste erwarten;* Očekujem da dođeš. *Ich erwarte, daß du kommst.*

- odávati, òdājēm *ipf.*; òd|ati, -ām *pf. verraten, preisgeben.* ⁓ tajnu *ein Geheimnis verraten.*

- od(a)zívati (se), òd(à)zīvām *ipf.*, odà|zvati se, -zovēm *pf antworten (auf einen Ruf, eine Einladung).* Odazvali su se našem pozivu. *Sie sind unserer Einladung gefolgt.*

- odgovárati, odgòvārām *ipf.*; odgovòriti, odgòvorīm *pf. antworten;* ⁓ na pitanje *auf eine Frage antworten;* To mi ne odgovara. *Daß paßt mir nicht.*

- odlágati, òdlāžēm *ipf.*; odlòžiti, òdložīm *pf. verschieben.*

- òdlaz|iti, -īm *ipf.*; òtići, òdēm, òtidēm, òtišao, -šla *pf. weggehen,* ⁓ na put *verreisen;* ⁓ kući *nach Hause gehen;* ⁓ od kuće *von zu Hause weggehen.*

- odl|učívati, -ùčujēm *ipf.*; odlúčiti, òdlūčīm *pf. entscheiden.*

- odmárati (se), òdmārām *ipf.*; odmòriti (se) òdmorīm *pf. (sich) ausruhen.*

- odnòsiti, òdnosīm *ipf.*; òdnēti (òdnijeti), odnèsēm *pf. wegtragen, hinbringen* ⁓ nekome, nešto *jemandem etwas bringen.* To se ne odnosi na tebe. *Das bezieht sich nicht auf dich.*

- od|olévati, -òlēvām (od|olijèvati, -òlijevām) *ipf.*; odòl|eti (odòl|jeti), -īm *pf. widerstehen.* ⁓ nekome/nečemu *jemandem/etwas widerstehen.*

- odrástati, òdrāstām *ipf.;* odrást|i, -ēm, òdrastao, odrásla *pf. großwerden, aufwachsen.* Odrastao je u Nemačkoj. *Er ist in Deutschland aufgewachsen.*

- održávati (se), odr̀žāvām *ipf.;* odr̀ž|ati (se), -īm *pf. (sich) erhalten;* ~ reč *Wort halten;* Spomenik se održao. *Das Denkmal hat sich erhalten.* Gde se održavaju predavanja? *Wo werden die Vorlesungen gehalten?*

- odùsta|jati, -jēm *ipf.;* odùst|ati, -nēm *pf. aufgeben, ablassen.* ~ od nečega *etwas aufgeben.*

- odùzim|ati, -ām *ipf.;* odùzeti, òduzmēm *pf. wegnehmen.* Policija mi je oduzela vozačku dozvolu. *Die Polizei hat mir den Führerschein weggenommen.*

- odv|ikávati (se), -ìkāvām *ipf.;* òdvik|nuti/òdvići (se), -nēm, -ao, -la *pf. (sich) abgewöhnen.* ~ od nečega *sich etwas abgewöhnen.*

- odvòditi, òdvodīm *ipf.;* odvè|sti, -dēm, -o, -la *pf. wegführen.* Odvedi psa u park! *Führe den Hund in den Park!*

- odvòziti, òdvozīm *ipf.;* odvè|sti, -zēm, z|ao, -la *pf. wegfahren.* Odvezi dete u školu! *Fahre das Kind zur Schule!*

- okrétati (se), òkrećēm *ipf.;* okrénuti (se), òkrēnēm *pf. (sich) (um)drehen.* ~ glavu *den Kopf umdrehen.* Okreni se! *Drehe dich um!*

- opážati, òpāžām *ipf.;* òpaz|iti, -īm *pf. bemerken.*

- op|isívati, -ìsujēm *ipf.;* opísati, òpīšēm *pf. beschreiben.*

- opráštati, òprāštām *ipf.;* opròstiti, òprostīm *pf. verzeihen* ~ se sa nekim (od nekoga) *s. von jemandem verabschieden.*

- opred|eljívati (opredj|eljívati) se, -èljujēm *ipf.;* opr|edéliti se, -èdēlīm (opr|edijèliti se, -èdijelīm) *pf. sich entscheiden* ~ za nešto *sich für etwas entscheiden.*

- òrati, òrem *ipf.;* uzòrati, ùzorēm *pf. pflügen*

- orgàniz|ovati, -ujēm *ipf./pf. organisieren.*

- òsećati (òsjećati), -ām *ipf;* òsetiti (òsjetiti), -īm *pf. fühlen.* ~ bol Schmerz verspüren. ~ se *sich fühlen.* Osećala sam se loše. *Ich hab mich schlecht gefühlt.*

- oslobáđati (se), oslòbāđām *ipf.*; oslobòditi (se) oslòbodīm *pf. (sich) befreien;* ~ zemlju od neprijatelja *ein Land vom Feind befreien;* ~ se (od) tuđe vlasti, tuđeg uticaja *sich von fremder Herrschaft, von fremdem Einfluß befreien.*

- osnívati, òsnīvām *ipf.*; osnòvati, òsnujēm *pf. gründen, errichten;* ~ državu, partiju. *einen Staat, eine Partei gründen.*

- òstaljati, -jēm *ipf.*; òstalti, -nēm *pf. bleiben;* ~ kod kuće *zu Hause bleiben;* ~ u kući, u gradu *im Haus in der Stadt bleiben;* ~ živ *am Leben bleiben.*

- òstavljati, -ām *ipf.*; òstaviti, -īm *pf. (hinter)lassen;* ~ knjigu na stolu *ein Buch auf dem Tisch lassen;* ~ kuću svom sinu *seinem Sohn das Haus hinterlassen;* ~ na cedilu *im Stich lassen.*

- ostvarívati, -àrujēm *ipf.*; ostváriti, òstvārīm *pf. verwirklichen*

- òsvitati, -ćē *ipf.*; osvànuti, òsvanē *pf. dämmern, Tag werden.*

- òsvrtati se, -ćēm *ipf.*; osvŕnuti se, òsvŕnēm *pf. sich umblicken, sich (zu)wenden.* Ne osvrći se! *Blick dich nicht um!* U svom predavanju se osvrnuo i na taj problem. *In seinem Vortrag wandte er sich auch diesem Problem zu.*

- òtimati, -ām *ipf.*; òtleti, -mēm *pf. wegnehmen (mit Gewalt).* Lopov mi je oteo novac. *Der Dieb hat mir mein Geld weggenommen.*

- òtirati, -ēm *ipf.*; òtrti, òtrēm, òtrlo, -la *pf. abreiben, abwischen.*

- otkrívati, òtkrīvām *ipf,*; òtkriti, -jēm *pf. entdecken.*

- otvárati, òtvārām *ipf.*; otvòriti, òtvorīm *pf. (er)öffnen;* ~ prozor *ein Fenster öffnen;* ~ muzej *ein Museum eröffnen.*

- òzdravljati, -ām *ipf.*; òzdraviti, -īm *gesund werden.*

- pȁd|ati, -ām *ipf.*; pȁ|sti, -dnēm, -o, -la *pf. fallen.* ~ kiša *der Regen fällt* (*es regnet.*) Dete je palo s kreveta. *Das Kind ist vom Bett gefallen.*

- páliti, pālīm *ipf.*; upáliti, ùpālīm *pf. anzünden, einschalten.* ~ vatru *Feuer anzünden.* ~ radio *das Radio einschalten.* ~ motor *den Motor anlassen.*

- pȃmt|iti, -īm *ipf.*; zȁpāmt|iti, -īm *pf. sich merken, behalten.*

- pás|ti, -ēm *ipf.*; opás|ti, -ēm *pf. weiden.* Krave pasu (travu) u polju. *Kühe weiden* (*fressen Gras*) *auf dem Feld.*

- pȁz|iti, -īm *ipf.*; prìpaz|iti, -īm *pf. aufpassen;* ~ na decu *auf Kinder aufpassen;* Pazi šta radiš! *Paß auf, was du tust!* ~ se *auf sich aufpassen.*

- pè|ći, -čēm *ipf.*; ispè|ći, -čēm *pf. backen, braten.*

- pènjati (se), pènjēm *ipf.*; pòpēti (se), pòpnēm *pf. klettern, hinaufheben.* Popeli smo se na drvo. *Wir sind auf den Baum geklettert.*

- péti (se), pènjēm *ipf. klettern* (s. pènjati).

- pešáčiti, pèšāčīm (pješáčiti, pjèšāčīm) *ipf. zu Fuß gehen.*

- pȅv|ati (pjȅv|ati), -ām *ipf.*; òtpev|ati, (òtpjev|ati), -ām *pf. singen.*

- písati, pîšēm *ipf.*; napísati, nàpīšēm *ipf. schreiben;* ~ pismo, knjigu *einen Brief, ein Buch schreiben;* Šta tu piše? *Was steht da* (*geschrieben*)*?*

- pítati, pîtām *ipf.*; upítati, ùpītām *pf. fragen.*

- pȉ|ti, -jēm *ipf.*; pòpiti, pòpijēm *pf. trinken.*

- pláćati, plȃćām *ipf.*; plátiti, plâtīm *pf. bezahlen.*

- plȁ|kati, -čēm *ipf. weinen.*

- plan|ináriti, -ìnārīm *ipf./pf. bergwandern.*

- planírati, plànīrām *ipf.*; isplanírati, isplànīrām *pf. planen.*

- plȁš|iti (se), -īm *ipf.*; ùplaš|iti (se), -īm *pf.* (G.) *sich fürchten, erschrecken;* Plašim se psa. *Ich fürchte mich vor* dem Hund. Plašiš me psom. *Du erschreckst mich mit dem Hund.*

- plè|sti, -tēm *ipf.*; isplè|sti, -tēm *pf. flechten, stricken.*

- plȋv|ati, -ām *ipf. schwimmen*; ∾ u moru *im Meer schwimmen.*

- pljùvati, pljȕjēm *ipf.*; pljȕn|uti, -ēm *pf. spucken.*

- plòv|iti, -īm *ipf. auf dem Wasser fahren;* Brod plovi morem (rekom). *Das Schiff fährt auf dem Meer (Fluß).*

- pob|eđívati, (pobj|eđívati), -èđujēm *ipf.*; pobèditi, pòbēdīm (pobijèditi, pòbijedīm) *pf. siegen, besiegen.*

- pòčinj|ati, -ēm *ipf.*; pòč|eti, -nēm *pf. beginnen;* ∾ posao, pregovore *eine Arbeit, Verhandlungen beginnen;* Čas počinje. *Die Stunde beginnt.* Kiša počinje. *Es fängt an zu regnen.*

- pòdi|zati, -žēm *ipf.*; pòdig|nuti/pòdići, -nēm, -nuo/-ao, -la *pf. auf-, hochheben* ∾ ruku *Hand hochheben.* ∾ oči *Blick erheben.*

- pòginj|ati (se), -ēm *ipf.*; pògnuti (se), pògnēm *pf.* (s.) *beugen, s. bükken.*

- poj|avljívati se, -àvljujēm *ipf.*; pojáviti se, pòjāvīm *pf. erscheinen.*

- pòkrasti, pokrádēm, pòkra|o, -la *pf. stehlen, berauben* (s. krasti).

- pokrívati, pòkrīvām *ipf.* pòkriti, pòkrijēm *pf. bedecken.*

- pok|ušávati, -ùšāvām *ipf.*; pòkuš|ati, -ām *pf. versuchen.*

- polágati, pòlažēm *ipf.*; polòžiti, pòložīm *pf. (ab)legen, setzen;* ∾ osnovu *eine Grundlage schaffen;* ∾ kamen temeljac *den Grundstein legen;* ∾ nadu u nekoga *seine Hoffnung auf jemand setzen;* Polagao je dva ispita, ali je položio samo jedan. *Er hat zwei Prüfungen abgelegt, aber nur eine bestanden.*

- pòlaz|iti, -īm *ipf.*; póći, pôđēm, pòšao, -šla *pf. losgehen, aufbrechen;* ∾ od (iz) kuće *von zu Hause aufbrechen;* ∾ na put *auf eine Reise aufbrechen;* ∾ za rukom *gelingen;* Dete polazi i školu iduće godine. *Das Kind kommt nächstes Jahr in die Schule.*

- pomágati, pòmāžēm ipf.; pomòći, pòmognēm, pòmogao. pomògla pf. helfen; ᷉ majci u kući der Mutter im Haus helfen.
- pòminj|ati, -ēm ipf.; poménuti, pòmēnēm pf. erwähnen.
- pomíšljati, pòmīšljām ipf.; pòmisl|iti, -īm pf. bedenken, sich vorstellen. Nikada nisam to ni pomislila. Das habe ich mir nie vorgestellt.
- ponávljati, pònāvljām ipf.; ponòviti, pònovīm pf. wiederholen.
- pònēti (pònijeti), ponèsēm pf. mitnehmen. Poneo (Ponio/ponijela) je knjigu. Er (Sie) hat das Buch mitgenommen.
- porícati, pòrīčēm ipf.; poreći, pòrek|nēm, -ao, -la pf. abstreiten, verneinen.
- poručívati, porùčujēm ipf.; porúčiti, pòrūčīm pf. bestellen, sagen lassen; ᷉ kafu einen Kaffee bestellen; On ti poručije po meni. Er läßt dir durch mich sagen.
- pos|ećívati (posj|ećívati), -èćujēm ipf.; pòset|iti (pòsjet|iti), -īm besuchen.
- posl|užívati, -ùžujēm ipf.; poslúžiti, pòslūžīm pf. bedienen
- posmátrati, pòsmātrām ipf. betrachten; Posmatram decu kako se igraju. Ich schaue den Kindern beim Spielen zu.
- pòsta|jati, -jēm ipf.; pòst|ati, -nēm pf. werden. Ovde postaje hladno. Hier wird es kalt. On je postao predsednik. Er wurde Präsident.
- pòstavlj|ati, -ām ipf.; pòstav|iti, -īm pf. (auf)stellen. Postavi sto pored prozora! Stell den Tisch vor das Fenster! Postavi ručak! Trage das Mittagessen auf!
- pòšt|ovati, -ujēm ipf. achten, schätzen.
- potr̀č|ati, -īm pf. losrennen.
- povè|sti, -dēm, pòveo, povèla pf. mitnehmen, mitführen. Povedi i sina na koncert! Nimm auch deinen Sohn mit zum Konzert!
- povèsti, povèzēm, pòvez|ao, povèzla pf. mitnehmen (im Fahrzeug). Povezi me do centra! Nimm mich bis zur Stadtmitte mit!

- povíkati, pòvīčēm *pf.* (*aus*)*rufen,* (*auf*)*schreien* (s. vikati).

- pòzdravljati, -ām *ipf.*; pòzdrav|iti, -īm *pf.* (*be*)*grüßen;* ⁓ nekoga *jemanden begrüßen;* Pozdravi svoje roditelje od mene! *Grüße deine Eltern von mir!* ⁓ se einander grüßen; Oni se ne pozdravljaju. *Sie grüßen einander nicht.* Jesi li se pozdravio s njim? *Hast du ihn begrüßt?*

- pozívati, pòzīvām *ipf.*; pòz|vati, -zovēm *pf. anrufen, einladen.* Pozovi me telefonom! *Ruf mich an!* Pozivam te na ručak! *Ich lade dich zum Mittagessen ein!*

- poznávati, pòznājēm *ipf.*; pòzn|ati, -ām *pf.* (*er*)*kennen.* Poznaješ li me? *Kennst du mich?*

- práštati, prâštām *ipf.*; opròstiti, òprostīm *pf. verzeihen* (s. opraštati).

- prȁti, pèrēm *ipf.*; òprati, òperēm *pf. waschen.*

- prâvd|ati (se), -ām *ipf.*; òpravd|ati (se), -ām *pf.* (*sich*) *rechtfertigen.*

- prȁv|iti, -īm *ipf.*; nàprav|iti, -īm *pf. machen, anfertigen;* ⁓ supu, fotografije *eine Suppe, Photographien machen;* ⁓ regal *ein Regal anfertigen;* ⁓ greške, gluposti, primedbe *Fehler, Dummheiten, Bemerkungen machen;* ⁓ nekoga budalom *jemanden zum Narren machen;* ⁓ se lud *den Dummen spielen.*

- prázniti, prâznīm *ipf.*; isprázniti, ìsprāznīm *pf.* (*ent*) *leeren.*

- predávati, prèdājēm *ipf.*; prèd|ati, -ām *pf. übergeben, eine Lehrveranstaltung halten.* Profesor M. predaje književnost. *Professor M. liest über Literaturwissenschaft.*

- predlágati, prèdlāžēm *ipf.*; predlòžiti, prèdložīm *pf. vorschlagen.*

- prèdstavlj|ati, -ām *ipf.*; prèdstav|iti, -īm *pf. vor-, darstellen, vertreten.* Marko predstavlja kralja Lira. *Marko spielt den König Lear.* Predstavi me njemu! *Stelle mich ihm vor!* Marko predstavlja studente. *Marko vertritt die Studenten.*

- predvíđati, prèdvīđām *ipf.*; prèdvid|eti (prèdvid|jeti), -īm *pf. voraussehen.*

- preglédati, prèglēdām *ipf.*; prèglled|ati, -ām *pf. durchsehen, untersuchen.* ⁓ zadatke *Aufgaben durchsehen.* Lekar pregleda pacijenta. *Der Arzt untersucht einen Patienten.*

- prehl|ađívati se, -ađujēm *ipf.*; prehláditi se, prèhlādīm *pf. sich erkälten.*

- prè|klati, -koljēm *pf. abschlachten* (s. klati).

- prèlaz|iti, -īm *ipf.*; préći, prêđēm (prijèći, prȉjeđēm) *pf. übergehen, überqueren.* ⁓ preko ulice *die Straße überqueren.* ⁓ na našu stranu *sich auf unsere Seite schlagen.*

- prenòsiti, prènosīm *ipf.*; prènēti (prènijeti), prènesēm *pf. übertragen.*

- prep|evávati (prepj|evávati), -èvāvām *ipf.*; prèpev|ati (prèpjev|ati), -ām *pf. durchsingen, nachdichten.* ⁓ celu noć *die ganze Nacht durchsingen.* On je tu pesmu prepevao, nije preveo. *Er hat dies Gedicht nachgedichtet und nicht übersetzt.*

- prepl|ivávati, -ìvāvām *ipf.*; prèpliv|ati, -ām *pf. durchschwimmen.*

- preporučívati, preporùčujēm *ipf.*; preporúčiti, prepòrūčīm *pf. empfehlen.*

- prerač|unávati, -ùnāvām *ipf.*; preračùn|ati, -ām *pf. umrechnen.*

- prèstaj|ati, -ēm *ipf.*; prèsta|ti, -nēm *pf. aufhören.*

- prȅsti, prédēm *ipf.*; òpr|esti, -édēm *pf. spinnen.* ⁓ vunu *Wolle spinnen.*

- pres|uđívati, -ùđujēm *ipf.*; presúditi, prèsūdīm *pf. urteilen, Urteil sprechen, entscheiden.*

- preškol|ovávati (se), -òvāvām *ipf.*; prèškol|ovati (se), -ujēm *pf.* (*sich*) *umschulen lassen.*

- prèti|cati, -čēm *ipf.*; pretèći, prètek|nēm *pf. überholen.* Događaji nas pretiču. *Die Ereignisse überschlagen sich.*

- prétiti, prȇtīm (prijètiti, prȉjetīm) *ipf.*; zaprétiti, zàprētīm (zaprijètiti, zàprijetīm) *pf. drohen;* ⁓ nekome kaznom *jemandem mit Strafe drohen.*

- pre|trčávati, -tȑčāvām *ipf.*; pretȑč|ati, -īm *pf.* (*durch*)*rennen;* ⁓ ulicu (preko ulice) *über die Straße rennen.*

- pretvárati (se), prètvārām *ipf.*; pretvòriti (se), prètvorīm *pf.* (*sich*) *verwandeln.*

- prevòditi, prèvodīm *ipf.*; prevèsti, prevèdēm, prèveo, prevèla *pf. übersetzen, überführen;* ~ sa srpskog na nemački jezik *vom Serbischen ins Deutsche übersetzen;* ~ dete preko ulice *ein Kind über die Straße führen.*

- prež|ivljávati, -ìvljāvām *ipf.*; prežív|eti (prežív|jeti), -īm *pf. überleben.*

- príčati, prîčām *ipf.*; ispríčati, ìspričām *pf. erzählen;* ~ bajku, priču *ein Märchen, eine Geschichte erzählen.*

- prìgrabiti, -īm *pf. an sich reißen* (s. grabiti).

- priklj|učívati (se), -ùčujēm *ipf.*; prikljúčiti (se), prìkljūčīm *pf.* (*sich*) *anschließen;* Priključi video na televizor! *Schließe den Videorekorder an den Fernseher an!* Priključi se našoj partiji! *Schließe dich unserer Partei an!*

- prìlaz|iti, -īm *ipf.*; príći, prîđēm, prìšao, -šla *pf. herantreten;* Priđi profesoru i pitaj ga to! *Trete an den Professor heran und frage ihn das!*

- prim|ećívati (primj|ećívati), -èćujēm *ipf.*; primétiti, prìmētīm (primijètiti, prìmijetīm) *pf. bemerken.*

- prinòsiti, prìnosīm *ipf.*; prìnēti (prìnijeti), prinèsēm *pf. herantragen.*

- prìpad|ati, -ām *ipf.*; prìpa|sti, -dnēm, prìpao, -la *pf.* (*an*)*gehören, zufallen;* Njima pripada veliki deo obale. *Ihnen gehört ein großer Teil der Küste.* Njima je pripao veliki deo obale. *Ihnen ist ein großer Teil der Küste zugefallen.*

- prispévati, prìspēvām (prispijèvati, prìspijevām) *ipf.*; prìspļeti, -ēm (prìspļjeti, -ijēm) *pf. ankommen, heranreifen.*

- prìstaj|ati, -ēm *ipf.*; prìsta|ti, -nēm *pf. einwilligen.* ~ na nešto *in etwas einwilligen.*

- prisvájati, prìsvājām *ipf.*; prisvòjiti, prìsvojīm *pf. sich aneignen.* Prisvojio si moju zemlju. *Du hast dir mein Land angeeignet.*

- prìti|cati, -čēm *ipf.*; pritèći, prìtek|nēm, -ao, pritèkla *pf. herbeieilen.*

- pritískati, prìtīskām *ipf.;* prìtis|nuti, -nēm, -nuo/-kao, -la *pf. (an)- drücken.*

- privláčiti, prìvlāčīm *ipf.;* privú|ći, -čēm, prìvukao, privúkla *heranziehen.*

- priznávati, prìznājēm *ipf.;* prìzn|ati, -ām *pf. anerkennen, eingestehen.*
  ⁓ državu *einen Staat anerkennen.* ⁓ grešku *einen Fehler eingestehen.*

- procvètati, pròcvetām (procvjètati, pròcvjetām) *pf. aufblühen.* (s. cvetati).

- prodávati, pròdājēm *ipf.;* pròd|ati, -ām *pf. verkaufen.*

- pròdir|ati, -ēm *ipf.;* pròdr|ēti (pròdr|ijeti), -ēm, -o, -la *pf. (durch)- dringen.* ⁓ kroz prozor *durch ein Fenster eindringen.*

- proìzlaz|iti, -īm *ipf.;* proìzī|ći, -đēm,-šao, -šla *pf. hervorgehen.* Iz toga proizilazi sledeće. *Daraus geht folgendes hervor.*

- proizvòd|iti, proìzvodīm *ipf.;* proizvè|sti, -dēm, proìzveo, proizvèla *pf. produzieren.*

- pròklinj|ati, -ēm *ipf.;* prò|kleti, -kunēm *pf. verfluchen* (s. kleti).

- pròlaz|iti, -īm *ipf.;* próći, prôđēm, pròš|ao, -la *pf. vorbeigehen, vergehen;* ⁓ pored kuće *am Haus vorbeigehen;* ⁓ kroz grad *durch die Stadt gehen;* Vreme brzo prolazi. *Die Zeit vergeht schnell.*

- prolívati, pròlīvām *ipf.;* pròliti, pròlijēm *pf. vergießen.*

- prom|enjívati (promj|enjívati), -ènjujēm *ipf.;* promèniti, pròmēnīm (promijèniti, pròmijenīm) *pf. (ver)ändern, wechseln* (s. menjati).

- pronàlaz|iti, -īm *ipf.;* prònāći, prònađēm, pronàšao, -šla *pf. (er)finden;* Ko je pronašao mikroskop? *Wer hat das Mikroskop erfunden?* Pronađi moju svesku! *Finde mein Heft!*

- pròpad|ati, -ām *ipf.;* pròpa|sti, -dnēm, pròpao, -la *pf.* 1. *durchfallen,* 2. *zugrundegehen;* ⁓ kroz rupu *durch ein Loch fallen;* ⁓ u zemlju *in der Erde versinken (verschwinden);* Carstvo je propalo. *Das Kaiserreich ist untergegangen.*

- propúštati, pròpūštām *ipf.*; propùstiti, pròpūstīm *pf. versäumen.*
- pròstir|ati, -ēm *ipf.*; pròstr|ēti (pròstr|ijeti), -ēm, -o, -la *pf. ausbreiten.*
- proš|apùtati, -àpćēm *pf. flüstern* (s. šaptati).
- pròtest|ovati, -ujēm *ipf./pf. protestieren;* ⁓ protiv vlade *gegen die Regierung protestieren;* zbog zagađivanja prirode *gegen Umweltverschmutzung protestieren.*
- protúrati, pròtūrām *ipf.*; pròturiti, -īm *pf. durchstecken.* ⁓ glavu kroz prozor *den Kopf durch das Fenster stecken.* ⁓ laž *eine Lüge verbreiten.*
- pro|učávati, -ùčāvām *ipf.*; proùčiti, pròučīm *pf. erforschen.*
- prov|erávati (provj|erávati), -èrāvām *ipf.*; pròver|iti (pròvjer|iti), -īm *pf. überprüfen.*
- provòditi, pròvodīm *ipf.*; provè|sti, -dēm, -o, -la *pf. durchführen, verbringen* ⁓ plan *einen Plan durchführen.* ⁓ struju, vodovod *Strom, Wasserleitung installieren.* ⁓ dan *den Tag verbringen.* ⁓ se *Zeit verbringen.* Kako ste se proveli? *Wie haben Sie die Zeit verbracht?*
- pŕskati, pŕšćēm *ipf.*; popŕskati, pòpŕšćēm *pf. spritzen.* ⁓ voće, povrće hemikalijama. *Obst und Gemüse mit Chemikalien spritzen.*
- pr̀sk|ati, -ām *ipf.*; *ipf.* pr̀s|nuti, -nēm, -nuo/-skao,-sla *pf. platzen, zerspringen.* Staklo je prslo u paramparčad. *Das Glas ist in tausend Stücke zersprungen.*
- psiholog|izírati, -ìzīrām *ipf./pf. psychologisieren.*
- psòvati, psùjēm *ipf.;* opsòvati, òpsujēm *pf. schimpfen, fluchen.* Naši ljudi psuju s mnogo mašte. *Unsere Leute fluchen mit viel Phantasie.*
- pùc|ati, -ām *ipf.*; pùk|nuti/pùći, -nēm, -nuo/-ao, -la *pf. (zer)platzen, knallen, schießen.* Pukla mu je guma na automobilu. *Ihm ist der Autoreifen geplatzt.* Pukla sam od besa. *Ich bin vor Wut geplatzt.* ⁓ puškom *mit einem Gewehr schießen.*
- pȕš|iti, -īm *ipf. rauchen.*

- púštati, pûštām *ipf.*; pùst|iti, -īm *pf.* (*frei*)*lassen.* ~ nekoga iz zatvora *jemanden aus dem Gefängnis entlassen,* ~ nekoga unutra, u kuću *jemanden hinein, ins Haus lassen.* Pusti me da radim! *Laß mich arbeiten!.*

- putòvati, pùtujēm *ipf. reisen;* ~ u Ameriku *nach Amerika reisen;* ~ po Americi *in Amerika herumreisen.*

- ráditi, rādīm *ipf.*; uráditi, ùrādīm *pf. arbeiten, machen;* ~ domaći zadatak *Hausaufgaben machen;* ~ raditi u školi kao sekretarica *in der Schule als Sekretärin arbeiten.* ~ na jednom projektu *an einem Projekt arbeiten;* ~ sve naopako *alles verkehrt machen.*

- rȁdov|ati se, -ujēm *ipf.* (*D.*); òbradov|ati se, -ujēm *pf.* (*D.*) *sich freuen;* Radujem se tvojoj poseti. *Ich freue mich auf* (*über*) *deinen Besuch.*

- rasprémati, ràsprēmām *ipf.*; rasprémiti, ràsprēmīm *pf. aufräumen.*

- ràstaj|ati se, -ēm *ipf.*; ràst|ati se, -nēm *pf. sich trennen.*

- rást|i, -ēm *ipf.*; râstao, rásla *ipf.*; porást|i, -ēm, pòrāstao, porásla *pf. wachsen, aufwachsen.*

- razàpinj|ati, -ēm *ipf*; razàpeti, ràzapnēm *pf. strecken, kreuzigen, quälen.* Isusa Hrista su razapeli. *Jesus Christus hat man ans Kreuz geschlagen.*

- razb|acívati, -àcujēm *ipf.*; razbàcati, ràzbacām / razbáciti, ràzbācīm *pf. herumwerfen.*

- razgl|ašàvati (se), -àšāvām *ipf.*; razglásiti (se), ràzglāsīm *pf. bekanntgeben, sich herumsprechen.*

- razglédati, ràzglēdām *ipf.*; ràzgled|ati, -ām *pf. besichtigen, durchsehen;* ~ grad, muzej *eine Stadt, ein Museum besichtigen.*

- razgovárati, razgòvārām *ipf. sich unterhalten;* ~ s nekim o nečemu *sich mit jemanden über etwas unterhalten.*

- razìlaz|iti se, -īm *ipf.*; ràz|īći se, -iđēm, -iš|ao, -la *pf. auseinandergehen.*

- razmíšljati, ràzmīšljām *ipf.*; ràzmisl|iti, -īm *pf. nachdenken;* ~ o tome darüber nachdenken.

- razùm|eti, -ēm (razùmjeti, razùmijēm) *ipf./pf. verstehen.* On ne razume nemački. *Er versteht kein Deutsch.*

- razvíjati, ràzvījām *ipf.;* ràzviti, ràzvijēm *pf. entwickeln.*

- razvòditi se, ràzvodīm *ipf.*; razvè|sti se, -dēm, -o, razvèla *pf. sich scheiden lassen.* Njegovi roditelji su se razveli. *Seine Eltern haben sich scheiden lassen.*

- rèći, rȅknēm, rȅkao, rèkla *pf. sagen.*

- refèri|sati, -šēm *ipf./pf. referieren.*

- regùli|sati, -šēm *ipf./pf. regulieren.*

- rekl|amírati, -àmīrām *ipf./pf. werben.*

- rešávati, ·rèšāvām (rješávati, rjèšāvām) *ipf.*; réšiti, rȇšīm (rijèšiti, rȋješīm) *pf. entscheiden, lösen;* Šta ste rešili? *Was habt ihr entschieden?* Ja rešavam svoje probleme. *Ich löse meine Probleme.*

- rȅ|zati, -žēm *ipf. schneiden, schnitzen.*

- réž|ati, -īm *ipf. knurren.* Pas reži. *Der Hund knurrt.*

- rȉ|ti, -jēm *ipf. wühlen*

- rȕš|iti (se), -īm *ipf.*; srȕš|iti (se) -īm *pf. zerstören, stürzen;* ~ zgradu *ein Gebäude zerstören;* ~ vladu *eine Regierung stürzen;* Kuća se srušila. *Das Haus ist zusammengestürzt.*

- r̀v|ati se, -ēm *ipf. ringen.* ~ s nekim (*im Sport*) *mit jemandem ringen.* ~ s teškoćama *mit Schwierigkeiten ringen.*

- sàginj|ati (se), -ēm *ipf.*; sàg|ēti/sàg|nuti (se), sàgnēm, -nuo/-ao, -la *pf.* (*sich*) *beugen,* (*sich*) *bücken.*

- sakrívati (se), sàkrīvām *ipf.*; sàkriti (se), sàkrījēm *pf.* (*sich*) *verstekken, verbergen* (s. kriti).

- sakúpljati, sàkūpljām *ipf.*; sàkup|iti, -īm *pf. sammeln.*

- samòvati, sàmujēm *ipf. einsam sein.*

- sánjati, sānjām *ipf. träumen;* ~ nešto o nekome *etwas von jemandem träumen;* Sanjala sam tebe. *Ich habe von dir geträumt.*

- saopštávati, saòpštāvām *ipf.*; saòpštiti, sàopštīm *pf. mitteilen;* ~ nekome nešto *jemandem etwas mitteilen.*

- sarađívati, saràđujēm *ipf. zusammenarbeiten;* Sarađujemo (s njima) u tom poslu, na tom projektu. *Wir arbeiten bei diesem Geschäft, bei diesem Projekt (mit ihnen) zusammen.*

- sastòj|ati se, -īm *ipf. sich zusammensetzen;* Knjiga se sastoji od (iz) više delova. *Das Buch setzt sich aus mehreren Teilen zusammen.*

- sàtir|ati, -ēm *ipf.*; sàtr|ēti/ sàtr|ti (sàtr|ijeti), sàtrēm, -o, -la *pf. aufreiben.* ~ neprijateljsku vojsku *die feindliche Armee aufreiben.* Satirem se od posla. *Die Arbeit frißt mich auf.*

- sávet|ovati (sávjet|ovati), -ujēm *ipf.*; posávet|ovati (posavjét|ovati), -ujēm *pf. raten, beraten.* ~ nekoga (nekome) *jemanden beraten.* ~ se s nekim *sich mit jemandem beraten.*

- savl|ađívati, -àđujēm *ipf.*, savládati, sàvlādām *pf. bewältigen.*

- saznávati, sàznājēm *ipf.*, sàzn|ati, -ām *pf. erfahren.* ~ (za) nešto (o nečemu) *etwas erfahren.*

- sažímati, sàžīmām *ipf.*; sàž|eti, -mēm *pf. zusammenfassen, pressen.*

- sěć|ati (sjěć|ati) se, -ām *ipf.* (*G.*); sèt|iti (sjèt|iti) se, -īm *pf.* (*G.*) *sich erinnern;* Sećam se tih lepih dana. *Ich erinnere mich an diese schönen Tage.*

- sěći, séčēm (sjěći, sijěčēm) *ipf. schneiden.*

- sěd|ati (sjěd|ati), -ām *ipf.*; sè|sti (sjè|sti), -dnēm, -o, *-la pf. sich hinsetzen.* Sedite/sednite! *Setzen Sie sich!*

- sěj|ati, (sȉj|ati), -ēm *ipf.*; pòsej|ati (pòsij|ati), -ēm *pf. säen.*

- sekìr|ati (se), -ām *ipf.*; nasekìr|ati (se), -ām *pf.* (*sich*) *ärgern,* (*sich*) *sorgen;* Ne sekiraj se! *Mache dir keine Sorgen!*

Zašto sekiraš mamu? *Warum ärgerst du die Mama?* Sekiram se zbog bolesne majke. *Ich mache mir um die kranke Mutter Sorgen.*

- séliti se, sèlīm *ipf*.; presèliti se, prèselīm *pf. umziehen;* ⁓ iz Nemačke u Srbiju *von Deutschland nach Serbien ziehen.*

- shvàt|ati, -ām *ipf*.; shvàt|iti, -īm *pf. begreifen.*

- sìj|ati, -ām *ipf*., sínuti, sînēm *pf. scheinen, glänzen.* Sunce sija. *Die Sonne scheint.* Zlato sija. *Das Gold glänzt.*

- sȉp|ati, -ām *ipf*.; nàsuti, nȁspēm *pf. schütten, gießen.* Naspi mi malo vina! *Gieß mir ein bißchen Wein ein!*

- skákati, skâčēm *ipf*.; skòčiti, skòčīm *pf. springen.*

- skítati (se), skîtām *ipf. sich herumtreiben.*

- slágati, slâžēm *ipf*.; slòžiti, slòžīm *pf. ordnen, zusammenlegen.* ⁓ knjige u policu. *Bücher ins Regal stellen.* ⁓ se s nekim/nečim *jemandem (etwas) zustimmen.*

- slàti, šȁljēm *ipf*.; pòslati, pòšaljēm *pf. schicken.*

- slàviti, -īm *ipf. feiern.*

- slétati, slêćēm (slijètatim, slȉjećēm) *ipf.*: slèt|eti (slèt|jeti), -īm *pf. herunterfliegen, landen.*

- slȕš|ati, -ām *ipf. (zu)hören;* ⁓ muziku *Musik hören;* ⁓ mamu *auf die Mama hören;* Slušaj kad govorim! *Höre zu, wenn ich spreche!*

- smátrati, smâtrām *ipf. meinen.*

- smèj|jati se (smi|jati se), -jēm *ipf*.; nasmèjati se, nàsmejēm (nasmìjati se, nàsmijēm) *pf. lachen.* ⁓ nekome/nečemu (*D.*) *über jemanden/etwas lachen.*

- směšk|ati se (smjěšk|ati se), -ām *ipf. lächeln.*

- smétati, smêtām *ipf. stören.* ⁓ nekome/nečemu *jemanden/etwas stören.*

- smèti, smêm (smjèti, smȉjēm) *ipf. dürfen.*

- smrzávati se, smȑzāvām *ipf*.; smȑz|nuti se, -nēm, -nuo/-ao, -la *pf*. *erfrieren*.
- spasávati, spàsāvām *ipf*.; spás|ti, -ēm, -ao, -la *pf*. *retten*.
- spávati, spâvām *ipf*. *schlafen*; ~ dubokim snom *tief schlafen*; ~ kao top (kao zaklan) *tief schlafen ("wie eine Kanone", "wie abgeschlachtet")*; ~ kao ptica na grani *unruhig schlafen ("wie ein Vogel auf dem Ast")*.
- spòminj|ati, -ēm *ipf*.; spoménuti, spòmēnēm *pf*. *erwähnen*.
- spr|ečávati, -èčāvām *ipf*.; spréčiti, sprêčīm (sprijèčiti, sprȉječīm) *pf*. *verhindern*.
- sprémati (se), sprêmām *ipf*.; sprémiti (se), sprêmīm *pf*. (*sich*) *vorbereiten, machen*; ~ ručak *das Mittagessen machen*; ~ ispit *eine Prüfung vorbereiten*; ~ sobu *ein Zimmer aufräumen*; Spremam se za ispit. *Ich bereite mich auf die Prüfung vor*.
- spúštati, spûštām *ipf*.; spȕstiti, -īm *pf*. *senken, herunterlassen*.
- srȅ|tati, -ćēm *ipf*.: srȅ|sti, -tnēm, -o, -la *pf*. *begegnen*. ~ nekoga *jemandem begegnen*, ~ se s nekim *sich mit jemandem treffen*.
- stàjati, stòjīm *ipf*. *stehen*; Zašto stojiš? *Warum stehst du?* Kako stojiš sa šefom? *Wie stehst du mit dem Chef?* To ne stoji u tom pismu. *Das steht nicht in diesem Brief*. Ta bluza ti lepo stoji. *Diese Bluse steht dir gut*. Kako stoje stvari sa vašom firmom? *Wie steht es mit eurer Firma?*
- stanòvati, stànujēm *ipf*. *wohnen*.
- stȁr|eti (stȁr|jeti, stȁr|iti), -īm *ipf*.; òstar|eti (òstar|jeti, òstar|iti), -īm *pf*. *alt werden*.
- stȁ|ti, -nēm *pf*. *stehenbleiben, sich hinstellen; beginnen*. Iznenada je stao. *Plötzlich blieb er stehen*. Stala je ispred deteta. *Er stellte sich vor das Kind*. Stao je da viče. *Er begann zu schreien*.
- stȁvlj|ati, -ām *ipf*.; stȁv|iti, -īm *pf*. *stellen, legen, setzen*; ~ jelo na sto *das Essen auf den Tisch stellen*; ~ novac u džep *das Geld in die Tasche stecken*; ~ sebi za zadatak,

169

za cilj *sich zur Aufgabe, zum Ziel setzen;* ⁓ do znanja in Kenntnis *setzen;* ⁓ pred svršen čin *vor vollendete Tatsachen setzen;* Stavi se u moj položaj! *Versetze dich in meine Lage!*

- stènjati, stènjēm *ipf. stöhnen.*

- stézati, stêžēm *ipf.;* stég|nuti, stêgnēm, -nuo/ao, -la *drücken,* ⁓ ruku *die Hand drücken.*

- strȉ|ći, -žēm, -gao, -gla *ipf.;* òstri|ći, -žēm, -gao, -gla *pf. scheren* ⁓ ovce *Schafe scheren.*

- stȉ|cati, -čēm *ipf.;* stè|ći, stèknēm, -k|ao, -la *pf. erwerben.* ⁓ imanje, znanje. *Besitz, Wissen erwerben.*

- stišávati, stȉšāvām *ipf.;* stȉšati, -ām *pf. beruhigen* ⁓ se *still werden.*

- stȉ|zati, -žēm *ipf.;* stȉg|nuti/ stȉći, -nēm, -ao, -la *pf. ankommen, einholen.* Stižem sutra u Beograd. *Ich komme morgen in Belgrad an.* Stigli su nas pred Beogradom. *Sie haben uns vor Belgrad eingeholt.*

- strádati, strâdām *ipf./pf. leiden, erleiden (Tod, Zerstörung), umkommen;* Taj narod je mnogo stradao. *Dieses Volk hat sehr viel gelitten.* Njegov sin je stradao u ratu. *Sein Sohn ist im Krieg umgekommen.*

- strép|eti (strép|jeti) -īm *ipf. bangen.*

- studírati, stùdīrām *ipf./pf. studieren.*

- stvárati, stvârām *ipf.;* stvòriti, stvòrīm *pf. schaffen;* Bog je stvorio svet. *Gott hat die Welt erschaffen.* Andrić je stvorio mnoga poznata dela. *Andrić hat viele bekannte Werke geschaffen.*

- svàđati se, -ām *ipf.;* pòsvađati se, -ām *pf. sich streiten, zanken;* ⁓ s mužem zbog dece *sich mit dem Ehemann wegen der Kinder streiten.*

- svíđati se, svîđām *ipf.;* svȉd|eti se (svȉd|jeti se) -īm *pf. gefallen;* Ja se sviđam njemu, ali on se meni ne sviđa. *Ich gefalle ihm, aber er gefällt mir nicht.*

- svírati, svîrām *ipf.;* odsvírati, òdsvīrām *pf. (ein Instrument) spielen;* ⁓ klavir, violinu *Klavier, Geige spielen;* ⁓ sonatu

eine Sonate spielen; ~ u orkestru im Orchester spielen.
- svȉ|tati, -ćē ipf.; svànuti, svānē pf. dämmern, Tag werden.
- svláčiti (se), svlãčīm ipf.; svú|ći (se), -čēm, svûkao, svúkla (sich) ausziehen.
- svrȁć|ati, -ām ipf.; svrátiti, svrātīm pf. vorbeikommen, einkehren; Svraćam kod tebe svakog dana. Ich komme jeden Tag bei dir vorbei. Svratio je u kafanu. Er ist ins Kaffeehaus eingekehrt.
- šȁl|iti se, -īm ipf.; nàšal|iti se, -īm pf. scherzen, Spaß machen.
- šȁp(u)tati, šȁp(u)čēm ipf.; šȁpnuti, šȁpnēm pf. flüstern.
- šétati (se), šêtām ipf.; prošétati (se) pròšētām pf. spazieren gehen; Šetam (se) ulicama grada, u (po) parku. Ich gehe auf den Straßen der Stadt, im Park spazieren. Šetam psa. Ich führe den Hund spazieren.
- šíriti (se), šîrīm ipf.; rašíriti (se), ràšīrīm pf. aus-, verbreiten; On širi laži. Er verbreitet Lügen. Grad se širi. Die Stadt breitet sich aus.
- šíšati (se), šîsām ipf.. ošíšati (se), òšīsām pf. Haare schneiden (lassen).
- šȉti, -jēm ipf. sàšiti, sàšijēm pf. nähen.
- škõl|ovati (se), -ujēm ipf.; (sich) bilden, (sich) schulen
- šmînk|ati (se), -ām ipf.; nàšmink|ati (se), -ām pf. (sich) schminken.
- štràjk|ovati, -ujēm ipf./pf. streiken.
- tèći, -čēm, tèkao, tèkla ipf. fließen.
- telegràfi|sati, -šēm ipf./pf. telegrafieren.
- tȅr|ati (tjȅr|ati), -ām ipf. treiben, zwingen. ~ iz kuće aus dem Haus treiben. Nevolja me tera na to. Die Not zwingt mich dazu.
- tícati, tîčēm ipf.; tàk|nuti/tàći, tàknēm, -nuo/tàkao, tàkla pf. berühren.

- tícati se, tîčē (G.) *ipf. betreffen, angehen.* To se ne tiče tebe. *Das geht dich nicht an.* Što se tiče ispita, novca. *Was das Geld, die Prüfung betrifft.*

- tòpiti (se), -īm *ipf.*; otòpiti (se), òtopīm *pf. schmelzen.* Sneg se topi. *Der Schnee schmilzt.*

- trȁj|ati, -ēm *ipf.*; pòtraj|ati, -ēm *dauern.* Koliko dugo traje čas? *Wie lange dauert die Stunde?*

- trážiti, trȃžīm *ipf.*; potrážiti, pòtrāžīm *pf. suchen, fordern;* ⁓ knjigu *ein Buch suchen;* Traži novac od oca. *Er fordert Geld vom Vater.*

- tŕč|ati, -īm *ipf.*; otŕč|ati, -īm *pf. rennen, laufen.*

- trȅb|ati, -ām *ipf.* 1. *sollen;* Treba da ideš. *Du sollst gehen.* Trebalo je da dođete. *Ihr hättet kommen sollen.* 2. ⁓ , zàtreb|ati, -ām *pf. brauchen;* Meni trebaju tvoje knjige. *Ich brauche deine Bücher.* Ako mi zatreba tvoja knjiga, doći ću. *Falls ich dein Buch brauche, werde ich kommen.*

- trés|ti, -ēm, -ao, -la *ipf. schütteln.* ⁓ drvo, ruku *einen Baum, die Hand schütteln.*

- tréšt|ati (trijȇš|tati), -īm *ipf. dröhnen;* Muzika (radio) trešti. *Die Musik (das Radio) dröhnt.*

- tŕljati, tŕljām *ipf.*; istŕljati, ìstrljām *pf. reiben, massieren* ⁓ ruke od zadovoljstva *sich die Hände vor Zufriedenheit reiben.*

- tŕn|uti, -ēm *ipf.*, ùtrn|uti, -nēm *pf. erlöschen.* Vatra, sveća trne. *Das Feuer, die Kerze erlischt.*

- tròš|iti, -īm *ipf.*; potròšiti, pòtrošīm *pf. verbrauchen, ausgeben.* ⁓ novac. *Geld ausgeben.*

- tròvati, trùjēm *ipf.* otrovati, òtrujēm *pf. vergiften.*

- tȑp|ati, -ām *ipf.*; stȑpati, -ām *pf. stopfen, stecken.* ⁓ stvari u kofer *Sachen in den Koffer stopfen.* ⁓ nekoga u zatvor *jemanden ins Gefängnis stecken.*

- tȓp|eti (tȓp|jeti, tȓp|iti), -īm *ipf. leiden, ertragen.* ~ bol, gubitak *einen Schmerz, Verlust (er)leiden.* ~ nekoga *jemanden ertragen.* Ne trpim ga. *Ich kann ihn nicht leiden.*

- tȓti, trêm/tȁrēm *ipf.*; òtr|ti, -ēm/òtarēm *pf. (ab)reiben* (s. trljati).

- trúditi se, trûdīm *ipf.*; potrúditi se, pòtrūdīm *pf. sich bemühen.*

- tȓzati se, -ām *ipf.*; tȓg|nuti se, -nēm, -nuo/-ao, -la *pf. zucken, zusammenfahren.* ~ od bola *vor Scham zucken.* ~ iz sna *aus dem Schlaf hochfahren.*

- tú|ći, -čēm, tûkao, túkla *ipf.*; istúći, -čēm, ìstuk|ao, -la *pf. schlagen, prügeln.*

- tugòvati, tùgujēm *ipf. trauern.* ~ za nekim *um jemanden trauern.*

- tušírati (se), tùšīrām *ipf.*; ist|ušírati (se), -ùšīrām *pf. duschen.*

- tvŕditi, tvȓdīm *ipf. behaupten.*

- ubíjati, ùbījām *ipf.*; ùbiti, ùbijēm *pf. töten.*

- ùč|iti, -īm *ipf.*; naùčiti, nàučīm *pf. lernen.*

- ùčestv|ovati, -ujēm *ipf. teilnehmen.* ~ na kongresu *an einem Kongreß teilnehmen.*

- ùdarati, -ām *ipf.* ùdariti, -īm *pf. schlagen, stoßen, hauen.* ~ nekoga nečim *jemanden mit etwas schlagen.*

- udávati se, ùdājēm *ipf.*; ùd|ati se, -ām *pf. heiraten (nur bei Frauen)* ~ za nekoga *jemanden heiraten.*

- ùdi|sati, -šēm *ipf.*; udàhnuti ùdahnēm *pf. einatmen.*

- udružívati se, udrùžujēm *ipf.*; udrúžiti se, ùdrūžīm *pf. sich zusammentun.*

- udvárati se, ùdvārām *ipf. den Hof machen.*

- ùgled|ati, -ām *pf. erblicken. (s.* gledati)

- ug|ošćávati, -òšćāvām *ipf.*; ugòstiti, ùgostīm *ipf. bewirten.*

- ugr|ožávati, -òžāvām *ipf.*; ugròziti, ùgrozīm *pf. bedrohen.*

- ujédati, ùjēdām *ipf.*; ùje|sti, -dēm, -o, -la *beißen.* Pas me je ujeo. *Der Hund hat mich gebissen.*

- ukídati, ùkīdām *ipf.*; ùkin|uti, -ēm *pf. abschaffen.*

- ùklanj|ati, -ām *ipf.*; uklòniti, ùklonīm *pf. beseitigen.*

- ùlaz|iti, -īm *ipf.*; úći, ûđēm, ùš|ao, -la *pf. herein-, hineinkommen;* ⁓ u sobu *ein Zimmer betreten;* Uđite! *Kommen Sie herein!*

- ùm|eti, -ēm (ùm|jeti, -ijēm) *ipf. können.* Ne umem da šijem. *Ich kann nicht nähen.*

- umárati se, ùmārām *ipf.*; umòriti se, ùmorīm *pf. ermüden.*

- ùmir|ati, -ēm *ipf.*; ùmr|eti (ùmrijeti), -ēm, -o, -la *sterben.* Umro je juče od raka. *Er ist gestern an Krebs gestorben.*

- upisívati (se), upìsujēm *ipf.*; upísati (se) ùpīšēm *pf. (sich) einschreiben;* ⁓ dete u školu *ein Kind bei der Schule anmelden (einschreiben lassen);* ⁓ se na fakultet *sich an der Universität einschreiben.*

- upor|eđívati, -èđujēm *ipf.*; up|oréditi, -òredīm *pf. vergleichen.*

- upotr|ebljávati, -èbljāvām *ipf.*; upotrébiti, upòtrēbīm (upotrijèbiti, upòtrijebīm) *pf. verwenden.*

- upoznávati, upòznājēm *ipf.*; upòzn|ati, -ām *pf. kennenlernen.*

- up|ućívati, -ùćujēm *ipf.*; upútiti, ùpūtīm *pf. verweisen, anweisen, schicken.* ⁓ čitaoca na knjigu *den Leser auf ein Buch verweisen.* ⁓ radnika u posao *einen Arbeiter in die Arbeit einweisen.* ⁓ novac poštom ⁓ *Geld mit der Post anweisen.*

- usisávati, usìsāvām *ipf.*; ùsis|ati, -ām *pf. (ein)saugen;* Usisaj prašinu usisivačem! *Sauge den Staub mit dem Staubsauger auf!*

- usp|avljívati, -àvljujēm *ipf.*; uspávati, ùspāvām *pf. einschläfern.* ⁓ dete *ein Kind zum Schlafen bringen.*

- uspévati, ùspēvām (uspijèvati, ùspijevām) *ipf.*; ùsp|eti, -ēm (ùspjeti, ùspijēm) *ipf. gelingen, Erfolg haben.* On uspeva u svemu. *Ihm gelingt alles.* Ako uspem da završim posao, doći ću. *Wenn es mir gelingt die Arbeit abzuschließen, komme ich.*

- ùstaj|ati, -ēm *ipf.*; ùst|ati, -nēm *pf. aufstehen.*

- utišávati, utìšāvām *ipf.*; utìšati, ùtišām *pf. leiser machen;* Utišaj muziku! *Mach die Musik leiser!*

- utv|rđívati, -r̀đujēm *ipf.*; utvŕditi, ùtvr̄dīm *pf. feststellen.*

- uvíđati, ùvīđām *ipf.*; ùvid|eti (ùvid|jeti), -īm *pf. einsehen.*

- uvláčiti, ùvlāčīm, *ipf.*; uvú|ći, -čēm, ùvukao, uvúkla *pf. hineinziehen, stecken.* ~ ruku u džep. *eine Hand in die Kleidungstasche stecken.* ~ nekoga u nešto *jemanden in etwas hineinziehen.*

- uvòditi, ùvodīm *ipf.*; uvè|sti, -dēm, -o, uvèla (*her*)*einführen.* ~ u kuću *in ein Haus führen.* ~ u posao *in eine Arbeit einführen.*

- uvòziti, ùvozīm *ipf.*; uvè|sti, -zēm, ùvezao, uvèzla (*her*)*einfahen, importieren.* ~ kola u garažu *den Wagen in die Garage fahren.* ~ robu *Ware importieren.*

- uzbuđívati (se), uzbùđujēm *ipf.*; uzbúditi (se), ùzbūdīm *pf.* (*sich*) *aufregen;* Ne uzbuđuj se (me)! *Rege dich (mich) nicht auf!*

- ùzdi|sati, -šēm *ipf.*; uzdàhnuti, ùzdahnēm *pf. seufzen.*

- uzd|ržávati se, -r̀žāvām *ipf.*; uzdr̀ž|ati se, -īm *pf. sich zurückhalten.*

- ùzim|ati, -ām *ipf.*; ùz|eti, -mēm *pf. nehmen;* ~ knjigu *ein Buch nehmen;* ~ reč *das Wort ergreifen;* ~ u obzir *berücksichtigen;* ~ za zlo *übelnehmen.*

- uzvikívati, izvìkujēm *ipf.*; uzvíknuti, ùzvīknēm *pf.* (*aus*)*rufen;* Demonstranti uzvikuju parole. *Die Demonstranten rufen Parolen.*

- užívati, ùžīvām *ipf. genießen;* Uživam u lepom danu. *Ich genieße den schönen Tag.* ~ ugled, poverenje *Ansehen, Vertrauen genießen.*

- vàd|iti, -īm *ipf.*; ìzvad|iti, -īm *pf. herausholen.* ⁓ nešto iz nečega *etwas aus etwas herausholen.*

- vàlj|ati, -ām *ipf. wert sein, taugen; sollen.* Ovaj auto ne valja. *Dieses Auto taugt nichts.* Valja raditi. *Man soll arbeiten.*

- vèčer|ati, -ām *ipf./pf. zu Abend essen.*

- vêj|ati, -ēm *ipf. schneien.* Sneg veje. *Es schneit.*

- vèn|uti, -ēm *ipf.;* ùve|nuti, -nēm, -nuo/-o, -la *pf. welken.*

- vèrati se, vêrēm *ipf.;* uzvèrati se, ùzverām *pf. klettern.* ⁓ uz drvo, stenu *einen Baum, einen Felsen hinaufklettern.*

- vêr|ovati (vjêr|ovati), -ujēm *ipf.* 1. *glauben* ⁓ u nešto, u Boga *an etwas, an Gott glauben;* 2. ⁓ ; pòver|ovati, (pòvjer|ovati), -ujēm *pf. vertrauen, glauben;* ⁓ nekome *jemandem glauben* (*vertrauen*).

- vèsl|ati, -ām *ipf. rudern.*

- vêš|ati (vjêš|ati), -ām *ipf.;* òbes|iti (òbjes|iti), -īm *pf.* (*auf*)*hängen.* ⁓ se *sich erhängen.*

- vézati, vêžēm *ipf.;* svézati, svêžēm *pf. binden.*

- vêžb|ati (vjêžb|ati), -ām *ipf. üben.*

- vȉd|eti, (vȉd|jeti), -īm *ipf./pf. sehen;* Videla sam ga svojim očima. *Ich habe ihn mit eigenen Augen gesehen.* Ne mogu očima da ga vidim. *Ich kann ihn nicht ausstehen.*

- víkati, vîčēm *ipf.;* víknuti, vîknēm *pf. rufen, schreien.*

- vír|iti, -īm *ipf.;* vȉrnuti, -nēm *pf.* (*hervor*)*schauen.* Dete viri iz kuće, kroz prozor. *Das Kind schaut aus dem Haus, Fenster heraus.*

- vȉ|ti (se), -jēm *ipf.;* (*sich*) *winden.* ⁓ venac *einen Kranz winden.* Staza se vije preko brda. *Ein Pfad schlängelt sich über den Berg.* Zastave se viju. *Die Flaggen flattern.*

- vládati, vlâdām *ipf.* (*I.*) (*be*)*herrschen;* ⁓ zemljom, narodom *über ein Land, über ein Volk herrschen;* ⁓ stranim jezicima *fremde Sprachen beherrschen.*

- vòleti (vòljeti), vòlīm, *ipf. lieben, mögen;* ～ svoju ženu (muža, roditelje) *seine Frau (seinen Mann, Eltern) lieben;* ～ kafu *Kaffee mögen.*

- vòziti (se), vòzīm *ipf. fahren;* Vozim kola. *Ich fahre Auto.* Vozim se kolima. *Ich fahre mit dem Auto.*

- vrăć|ati (se), -ām *ipf.;* vrátiti (se), vrātīm *pf. zurückgeben, zurückkehren;* Vraćam Vam knjigu. *Ich gebe Ihnen das Buch zurück.* Kada ste se vratili iz Berlina (s puta)? *Wann sind Sie aus Berlin (von der Reise) zurückgekehrt?*

- vrêđati, vrêđām (vrijèđati, vrȉjeđām) *ipf.;* uvréditi, ùvredīm (uvrijèditi, ùvrijedīm) *pf. beleidigen.*

- vrîšt|ati, -īm *ipf.;* vrísnuti, vrîsnēm *pf. schreien.*

- vŕt|eti (se) (vŕt|jeti se), -īm *ipf. (sich) drehen.* ～ se oko sebe *sich um sich selbst drehen.* ～ glavom *den Kopf schütteln.* Vrti mi se u glavi. *Mir ist schwindelig.*

- zabòravlj|ati, -ām *ipf.;* zabòrav|iti, -īm *pf. vergessen.*

- zabr|anjívati, -ànjujēm *ipf.;* zabrániti, zàbrānīm *pf. verbieten.* Zabranjen (je) ulaz. *Eintritt verboten.*

- zabr|injávati (se), -ìnjāvām *ipf.;* zàbrin|uti (se), -ēm *(sich) Sorgen machen.* Zabrinula sam se zbog njega. *Ich hab mir Sorgen um ihn gemacht.*

- zàču|ti se, -jēm *pf. ertönen.* Začuli su se glasovi. *Es ertönten Stimmen.* (*s.* čuti)

- zadávati, zàdājēm *ipf.;* zàdati, zàdām *pf. aufgeben, zufügen.* ～ bol *Schmerz zufügen,* ～ domaći zadatak *Hausaufgaben aufgeben.*

- zadržávati (se), zadŕžāvām *ipf.;* zadŕž|ati (se), -īm *pf. behalten, (sich) aufhalten;* Zadržao je moju knjigu. *Er hat mein Buch behalten.* Dugo sam se zadržala u prodavnici. *Ich habe mich lange im Laden aufgehalten.*

- zagađívati, zagàđujēm *ipf.;* zàgad|iti, -īm *pf. verunreinigen;* ～ prirodu, čovekovu okolinu *die Natur, Umwelt verschmutzen.*

- zaglédati, zàglēdām *ipf.*; zàgled|ati, -ām *pf. hinschauen, begucken.* ⁓ se u nešto *etw. anstarren.*

- zàhvat|ati, -ām *ipf.*; zàhvatiti, -īm *erfassen, ergreifen.* Zahvatila ih je panika. *Sie wurden von Panik ergriffen.*

- zàklinj|ati (se), -ēm *ipf.;* zàklēti (se), zàkunēm *pf. schwören (s. kleti).*

- zak|opávati, -òpavām *ipf.*; zakòpati, zàkopām *pf. vergraben.*

- zàlaz|iti, -īm *ipf.*; záći, zāđēm, zàš|ao, -la *pf. hinein-, hinter-, untergehen.* ⁓ u kafane *in Kneipen gehen,* ⁓ iza ugla *hinter die Ecke gehen.* Sunce zalazi. *Die Sonne geht unter.*

- zalívati, zàlivām *ipf.*; zàli|ti, -jēm *pf. begießen.* ⁓ cveće. *Blumen gießen.*

- zamíšljati, zàmīšljām *ipf.*; zàmisl|iti, -īm *pf. sich etwas vorstellen.*

- zanímati (se), zànīmām *ipf. (sich) interessieren, sich beschäftigen.* To me ne zanima. *Das interessiert mich nicht.* Čime se zanimate? *Womit beschäftigen Sie sich?*

- zaòstaj|ati, -ēm *ipf.*; zaòsta|ti, -nēm *zurückbleiben, nachlaufen.* ⁓ iza nekoga *jemanden hinterherlaufen.* Sat zaostaje. *Die Uhr geht nach.*

- zapòčinj|ati, -ēm *ipf.*; zapòčeti, zàpočnēm *pf. beginnen, anfangen* (s. počinjati).

- zap|ošljávati (se), -òšljāvām *ipf.*; zapòsliti (se), zàposlīm *pf. sich beschäftigen, Arbeit aufnehmen.* Zaposlio se u fabrici. *Er hat eine Arbeit in der Fabrik bekommen.*

- zarađívati, zarađujēm *ipf.*; zaráditi, zàrādīm *pf. verdienen;* ⁓ novac *Geld verdienen.*

- zarívati, zàrīvām *ipf.*; zàri|ti, -jēm *pf. (hinein)stoßen.* ⁓ nešto u zemlju *etwas in die Erde stecken.*

- zaspívati, zàspīvām *ipf.*; zàsp|ati, -īm *pf. einschlafen.* Noćas sam kasno zaspala. *Heute nacht bin ich spät eingeschlafen.*

- zašívati, zàšīvām *ipf.*; zàšiti, zàšijēm *pf. zunähen.*

- zàti|cati, -čēm *ipf.*; zatèći, zàteknēm, zàtekao, zatèkla *pf. antreffen, erwischen.* ⁓ nekoga kod kuće *jemanden zu Hause antreffen.* ⁓ u krađi *beim Diebstahl erwischen.*

- zatvárati, zàtvārām *ipf.*; zatvòriti, zàtvorīm *pf. zumachen (ein)schließen;* ⁓ prozor, fabriku *ein Fenster, eine Fabrik schließen;* ⁓ nekoga *jemanden einsperren (verhaften).*

- zaùzim|ati, -ām *ipf.*; zaùzeti, zàuzmēm *pf. einnehmen,* ⁓ grad, mesto *eine Stadt, einen Platz einnehmen;* ⁓ visok položaj *eine hohe Stellung einnehmen;* ⁓ se za nekoga *sich für jemanden einsetzen.*

- zavíjati, zàvījām *ipf.*; zàviti, zàvījēm *pf. einwickeln, verbinden.*

- zavláčiti, zàvlāčīm *ipf.*; zavú|ći, -čēm, zàvukao, zavúkla *pf. hineinstecken.* ⁓ ruku u džep *eine Hand in die Kleidungstasche stecken.*

- zavòl|eti (zavòl|jeti), zàvolīm *pf. liebgewinnen.*

- završávati, zavr̀šāvām *ipf.*; zavŕšiti, zàvr̄šīm *pf. beenden;* ⁓ rad, školu *eine Arbeit, die Schule beenden.*

- zé|psti, -bēm, zêbao, zébla *ipf.*; ozé|psti, -bēm, òzebao, ozébla *pf. frieren.* Zebu mi prsti. *Meine Finger frieren.*

- zévati, zêvām (zijèvati, zȉjevām) *ipf.*; zévnuti, zêvnēm (zijèvnuti, zȉjevnēm) *pf. gähnen.*

- znáčiti, znâčīm *ipf. bedeuten;* Šta znači ova reč? *Was bedeutet dieses Wort?* Ti mi mnogo značiš. *Du bedeutest mir viel.*

- znàti, znâm *ipf. wissen, können, kennen;* ⁓ nešto *etwas wissen;* Znam njega: *Ich kenne ihn.* Znam nemački. *Ich kann Deutsch.*

- zráčiti, zrâčīm *ipf. strahlen.*

- zúj|ati, -īm *ipf. summen;* Pčele zuje. *Bienen summen.*

- zvàti, zòvēm *ipf.*; zòvn|uti, zòvnēm *pf. rufen* ⁓ se *heißen* Zovem se Nada. *Ich heiße Nada.* (*s.* pozívati)

- zvéč|ati, -īm *ipf. klirren, klappern.*
- zvíž|dati, -īm *ipf. pfeifen.*
- zvòn|iti, -īm *ipf.*; pozvòniti, pòzvonīm *pf. läuten, schellen.* Neko zvoni na vratima. *Jemand schellt an der Tür.*
- ždèrati, ždèrēm *ipf. fressen.*
- žè|ći, -žēm, -gao, -gla *ipf. brennen.* Sunce žeže. *Die Sonne brennt.*
- žèl|eti (žèl|jeti), -īm *ipf. wünschen, mögen;* Šta želite? *Was wünschen (möchten) Sie?* Želim vam srećnu Novu godinu. *Ich wünsche Ihnen ein glückliches neues Jahr!*
- žèniti se, žènīm *ipf.*; ožèniti se, òženīm *pf. heiraten (bei Männern).*
- žèti (žnjèti), žànjēm *ipf.*; pòžeti (pòžnjeti), pòžanjēm *pf. Getreide ernten.*
- žìgo|sati, -šēm *ipf./pf. stigmatisieren.*
- žív|eti (žív|jeti), -īm *ipf. leben, wohnen;* On je živeo u 19. veku. *Er hat im 19. Jhd. gelebt.* Gde živiš? *Wo wohnst Du?*
- žúr|iti (se), -īm *ipf.*, požúr|iti (se), -īm *pf. sich beeilen, eilen.*

Serbisch-deutsches Wörterverzeichnis

Benutzungshinweis: Bei Substantiven werden Besonderheiten im N.Pl., bei Maskulina auch im G.Sg. ("bewegliches a", Verlegung der Akzentstelle) angegeben; bei reflexiven Verben wird aus platzsparenden Gründen das *se* nach Angabe der 1. Pers. Sg. Präs. nicht wiederholt.

A

a *und, aber*
àerodrom *Flughafen*
aforìzam *Aphorismus*
Afrikánac,-nca *Afrikaner*
àgresivan, -na, -no *agressiv*
äh(a) *ach!*
àkcen(a)t, -nta *Akzent*
àkcija *Aktion*
ako *wenn, falls*
âlga *Alge*
àli *aber*
Âlpi *die Alpen*
ambulànta *Ambulanz*
Amèrika *Amerika*
Amerikánac, -nca *Amerikaner*
amerikanìziran, -a, -o *amerikanisiert*
analìtičk|ī, -ā, -ō *analytisch*
analíza *Analyse*
anàrhija *Anarchie*
anegdóta *Anekdote*
ankéta *Umfrage*
antibiòtik *Antibiotikum*
apàrtmān, -ána *Appartement*
apètīt, -íta *Appetit*
àprīl, -íla *April*
àps (*arch.*) *Gefängnis*
argùment *Argument*
arhitektúra *Architektur*
asìstent *Assistent*
aspirīn, -ína *Aspirin*
atèist(a) *Atheist*
atèljē, -èa, -èi *Atelier*
atmosféra *Atmosphäre*
àtomsk|ī, -ā, -ō *Atom-*
Aùstrija *Österreich*
Austrijánac, -nca *Österreicher*
aùstrījsk|ī, -ā, -ō *österreichisch*
autobiogràfija *Autobiographie*
autòbus *Bus*
automòbīl, -íla *Auto, Automobil*
automobìlist(a) *Autofahrer*
àutonōm|an, -na, -no *autonom*
àutor *Autor*
àutorka *Autorin*
àvgust *August*
aviōn, -óna *Flugzeug*

B

bàc|ati, -ām *ipf. werfen*
Bàdnje vèče *Heiliger Abend*
bàgrem *Akazie*
bâjka *Märchen*
báka *Großmutter, Oma*
bàlēt, -éta *Balett*
bàlkānsk|ī, -ā, -ō *balkanisch*
bàlkōn, -óna *Balkon*
bâr, bárem *wenigstens*
bàš *eben*
bášta *Garten*
bàv|iti se, -īm *ipf.* (*I.*) *sich beschäftigen*
béba *Baby*

Bēč Wien
bȅo, bȇla, -o (bȉo/bȉjel, bijȅla, -o) weiß
Beògrad Belgrad
Beògrađanin Belgrader
bèrberin Barbier
bèrlīnskī̄, -a, -o Berliner-
bȇs, bésovi (bȉjes, bijèsovi) Wut
bȇslan, -na, -no (bijèsan) wütend
bèsnilo (bjèsnilo) Wut
bȅstseler Bestseller
bez (G.) ohne
bèzbožlan, -na, -no gottlos
bèzbožnīk Gottloser
bèžlati (bjèžlati) -īm ipf. fliehen
bibliotéka Bibliothek
bìcikl Fahrrad
bifȇ, -èa Buffet
bȉoskop Kino
bírati, bîrām ipf. wählen
bȉlti, -jēm ipf. schlagen
bȉti, jèsam ipf., bȕdēm pf. sein
bȉtka Schlacht, Kampf
bívati, bîvām ipf. werden, geschehen
bîvšī, -ā, -ē ehemalig
bìznis Business
blȃgo Schatz
blagodáreći dank(end)
blȁgoslov Segen
blȁto Schmutz, Matsch
blȇd, blédla,-o blaß
(blȉjed, blijèda,-o)
blȅlnuti, -nēm ipf. gaffen
blízu (G.) nahe
blȍk, blòkovi Block
bȍčica Fläschen
bòdljikav, -a, -o stachelig
bòem, -éma Bohemien
bȏg, bògovi Gott
bògat, -a, -o reich
bogàtstvo Reichtum
bȏj, bòjevi Kampf
bòja Farbe
bòjlati se, -īm ipf. (G.) sich fürchten
Bȍka Kòtorskā Bucht von Kotor
Bokokòtorskī zāliv Bucht von Kotor

bȏllan, -na, -no schmerzlich
bolèsnīk, -íka Kranker
bȍlēst f. Krankheit
bȍlesltan, -na, -no krank
bȍlleti (bȍlljeti),-īm ipf. schmerzen
bólnica Krankenhaus
bolòvati, bòlujēm ipf. krank sein
bombóna Bombon
bȏno s. bȏlno
bòravliti, -īm ipf. weilen
bòrba Kampf
bòrliti se, -īm ipf. kämpfen
bȏs, bòsla, -o barfuß
Bȍsna Bosnien
bȍlsti, -dēm ipf. stechen
božànstvo Gottheit
Bòžić Weihnachten
bòžićnī, -ā, -ō Weihnachts-
bȍž(i)jlī, -ā, -ē Gottes-
brȁšno Mehl
brȁt, brȁća Bruder
brȁti, bèrēm ipf. pflücken
brȁvo bravo
bràzgotina Ritze, Rille
bȑdo Berg
brȅme, -ena Last
brȉga Sorge
brȉjati (se) -jēm ipf. (sich) rasieren
brȉnluti (se), -ēm ipf. (sich) sorgen
brȉlsati, -šēm ipf. wischen
brȏd, bròdovi Schiff
brȏj, bròjevi Zahl
brȏjlan, -na, -no zahlreich
bròjlati, -īm ipf. zählen
brújlati, -īm ipf. brummen, summen
bȑz, bȑzla, -o schnell
budàla Narr
Bùdimpešta Budapest
bùdūćlī, -ā, -ē künftig
budúćnōst Zukunft
Bȕdva (Stadt)
bùgarsklī, -ā, -ō bulgarisch
bȗjlan, -na, -no üppig
bùnār, -ára Brunnen
bȗnda Pelzmantel
búniti se, bȗnīm ipf. protestieren, sich auflehnen
bùre, -eta Faß

bùtik *Boutique*

C

cȁr, -evi *Kaiser*
cȃrsk|ī, -ā, -ō *kaiserlich*
cȃrstvo *Kaiserreich*
céniti, cēnīm (cijèniti, cȉjenīm) *ipf.*
　schätzen
cèntar, -tra *Zentrum*
cèntral|an, -na, -no *zentral*
cȅo, cél|a, -o (cȉo/cȉjel, cijèl|a, -o)
　ganz
Cètinje (*Stadt*)
cigarèta *Zigarette*
cȋlj, cíljevi *Ziel*
cìpela *Schuh*
civìlizovan, -a, -o *zivilisiert*
cȓkva *Kirche*
cȓn, cŕn|a, -o *schwarz*
Cŕna Gòra *Montenegro*
Crnògorac, -rca *Montenegriner*
crnògorsk|ī, -ā, -ō *montenegrinisch*
cŕp|sti, -ēm *ipf.* (*er*)*schöpfen*
cȑt|ati, -ām *ipf.* *zeichnen*
cȓven, crvèn|a, -o *rot*
Crvènkapa *Rotkäppchen*
ćûđ *f. Naturell, Laune*
cvȇće (cvȉjeće) *Blumen*
cvȇt, cvȅtovi (cvȉjet, cvjȅtovi)
　Blume

Č

čȁj, čȁjevi *Tee*
čȁk *sogar*
čàrapa *Strumpf*
čȁs, -ovi (*Unterrichts*)*Stunde; Uhr*
čȁs...čȁs *bald...bald*
čàsōvnīk *Uhr*
čȃst *f. Ehre*
čȁšica *Gläschen*
čȅdo *Kind*
Čȅh, Čȅsi *Tscheche*
čȅk, čȅkovi *Scheck*
čȅk|ati, -ām *ipf.* *warten*
čèšati, čȅšēm *ipf.* *kratzen*
čȇst, čést|a, -o *oft vorkommend*

čȇsto *häufig, oft*
čȅšk|ī, -ā, -ō *tschechisch*
četŕnaest|ī, -ā, -ō *vierzehnter*
četvorogòdišnj|ī, -ā, -ē *vierjährig*
čètvŕt *f. Viertel*
četvŕtak *Donnerstag*
čȅzn|uti, -ēm *ipf. sich sehnen*
čȉj|ī, -ā, -ē *wessen*
čȋm *sobald*
čȉn|iti, -īm *ipf. tun*
čȉst, -a, -o *sauber*
čȋst|iti, -īm *ipf. reinigen*
čȉt|ati -ām *ipf. lesen*
čìta|lac, -oca *Leser*
čȉtav, -a, -o *ganz*
čȋzma *Stiefel*
člȃn, člànovi *Mitglied;*
　Artikel (gramm.)
čòbanče, -eta *junger Hirte*
čokoláda *Schokolade*
čórba *Suppe*
čovečànstvo (čovječànstvo)
　Menschheit
čovȅčj|ī, (čovjȅčj|ī) *menschlich*
　-ā, -ē
čòvek (čòvjek), ljûdi *Mensch*
čȕd|iti se, -īm *ipf.* (*D.*)*sich wundern*
čȕdo *Wunder*
čȕ|ti, -jēm *ipf./pf. hören*
čúvati, čûvām *ipf. hüten*
čùven, čuvèn|a, -o *berühmt*

Ć

ćȅbe, -eta (*Woll*)*decke*
ćérka *Tochter*
ćȅrkica *Töchterchen*
ćûd *f. Naturell*
ćùprija *Brücke*
ćút|ati, -īm *ipf. schweigen*

D

dàhtati, dȁhćēm *ipf. keuchen*
dȁklē *also*
dàlek, dalèk|a, -o *fern*
Dàlmācija *Dalmatien*
dáma *Dame*

dànās *heute*
dànašnj|ī, -ā, -ē *heutig*
dân, -i *Tag*
dànju *tagsüber*
dàti, dâm *pf. geben*
dátum *Datum*
dá|vati, -jēm *ipf. geben*
davljènīk, -íka *Ertrinkender*
dávno *längst*
dèbeo, debèl|a, -o *dick*
dècēmbar *Dezember*
dèčāk (djèčāk), -áka *Junge*
Dèčāni (*Pl.*) (*Kloster*)
dèčica (djèčica) *Kinderchen*
dèčj|ī, -ā, -ē (djèčjī) *Kinder-*
dèčko (djèčko) *kleiner Junge*
dèda (djèda) *m. Großvater*
dèkān, -ána *Dekan*
deklínacija *Deklination*
dèlo (djèlo) *Werk, Tat*
demokràtija *Demokratie*
demòkratsk|ī, -ā, -ō *demokratisch*
dèmōn, -óna *Dämon*
demonstrácija *Demonstration*
demònstrant *Demonstrant*
dem|onstrírati, -ònstrīrām *ipf. demonstrieren*
dèo, délovi (dȉo, dijèlovi) *Teil*
dèrati, dèrēm *ipf. zerreißen*
dèsēt|ī, -ā, -ō *zehnter*
dès|iti se, -īm *pf. geschehen*
dèsn|ī, -ā, -ō *rechter*
dèsno *rechts*
dešávati se, dèšāvām *ipf. geschehen*
dètālj|an, -na, -no *detailliert*
déte, -eta, dèca (dijète, *Kind* djèteta, djèca)
dètinjast (djètinjast), *kindlich* -a, -o
dètinj|ī, (djètinjī) -ā, -ē *kindlich*
dèvōjče (djèvōjče) *kleines Mädchen*
devòjčica (djevòjčica) *kleines Mädchen*
dèvōjka (djèvōjka) *Mädchen*
dèžūrn|ī, -ā, -ō *diensthabend*
dìg|nuti/dȉći, -nēm *ipf. heben*
dijàlog *Dialog*
díler *Dealer*
dȉnār *Dinar*
dinàstija *Dynastie*
dìplōmsk|ī, -ā, -ō *Diplom-*
dísati, dȋšēm *ipf. atmen*
disciplína *Disziplin*
dȉsko-klûb *Diskothek*
diskotéka *Diskothek*
dìskrēcija *Diskretion*
dìskūsija *Diskussion*
dìskùtant *Diskussionsteilnehmer*
dìskut|ovati, -ujēm *ipf. diskutieren*
dîv|an, -na, -no *wunderschön*
dizàjnerka *Designerin*
dȉ|zati, -žēm *ipf. heben*
dlȁka *Haar, Pelz*
dnêvnā sòba *Wohnzimmer*
dnêvn|ī, -ā, -ō *Tages-*
dnêvnīk *Tagebuch*
do (*G.*) *bis, bis zu*
dôba *Zeit, Zeitalter*
dòbar, dòbr|a, -o *gut*
dobíjati, dòbījām *ipf. bekommen, erhalten*
dòbiti, dòbijēm *pf. bekommen, erhalten*
dobronámer|an, -na, -no (dobronámjeran) *wohlmeinend*
dòcent *Dozent*
dòček *Empfang*
dòček|ati, -ām *ipf. empfangen, bewirten, erwarten*
dočèpati se, dòčepām *ergreifen pf.* (*G.*)
dóći, dôđem *pf. kommen*
dod|eljívati (dodj|eljívati), -èljujēm *ipf. erteilen*
dògađāj *Ereignis*
dogáđati se, dògāđām *ipf. sich ereignen*
dogòditi se, dògodīm *pf. passieren, sich ereignen*
dogovárati se, dogòvārām *ipf. sich absprechen*
dojáditi, dòjādīm *pf. lästig werden*
dok *während, bis*
dòktor *Doktor*
dòlaz|iti, -īm *ipf. kommen*

dôle (dôlje) *unten*
dolìna *Tal*
dôm, dòmovi *Heim*
dòmāć|ī, -ā, -ē *Haus-*
domàćica *Hausfrau*
domàćin *Hausherr*
dòneti (dònijeti), donèsēm *pf.*
 herbringen
donòsiti, dònosīm *ipf. bringen*
dòpad|ati se, -ām *ipf. gefallen*
dòpir|ati, -ēm *ipf. reichen, dringen*
dópisnica *Postkarte*
doprìneti (-nijeti), -nesēm *pf.*
 beitragen
dop|utòvati, -ùtujēm *pf. anreisen*
dòručak *Frühstück*
dòručk|ovati, -ujēm *ipf./pf.*
 frühstücken
dòsad|an, -na, -no *langweilig*
dòslōv|an, -na, -no *buchstäblich*
dosìjē, -èa *Dossier*
dòsp|eti, -ēm (dòspjeti, -ijēm) *pf.*
 (hin)gelangen
dospévati, dòspēvām (dospijèvati)
 ipf. (hin)gelangen
dòsta *genug, viel*
dòstig|nuti/dòstići,-nēm *pf. erreichen*
dostignúće *Erreichen, Errungen-*
 schaft
dotàknuti/dotáći, dòtaknēm *pf.*
 berühren
dovè|sti, -dēm *pf. herführen*
dovè|sti, -zēm *pf. herbeifahren*
dòvolj|an, -na, -no *genügend*
dovú|ći, -čēm *pf. herbeiziehen*
dóza *Dosis*
dozívati, dòzīvām *ipf. (herbei)ru-*
 fen
dòzn|ati, -ām *pf. erfahren*
doznávati, dòznājēm *ipf. erfahren*
dòzvola *Erlaubnis*
dozvòliti, dòzvolīm *pf. erlauben*
dožív|eti (dožív|jeti), -īm *pf.*
 erleben
dráma *Drama*
drāg, drág|a, -o *lieb; teuer*
drâž *f. Reiz*

dȑht|ati, -īm *ipf. zittern*
Drína *(Fluß)*
dróga *Droge*
drogírati se, drògīrām *ipf./pf.*
 Drogen nehmen
drȗg, drȕgovi *Freund, Kamerad*
drugàrica *Freundin*
drȕg|ī, -ā, -ō *anderer; zweiter*
drùkčije *anders*
drúštvo *Gesellschaft*
drúžiti se, drȗžīm *ipf. befreundet*
 sein, Umgang pflegen
dȑvo, -eta *Baum, Holz*
dȑž|ati, -īm *ipf. halten*
dȑžava *Staat*
dȑžāvn|ī, -ā, -ō *Staats-, staatlich*
dùbok, dubòk|a, -o *tief*
Dùbrōvnīk *(Stadt)*
dȗg, -a, -o *lang*
dȗg, dȕgovi *Schulden*
dùgme, -eta *Knopf*
dȕh, dùhovi *Geist; Gespenst*
duhòvit, -a, -o *geistreich*
dùkat *Dukat*
Dùnav *Donau*
dȕpl|ī, -ā, -ō *doppelt*
Dùrmitor *(Gebirge)*
dúša *Seele*
dúvati, dȗvām *ipf. wehen, blasen*
duž *(G.) längs, entlang*
dvánaest|ī, -ā, -ō *zwölfter*
dvôr, dvórovi *Hof, Schloß*
dvòsprat|an, -na, -no *zweistöckig*

Đ

đāčk|ī, -ā, -ō *Schüler-*
đâk, đáci *Schüler*
đâk prvāk *ABC-Schütze*
đúbre, -eta *Schmutz, Abfall*

DŽ

džámija *Moschee*
džèmper *Pullover*
džȅp, džèpovi *Tasche (in der*
 Kleidung)

E

ekòlog *Ökologe*
ekòlošk|ī, -ā, -ō *ökologisch*
èkskluziv|an, -na, -no *exklusiv*
ekskùrzija *Exkursion*
eksperìment *Experiment*
elektràna *Kraftwerk*
elèktričnī, -ā, -ō *elektrisch*
emancipácija *Emanzipation*
emìsija *Emission,
    Sendung*
enèrgija *Energie*
ènglēsk|ī, -ā, -ō *englisch*
èno (*G.*) *dort* (*ist*)
epìlog *Epilog*
èsēj, -éja *Essay*
èto (*G.*) *da* (*ist*)
èvo (*G.*) *hier* (*ist*)
Evrópa *Europa*
Evrópljanin *Europäer*
èvrōpsk|ī, -ā, -ō *europäisch*

F

fàbrika *Fabrik*
fakùltēt, -éta *Fakultät*
fantàstič|an, -na, -no *phantastisch*
fàuna *Fauna*
fèbruār *Februar*
fenòmēn, -éna *Phänomen*
fìks|ati se, -ām *ipf. fixen*
fìlm, -ovi *Film*
filòlog *Philologe*
filòlošk|ī, -ā, -ō *philologisch*
filòzofsk|ī, -ā, -ō *philosophisch*
fîrma *Firma*
flȁša *Flasche*
flegmàtič|an, -na, -no *phlegmatisch*
flóra *Flora*
formù|lisati, -lišēm *ipf./pf.
    formulieren*
fràncūsk|ī, -ā, -ō *französisch*
frȁnk *franz. Franc*
frànkfurtsk|ī, -ā, -ō *Frankfurter*
fráza *Phrase*
frèska *Freske*
frižider *Kühlschrank*

fùdbal *Fußball*
fudbàlēr, -éra *Fußballer*
fùdbalsk|ī, -ā, -ō *Fußball*

G

gȁće (*Pl.*) *Unterhose*
garáža *Garage*
gȁzda *Besitzer, Herr*
gdȅ (gdjȅ) *wo*
gȅnerāl|an, -na, -no *generell*
genètičk|ī, -ā, -ō *genetisch*
gȅnijāl|an, -na, -no *genial*
geogràfija *Geographie*
geògrafsk|ī, -ā, -ō *geographisch*
germanìstika *Germanistik*
gèrmānsk|ī, -ā, -ō *germanisch*
gìmnazija *Gymnasium*
gȉn|uti, -ēm *ipf. umkommen*
glâd *f. Hunger*
glád|an, -na, -no *hungrig*
glágol *Verb*
glágolskī vîd *Verbalaspekt*
glâs, glȁsovi *Stimme*
glȁs|an, -na, -no *laut*
glásiti, glâsīm *ipf. lauten*
gláva *Kopf*
glàvn|ī, -ā, -ō *Haupt-*
glèda|lac, -oca *Zuschauer*
glȅd|ati, -ām *ipf. schauen, sehen*
   glȅd|ati telèviziju *fernsehen*
glȍ|dati, -đēm *ipf. nagen*
glúmac *Schauspieler*
glûp, glúp|a, -o *dumm*
glúpōst *f. Dummheit*
gȍdina *Jahr*
gòdišnj|ī, -ā, -ē *jährlich, Jahres-*
gòmila *Haufen*
gòra *Berg*(*wald*)
gȍr|eti (gȍr|jeti)-īm *ipf. brennen*
gȍr|ī, -ā, -ē *schlimmer*
Gȍspod Bôg *Herrgott*
gospòdin, gospòda *Herr*
gòspođa *Frau*
gòspođica *Fräulein*
gôst, gȍsti *Gast*
gostoljùbiv, -a, -o *gastfreundlich*
gòtov, -a, -o *fertig*

185

govòriti, gòvorīm *ipf. sprechen*
Gračànica (*Kloster*)
grâd, grȁdovi *Stadt*
grȁditelj *Erbauer*
grȁditi, grȃdīm *ipf. bauen*
grȃdnja *Bau*
grȁđanin, grȁđani *Bürger*
grȁfīt, -íta *Grafitti*
gramàtika *Grammatik*
grànica *Grenze*
grehòta *Sünde*
grȅ|psti, -bēm *ipf. kratzen*
gȑčk|ī, -ā, -ō *griechisch*
grȅjānje (grȉjānje) *Heizung*
grȅ|jati (grȉ|jati), -jēm *ipf. heizen, wärmen*
grȅška *Fehler*
grȉck|ati, -ām *ipf. knabbern*
grȉp *Grippe*
grȉsti, grízēm *ipf. beißen*
Gȑk, Gȑci *Grieche*
gȑlo *Hals*
gȑm|eti (gȑm|jeti), -īm *ipf. donnern*
grȍb, -ovi *Grab*
grȍblje *Friedhof*
grȍbnica *Gruft*
grȏm, gròmovi *Donner*
grȍz|an, -na, -no *schauderhaft*
grȏzd, grózdovi *Traube*
grȏžđe *Trauben*
gròznica *Fieber*
grûb, grúb|a, -o *grob*
grȕpa *Gruppe*
gùb|iti, -īm *ipf. verlieren*
gùrn|uti, -ēm *pf. schubsen*
gûst, gúst|a, -o *dicht*
gùt|ati, -ām *ipf. schlucken*
gûžva *Gedränge*
gvòzden|ī, -ā, -ō *eisern*
gvôžđe *Eisen*

H

halàpl|jiv, -a, -o *gierig*
hàljina *Damenkleid*
hȁlō *hallo*
haluc|inírati, -cìnīrām *ipf./pf. Halluzinationen haben*
hȁšiš *Haschisch*
hàvārija *Havarie*
hémija *Chemie*
hémījsk|ī, -ā, -ō *chemisch*
hemìkalija *Chemiekalie*
hèpiend *Happyend*
Hèrceg Nòvī (*Stadt*)
higijéna *Hygiene*
hȉt|an, -na, -no *eilig*
hlád|an, -na, -no *kalt*
hladnòća *Kälte*
hlȅb (hljȅb) *Brot*
hlȅbac (*arch.*) *Brot*
hódati, hôdām *ipf. gehen*
hòtel *Hotel*
hráb|ar, -ra, -ro *tapfer*
hrábriti, hrȃbrīm *ipf. ermutigen*
hrána *Nahrung*
hrániti (se), hrȃnīm *ipf.* (*sich*) *ernähren*
hrȃst, hrȁstovi *Eiche*
hrîd *f. Felsen*
Hȑvāt, -áta *Kroate*
Hȑvātskā *Kroatien*
htȅti (htjȅti), hòću *ipf. wollen*
húč|ati, -īm *ipf. tosen*
húj|ati, -īm *ipf. sausen*
hulìgān, -ána *Hooligan*
hùmor *Humor*
hvála *Dank, Lob*
hvála! *danke!*
hváliti, hvȃlīm *ipf. loben*
hvȁt|ati, -ām *ipf. (er)greifen*

I

i *und, auch*
i ... i *sowohl ... als auch*
ȉako *obwohl*
ȉći, ȉdēm *ipf. gehen*
idèāl, -ála *Ideal*
idèja *Idee*
ideològija *Ideologie*
ìdiot *Idiot*
ȉdūć|ī, -ā, -ē *kommend*
ȉgla *Nadel*
ignòrant *Ignorant*
ignòri|sati, -šēm *ipf. ignorieren*

igra *Tanz; Spiel*
igr|ati (se), -ām *ipf. spielen, tanzen*
ili *oder*
ilīrsk|ī, -ā, -ō *illyrisch*
im|ati, -ām *ipf. haben*
imbecil|an, -na, -no *schwachsinnig*
ime, -na, imèna *Name*
imidž *Image*
ináče *sonst*
inát, -áta *Trotz*
indùstrija *Industrie*
indùstrijsk|ī, -ā, -ō *Industrie-*
injèkcija *Injektion*
inkvizícija *Inquisition*
inkvìzitor *Inquisitor*
inostrànstvo *Ausland*
insistíranje *Insistieren*
instìtūt, -úta *Institut*
ínteres *Interesse*
interesànt|an, -na, -no *interessant*
interes|ovati (se), -ujēm *ipf./pf.*
  (sich) interessieren
ìnternacionāl|an, -na, -no
  international
intèrvjū, -ùa *Interview*
inžènjēr, -éra *Ingenieur*
ipāk *doch, dennoch*
iseći, iséčēm (ìsjeći, isijèčēm) *pf.*
  (zer)schneiden
iskápiti, ìskāpīm *pf. austrinken*
ìskati, ìštēm *ipf. fordern*
iskòpati, ìskopām *pf. ausgraben*
iskušénje *Versuchung*
ispè|ći, -čēm *pf. backen*
ispíj|ati, ìspījām *ipf. austrinken*
ispísati, ìspīšēm *pf. ausschreiben*
ispisívati, ispìsujēm *ipf. auschreiben*
ìspit *Prüfung*
ispi|ti, -jēm *pf. austrinken*
ispitn|ī, -ā, -ō *Prüfungs-*
ispljùvati, ìspljujēm *pf. bespucken*
ispod (*G*.) *unter*
ispòstaviti (se), -īm *pf. (sich)*
  herausstellen
iprázniti, ìsprāznīm *pf. ausleeren*
ispred (*G*.) *vor*
isprìčati, ìspričām *pf. erzählen*
ìspunjen, -a, -o *ausgefüllt*

ister|ati, -ām *pf.* (*hin*)*austreiben*
ist|ī, -ā, -ō *derselbe, der gleiche*
isti|cati, -čēm *ipf. hervorheben*
ìstina *Wahrheit*
ìstočn|ī, -ā, -ō *östlich*
ìstok *Osten*
istòričār *Historiker*
istōrija *Geschichte*
istòrījsk|ī, -ā, -ō *geschichtlich*
istòvremen, -a, -o *gleichzeitig*
istr|ažívati, -àžujēm *ipf.*
  erforschen
istȑč|ati, -īm *pf. hinausrennen*
istušírati se, istùšīrām *pf. duschen*
iščezn|uti, -ēm *pf. verschwinden*
Ìtālija *Italien*
itd. (i tako dalje) *usw.*
iz (*G*.) *aus*
iza (*G*.) *hinter*
izàb|rati, -erēm *pf.* (*aus*)*wählen*
izāći, ìzāđēm *pf.* (*hin*)*ausgehen*
ìzbri|sati, -šēm *pf. auswischen*
izbròjati, ìzbrojīm *pf. zählen*
izdánje *Ausgabe*
ìzd|ati, -ām *pf. herausgeben*
izdàvāč, -áča *Herausgeber*
izdàvāčk|ī, -ā, -ō *Verlags-*
izdávati, ìzdājēm *ipf. herausgeben*
izdŕž|ati, -īm *pf. aushalten*
izglédati, ìzgledām *ipf. scheinen*
izg|ovárati, -òvārām *ipf.*
  aussprechen
ìzgovōr *Aussprache*
izg|ovòriti, -òvōrīm *pf. aussprechen*
izgŕditi, ìzgȓdīm *pf. ausschimpfen*
ìzlaz *Ausgang*
ìzlaz|iti, -īm *ipf. hinausgehen*
ìzlēt *Ausflug*
ìzlog *Schaufenster*
ìzložba *Ausstellung*
izmàknuti/izmàći, ìzmaknēm *pf.*
  entweichen; wegrücken
između (*G*.) *zwischen*
ìzmena (ìzmjena) *Wechsel*
izmisl|iti, -īm *pf. ausdenken,*
  erfinden
izmíšljati, ìzmīšljām *ipf. ausdenken*
izmòriti, ìzmorīm *pf. ermüden*

ìznad (G.) *oberhalb, überhalb*
izn|ervírati, -èrvirām *pf. nerven*
izíći, izíđēm *pf.* (*hin*)*ausgehen*
izjáviti, ìzjāvīm *pf. erklären*
izj|avljívati, -àvljujēm *ipf. erklären*
ȋzraz *Ausdruck*
ìzum *Erfindung*
izùmeti, -ēm (izùm|jeti, -ijēm) *pf. erfinden, ausdenken*
izumévati, izùmēvām (izumijèvati, izùmijevām) *ipf. erfinden, ausdenken*
izùmreti (izùmrijeti), *aussterben*
ìzumrēm *pf.*
ìzu|ti, -jēm *pf. Schuhe ausziehen*
izúvati, ìzūvām *ipf. Schuhe ausziehen*
izuzétak,-tka *Ausnahme*
ìzvad|iti, -īm *pf. herausholen*
izvan (G.) *außerhalb*
izvànred|an, -na, -no *außerordentlich*
ìzves|tan, (ìzvjestan) -na, -no *gewiss*
izvè|sti, -dēm *pf. hinausführen*
izvèsti, -zēm *pf. hinausfahren, exportieren*
izvíniti (se), ìzvīnīm *pf.* (*sich*) *entschuldigen*
ìzvir|ati, -ēm *ipf. hervorquellen*
izvòditi, ìzvođīm *ipf. hinausführen*
izvòleti (izvòljeti), ìzvolīm *pf. geruhen, belieben*
ìzvor *Quelle*
izvòziti, ìzvozīm *ipf. hinausfahren; exportieren*
ìzvoznīk *Exporteur*
ìzvrs|tan, -na, -no *hervorragend*
izvú|ći (se), -čēm *pf. herausziehen,* (*sich*) *retten*

J

jā *ich*
jȁd, -ovi *Kummer*
jȁd|an, -na, -no *arm, kläglich*
Jȁdrān *Adria*
jȁdrānsk|ī, -ā, -ō *adriatisch*

jȁgnje, -eta *Lamm*
jȁ|hati, -šēm *ipf. reiten*
jȃk, jȃk|a, -o *stark*
jȃma *Grube*
jȁnuār *Januar*
jȃs|an, -na, -no *klar, deutlich*
jȁu|kati, -čēm *ipf.* (*weh*)*klagen*
jáviti, jȃvīm *pf. melden*
jávljati, jȃvljām *ipf. melden*
jèc|ati, -ām *ipf. schluchzen*
jȇd *Kummer*
jȅd|an, -na, -no *ein*
jedànput *einmal*
jednòstranōst *f. Einseitigkeit*
jèdva *kaum*
jèftin, -a, -o *billig*
jèlen *Hirsch*
jȇlka *Tanne*
jȅlo *Essen, Speise*
jer *weil, denn*
jèsēn *f. Herbst*
jȅ|sti, -dēm *ipf. essen*
jȅzero *See*
jèzičk|ī, -ā, -ō *sprachlich, Sprach-*
jèzik *Sprache*
jȍš *noch*
jùčē *gestern*
jȕg *Süden*
jugoìstočn|ī, -ā, -ō *südöstlich*
Jugòslāvija *Jugoslawien*
Jugoslòvēn, -éna *Jugoslawe*
Jugoslòvēnka *Jugoslawin*
jugoslòvēnsk|ī, -ā, -ō *jugoslawisch*
jūl|i, -a *Juli*
jùnak, -áka *Held*
jūn|i, -a *Juni*
Jùpiter *Junpiter*
jùtro *Morgen*
jùtrōs *heute morgen*
jȕžn|ī, -ā, -ō *südlich*
južnoslòvēnsk|ī, -ā, -ō *südslawisch*

K

k(a) (D.) *zu*
kȁd(a) *wann, wenn*
kàfa (kàva) *Kaffee*

kafàna *Kaffeehaus*
kafèdžija *Kaffeehausbesitzer*
kàj|ati se, -jēm *ipf.* bereuen
kàjgana *Omelett*
kàk|av, -va, -vo *was für ein*
kàko *wie*
kālcijum *Calcium*
kalemègdānsk|ī,-ā,-ō *Kalemegdan-*
kàluđer *Mönch*
kàmata *Zins*
kàmēn, -ovi *Stein*
kàmēnje *Gestein*
kàmo *wohin*
kàmpanja *Kampagne*
kànāl, -ála *Kanal*
kào *wie*
kào što *wie*
kào da *als ob*
kâp *f. Tropfen*
kàpa *Mütze*
kȁp|ati, -ljēm *ipf. tropfen*
kàpūt, -úta *Mantel*
kârta *Karte*
kàsa *Kasse*
kasèta *Kassette*
kàsno *spät*
kàšljati, kȁšljēm *ipf.* husten
katastrófa *Katastrophe*
kàtastrofal|an, -na, -no *katastrophal*
kázati, kâžēm *ipf./pf.* sagen
kćêr (kćî) *f.*, kćérka *Tochter*
kèj, -ovi *Kai*
kèlner *Kellner*
kȉlomētar, -tra *Kilometer*
kìnēsk|ī, -ā, -ō *chinesisch*
kȉse|o, -la, -lo *sauer*
kȉša *Regen*
kȉšn|ī, -ā, -ō *Regen-*
kȉšobran *Regenschirm*
kîv|an, -na, -no *erbost*
klȁti, kȍljēm *ipf.* schlachten
kléč|ati, -īm *ipf.* knien
klèk|nuti/klèći, -nēm *pf.* niederknien
kléti (se), kùnēm *ipf. (ver)fluchen*,
    schwören
klȉ|cati, -čēm *ipf. jauchzen*
klíma *Klima*
klȉnac *Nagel*

kljûč, kljúčevi *Schlüssel*
klûb, klùbovi *Klub*
klúpa *Bank*
knêz, knèževi/knèzovi *Fürst*
knjȉga *Buch*
knjìžara *Buchhandlung*
knjìžēvnīk *Schriftsteller*
knjižévnōst *f. Literatur, Belletristik*
kȍ *wer*
kòbila *Stute*
kod (*G.*) *bei*
kòfer *Koffer*
kojèšta *allerlei*
kòj|ī, -ā, -ē *welcher, welche,*
    welches
kȍkōš *f. Huhn*
kȍla (*Pl.*) *Wagen*
kòlāč, -áča *Kuchen*
koléga *m. Kollege*
koléginica *Kollegin*
kòliko *wieviel*
kȍmād *Stück*
komàdić *Stückchen*
kòmanda *Kommando*
kòmēdija *Komödie*
komercijàlist(a) *Kommerzfachmann*
kompjúter *Computer*
kòmpleks|an, -na, -no *komplex*
kòmplikovān, -a, -o *kompliziert*
kompòzītorka *Komponistin*
kòmpromis *Kompromiβ*
kòmšija *m. Nachbar*
komun|icírati, -ìcirām *ipf./pf.*
    kommunizieren
komùnist(a) *m. Kommunist*
kòncert *Konzert*
konfèkcija *Konfektion*
kònflikt *Konflikt*
kònj, kònji *Pferd*
konjugácija *Konjugation*
kònkret|an, -na, -no *konkret*
konkuréncija *Konkurrenz*
kòntrast *Kontrast*
konsònant *Konsonant*
konverzácija *Konversation*
kònzūm, -úma *Konsum*
konzùment *Konsument*
konzùmentsk|ī, -ā, -ō *Konsumenten-*

kòpati, kòpām ipf. graben
kòrek|tan, -na, -no korrekt
korektúra Korrektur
kórpa Korb
kòsa Haar
Kòsovo (Gebiet)
kòsovsk|ī, -ā, -ō Kosovo-
kôst f. Knochen, Gräte
kòstūr Skelett
kôš, -evi Korb
kòšārka Basketball
košàrkāšk|ī, -ā, -ō Basketball-
kóštati, kôštām ipf. kosten
Kòtor (Stadt)
kòzj|ī, -ā, -ē Ziegen-
krȁđa Diebstahl
kraj (G.) neben
krȃj, kràjevi Gegend; Ende
krájnōst f. Extrem
krȃlj, králjevi König
kràljica Königin
krȁsti, krádēm ipf. stehlen
krȁt|ak, -ka, -ko kurz
kratkòvek (kratkòvjek), -a, -o kurzlebig
krèdīt, -íta Kredit
kréma Creme
krétati (se), krêćēm ipf. (sich) bewegen, aufbrechen
krèvet Bett
krílo Flügel
krìmīć, -ića Krimi
krȉminal|an, -na, -no Kriminal-
krȉ|ti, -jēm ipf. verbergen
krìtič|an, -na, -no kritisch
krìtičār Kritiker
krìtika Kritik
krìtik|ovati, -ujēm ipf./pf. kritisieren
krîv, krív|a, -o schuld, schuldig
krôv, kròvovi Dach
kroz (A.) durch
kȓš Felsenlandschaft
kȑtica Maulwurf
krûg, krùgovi Kreis
kȓv f. Blut
kȓvn|ī, -ā, -ō blutig
kùc|ati, -ām ipf. klopfen
kùcn|uti, -ēm pf. (an)klopfen

kùća Haus
kùćn|ī, -ā, -ō Haus-
kùdā wohin
kùhinja Küche
kultúra Kultur
kúpati (se), kûpām ipf. baden
kupàtilo Bad
kúpiti, kûpīm pf. kaufen
kupòvati, kùpujēm ipf. kaufen
kupòvina Einkauf
kȕrs, -sevi Kurs
kùvār Koch
kvȁka Klinke
kvȃr, kvárovi Panne, Schaden

L

laboràtōrija Labor
laboratòrījsk|ī, -ā, -ō Laboratoriums-
lȁbūd, -ovi Schwan
làgati, lȁžēm ipf. lügen
lȁ|jati, -jēm ipf. bellen
lȁk, -a, -o leicht
làment Lamento, Klage
lâmpa Lampe
lȃž f. Lüge
lèbd|eti (lèbd|jeti), -īm ipf. schweben
léčenje (liječenje) Heilung, Behandlung
léčiti, lêčīm (liječiti, lȉječīm) ipf. heilen
lèći, lègnēm pf. sich hinlegen
léđa (Pl.) Rücken
légati, lêžēm (lijègati, lȉježēm) ipf. sich hinlegen
lêk, lékovi (lȉjek, lijèkovi) Arznei
lèkār (ljèkār), -ára Arzt
lèkārka (ljèkārka) Ärztin
lȅktor Lektor
lên, lén|a, -o (lȉjen, lijèna,-o) faul
lenjīr, -íra Lineal
lénština (lijènština) Faulenzer
lépak (lijèpak) Kleber
lêp, lép|a, -o (lȉjep, lijèp|a, -o) schön
lepòta (ljepòta) Schönheit
lèt|eti (lèt|jeti), -īm pf. fliegen

lètnj|ī (ljètnjī), -ā, -ē Sommer
lêv|ī, (lȋjevī) -ā, -ō linker
lêvo (lȋjevo) links
lèž|ati, -īm ipf. liegen
líce Gesicht; Person
lȋčno persönlich
líder Anführer
lȋk, líkovi Gestalt
lìrika Lyrik
lȋst, lístovi Blatt
lȋsta Liste
lȋ|ti, jēm ipf. gießen
lízati, lȋžēm ipf. lecken
lópov Dieb
lȍš, -a, -e schlecht
lòviti ipf. jagen
lūd, lúd|a, -o verrückt
lùdāk, -áka Verrückter
lùkav, -a, -o listig
lútati, lūtām ipf. irren
lùtka Puppe
ljúbav f. Liebe
ljúbavn|ī, -ā, -ō Liebes-
ljúbaz|an, -na, -no freundlich
ljùbaznōst f. Freundlichkeit
Ljùbljana Leibach
ljût, ljút|a, -o böse
ljútiti (se), ljūtīm ipf. (sich) ärgern

M

mȁč, màčevi Schwert
mȁčka Katze
mȁćeha Stiefmutter
Màđarskā Ungarn
màgla Nebel
máhati, māšēm ipf. winken
mȁj Maj
mȃjčin, -a, -o Mutter-
mȃjka Mutter
mȃjstor Meister
Makedónac, -nca Makedone
Makèdōnija Makedonien
makèdōnsk|ī, -ā, -ō makedonisch
màknuti/mȁći, mȁknēm pf.
   (beiseite)rücken
mȃl|ī, -ā, -ō klein
malȋšan Kleiner

malòduš|an, -na, -no kleinmütig
malòlet|an (malòljetan) minderjährig
   -na, -no
mȁma Mama
mànastīr Kloster
mánjak Manko, Fehlbetrag
manjìna Minderheit
màntīl, -íla Mantel
màpa Landkarte
màramica Taschentuch
marihùāna Marihuana
mȁrš, -evi Marsch
mȁrt März
masláčak Gänseblume
màsov|an, -na, -no Massen-
mȃst f. Fett
mȁšta Phantasie
matemàtičār Mathematiker
matemàtika Mathematik
mȁter (mȁti) G. mȁtere Mutter
màtērija Materie
màternjī jèzik Muttersprache
mȁ|zati, -žēm ipf. schmieren
mêd Honig
meditèransk|ī, -ā, -ō mediterran
mèdved (mèdvjed) Bär
mèđu (I., A.) zwischen
međunárodnī, -ā, -ō international
međùtim unterdessen, aber
mȅk, -a, -o weich
ménjati, mênjām (mijènjati,
   mȋjenjām) ipf. ändern
Mȅrkur Merkur
mèsara Fleischerladen
mèsēc (mjèsēc) Mond; Monat
mesing Messing
mèsingan, -a, -o aus Messing
mêso Fleisch
mè|sti, -tēm ipf. fegen
mèsto (mjèsto) Ort, Stelle
mesto (mjesto) (G.) anstatt
méšati (se), mêšām (miješati,
   mȋješām) ipf. (sich) mischen
metafòrič|an, -na, -no metaphorisch
mètāl, -āla Metall
mêtar Meter
mè|tati, -ćēm ipf. legen
meteoròlog Meteorologe

mî *wir*
mȉ|cati, -čēm *ipf. bewegen*
mijàu|kati, -čēm *ipf. miauen*
mìlīcija *Polizei*
miliciòn|ēr, -éra *Polizist*
milìjarda *Milliarde*
milìōn, -óna *Million*
militànt|an, -na, -no *militant*
mimo (*G.*) *an, vorbei, gegen*
mȉneral|an, -na, -no *Mineral-*
mìnistar *Minister*
mìnistàrstvo *Ministerium*
mínus *minus*
mìnūt, -úta *Minute*
mȉo, mȉl|a, -o *lieb*
mír|an, -na, -no *ruhig*
mìri|sati, -šēm *ipf. duften*
mîsao *f. Gedanke*
mȉsl|iti, -īm *ipf. denken*
mȉšljenje *Meinung*
mȉ|ti, -jēm *ipf. waschen*
mlâd, mlád|a, -o *jung*
mládež *f. Jugend*
mlàdīć, -íća *junger Mann*
mlȁdōst *f. Jugend*
mléko (mlijèko) *Milch*
mlèti (mljèti), mȅljēm *ipf. mahlen*
mnògo *viel; sehr*
môć *f. Macht*
mȍć|an, -na, -no *mächtig*
mòći, mògu *ipf./pf. können*
móda *Mode*
mòdel *Modell*
mòdēr|an, -na, -no *modisch, modern*
mògūće *möglich*
môj, mòj|a, -e *mein*
mòliti, mȍlīm *ipf. bitten*
mòmče, -eta *Junge, Bursche*
mórati, môrām *ipf. müssen*
môre *Meer*
mȏst, mȍstovi *Brücke*
mòtika *Hacke*
mòtr|iti, -īm *ipf. beobachten*
mȍžda *vielleicht*
mráč|an, -na, -no *dunkel, düster*
mrâk *Dunkelheit*

mréti (mrijèti), mrêm *ipf. sterben*
mȑt|av, -va, -vo *tot*
mȑtvā príroda *Stilleben*
mȑva *Krümel*
mȑvica *Krümelchen*
mŕz|eti (mŕzjeti/mŕz|iti), *hassen*
 -īm *ipf.*
mȑzn|uti (se), -ēm *ipf. frieren*
mȕč|an, -na, -no *quallvoll*
mùčilīšte *Folterkammer*
mȕč|iti se, -īm *ipf. sich quälen*
mȕdrōst *f. Weisheit*
mȕka *Qual*
Muslìmanin *Moslem*
muslìmānsk|ī, -ā, -ō *islamisch*
muškár|ac, -ca *Mann*
mȕšk|ī, -ā, -ō *männlich*
mùzēj, -éja *Museum*
mùzika *Musik*
mûž, mȕževi *Mann, Ehemann*

N

na (*L., A.*) *auf, an*
nàcional|an, -na, -no *national*
nàći, nâđēm *pf. finden*
náčin *Art; Weise*
nad (*I., A.*) *über*
nádati se, nâdām *ipf. hoffen*
nadímati, nàdimām *ipf. aufblähen*
nadòknad|iti, -īm *pf. ersetzen*
nàduti, nȁdmēm *pf. aufblähen*
nàgn|uti (se), -ēm *pf. (sich) beugen*
nàgrada *Preis*
nàī|ći, -đēm *pf. vorbeikommen, -gehen*
nâjpre (nâjpre) *zuerst*
nâjzād *endlich*
nàlaz|iti, -īm *ipf. finden*
nàlaz|iti se, -īm *ipf. sich befinden*
nàliči|ti, -im *ipf. ähneln*
naljútiti se, nàljūtīm *pf. böse werden*
nàmešten (nàmješten), -a, -o *möbliert*
námirnica *Nahrungsmittel*
naoblačénje *Bewölkung*
nàočāri (*Pl.*) *Brille*

naoružánje *Rüstung*
nàpamēt *auswendig*
nàpīsān, -a, -o *geschrieben*
napísati, nàpīšēm *pf. schreiben*
nàplāćen, -a, -o *bezahlt*
nàpolju *draußen*
nápor|an, -na, -no *anstrengend*
nàprav|iti, -īm *pf. machen, anfertigen*
nàpraviti se *pf. sich stellen*
naprézati (se), nàprēžēm *ipf. (sich) anstrengen*
nàpust|iti, -īm *pf. verlassen*
náravno *natürlich*
narást|i, -ēm *pf.* (er)*wachsen*
nárednǀī, -ā, -ō *folgend*
narkòmān, -ána *Drogensüchtiger*
narkomànija *Drogensucht*
narkòtik *Rauschmittel*
náročito *besonders*
národ *Volk*
národn|ī, -ā, -ō *Volks-*
narúčiti, nàrūčīm *pf. bestellen*
nàsmejan (nàsmijan), -a, -o *lachend*
nàsta|jati, -jēm *ipf. entstehen*
nàstanak *Entstehung*
nàsta|ti, -nēm *pf. entstehen*
nástavnica *Lehrerin*
nástavnik *Lehrer*
nasuprot (*D.*) *entgegen, gegenüber*
nàsūti, nàspēm *pf. aufschütten; eingießen*
nàtrāg *zurück*
naùčiti, nàučīm *pf. lernen, erlernen*
nàučnīk *Wissenschaftler*
náuka *Wissenschaft, Lehre*
naváliti, nàvālīm *pf. sich stürzen (auf)*
nàvikn|uti/nàvići se, -ēm *pf. sich gewöhnen*
navè|sti, -dēm *pf. anführen, verleiten*
názeb *Erkältung*
nazé|psti, -bēm *pf. sich erkälten*
nàz|vati, -ovēm *pf. nennen*
ne *nein, nicht*

nèbo *Himmel*
nèdelja (nèdjelja) *Sonntag; Woche*
nedostá|tak, -tka *Mangel*
nèduž|an, -na, -no *unschuldig*
nègo *sondern; als*
nèg|ovati (njèg|ovati), -ūjēm *ipf. pflegen*
neìmār *Baumeister*
nèjāč *f. Kinder, Alte* (*Schwache*)
nèjas|an, -na, -no *unklar*
nèkad(a) *einst*
nèkāko *irgendwie*
nèk|ī, -ā, -ō *irgendein*
nèko *jemand*
nèkoliko *einige*
nèkuda *irgendwohin*
nēm, néma (nȉjem, nijèma) *stumm*
Némǀac (Nijèmac), -ca *Deutscher*
Nèmačkā (Nijèmačkā) *Deutschland*
nèmačk|ī, -ā, -ō (njèmačkī) *deutsch*
Nèmanjići (*Dynastie der Nemanjiden*)
Nèmica (Njèmica) *Deutsche*
neòbič|an, -na, -no *ungewöhnlich*
neòbrazovan, -a, -o *ungebildet*
nèōnsk|ī, -ā, -ō *Neon-*
nepormȉrljivōst *f. Unversöhnlickeit*
nèposluš|an, -na, -no *ungehorsam*
nèpoznat, -a, -o *unbekannt*
nèpraved|an, -na, -no *ungerecht*
nèpravil|an, -na, -no *unregelmäßig*
neprevòdiv, -a, -o *unübersetzbar*
neprílika *Verlegenheit, Kummer*
nèprijat|an, -na, -no *unangenehm*
nèprijatelj *Feind*
nervóza *Nervosität*
nèrvoz|an, -na, -no *nervös*
nèskrom|an, -na, -no *nervös*
nèsreća *Unglück*
nèstaj|ati, -ēm *ipf. verschwinden*
nèsta|ti, -nēm *pf. verschwinden*
nestr̀pljiv, -a, -o *ungeduldig*
nèsvr̀šen, -a, -o *unvollendet*
nèšto *etwas*
netìpič|an, -na, -no *untypisch*
neupàdljiv, -la, -lo *unauffällig*
nèuspeh (nèuspjeh) *Mißerfolg*
nevàlja|o, -la, -lo *mißraten, schlecht*

nevàspitān, -a, -o *unerzogen*
neveròvat|an (nevjeròvat|an),
 -na, -no *unwahrscheinlich*
nèvese|o, -la, -lo *traurig*
nèvolja *Not*
nezàposlen, -a, -o *arbeitslos*
nèžnōst (njèžnōst) *f. Zärtlichkeit*
ni *auch nicht*
ni ... ni *weder* ... *noch*
nȉ|cati, -čēm *ipf.* *sprießen*
nȉgde (nȉgdje) *nirgends*
nȉkad(a) *nie*
nȉkak|av, -va, -vo *keinerlei;
 schlecht*
nȉkāko *auf keine Weise*
nȉk|nuti/nȉći, -nēm *pf. sprießen*
nȉko *niemand*
nȉkud(a) *nirgendwohin*
nȉšta *nichts*
nȉti ... nȉti *weder* ... *noch*
niz (*A.*) *hinunter*
nízati, nîžēm *ipf. reihen*
niže (*G.*) *unterhalb*
njȉva *Acker*
Njùjork *New York*
nôć *f. Nacht*
nòćās *heute Nacht*
nòćn|ī, -ā, -ō *Nacht-*
nòga *Fuß, Bein*
nòkat (*Finger*) *nagel*
nòrmal|an, -na, -no *normal*
nôs, nòsovi *Nase*
nòs|iti, nòsīm *ipf. tragen*
nȍv, -a, -o *neu*
nòv|ac , -ca *Geld*
nòvčan|ī, -ā, -ō *Geld-*
novčànīk, -íka *Geldbeutel*
novèla *Novelle*
nòvēmbar *November*
nòvinār *Journalist*
nòvine (*Pl.*) *Zeitung*
nôž, nóževi *Messer*
npr. (na prímer/prímjer) *zum
 Beispiel*
nuklèārka *Kernkraftwerk*
nùkleārnā centrála *Kernkraftwerk*
nùla *Null*

O

o (*L.*) *von; über*
òbala *Küste, Ufer*
obárati, òbārām *ipf.* (*um*)*stürzen*
òbasut, -a, -o *überschüttet*
òbdanīšte *Tagestätte*
obèćati, òbećām *pf. versprechen*
òbes|iti (òbjes|iti), -īm *pf. aufhängen*
ȍbičāj *Sitte*
òbič|an, -na, -no *gewöhnlich*
objásniti, òbjāsnīm *pf. erklären*
objašnjávānje *Erklären*
ob|jašnjávati, -jàšnjāvām *ipf.
 erklären*
objašnjénje *Erklärung*
objáviti, òbjāvīm *pf. veröffentlichen*
obj|avljívati, -àvljujēm *ipf.
 veröffentlichen*
òblāč|an, -na, -no *bewölkt*
oblačiti, òblāčīm *ipf. anziehen*
obòl|eti (obòl|jeti), -īm *pf. erkranken*
obolévati, obòlēvām (obolijèvati,
 obòlijevām) *ipf. erkranken*
oboljénje *Erkrankung*
òbrad|ovati se, -ujēm *pf.* (*D.*)
 sich freuen
obrá|zac, -sca *Formular*
òbrazovān, -a, -o *gebildet*
òbraz|ovati, -ujēm *ipf./pf. bilden*
òbri|sati, -šēm *pf. abwischen*
òbron|ak, -ka *Abhang*
obú|ći, -čēm *pf. anziehen*
òbu|ti, òbujēm *Schuhe anziehen*
obúvati, òbuvām *ipf. Schuhe an-
 ziehen*
òbzīr *Rücksicht*
očekívati, očèkujēm *ipf. erwarten*
òčēv, -a, -o *Vaters*
očìgledno *offensichtlich*
òčist|iti, -īm *pf. säubern*
òčn|ī, -ā, -ō *Augen-*
od (*G.*) *von*
óda *Ode*
òdabrān, -a, -o *ausgewählt*
òdaklē *woher*
òd|ati, -ām *pf. verraten*

òdatle *von da aus*
odávati, òdajēm *ipf. verraten*
òdāvno *längst, seit langem*
od(a)zívati se, òd(a)zīvām *ipf.*
  antworten (auf e. Ruf)
òdeća (òdjeća) *Kleidung*
odg|ovárati, -òvārām *ipf. antworten*
odg|ovòriti, -òvōrīm *pf. antworten*
odjèdnom *auf einmal, plötzlich*
òdlaz|iti, -īm *ipf. weggehen*
òdlič|an, -na, -no *ausgezeichnet*
òdlom|ak, -ka *Auszug, Bruchstück*
odlòžiti, òdložīm *pf. verschieben*
odlúčiti, òdlūčīm *pf. entscheiden*
òdmāh *sofort*
odmárati se, òdmārām *(sich)*
  ausruhen
òdmor *Pause; Urlaub*
odmòriti se, òdmorīm *pf. sich*
  ausruhen
òdnēti (òdnijeti), odnèsēm *pf.*
  wegtragen
odnòsiti se, òdnosīm *ipf. sich beziehen*
òdnosno *beziehungsweise*
odòl|eti (òdol|jeti), -īm *pf. widerstehen*
òdraslī *Erwachsene*
odrást|i, -ēm *pf. aufwachsen*
odřž|ati, -īm *pf. abhalten*
održávanje *Erhaltung*
održávati se, odř̀žāvām *ipf.*
  stattfinden; abhalten
òdsut|an, -na, -no *abwesend*
odùsta|jati, -jēm *ipf. aufgeben,*
  ablassen
oduševljénje *Begeisterung*
odùzeti, òduzmēm *pf. wegnehmen*
odvè|sti, -dēm *pf. wegführen*
odvè|sti, -zēm *pf. wegfahren*
odvikávanje *Abgewöhnung, Entzug*
òdvik|nuti/òdvići (se), -nēm *pf.*
  (sich) abgewöhnen
ògrāđen, -ā, -o *umzäumt*
ògrom|an, -na, -no *riesig*
ōhridsk|ī, -ā, -ō *Ohrider*
òko, òči *Auge*
oko(lo) *(G.) um, um ... herum*

okolìna *Umwelt*
okólnōst *f. Umstand*
okrétanje *Drehen*
okré|tati se, òkrēćēm *ipf. sich umdrehen*
òkrūgao, okrúg|la, -lo *rund*
òktōbar *Oktober*
okupácija *Besatzung*
okúpati, òkūpām *pf. baden*
òlako *leichthin*
olimpijáda *Olympiade*
òlōvka *Bleistift*
òmiljen, -a, -o *beliebt*
òmladina *Jugend*
òmlet *Omelett*
ôn, òna, òno *er, sie, es*
ònāj, ònā, ònō *jener*
onàk|av, -va, -vo *ein solcher (dort)*
ònāmo *dorthin*
òndā *dann*
ónde (óndje) *dort*
onèsvešćen, (onèsvješćen), -a, -o
  bewußtlos
onòliko *so viel (dort)*
òpās|an, -na, -no *gefährlich*
òpaz|iti, -īm *pf. bemerken*
òpera *Oper*
òpēt *wieder*
opísati, òpīšēm *pf. beschreiben*
op|isívati, -ìsujēm *ipf. beschreiben*
òpoj|an, -na, -no *berauschend*
opozícija *Opposition*
òpravljen, -a, -o *repariert*
opredéliti se, oprèdēlīm
  (oprèdijèliti, oprèdijelīm) *pf.*
  sich entscheiden
òprez|an, -na, -no *vorsichtig*
opròstiti, òprostīm *pf. verzeihen*
òrah, òrasi *Nuß*
òrati, òrēm *ipf. pflügen*
òrbita *Orbit*
organizātor *Organisator*
organìz|ovati, -ujēm *ipf.*
  organisieren
òrijentāl|an, -na, -no *orientalisch*
òsećāj (òsjećāj) *Gefühl*
òsećati (òsjećati), -ām *ipf. fühlen*
òsim *(G.) außer*

osim toga *außerdem*
oslobáđānje *Befreien, Befreiung*
osl|obáđati, -òbāđām *ipf. befreien*
oslobođénje *Befreiung*
oslobòdi|lac, -oca *Befreier*
oslobòditi, oslòbodīm *pf. befreien*
oslobòditi se (*G.*) *loswerden*
ôsm|ī, -ā, -ō *achter*
osnòvati, òsnujēm *pf. gründen*
òsnovn|ī, -ā, -ō *Grund-*
òsta|jati, -jēm *ipf. bleiben*
òstar|eti (òstar|jeti), -īm *pf. alt werden*
òstāl|ī, -ā, -ō *übrig*
òsta|ti, -nēm *pf. bleiben*
òstav|iti, -īm *pf. hinterlassen*
òstavlj|ati, -ām *ipf. hinterlassen*
ȍstrvo *Insel*
ostv|arívati, -àrujēm *ipf. verwirklichen*
osvàjāč, -áča *Eroberer*
osvànuti, òsvanē *pf. dämmern, Tag werden*
òsvr|tati se, -ćēm *ipf. sich umblicken*
òtac, òca, òčevi/òcevi *Vater*
òtēti, ȍtmēm *pf. wegnehmen*
òtīći, ȍdēm *pf. weggehen*
òtim|ati, -ām *ipf. wegnehmen*
òtir|ati, -ēm *ipf. abreiben, abwischen*
òtkako *seit*
òtkin|uti, -ēm *pf. abreißen*
òtkri|ti, -jēm *pf. entdecken*
otkrívati, òtkrīvām *ipf. entdecken*
òtkud(a) *woher*
òtmen, -a, -o *vornehm*
otòpiti, òtopīm *pf. schmelzen*
òtpa|dak, -tka *Abfall*
otp|utòvati, -ùtujem *pf. abreisen*
òtrov *Gift*
ȍtrōv|an, -na, -no *giftig*
òtrti, ȍtrēm (òtarēm) *pf. abreiben, abwischen*
otvárati, òtvārām *ipf. öffnen*
òtvoren, -a, -o *offen, geöffnet*
otvòriti, òtvorīm *pf. öffnen*
òvāj, òvā, òvō *dieser*

ovàk|av, -va, -vo *ein solcher (hier)*
òvāmo *hierher*
òvdašnj|ī, -ā, -ē *hiesig*
óvde (óvdje) *hier*
ovogòdišnj|ī, -ā, -ē *diesjährig*
ovòliko *so viel (hier)*
ozbíljnōst *f Ernst(haftigkeit)*
òzdrav|iti, -īm *pf. gesund werden*

P

pa *und, so (daß)*
pácov *Ratte*
pâd, pádovi *Fall*
pȁd|ati, -ām *ipf. fallen*
pȁk *und*
pak|ao, -la *Hölle*
palàta *Palast*
pȁmēt *f. Verstand*
pȁmet|an, -na, -no *klug*
pànika *Panik*
pànker *Punker*
pâr, pàrovi (*G. Pl.* auch párī) *Paar*
pàra *Hundertstel Dinar; Münze*
pȁre *Geld*
pȁrk, -ovi *Park*
pȁrlamentarn|ī, -ā, -ō *Parlements-; parlamentarisch*
párničār *Streitpartei*
pàrtija *Partei*
partìzān, -ána *Partisan*
pȁs, psȁ, psȉ *Hund*
pȁsti, pȁdnēm *pf. fallen*
pás|ti, -ēm *ipf. weiden*
pàšče, -eta *Hündchen*
pàtika *Sportschuh*
pâtos *Pathos*
pàuza *Pause*
pȁz|iti, -īm *ipf. aufpassen*
pážnja *Aufmerksamkeit*
pêć *f. Ofen*
pè|ći, -čēm *ipf. backen*
Pêćkā patrijàršija *Patriarchat von Peć*
pedàgog *Pädagoge*
pèkara *Bäckerei*
péndžer (*arch.*) *Fenster*
pènzija *Rente, Pension*

penziòni|sati, -šēm *ipf. pensionieren*
pèrfekt|an, -na, -no *perfekt*
perìferija *Peripherie*
pèro *Füllfederhalter; Feder*
pesìmist(a) *m. Pessimist*
pèsma (pjèsma) *Gedicht, Lied*
pèsmica (pjèsmica) *Liedchen*
pèsnīk (pjèsnīk) *Dichter*
pèsnikinja (pjèsnikinja) *Dichterin*
pestìcid *Pestizid*
pešáčiti, pèšāčīm (pješáčiti, pjèšāčīm) *ipf. zu Fuß gehen*
pèšāčk|ī, -ā, -ō (pjèšāčkī) *Fußgänger-*
pèšāk (pjèšāk), -áka *Fußgänger*
pèšice (pjèšice) *zu Fuß*
pèškīr, -íra *Handtuch*
pèškē (pjèškē) *zu Fuß*
pét|ak, -ka *Freitag*
péti se/pènjati se, pènjēm *ipf. klettern*
pèv|ati (pjèv|ati), -ām *ipf. singen*
pićé *Getränk*
pidžáma *Schlafanzug*
pìjaca *Markt*
pìjan, -a, -o *betrunken*
pijànist(a) *m. Pianist*
pȉle, -eta *Kücken*
pȉlula *Pille*
pȉlulica *Pillchen*
pís|ac, -ca *Schriftsteller*
pìsać|ī, -ā, -ē *Schreib-*
písānje *Schreiben*
písati, pîšēm *ipf. schreiben*
pȉsmen, -a, -o *schreibkundig*
písmo *Brief*
pištōlj, -ólja *Pistole*
pítanje *Frage*
pítati, pîtām *ipf. fragen*
pȉ|ti, -jēm *ipf trinken*
pîvo *Bier*
plàkāt, -áta *Plakat*
plȁ|kati, -čēm *ipf. weinen*
plân, plánovi *Plan*
planéta *Planet*
planìna *Gebirge*
plan|ináriti, -ìnārīm *ipf./pf. bergwandern*
plànīnsk|ī, -ā, -ō *Gebirgs-*

planírati, plànīrām *ipf. planen*
plȁš|iti se, -īm *ipf. sich fürchten*
plátiti, plâtīm *pf. zahlen*
plâv, plȃv|a, -o *blau; blond*
plavètnilo *Blau*
pláža *Strand*
plème, -ena (*Volks-*)*Stamm*
plèmenitōst *f. Edelmut*
plè|sti, -tēm *ipf. flechten, stricken*
plìvāč, -áča *Schwimmer*
plívanje *Schwimmen*
plȉv|ati, -ām *ipf. schwimmen*
plòča *Schallplatte*
plȍd|an, -na, -no *fruchtbar*
plòvēć|ī, -ā, -ē *schwimmend*
plòv|iti, -īm *ipf. auf dem Wasser fahren*
plȕs *plus*
Plùton *Pluto*
pljùn|uti, -ēm *pf. spucken*
pljùvati, pljȕjēm *ipf. spucken*
po (*L.*) *in . . . herum, nach, bei;*
  (*A.*) *je*
pobédіti, pòbēdīm (pobijèditi, pòbijedīm) *pf. siegen*
pòbeg|nuti/pòbeći (pòbjeg|nuti/pòbjeći), -nēm *pf. entfliehen*
pòbi|ti se, -jēm *pf. sich schlagen*
počét|ak, -ka, počéci *Anfang*
pòčēti, pòčnēm *pf. anfangen*
póći, pôđēm *pf. losgehen, aufbrechen*
pòčinj|ati, -ēm *ipf. anfangen*
pod (*I., A.*) *unter*
podát|ak, -ka, podáci *Angabe*
pòdēljen, (pòdijeljen) -a, -o *geteilt*
pòdig|nuti/pòdići, -nēm *pf. hochheben*
pódne *Mittag*
pòēzija *Poesie*
pògled *Blick*
pògled|ati, -ām *pf.* (*hin*)*schauen*
pògnuti (se), pògnēm *pf.* (*s.*) *beugen,* (*s.*) *bücken*
pògreš|an, -na, -no *falsch*
pogréšiti, pògrēšīm (pogrijèšiti, pògriješīm) *pf. Fehler machen*
pój|am, -movi *Begriff*

pojáviti se, pòjāvīm *erscheinen*
pojèdin|ī, -ē, -ā (*Pl.*) *einzelne*
pòje|sti, -dēm *pf. aufessen*
pòklon *Geschenk*
pokolénje *Generation*
pòkolj *Gemetzel*
pokraj (*G.*) *neben*
pòkrajina *Gebiet*
pòkrasti, pokrádēm *pf. stehlen*
pòkrēt *Bewegung*
pòkriti, pòkrijēm *pf. bedecken*
pokrívati, pòkrīvām *ipf. bedecken*
pòkuš|ati, -ām *pf. versuchen*
pòla *halb*
polágānje *Ablegen*
polágati, pòlāžēm *ipf. ablegen*
pòlako *langsam*
pòlaz|iti, -īm *ipf. losgehen, aufbrechen*
policáj|ac, -ca *Polizist*
pòlicija *Polizei*
pòliglota *m. Polyglotte*
pòlitičar *Politiker*
pòlitičk|ī, -ā, -ō *politisch*
pòlitika *Politik*
Pòljāk, -áka *Pole*
Poljàkinja *Polin*
pòlje *Feld*
poljoprìvreda *Landwirtschaft*
Pòljskā *Polen*
pòljsk|ī, -ā, -ō *polnisch*
polòžiti, pòložīm *pf. ablegen*
pòluostrvo *Halbinsel*
pomágati, pòmāžēm *ipf. helfen*
pòminj|ati, -ēm *ipf. erwähnen*
pòmīsao *f. Gedanke, Einfall*
pòmisl|iti, -īm *pf. denken*
pòmōć *f. Hilfe*
pomòći, pòmognēm *pf. helfen*
pòmoćnī glágol *Hilfsverb*
pòmrčina *Finsternis*
ponèdeljak (ponèdjeljak) *Montag*
pònegde (pònegdje) *mancherorts*
pònešto *manches*
pònēti (pònijeti), ponèsēm *pf. mitnehmen*
pónoć *Mitternacht*

pónor *Abgrund*
pònosit, -a, -o *stolz*
ponòviti (se), pònovīm *pf.* (*sich*) *wiederholen*
pònovo *wieder, aufs neue*
pòpēti (se), pòpnēm (se) *pf. hinaufheben, klettern*
pòpi|ti, pòpijēm *pf. trinken*
popódne *nachmittags*
pòpular|an, -na, -no *populär*
poput (*G.*) *ähnlich wie*
porást|i, -ēm *pf. groß werden*
porèći, pòreknēm *pf. abstreiten*
pored (*G.*) *neben*
pòređēnje *Vergleich, Komparation*
pórodica *Familie*
pòrtāl, -ála *Portal*
pòrtīr, -íra *Portier*
porúčiti, pòrūčīm *pf. bestellen, sagen lassen*
por|učívati, -ùčujēm *ipf. bestellen, sagen lassen*
pòs|ao, -lovi *Arbeit, Geschäft*
póseb|an, -na, -no *besonderer*
pos|ećívati, èćujēm (posj|ećívati, -èćujēm) *ipf. besuchen*
pòseta (pòsjeta) *Besuch*
posèti|lac (posjèti|lac), -oca *Besucher*
pòset|iti (pòsjet|iti), -īm *pf. besuchen*
pòslati, pòšaljēm / pòšljēm *pf. schikken*
pòslē (pòslije) (*G.*) *nach, danach*
pòslē pódne (pòslije pódne) *nachmittags*
pòslednj|ī (pòsljednjī) -ā, -ē *letzter*
poslèratn|ī (poslijèratn|ī), -ā, -ō *Nachkriegs-*
pòslovica *Sprichwort*
pòsluš|ati, -ām *pf. hören, gehorchen*
poslúžiti, pòslūžīm *pf. bedienen*
posmátrati, pòsmātrām *ipf. betrachten*
pósrednīk *Vermittler*
pòsta|jati, -jēm *ipf. werden*

pòsta|ti, -nēm *pf. werden*
pòstavlj|ati,-ām *ipf. stellen*
pòstepen, -a, -o *allmählich*
postòj|ati, -īm *ipf. bestehen, existieren*
pòsuda *Gefäß*
pòsvađ|ati se, -ām *pf. sich streiten*
pošto *weil, nachdem*
pòštovān, -a, -o *geehrt*
poštovánje *Hochachtung*
pòšt|ovati, -ujēm *ipf. achten, schätzen*
pòtpetica *Absatz*
pòtpun, -a, -o *vollständig*
potȑč|ati, -īm *pf. losrennen*
pòtreb|an, -na, -no *nötig*
potròšāč, -áča *Verbraucher*
potròšāčk|ī, -ā, -ō *Verbraucher-*
potròšiti, pòtrošīm *pf. verbrauchen*
pòtpetica *Absatz*
potú|ći se, -čēm *pf. sich schlagen*
povè|sti, -dēm *pf. mitnehmen, mitführen*
povè|sti, -zēm *pf. mitnehmen (im Fahrzeug)*
povíkati, pòvȋčēm *pf. (aus)rufen, (auf)schreien*
póvod *Anlaß*
pòvolj|an, -na, -no *günstig*
póvorka *Zug*
pòvrat|ak , -ka *Rückkehr*
póvrće *Gemüse*
pòzdrav|iti, -īm *pf. (be) grüßen*
pòzdravlj|ati, -ām *ipf. (be)grüßen*
pozívati, pòzīvām *ipf. anrufen, einladen*
pózivn|ī, -ā, -ō *Ruf-*
pózivnica *Einladung*
pòznanīk *Bekannter*
pòznāt, -a, -o *bekannt*
pòzn|ati, -ām *pf. (er)kennen*
poznávati, pòznājēm *ipf. (er)kennen*
pózorišn|ī, -ā, -ō *Theater-*
pózorište *Theater*
pò|zvati, -zovēm *pf. anrufen, einladen*
požúr|iti, -īm *pf. sich beeilen*
pràded, -ovi (pràdjed) *Urgroßvater*

pràktič|an, -na, -no *praktisch*
prâse, -eta *Ferkel*
prašìna *Staub*
práštati, prâštām *ipf. verzeihen*
pràksa *Praxis*
pràti, pèrēm *ipf. waschen*
prâvd|ati (se), -am *ipf. (sich) rechtfertigen*
prȃv|ī, -ā, -ō *richtig, echt*
pràvil|an, -na, -no *richtig*
pràv|iti, -īm *ipf. machen*
pràvo *geradeaus*
právo *Recht*
pràvoslāv|an, -na, -no *orthodox*
práz|an, -na, -no *leer*
prâznik *Feiertag*
prȇ (prȉje) (*G.*) *vor*
prȇ pódne (prȉje pódne) *vormittags*
prȇ svègā (prȉje svègā) *vor allem*
préći, prȇđēm (prijéći, prȉjeđēm) *pf. übergehen, überlaufen, überqueren*
pred (*I., A.*) *vor*
prèd|ati, -ām *pf. übergeben, vortragen*
predávānje *Vorlesung*
predávati, prèdājēm *ipf. übergeben, vortragen*
prédgrāđe *Vorstadt*
prèdizborn|ī, -ā, -ō *Vorwahl-*
predlágati, prèdlāžēm *ipf. vorschlagen*
prédlog (prijèdlog) *Vorschlag*
prédmet *Fach; Gegenstand*
predsedávajūćī (predsjedávajūćī) *den Vorsitz habender*
prédsednīk (prédsjednīk) *Vorsitzender*
prèdstava *Vorstellung*
prèdstavlj|ati, -ām *ipf. vor-, darstellen*
prédstāvnīk *Vertreter*
predvíđati, prèdvīđām *ipf. voraussehen*
prégled (prijègled) *Untersuchung, Übersicht*
prègled|ati, -ām *pf. durchsehen*
prehláditi se, prèhlādīm *pf. sich erkälten*

prȅjāk, -a, -o *zu stark*
prȅkasno *zu spät*
prȅ|klati, -koljēm *pf. abschlachten*
preko (*G.*) *über*
preko púta (*G.*) *gegenüber*
prȅkosutra, *übermorgen*
prȅkrās|an, -na, -no *wunderschön*
prélaz (prijèlaz) *Übergang*
prema (*D., L.*) *in Richtung, nach, gemäß*
prȅmalo *zu wenig*
prenòsiti, prènosīm *ipf. übertragen*
prèpev|ati (prèpjev|ati), -ām *pf. durchsingen, nachdichten*
prèpliv|ati, -ām *pf. durchschwimmen*
prepódnevn|ī (prijepòdnevnī), -ā, -ō *vormittäglich*
prep|orúčiti, -òrūčīm *pf. empfehlen*
prepor|učívati, -ùčujēm *ipf. empfehlen*
preprodáv|ac, -ca *Wiederverkäufer*
preračùn|ati, -ām *pf. umrechnen*
presèliti se, prèselīm *pf. umziehen*
préstōnica (prijèstonica) *Haupt-, Residenzstadt*
prèstaj|ati,-ēm *ipf. aufhören*
prèsta|ti, -nēm *pf. aufhören*
presúditi, prèsūdīm *pf. urteilen*
prȅškol|ovati, -ujēm *pf. umschulen*
prèti|cati, -čēm *ipf. überholen*
prétiti, prêtīm *ipf. drohen*
prȅtop|ao, -la, - lo *zu warm*
pretȑč|ati, -īm *pf. durchrennen*
pretvòriti (se), prètvorīm *pf.* (*sich*) *verwandeln*
prevè|sti, -dēm *pf. übersetzen*
prȅviše *zuviel*
prevòdi||lac, -oca *Übersetzer*
prevòditi, prèvodīm *ipf. übersetzen*
prèvođen, -a, -o *übersetzt*
prezàposlen, -a, -o *überbeschäftigt*
prézime, -na *Familienname*
prežív|eti (prežív|jeti), -īm *pf. überleben*
pri (*L.*) *bei*
pri̇̂ča *Geschichte, Erzählung*

príčati, prȋčām *ipf. erzählen*
prȋčica *Geschichtchen*
prići, prȋđēm *pf. herantreten*
prídev (prídjev) *Adjektiv*
prìgrab|iti, -īm *pf. an sich reißen*
prȉjat|an, -na, -no *angenehm*
prȉjatelj *Freund*
prijatèljica *Freundin*
prȉjatno! *guten Appetit!*
prìjem *Empfang*
prikljúčiti (se), prȉkljūčīm *pf.* (*sich*) *anschließen*
priklj|učívati (se), -ùčujēm *ipf.* (*sich*) *anschließen*
prìlaz|iti, -īm *ipf. herantreten*
prílika *Gelegenheit*
prílikom *anläßlich*
prílično *ziemlich*
prílog *Beitrag*
primàmljiv, -a, -o *verlockend*
prímer (prímjer) *Beispiel*
primétiti, prìmētīm (primijètiti, prìmijetīm) *pf. bemerken*
prímōrje *Küstenland*
prímorsk|ī, -ā, -ō *Küsten-*
prinòsiti, prìnōsīm *ipf. herantragen*
prìpad|ati, -ām *ipf.* (*an*)*gehören*
prìpadnīk *Angehöriger*
prìpa|sti, -dnēm *pf. zufallen*
prȉpovētka (prȉpovijetka) *Erzählung*
príroda *Natur*
prírod|an, -na, -no *natürlich*
prìsp|eti, -ēm (prìsp|jeti, -ijēm) *pf. eintreffen*
prispévati, prìspēvām (prispijèvati, prìspijevām) *ipf. eintreffen*
prìstaj|ati, -ēm *ipf. einwilligen*
prìsta|ti, -nēm *pf. einwilligen*
prìstoj|an, -na, -no *anständig*
prìsut|an, -na, -no *anwesend*
prisvòjiti, prìsvojīm *pf. sich aneignen*
pritèći, prìteknēm *pf. herbeieilen*
prìtisn|uti, -ēm *pf.* (*an*)*drücken*
prȉvlāč|an, -na, -no *anziehend*
privláčiti, prìvlāčīm *ipf.* (*her*)*anziehen*

prízemlje Erdgeschoß
prȉznāt, -a, -o anerkannt
prȉzn|ati, -ām pf. anerkennen,
eingestehen
priznávati, prìznājēm ipf. anerkennen, eingestehen
pȑkos Trotz
pȑljav, -a, -o schmutzig
pròblēm, -éma Problem
probúditi se, pròbūdīm pf.
aufwachen
pròcen(a)t, -nta Prozent
procvètati, pròcvetām (procvjètati pròcvjetām) pf. aufblühen
pročìtati, pròčitām pf. (durch)lesen
próći, prôđēm pf. vorbeigehen
pròd|ati, -ām pf. verkaufen
prodávati, pròdājēm ipf. verkaufen
pròdāvnica Laden, Geschäft
pròdir|ati, -ēm ipf. durchdringen
pròdrēti (pròdrijeti), pròdrēm pf.
durchdringen
profèsija Beruf
pròfesor Professor
pròfesōrka Professorin
pròfesorsk|ī, -ā, -ō Professoren-
prognóza Prognose
pròグrām Programm
progùtati, prògutām pf. schlucken, verschlingen
pròhlād|an, -na, -no kühl
proìzī|ći, -dēm pf. hervorgehen
pro|izvòditi, -ìzvodīm ipf. produzieren
pròjekt Projekt
pròkis|ao, -la, -lo (vom Regen) durchnäßt
pròklēt, -ā, -ō verflucht
pròklēti, pròkunēm pf. verfluchen
prólaz|an, -na, -no vergänglich
pròlaz|iti, -īm ipf. vorbeigehen
pròliti, pròlijēm pf. vergießen
pròšlōst f. Vergangenheit
pròleće (pròljeće) Frühling
proméniti, pròmēnīm (promijèniti, pròmijenīm) pf. wechseln
pròmōcija Promotion; Einführung

pronáći, prònāđēm pf. (er)finden
pronàlaz|iti, -īm ipf. (er)finden
pròpad|ati, -ām ipf. zugrunde gehen
própis Vorschrift
propùstiti, pròpustīm pf. versäumen
pròstir|ati, -ēm ipf. ausbreiten
pròsto einfach
pròstrēti (pròstrijēti), pròstrēm pf. ausbreiten
prošapùtati, -šàpućēm pf. flüstern
prošétati, pròšētām pf. spazieren
proširiti, pròšīrīm pf. ausweiten
pròšlī, -ā, -ō vergangener
pròšlōst f. Vergangenheit
pròtest Protest
pròtestn|ī, -ā, -ō Protest-
pròtest|ovati, -ujēm ipf./pf.
protestieren
pròtīv (G.) gegen
pròtur|iti, -īm pf. durchstecken
pro|učávati, -ùčāvām ipf.
erforschen
proùčiti, pròučīm pf. erforschen
proverávanje Überprüfung
pròver|iti (pròvjer|iti), -īm pf.
überprüfen
provè|sti se, -dēm pf. Zeit verbringen
pròvīd|an, -na, -no durchsichtig
provokácija Provokation
pròzēb|ao, -la, -lo durchfroren
prózor Fenster
pŕskati, pŕščēm ipf. spritzen
pȑsn|uti, -ēm pf. platzen
pȓst, pȑsti Finger, Zeh
prût, prútovi Zweig, Rute
pȑvāk, -áka Erster, Anführer
pȓv|ī, -ā, -ō der erste
psàl|am, -mi Psalm
psìha Psyche
psihìjatar Psychiater
psihòlog Psychologe
psiholog|izírati, -ìzīrām ipf./pf.
psychologisieren
ptȉca Vogel
pùblika Publikum

pùc|ati, -ām *ipf. schießen; platzen*
pùčina *offenes Meer*
pūk (*arch*) *Volk*
pùk|nuti/pùći, -nēm *pf. schießen; platzen*
pùn, -a, -o (*G.*) *voll*
pùšēnje *Rauchen*
pùš|iti, -īm *ipf. rauchen*
púštati, pūštām *ipf. lassen*
put (*G.*) *in Richtung*
pūt, pútevi/pútovi *Weg*
putànja *Pfad; Bahn*
pùtopīs *Reisebeschreibung*
putòvānje *Reise*
putòvati, pùtujēm *ipf. reisen*

R

ràcionāl|an, -na, -no *rational*
radi (*G.*) *wegen*
radìjator *Heizkörper*
ràdikal|an, -na, -no *radikal*
rȃdio, -ija, -iji *m. Radio*
radioàktiv|an, -na, -no *radioaktiv*
ráditi, rȃdīm *ipf. arbeiten*
rȃdnī, -ā, -ō *Arbeits-*
rȃdnīk *Arbeiter*
rádnja *Geschäft*
rȁdōst *f. Freude*
rȁdos|tan, -na, -no *froh*
rȁd|ovati se, -ujēm *ipf.* (*D.*) *sich freuen*
radòzna|o, -la, -lo *neugierig*
Rȃjna *Rhein*
rȁk, -ovi *Krebs*
rȁme, -na *Schulter*
rȁno *früh*
rȁspēt, -a, -o *gekreuzigt*
rasprémiti, ràsprēmīm *pf. aufräumen*
rȃst *Wuchs*
ràstaj|ati se, -ēm *ipf. sich trennen*
rást|i, -ēm *ipf. wachsen*
rastojánje *Entfernung*
rȁt, -ovi *Krieg*
ravnìca *Ebene*
rȃv|an, -na, -no *flach*
ravnòdušnōst *f. Gleichgültigkeit*

ravnoprávnōst *f. Gleichberechtigung*
razàpinj|ati, -ēm *ipf. strecken*
razbàcati, ràzbacām *pf. herumwerfen*
razglásiti se, ràzglāsīm *pf. sich herumsprechen*
razglédati, ràzglēdām *ipf. besichtigen*
rázglednica *Ansichtskarte*
razg|ovárati, -òvārām *ipf. sich unterhalten*
rȁzgovōr *Gespräch*
razíći se, ràzīdēm *pf. auseinandergehen*
rázličit, -a, -o *unterschiedlich*
rázlika *Unterschied*
rázlog *Grund*
ràzmisl|iti, -īm *pf. nachdenken*
razmíšljati, ràzmīšljām *ipf. nachdenken*
rȃzn|ī, -ā, -ō *verschieden*
ràznobōj|an, -na, -no *veschiedenfarbig*
raznòvrs|tan, -na, -no *verschiedenartig*
rázred *Klasse*
razùm|eti, -ēm (razùm|jeti, -ijēm) *ipf./pf. verstehen*
razvedrávanje *Aufheiterung*
razvè|sti se, -dēm *pf. sich scheiden lassen*
razvìjen, -a, -o *entwickelt*
ràzvíjati, ràzvījām *ipf. entwickeln*
ràzviti, ràzvijēm *pf. entwickeln*
razvòditi se, ràzvodīm *ipf. sich scheiden lassen*
recèpcija *Rezeption*
rȇč (rȋječ) *f. Wort*
rečènica (rječènica) *Satz*
rȇčn|ī (rjȇčn|ī) -ā, -ō *Fluß-*
rȇčnīk (rjȇčnīk) *Wörterbuch*
rèći, rèknēm *pf. sagen*
rȇd, rȅdovi *Ordnung, Reihe*
rédak, rétk|a, -o (rijèdak) *selten*
rȅdov|an, -na, -no *regelmäßig*
refèri|sati, -šēm *ipf./pf. referieren*
refòrmator *Reformator*
regùli|sati, -šēm *ipf./pf. regulieren*

réka (rijèka) *Fluß*
rekláma *Reklame*
reklamír|ati,
 -àmīrām *ipf./pf. werben*
rȅktor *Rektor*
rȅlativ|an, -na, -no *relativ*
rèplika *Entgegnung*
repùblika *Republik*
restòrān, -ána *Restaurant*
rešávati, rèšāvām (rješávati, rjèšā-
 vām) *ipf. lösen; beschließen*
rȇšen, -a, -o (rȉješen) *gelöst*
rešénje (rješénje) *Lösung,
 Entscheidung*
réšiti, rȇšīm (riješiti, rȉješīm) *pf.
 lösen; beschließen*
rȅ|zati, -žēm *ipf. schneiden*
rezùltāt, -áta *Resultat*
réž|ati, -īm *ipf. knurren*
režìsēr, -éra *Regisseur*
rȉba *Fisch*
rȉbica *Fischlein*
rȉblj|ī, -ā, -ē *Fisch-*
ribolóvac *Fischer*
rîmsk|ī, -ā, -ō *römisch*
rȉ|ti, -jēm *ipf. wühlen*
ritùāl, -ála *Ritual*
rȉznica *Schatzkammer*
ròba *Ware*
ròbn|ī, -ā, -ō *Waren-*
ròdbina *Verwandtschaft*
ròditelji (*Pluralwort*) *Eltern*
ròđāk *Verwandter*
ròđen, -a, -o *geboren*
ròđendān *Geburtstag*
rôg, ròrovi *Horn*
rôk, ròkovi *Frist*
ròkenrōl *Rock 'n' Roll*
ròmān, -ána *Roman*
ròmānsk|ī, -ā, -ō *romanisch*
ròštīlj, -ílja *Grill*
rúč|ak, -ka *Mittagessen*
rúda *Erz*
rûdno blâgo *Erzvorkommen*
rúka *Hand, Arm*
rukàvica *Handschuh*
rùmen, rumèna, -o *rötlich*
rúno *Vlies, Fell*

Rùsija *Rußland*
rȕsk|ī, -ā, -ō *russisch*
Rȕskinja *Russin*
rȕš|iti, -īm *ipf. zerstören*
rúža *Rose*
rúž|an, -na, -no *häßlich*
r̀v|ati se, -ēm *ipf. ringen*

S

s(a) (*I.*) *mit;* (*G.*) *von ... her*
s ònē stránē (*G.*) *jenseits*
s òvē stránē (*G.*) *diesseits*
sȁbran, -ā, —ō *gesammelt*
sačúvati, sàčūvām *pf.* (*auf*)*bewahren*
sȁd(a) *jetzt*
sàgnuti (se), sàgnēm *pf.* (*sich*)
 bücken
sàgrāđen, -a, -o *erbaut*
sàhn|uti, sàhnēm *ipf. welken*
sájam *Messe*
sàkriti, sàkrijēm *pf. verbergen*
sakùpljač *Sammler*
sakúpljati, sàkūpljām *ipf. sammeln*
sâm, sám|a, -o *allein; selbst*
sȁmo *nur*
sàmostāl|an, -na, -no *selbständig*
samòvati, sàmujēm *ipf. einsam sein*
sàn, snȁ, snòvi *Traum*
sànduk *Kiste*
sánjati, sânjām *ipf. träumen*
sàobračāj *Verkehr*
sàobraćajn|ī, -ā, -ō *Verkehrs-*
saobràćājnica *Verkehrsstraße*
saopštávati, saòpštāvām *ipf.
 mitteilen*
saòpštiti, sàopštīm *pf. mitteilen*
sarádnja *Zusammenarbeit*
sar|ađívati, -àđūjēm *ipf. mit-,
 zusammenarbeiten*
Sàrajevo *Sarajewo*
sàstan|ak, -ka *Treffen*
sastòj|ati se, -īm *ipf. sich
 zusammensetzen*
sàsvim *völlig*
sàšiti, sàšijēm *pf. nähen*
sât, sâti *Stunde; Uhr*
satèlīt, -íta *Satellit*

sàtir|ati, -ēm ipf. aufreiben
sàtrti, sàtrēm pf. aufreiben
sȁv, svȁ, svȅ all(es); ganz
Sáva Save
sávet (sávjet) Rat
sávet|ovati, (sávjet|ovati),-ujēm ipf.
 raten
savládati, sàvlādām pf.
 bewältigen
sàvremen, -a, -o zeitgenössisch
sàzn|ati, -ām pf. erfahren
saznà|vati, sàznājēm ipf. erfahren
sȁžēt, -a, -o knapp, konzis
sàžēti, sȁžmēm pf. zusammen-
 fassen; pressen
sažímati, sàžīmām pf. zusammen-
 fassen, pressen
scēnārijum Scenario
sȅć|ati se (sjȅć|ati se), -ām (G.)
 ipf. sich erinnern
sȅći, sȅćēm (sjȅći, sijȅčēm)
 ipf. schneiden
sèdēnje Sitzen
sèd|eti (sjèd|iti), -īm ipf. sitzen
sȅdīšte (sjȅdīšte) Sitz
sèdmica Woche
sȅ|jati (sȉ|jati), -jēm ipf. säen
sèkira (sjèkira) Axt
sekìr|ati se, -ām ipf. sich sorgen
sekretàrica Sekretärin
sèkund (sekúnda) Sekunde
selèkcija Selektion
sèljāk, -áka Bauer
sèlo Dorf
sȅme (sjȅme), -ena Same
sèmestar Semester
sēminār Seminar
sēminārsk|ī, -ā, -ō Seminar-
seòba Wanderung
sèosk|ī, -ā, -ō Dorf-, dörflich
sèptēmbar September
sȅ|sti (sjȅsti), -dnēm pf. sich hin-
 setzen
sèstra Schwester
sèstrica Schwesterchen
sȅt|iti se (sjȅt|iti se), -īm (G.) pf.
 sich erinnern

sȅver (sjȅver) Norden
sȅvern|ī (sjȅvern|ī), -ā, -ō nördlich
severoìstočn|ī, -ā, -ō (sjevero-
 ìstočnī) nordöstlich
severozápad (sjeverozápad)
 Nordwesten
shvàt|ati, -ām ipf. begreifen
shvàt|iti, -īm pf. begreifen
sída AIDS
sȉgūr|an, -na, -no sicher
sȉj|ati, -ām ipf. scheinen, glänzen
simpàtič|an, -na, -no sympathisch
sîn, sȉnovi Sohn
sȉnōć gestern abend
sȉp|ati, -ām ipf. schütten, gießen
sȉr, -evi Käse
sìrće, -eta Essig
siròče, -eta Waisenkind
sìrot, siròt|a, -o arm
sìstēm, -éma System
sistèmatsk|ī, -ā, -ō systematisch
sȉt|an, -na, -no klein
situácija Situation
sîv, sív|a, -o grau
skákati, skȁčēm ipf. springen
skìjašk|ī, -ā, -ō Ski-
skítati, skîtām ipf. sich herum-
 treiben
skòčiti, skȍčīm pf. springen
skòro bald
skûp, skúp|a, -o teuer
skúpština Parlament
slȁb, -a, -o schwach
slȁdak, slȁtk|a, -o süß
slàgati, slȁžēm pf. lügen
slágati, slȃžēm ipf. ordnen, zu-
 sammenlegen
slágati se, slȃžēm ipf. zustimmen,
 übereinstimmen
slȃst f. Süße
slȁti, šȁljēm ipf. schicken
slàtkīš, -íša Süßigkeit
slȃv|an, -na, -no berühmt
slavìstičk|ī, -ā, -ō slavistisch
slavìstika Slavistik
slȁv|iti, -īm ipf. feiern
slȃvlje Fest, Feier

slèdēć|ī, -ā, -ē (sljèdēćī) *folgender*
slé|tati, slēćēm (slijètati,
 slȉjećēm) *ipf. landen*
slèt|eti (slèt|jeti), -īm *pf.*
 landen
slȋka *Bild*
slȋkār *Maler*
slȋkārka *Malerin*
slikárstvo *Malerei*
slobòda *Freiheit*
slòbod|an, -na, -no *frei*
Slòvēn, -éna *Slawe*
Slovén|ac, -ca *Slowene*
slòvenačk|ī, -ā, -ō *slowenisch*
Slòvēnija *Slowenien*
slòvēnsk|ī, -ā, -ō *slawisch*
slȕčāj, -evi *Fall*
slȕčāj|an, -na, -no *zufällig*
slúga m. *Diener*
slùša|lac, -oca *Hörer*
slȕš|ati, -ām *ipf. hören, zuhören*
slȕžbenīk *Angestellter*
smátrati, smâtrām *ipf. meinen*
smȅđ, -a, -e *braun*
smȇh (smȋjeh) *Lachen*
smè|jati se (smȉ|jati se), *lachen*
 -jēm *ipf.* (*D.*)
méš|an (smijèšan), -na, -no
 komisch, lächerlich
smȅšk|ati se (smjȅšk|ati se), -ām
 ipf. lächeln
smètati, smêtām *ipf.* (*D.*) *stören*
smèti, smêm (smjèti, smȉjēm)
 ipf. dürfen
smîren, -a, -o *ruhig, beruhigt*
smîs|ao, -la m. *Sinn*
smȍg *Smog*
smr̀t f. *Tod*
smrtònos|an, -na, -no *todbringend*
smŕzn|uti (se), -ēm *pf. erfrieren*
smúcati se, smûcām *ipf. herum-
 streichen*
snàha *Schwiegertochter*
snȇg, snȅgovi (snȉjeg, snjȅgovi)
 Schnee
sō, sȍli f. *Salz*
sòba *Zimmer*
socijàlist(a) m. *Sozialist*

sonáta *Sonate*
Söpoćāni (*Pl.*) (*Kloster*)
spasávati, spàsāvām *ipf. retten*
spàsi|lac, -oca *Retter*
spás|ti, -ēm *pf. retten*
spàvaćā sòba *Schlafzimmer*
spávati, spâvām *ipf. schlafen*
specijàlista m. *Fachmann*
spȉker *Sprecher, Ansager*
spȏljn|ī, -ā,-ō *außen, äußerlich*
spȍmenīk *Denkmal*
spòminj|ati, -ēm *ipf. erwähnen*
spoménuti, spòmēnēm *pf. erwähnen*
spȍr, -a, -o *langsam*
spȍrt, -ovi *Sport*
sprȁt, sprȁtovi *Etage*
sprȁva *Gerät*
spréčiti, sprȇčīm (sprijèčiti, sprȉječīm)
 pf. verhindern
sprȇda (sprȉjeda) *vorne*
sprȇj *Spray*
sprȅm|an, -na, -no *bereit*
sprémati, sprêmām *ipf. bereiten,
 vorbereiten, aufräumen*
sprémiti, sprêmīm *pf. vorbereiten,
 aufräumen, bereiten*
spùst|iti, -īm *pf. senken, herunter-
 lassen*
Sȑbija *Serbien*
Sȑbin, Sȑbi *Serbe*
sȑce *Herz*
sȑdāč|an, -na, -no *herzlich*
srȅća *Glück*
srȅćan (srȅtan) *glücklich*
sréda (srijèda) *Mittwoch*
sredìna *Mitte*
srèdišnjī, -ā, -ē *zentral*
srèdnjī|ī, -ā, -ē *mittlerer*
srednjovèkōv|an, -na, -no
 (srednjovjèkōvan) *mittelalterlich*
srèdstvo *Mittel*
srȅ|sti (se), -tnēm *pf. begegnen*
srȅ|tati (se), -ćēm *ipf. begegnen*
sȑpsk|ī, -ā, -ō *serbisch*
srùš|iti (se), -īm *pf. zerstören, (zu-
 sammen)stürzen*
stȃdion *Stadion*
stàjānje *Stehen*

stàjati, stòjīm *ipf. stehen*
stâlno *ständig*
stân, stánovi *Wohnung*
stánje *Zustand*
stanòvati, stànujēm *ipf. wohnen*
stȁr, -a, -o *alt*
stȁr|ac, -ca *alter Mann*
stȁrōst *f. Alter*
stâs *Gestalt*
stȁ|ti, —nēm *pf. stehenbleiben, beginnen*
statìstičk|ī, -ā, -ō *statistisch*
stȁv|iti, -īm *pf. setzen, stellen*
stȁvlj|ati, -ām *ipf. setzen, stellen*
stèći, stèknēm *pf. erwerben (stèčēm)*
stènjati, stènjēm *ipf. stöhnen*
stèpen *Grad, Stufe*
stézati, stêžēm *ipf. drücken*
stȉg|nuti/stȉći, -nēm *pf. ankommen, einholen*
stȉh, stȉhovi *Vers*
stȋl, stȉlovi *Stil*
stipèndija *Stipendium*
stȉš|ati se, -ām *pf. still werden*
stȋ|zati, -žēm *ipf. ankommen, erreichen*
stô, stòla, stòlovi *Tisch*
stòlica *Stuhl*
stòmāk, -áka *Magen*
stòtina *das Hundert*
strádati, strâdām *ipf. leiden; umkommen*
strâh, stràhovi *Angst*
strȁn, -a, -o *fremd*
strána *Seite*
strán|ac, -ca *Fremder*
strànačk|ī, -ā, -ō *Parteien-*
strànka *Partei*
strâš|an, -na, -no *schrecklich*
stréla (strijèla) *Pfeil*
strîc, strίčevi *Onkel*
strȉći, strίžēm *ipf. scheren*
strép|eti (strép|jeti), -īm *ipf. bangen*
strpljénje *Geduld*
strȕčn|ī, -ā, -ō *Fach-*
strȕčnjāk *Fachmann*
strúja *Strom*

struktúra *Struktur*
Studènica (*Kloster*)
stùdent *Student*
stùdentkinja *Studentin*
stùdentsk|ī, -ā, -ō *studentisch*
studíranje *Studieren*
studírati, stùdīrām *ipf./pf. studieren*
stvâr *f. Ding*
stvàra|lac, -oca *Schaffender, Schöpfer*
stvâr|an, -na, -no *wirklich, tatsächlich*
stváranje *Schaffung, Schöpfung*
stvòr|iti, -īm *pf. schaffen*
sùbota *Samstag*
sùdar|iti se, -īm *pf. zusammenstoßen*
sùdbina *Schicksal*
sùdija *m. Richter*
sùma *Summe*
sùmānūt, -a, -o *wahnsinnig*
sûnce *Sonne*
sûnčan, -a, -o *sonnig*
sûnčev, -a, -o *Sonnen-*
sùprotnōst *f. Gegensatz*
sùprug *Ehemann, Gatte*
sùpruga *Gattin, Ehefrau*
sùtra *morgen*
sûv, súva, -o (sûh) *trocken*
sùza *Träne*
svàčij|ī, -ā, -ē *jedermanns*
svȁdba *Hochzeit*
svȁđa *Streit*
svȁđalica *Streithammel*
svȁđ|ati se, -ām *ipf. sich streiten*
svȁk|i, -a, -o *jeder*
svakòdnēvno *alltäglich*
svànuti, svànē *pf. dämmern*
svȁšta *alles mögliche*
svēčan, -a, -o *feierlich*
svéća (svijèća) *Kerze*
svēmīr *Weltall*
svēska *Heft*
svēst (svȉjest) *f. Bewußtsein*
svêt (svȉjet) *Welt; Leute*
svét|ao, -la, -lo (svijètao) *hell*
svèt|ī, -ā, -ō *heilig*

světlo (svjètlo) *Licht*
svètskī̆, -ā, -ō (svjètskī) *Welt-*
svêž, -a, -e (svjêž) *frisch*
svȉdjeti se (svȉdjjeti se), -īm *pf.*
  gefallen
svíđati se, svîđām *ipf. gefallen*
svìrala *Flöte*
svírati, svîrām *ipf. spielen*
  (*Instrument*)
svȉjtati, -ćē *ipf. Tag werden*
svláčiti (se), svlâčīm *ipf.* (*sich*)
  ausziehen
svôj, -a, -e *eigen*
svràćjati, -ām *ipf. vorbeikommen;*
  einkehren
svrjátiti, -âtīm *pf. vorbeikommen;*
  einkehren
svȓšen, -a, -o *beendet, vollendet*
svújći (se), -čēm *pf.* (*sich*) *ausziehen*
svùdā *überall*

Š

šȁh *Schach*
šȁl, šȁlovi *Schal*
šála *Scherz*
šȁljiti se, -īm *ipf. scherzen*
šampánjac *Sekt*
šȁnsa *Chance*
šȁnk *Theke*
šȁp(u)tati, šȁp(u)ćēm *ipf. flüstern*
šȁren, šarènja, -o *bunt*
šèćēr *Zucker*
šȅf, šèfovi *Chef*
šèprtlja *Tolpatsch*
šèšīr, -íra *Hut*
šétati (se), šêtām *ipf. spazieren*
šétnja *Spaziergang*
šíriti (se), šîrīm *ipf.* (*sich*)
  ausbreiten
šìrok, širòkja, -o *breit*
šíšati (se), šîšām *ipf. Haare schei-*
  den (*lassen*)
šȉjti, -jēm *ipf. nähen*
škôla *Schule*
škôlj (*arch.*) *Felsenlandschaft*
škȍljovati se, -ujēm *ipf. sich bilden*

škȍlskjī, -ā, -ō *Schul-*
šmînkjati (se), -ām *ipf.* (*sich*)
  schminken
šmìnker *Popper*
špânskjī, -ā, -ō *spanisch*
štȁ (štȍ) *was*
štâmpa *Presse*
štâmpanje *Druck*
štâp, štápovi *Stock*
štòšta *dies und jenes*
štrȁjk, -ovi *Streik*
štrȁjkjovati, -ujēm *ipf. streiken*
šȕma *Wald*
Švàjcarskā *Schweiz*
švâlja *Näherin*

T

tàban *Fußsohle*
tábla *Tafel*
tȁčjan, -na, -no *genau, pünktlich*
tȁčka *Punkt*
tȁd, tàda *dann*
tâj, tâ, tô *dieser*
tâjna *Geheimnis*
tàkjav, -va, -vo *ein solcher* (*da*)
tàkmičarskjī, -ā, -ō *wetteifernd*
tàknuti/taći, tàknēm *pf. berühren*
tàkō *so*
takóđe *ebenso*
takòzvānjī, -ā, -ō *sogenannt*
tȁksi, -ija, -iji *Taxi*
tàlent *Talent*
táma *Dunkelheit*
támjan, -na, -no *dunkel*
tàmo *dort*
tàšna *Tasche*
tȁta *Vater, Papa*
tèātjar, -ra *Theater*
tèjći, -čēm *ipf. fließen*
tégla *Einmachglas*
tehnològija *Technologie*
tȅk *erst*
tèle, -eta *Kalb*
telèfon *Telefon*
telegràfijsati, -šēm *ipf. telegra-*
  fieren
telèvizija *Fernsehen*

têlo (tȉjelo) *Körper*
téma *Thema*
tȅme (tjȅme), -ena *Scheitel*
ténis *Tennis*
tèōrija *Theorie*
teràsa *Terrasse*
tèr|ati (tjèr|ati), -ām *ipf. treiben, zwingen*
tèrēn, -éna *Terrain, Gelände*
tȅtka *Tante*
téžak, tešk|a, -o *schwer*
tícati se, tȋčēm *ipf. (G.) angehen, berühren*
tȋh, -a, -o *still*
tȉnejdžer *Teenager*
tȋp, típovi *Typ*
tišìna *Ruhe*
tô *das, dies*
tòčak *Rad*
tôk, tòkovi *Verlauf*
tòliko *so viel (da)*
tònuti, tȍnēm *ipf. (ver)sinken*
tȍp, tòpovi *Kanone*
tȍp|ao, -la, -lo *warm*
tórba *Tasche*
tôrta *Torte*
trâg, trȁgovi *Spur*
trȁj|ati, ēm *ipf. dauern*
tràmvāj, -ája *Straßenbahn*
tráva *Gras*
trážēnje *Suchen, Forderung*
trážiti, trȃžīm *ipf. fordern;* suchen
tȑčānje *Rennen*
tȑč|ati, -īm *ipf. rennen*
trȅb|ati, -ām *ipf. sollen; brauchen*
trenútak, -tka, trenúci *Augenblick*
trés|ti, -ēm *ipf. schütteln*
tréšt|ati (trijèšt|ati), -īm *ipf. dröhnen*
tȓg, tȓgovi *Platz; Markt*
tȑgn|uti se, -ēm *pf. zusammenfahren, zucken*
trȉk, trìkovi *Trick*
tȓljati, tȓljām *ipf. reiben*
tȓnuti *ipf. erlöschen*
tròsprat|an, -na, -no *dreistöckig*
tròvati, trùjēm *ipf. vergiften*
tȑpati, -ām *ipf. stopfen*

tȓp|eti (tȓp|jeti), -īm *ipf. leiden, dulden*
trpezàrija *Speisezimmer*
tȑti, trêm (tȁrēm) *ipf. reiben*
trúditi se, trûdīm *ipf. sich bemühen*
tû *hier*
tú|ći, -čēm *ipf. schlagen*
tûđ, túđ|a, -e *fremd*
tuđìna *Fremde*
túga *Trauer*
tugòvati, tùgujēm *ipf. trauern*
tûr, túrevi *Hinterteil*
Tùrčin, Tûrci, *G.Pl.* Tùrākā *Türke*
tùrist *Turist*
tȕrsk|ī, -ā, -ō *türkisch*
tûž|an, -na, -no *traurig*
tvȓd, tvȓd|a, -o *hart*
tvȓditi, tvȓdīm *ipf. behaupten*
tvȓdnja *Behauptung*
tvȑđava *Festung*

U

u *(G.) bei; (A., L.) in*
ubíjati, ùbījām *ipf. töten*
ùbi|ti, ùbijēm *pf. töten*
ùbog, -a, -o *arm*
ubùdūće *künftig*
ùčenica *Schülerin*
ùčenīk *Schüler*
ùčenje *Lernen*
ùčestv|ovati, -ujēm *ipf. teilnehmen*
učìniti, ùčinīm *pf. tun*
učiònica *Klassenzimmer*
ùčitelj *Lehrer*
učitèljica *Lehrerin*
ùč|iti, -īm *ipf. lernen*
ùći, ûđēm *pf. hineingehen*
ùdāljen, -a, -o *entfernt*
ùdar|ati, -ām *ipf. schlagen*
ùdaren, -a, -o *geschlagen, getroffen*
ùdar|iti, -īm *pf. schlagen*
ùd|ati se, -ām *pf. (ver)heiraten (nur von der Frau)*
udávati se, ùdājēm *ipf. (ver)heiraten (nur von der Frau)*

ùdi|sati, -šēm *ipf. einatmen, schnüffeln*
ùdob|an, -na, -no *bequem*
udrúžiti se, ùdrūžīm *pf. sich vereinen, sich zusammentun*
udr|užívati se, -ùžujēm *ipf. sich vereinen, sich zusammentun*
udvárati se, ùdvārām *ipf. den Hof machen*
ùdžbenīk *Lehrbuch*
ûgao, ûgla, ûglovi *Ecke*
ugásiti, ùgāsīm *pf. löschen*
uglàvnōm *hauptsächlich*
ùgled|ati, -ām *pf. erblicken*
ùgod|an, -na, -no *bequem, behaglich*
ugòstiti, ùgostīm *pf. bewirten*
ùgre|jati (ùgri|jati), -jēm *pf. erwärmen, heizen*
ùgristi, ugrízēm *pf. beißen*
ugr|ožávati, -òžāvām *ipf. bedrohen*
ûho (ùvo), ûši *Ohr*
ùhvat|iti, -īm *pf. fangen*
ujédati, ùjēdām *ipf. beißen*
ùje|sti, -dēm *pf. beißen*
ùjutro *morgens*
ùkin|uti, -ēm *pf. abschaffen*
uklòn|iti, ùklonīm *pf. beseitigen*
ùkrasti, ukrádēm *pf.. stehlen*
ukròtitelj *Bändiger*
ùkūs|an, -na, -no *schmackhaft*
ùlaz|iti, -īm *ipf. hineingehen*
ùlica *Straße*
ùličn|ī, -ā, -ō *Straßen-*
ûlje *Öl*
ùljud|an, -na, -no *artig*
ùloga *Rolle*
ùmesto (ùmjesto) (*G.*) *anstelle*
ùm|eti, -ēm (ùm|jeti, -ijēm) *ipf. können* .
ùmetnōst (ùmjetnōst) *f. Kunst*
ùmōr|an, -na, -no *müde*
umòriti (se), ùmorīm *pf. ermüden*
ùmiljat, -a, -o *einschmeichelnd, lieb*
ùmir|ati, -ēm *ipf. sterben*
ùmi|ti, -jēm *pf. waschen*

umívati, ùmīvām *ipf. waschen*
ùmr|ēti (ùmr|ijeti), -ēm *pf. sterben*
unàpred *im voraus*
ûnija *Union*
uništávanje *Vernichtung*
univerzìtēt, -éta *Universität*
univerzìtētsk|ī, -ā, -ō *Universitäts-*
ùnuče *Enkelkind*
ùnūtra *drinnen*
uòbražen, -a, -o *eingebildet*
ùoči (*G.*) *am Vorabend*
ùopšte *überhaupt*
uòstālōm *im übrigen*
upáliti, ùpālīm *pf. anzünden*
upàljač, -áča *Feuerzeug*
ùpīsān, -a, -o *eingeschrieben*
upisívati (se), upìsujēm *ipf. (sich) einschreiben*
upítati, ùpītām *pf. fragen*
uporeðívati, uporèđujēm *ipf. vergleichen*
upotrébiti, upòtrēbīm (upotrijèbiti, upòtrijebīm) *pf. verwenden*
upo|trebljávati, -trèbljāvām *pf. verwenden*
upòzn|ati, -ām *pf. kennenlernen*
upoznávati, upòznājēm *ipf. kennenlernen*
ùpravo *gerade*
u(s)prkos (*D.*) *trotz*
upútiti, ùpūtīm *pf. über-, verweisen*
uráditi, ùrādīm *pf. tun; verrichten*
ùrednīk *Redakteur*
usàhnuti, ùsahnēm *pf. verwelken*
ùsis|ati, -ām *pf. saugen*
ùskoro *bald*
usled (usljed) (*G.*) *infolge*
úslov *Bedingung*
uspávati, ùspāvām *pf. einschläfern*
ùspeh (ùspjeh) *Erfolg*
ùspel|ī (ùspjel|ī), -ā, -ō *gelungen*
ùsp|eti, -ēm (ùsp|jeti, -ijēm) *pf. gelingen*
uspévati, ùspēvām (uspijèvati, ùspijēvām) *ipf. gelingen*
ùspūt *unterwegs*
usred (*G.*) *inmitten*

ústa (Pl.) Mund
ùstaj|ati, -ēm ipf. aufstehen
ùsta|ti, -nēm pf. aufstehen
ùstav Verfassung
ùstrēljen (ùstrijeljen) -a, -o getroffen
ûšće Mündung
ùtakmica Spiel, Wettkampf
ùticāj (ùtjecāj) Einfluß
utìšati, ùtišām pf. leiser stellen
ùtorak Dienstag
utvŕditi, ùtvr̄dīm pf. feststellen
ùveče am Abend, abends
ùvēk (ùvijek) immer
ùven|uti, -ēm pf. verwelken
uvè|sti, -dēm pf. (her)einführen
uvè|sti, -zēm pf. (her)einfahren, importieren
ùvideti (ùvidjeti) pf. einsehen
uvláčiti, ùvlāčīm ipf. hineinziehen
uvréditi, ùvrēdīm (uvrijèditi, ùvrijedīm) pf. beleidigen
uvú|ći, -čēm pf. hineinziehen
uz (A.) hinauf
ùzbūđen, -a, -o aufgeregt
uzbuđénje Aufregung
uzb|uđívati (se), -ùđujēm ipf. (sich) aufregen
ùzdah Seufzen
uzdàhnuti, ùzdahnēm pf. seufzen
ùzdi|sati, -šēm ipf. seufzen
uzdržávati se, uzdr̀žāvām sich zurückhalten
uzdr̀žljivōst f. Zurückhaltung
ùzēti, ùzmēm pf. nehmen
ùzim|ati, -ām ipf. nehmen
uzv|ikívati, -ìkujēm ipf. ausrufen
ûžas, ùžasi Schrecken
ùžās|an, -na, -no schrecklich
ùžina Zwischenmahlzeit
užívati, ùžīvām ipf. genießen

V

vàlj|ati, -ām ipf. wert sein
vàljda wohl, vermutlich
valúta Währung
van (G.) außer(halb)

vârka Täuschung
város f. Kleinstadt
vàtra Feuer
vavìlonsk|ī, -ā, -ō babilonisch
vàzdūh Luft
váž|an, -na, -no wichtig
vèč|an (vjèčan), -na, -no ewig
vèče Abend
vèčera Abendessen
večèrās heute abend
vèčer|ati, -ām ipf./pf. zu Abend essen
vèć schon
vèč|an (vjèč|an), -na, -no ewig
vèda (vjèđa) (poet.) Augenbraue
vèd|ar, -ra, -ro heiter
vèj|ati (vȉj|ati), -jēm ipf. schneien
vêk, vékovi (vȉjek, vijèkovi) Jahrhundert, Zeitalter
vèlik(|i), -a, -o groß
vèn|uti, -ēm ipf. welken
veòma sehr
vèra (vjèra) Glauben
vèrati se, vèrēm ipf. klettern
veronáuka (vjeronáuka) Religionsunterricht
vèr|ovati (vjèrovati), -ujēm ipf. glauben
veròvatno (vjeròvatno) wahrscheinlich
vèse|o, -la, -lo fröhlich
vèsl|ati, -ām ipf. rudern
vêst (vȉjest) f. Nachricht
vèštica (vjèštica) Hexe
vèštičin (vjèštičin) -a, -o Hexenvèt|ar (vjèt'ar), -trovi Wind
vézati, vêžēm ipf. binden
vèžba (vjèžba) Übung
vèžb|ati (vjèžb|ati), -ām ipf. üben
vȉc, vìcevi Witz
vȉd|eti (vȉd|jeti), -īm ipf./pf. sehen
víkati, vîčēm ipf. rufen, schreien
vilàjet (arch.) Reich
vìljuška Gabel
vȉme Euter
vínce, -ta Weinchen
vìnjāk Weinbrand
víno Wein

vìnogrād Weinberg
violína Violine
vîr, vírovi Wasserstrudel
víri|ti, -īm ipf. (hervor)schauen
visìna Höhe
vìski, -ja Whisky
vìsok, visòk|a, -o hoch, groß
vìše (G.) oberhalb
višèsprat|an, -na, -no mehrstöckig
višestrànačk|ī, -ā,-ō Mehrparteien-
vȉt|ak, -ka, -ko schlank
vȉ|ti, -jēm ipf. winden
vizàntījsk|ī, -ā, -ō byzantinisch
vláda Regierung
vlàdār, -ára Herrscher
vládati, vlâdām (I.) ipf.
  herrschen
vlàdavina Herrschaft
vlȁsnīštvo Besitz
vlâst f. Herrschaft, Macht
vô, vòlovi Ochse
vȍće Obst
vòda Wasser
vójska Heer
vòleti (vòljeti), vȍlīm ipf. lieben
vòzāč, -áča Fahrer
vòzāčk|ī, -ā, -ō Fahrer-
vòz|iti, -īm ipf. fahren
vóžnja Fahrt
vrá|bac, -pca Spatz
vrȁć|ati se, -ām ipf. zurückkehren
vrât, vràtovi Hals
vráta (Pl.) Tür
vrátiti se, vrâtīm pf. zurückkehren
vréd|an, -na, -no (vrijèdan) fleißig
vréme (vrijème), vrȅmena,
  vremèna Wetter; Zeit
vrȅ|o, -la, -lo heiß
vȓh, vȑhovi Gipfel
vríšt|ati, -īm ipf. schreien
vȑlo sehr
vȓt, vȑtovi Garten
vŕt|eti se (vŕt|jeti se), -īm ipf. sich
  drehen
vrtòglavica Schwindel(gefühl)
vrûć, vrúć|a, -e heiß
vú|ći, -čēm ipf. ziehen, schleppen
vûk, vùkovi Wolf

Z

za (I., A.) hinter; für
za vréme (G.) während
zabadàva umsonst
zȃbluda Irrtum
zȁboga um Gottes willen
zabòrav|iti, -īm pf. vergessen
zabòravlj|ati, -ām ipf. vergessen
zabrániti, zàbrānīm pf. verbieten
zàbrinūt, -a, -o besorgt
zàbrin|uti (se), -ēm pf. (sich)
  Sorgen machen
zàču|ti se, -jēm pf. ertönen
zadátak, -tka, zadáci Aufgabe
zȁd|ati, -ām pf. aufgeben
zȁdnj|ī, -ā, -ē letzter
zàdovolj|an, -na, -no (I.) zufrieden
zadovóljstvo Vergnügen
zadȑž|ati, -īm pf. behalten
zádužbina Stiftung
zàgad|iti, -īm pf. verschmutzen
zàgađen, -a, -o verunreinigt
zagađénje Verunreinigung
zagađívanje Verschmutzung
zag|ađívati, -àđujēm, ipf.
  verschmutzen
zàgled|ati se, -ām pf. hinschauen
zaglùšujūć|ī, -ā, -ē ohrenbetäubend
Zágreb (Stadt)
zágrebačk|ī, -ā, -ō Zagreber
zahlađénje Abkühlung
zȁhval|an, -na, -no dankbar
zàhvat|iti, -īm pf. erfassen
zàinteresovān, -a, -o interessiert
zàista wirklich
zȁjednȉčk|ī, -ā, -ō gemeinschaftlich
zȁjedno gemeinsam
zàklān, -a, -o abgeschlachtet
zàključak, -čka -čci Schluß(folge-
  rung)
zakòpati, zàkopām pf. vergraben
zàlaz|iti,-īm ipf. hineingehen
zàliti, zàlijēm pf. begießen
záliv (záljev) Bucht
zalívati, zàlīvām ipf. begießen
zȁlud(u) vergeblich
zalútati, zàlūtām pf. sich verirren

zămīsao f. *Idee, Vorstellung*
zămisl|iti, -īm pf. *sich etw. vorstellen*
zamòliti, zàmolīm pf. *bitten*
zànāt, -áta *Gewerbe*
zanímanje *Beruf*
zanímati (se), zànīmām ipf.(*I.*) (*sich*) *interessieren, beschäftigen*
zanìmljiv, -a, -o *interessant*
zăo, zlă, zlŏ *schlecht*
zaòstaj|ati, -ēm ipf. *zurückbleiben; nachlaufen*
zaòst|ati, -nēm pf. *zurückbleiben*
zâpad *Westen*
zâpadn|ī, -ā, -ō *westlich*
zàpāmt|iti, -īm pf. *behalten, sich merken*
zàpla|kati, -čēm pf. (*anfangen zu*) *weinen*
zapòčēti, zàpočnēm pf. *anfangen*
zàposlen, -a, -o *berufstätig*
zapòsliti (se), zàposlīm pf. *eine Beschäftigung finden*
zăr *etwa*
zar|ađívati, -àđujēm ipf. *verdienen*
zàriti, zărijēm pf. (*hinein*)*stoßen*
zarívati, zàrīvām ipf. (*hinein*)*stoßen*
zàsad(a) *für jetzt, zur Zeit*
zàspati, zàspīm pf. *einschlafen*
zàšiti, zăšijēm pf. *zunähen*
zašívati, zàšīvām ipf. *zunähen*
zăšto *warum*
zatèći, zàteknēm *erwischen, antreffen*
zàtīm *danach*
zàtō *deshalb*
zato što *weil*
zatvárati, zàtvārām ipf. *schließen*
zàtvoren, -a, -o *geschlossen, zu*
zatvòriti, zàtvorīm pf. *schließen*
zăuzet, -a, -o *beschäftigt*
zaùzēti, zàuzmēm pf. *einnehmen*
závis|an, -na, -no *abhänging*
zàviti, zăvijēm pf. *einwickeln*
zaùzimati, -ām ipf. *einnehmen*

zavòleti (zavòljeti), zàvolīm pf. *liebgewinnen*
zav|ŕšávati, -ŕšāvām ipf. *abschließen, beenden*
zavŕšiti, zàvŕšīm pf. *abschließen, beenden*
závršn|ī, -ā, -ō *abschließend*
zavú|ći,-čēm pf. *hineinstecken*
zbîrka *Sammlung*
zbog (*G.*) *wegen*
zdrăv, -a, -o *gesund*
zdrâvlje *Gesundheit*
zêc, zêčevi *Hase*
zèlen, zelèn|a, -o *grün*
zelènilo *Grün*(*anlage*)
zèmlja *Erde*
zé|psti, -bēm ipf. *frieren*
zêt, -ovi *Schwager; Schwiegersohn*
zévati, zêvām (zijèvati, zȉjevām) ipf. *gähnen*
zgrăda *Gebäude*
zîd, zȉdovi *Wand*
zíma *Winter*
zlát|an, -na, -no *golden*
zlŏ *das Böse*
zmăj *Drachen*
znăčaj|an, -na, -no *bedeutend*
znáčiti, znâčīm ipf. *bedeuten*
znâ|k, -ci, znăkovi *Zeichen*
znàmenit, -a, -o *bedeutend*
znánje *Wissen*
znăti, znâm ipf. *wissen; kennen*
zôb f. *Hafer*
zóna *Zone*
zoòlošk|ī, -ā, -ō *zoologisch*
zóva *Holunder*
zráčiti, zrâčīm ipf. *strahlen*
zrâk, zrâci *Strahl*
zûb, zûbi *Zahn*
zúj|ati, -īm ipf. *summen*
zvăti (se), zòvēm ipf. *rufen, nennen, heißen*
zvéč|ati, -īm ipf. *klirren*
zvêr f., m. zvêri, *Raubtier*
zvêrovi (zvȉjer)
zvézda (zvijèzda) *Stern*
zvížd|ati, -īm ipf. *pfeifen*

zvòn|iti, -īm *ipf. schellen, läuten*
zvŏno *Glocke*
zvûk, -ci *Klang, Laut*

Ž

žălōst *f. Trauer*
žăo *leid*
ždèrati, ždèrēm *ipf. fressen*
ždrêbe (ždrȉjebe) *Fohlen*
žè|ći, žēm *ipf. brennen*
žéd|an, -na, -no *durstig*
žêđ *f. Durst*
žèl|eti (žèl|jeti), -īm *wünschen*
žèna *Frau*

žèn|iti se, žěnīm *ipf. heiraten (Mann)*
žěnsk|ī, -ā, -ō *weiblich*
žèravica *Glut*
žěti/žnjèti, žănjēm *ipf. ernten*
žȉca *Draht*
žìgo|sati, -šēm *ipf. abstempeln, stigmatisieren*
žîv, -a, -o *lebendig*
žív|eti (žív|jeti), -īm *leben*
žìvot *Leben*
žìvòtinja *Tier*
žìvotn|ī, -ā, -ō *Lebens-*
žúdnja *Sehnsucht*
žúr|iti (se), -īm *ipf. eilen*
žût, žút|a, -o *gelb*

Deutsch - serbisches Wörterverzeichnis

A

ABC-Schütze đâk pȓvāk
Abend vèče
Abendessen vèčera
abends ȕveče
aber ȁli, a, međùtim
Abfall òtpa|dak, -tka , òtpaci; đȕbre
abgeben s. übergeben
abgewöhnen (sich) odv|ikávati (se), -ȉkavām ipf., òdvikn|uti (òdvići) (se), -ēm pf.
Abgewöhnung odvikávānje
Abgrund pónor
Abhang òbronak , -nka, -nci
abhängig závis|an, -na, -no
Abkühlung zahlađénje
ablassen odùsta|jati, -jēm ipf., odùsta|ti, -nēm pf.
Ablegen polágānje
ablegen polágati, pòlāžēm ipf.; polòžiti, pòložīm pf.
abpflücken s. pflücken
abreiben òtir|ati, -ēm ipf., òtrti, òtrēm (òtarēm) pf.
abreisen otputòvati, otpùtujem pf.
abreißen òtkin|uti , -ēm pf.
Absatz pòtpetica
abschaffen ukídati, ùkīdām ipf., ùkin|uti, -ēm pf.
abschließen završávati, zavŕšāvām ipf.; zavŕšiti, zàvȓšīm pf.
abschließend závršn|ī, -ā, -ō
absprechen, sich dogovárati se, dogòvārām ipf., dogovòriti se, dogòvorīm pf.
abstempeln žȉgo|sati, -šēm ipf./pf.
abstreiten porícati, pòrīčēm ipf.; porèći, pòreknēm pf.;

abwesend òdsut|an, -na, -no
abwischen brȉ|sati, -šēm ipf., òbri|sati, -šēm pf.
ach! ȁh(a)
achten pȍšt|ovati, -ujēm ipf., céniti, cênīm (cijèniti, cȉjenīm) ipf.
achter ôsm|ī, -ā, -ō
Acker njȉva
Adjektiv prídev (prídjev)
Adria Jȁdrān
adriatisch jȁdrānsk|ī, -ā, -ō
Afrikaner Afrikán|ac, -ca
agressiv ȁgresīv|an, -na, -no
ähneln nálič|iti, -īm ipf.
ähnlich wie poput (G.)
AIDS sída
Akazie bȁgrem
Aktion àkcija
Akzent àkcen(a)t , -nta
Alge âlga
all sȁv, svȁ, svȅ
allein sâm, sáma, -o
all(es) sȁv, svȁ, svȅ
alle(-r) sȁv, svȁ, svȅ
allmählich pòstepen, -a, -o
alltäglich svakòdnēvno
Alpen Ȃlpi
als nȅgo
als ob kȁo da
also dȁkle
alt stȁr, -a, -o
Alte, der stȁrac
Alter stȁrōst f.
altern stȁr|eti (stȁr|jeti),-īm ipf., òstar|eti (òstar|jeti),- īm pf.
am Vorabend uočī (G.)
Ambulanz ambulànta
Amerika Amèrika

Amerikaner *Amerikán|ac, -ca*
amerikanisiert *amerikanìziran,
-a, -o*
an *na* (L., A.)
Analyse *analíza*
analytisch *analìtičk|ī, -ā, -ō*
Anarchie *anàrhija*
andere, der *drȕg|ī, -ā, -ō*
ändern *ménjati, mênjām (mijè-
njati, mȉjenjām)* ipf., *proméniti,
pròmēnīm (promijèniti)* pf.
andrücken s. drücken
aneignen, sich *prisvájati, prìsvā-
jām* ipf., *prisvòjiti, prìsvojīm* pf.
Anekdote *anegdóta*
anerkannt *prȉznāt, -a, -o*
Anfang *počétak, -tka, počéci*
anfangen *pòčinj|ati, -ēm* ipf.,
pòčēti, pòčnēm pf.
zapòčēti, zàpočnēm pf.
Anführer *líder; pȑvāk, -áka, -áci*
anführen *navòditi, nàvodīm* ipf.;
navé|sti, -dēm pf.
Angabe *podá|tak, -tka*
angehen *tícati se, tȉčēm* ipf. (G.)
angehören *prìpad|ati, -ām* ipf.,
prìpa|sti, -dnēm pf.
Angehöriger *prìpadnīk*
angenehm *prȉjat|an, -na, -no*
Angestellter *slȕžbenīk*
Angst *strâh, strȁhovi*
anklopfen *kȕcn|uti, -ēm* pf.
ankommen *stȉ|zati, -žēm* ipf.,
stȉgn|uti/stȉći, -ēm pf.
Anlaß *póvod*
anläßlich *prílikom*
anreisen *doputòvati, dopùtujēm*
pf.
anrufen s. rufen
Ansager *spìker*
anschließen, sich *priključívati se,
priključújēm* ipf., *prikljúčiti
se, prìkljūčīm* pf.
Ansichtskarte *rázglednica*
anstelle *(ù)mesto (ùmjesto)* (G.)
anstrengen (sich) *naprézati (se),
nàprēžēm* ipf., *naprégnuti (se),
nàprēgnēm* pf.

Antibiotikum *antibiòtik*
anständig *prȉstoj|an, -na, -no*
anstrengend *nápor|an, -na, -no*
antworten *odgovárati, odgòvā-
rām* ipf., *odgovòriti, odgòvo-
rīm* pf.; *od(a)zívati se,
òd(a)zīvām* ipf.; *odàzvati se,
òdazovēm* pf.
anwesend *prȉsut|an, -na, -no*
anziehen[1] *privláčiti, prìvlāčīm*
ipf., *privú|ći, -čēm* pf.
anziehen[2] (sich) *obláč|iti, -īm* ipf.;
obú|ći (se), -čēm pf.
anziehen (Schuhe) *obúvati, òbū-
-vām* ipf., *òbu|ti, -jēm* pf.
anziehend *prȉvlāč|an, -na, -no*
anzünden *páliti, pâlīm* ipf.,
upáliti, ùpālīm pf.
Aphorismus *aforìzam*
Appartement *apàrtmān, -ána*
Appetit *apètīt , -íta*
guten Appetit! *prȉjatno!*
April *àprīl, -íla*
Arbeit *râd, rádovi; pòsao, pòslovi*
arbeiten *ráditi, râdīm* ipf., *uráditi,
ùrādīm* pf.
Arbeiter *râdnīk*
Arbeits- *râdn|ī, -ā, -ō*
arbeitslos *nezàposlen, -a, -o*
Architektur *arhitektúra*
Argument *argùment*
Arm *rúka*
arm *sȉrot, siròt|a, -o; ùbog,
-a, -o*
arm(selig) *jȁd|an, -na, -no*
Art *náčin*
artig *ùljud|an, -na, -no*
Artikel (gramm.) *člȁn, člànovi*
Arznei *lȇk, lékovi (lȉjek, lijèkovi)*
Arzt *lèkār (ljèkār), -ára*
Ärztin *lèkārka (ljèkārka)*
Aspirin *aspìrīn, -ína*
Assistent *asìstent*
Atelier *atèljē, -èa, -èi*
Atheist *atèist(a)*
atmen *dísati, dîšēm* ipf.
Atmosphäre *atmosféra*
Atom- *àtomsk|ī, -ā, -ō*

auch *takóđe, i*
auch nicht *ni*
auf *na* (L., A.)
auf keine Weise *nȉkako*
aufbewahren s. bewahren
aufblähen *nadím|ati, nàdīmām* ipf.; *nàduti, nȁdmēm* pf.
aufblühen *procvèt|ati (procvjèt|ati) pròcvetām* pf.
aufbrechen *pòlaz|iti, -īm* ipf., *pòći, pôđēm* pf.; *krétati, krȇćēm* ipf.; *krénuti, krȇnēm* pf.
aufdecken *otkrívati, òtkrīvām* ipf., *òtkri|ti, -jēm* pf.
auf einmal *odjèdnom*
aufessen s. essen
Aufgabe *zadá|tak, -tka, zadáci*
aufgeben[1] *odùstaj|ati, -ēm* ipf., *odùsta|ti, -nēm* pf.
aufgeben[2] *zadávati, zȁdājēm* ipf., *zȁd|ati, -ām* pf.
aufgeregt *ùzbūđen, -a, -o*
Aufheiterung *razvedrávanje*
aufhören *prèsta|jati, -jēm* ipf., *prèsta|ti, -nēm* pf.
auflehnen (sich) *búniti (se), bûnīm* ipf., *pobúniti (se) pòbūnīm* pf.
Aufmerksamkeit *pážnja*
aufpassen *pȁz|iti, -īm* ipf.; *prȉpaz|iti, -īm* pf.
aufräumen *rasprémati, ràsprēmām* ipf., *rasprémiti, ràsprēmīm* pf.
aufreiben *sȁtir|ati, -ēm* ipf., *sȁtrti, sȁtrēm* pf.
aufregen, sich *uzbuđívati se, uzbùđujēm* ipf., *uzbúditi se, ùzbūdīm* pf.
Aufregung *uzbuđénje*
aufs neue *pònovo*
aufschütten *nàsip|ati, -ām* ipf., *nàsūti, nȁspēm* pf.
aufstehen *ùstaj|ati, -ēm* ipf., *ùsta|ti, -nēm* pf.
aufwachen *búditi se, bûdīm* ipf., *probúditi se, pròbūdīm* pf.

aufwachsen *odrástati, òdrāstām* ipf.; *odrást|i, -ēm* pf.
Auge *ȍko, ȍči*
Augen- *ȍčn|ī, -ā, -ō*
Augenblick *trenútak, -tka, trenúci*
Augenbraue *òbrva; vȅda (vjȅđa)*
August *ȁvgust*
aus *iz* (G.)
ausbreiten *pròstirati, pròstirēm* ipf., *pròstrēti (pròstrijēti), pròstrēm* pf.; *šȉriti (se), šȉrīm* ipf.; *proširiti (se), pròšīrīm* pf.
ausdenken *izmíšljati, ȉzmīšljām* ipf., *ȉzmisl|iti, -īm* pf.
Ausdruck *ȋzrāz*
auseinandergehen *razȉlaz|iti se, -īm* ipf.; *razíći se, ràzīđēm* ipf.
Ausflug *ȋzlet*
ausführen *izvòditi, ȉzvodīm* ipf., *izvè|sti, -dēm* pf.
ausführlich *òpšīr|an, -na, -no*
Ausgabe *izdánje*
Ausgang *ȉzlaz*
ausgeben *izdávati, ȉzdājēm* ipf., *ȉzd|ati, -ām* pf.
ausgefüllt *ȉspunjen, -a, -o*
ausgehen *ȉzlaz|iti, -īm* ipf., *izáći, izāđēm* pf., *izíći, izīđēm* pf.
ausgewählt *òdabrān, -a, -o*
ausgezeichnet *òdlič|an, -na, -no*
ausgraben *isk|opávati, -òpavām* ipf., *iskòpati, ȉskopām* pf.
aushalten *izdržávati, izdr̀žāvām* ipf.; *izdr̀ž|ati, -īm* pf.
Ausland *inostrànstvo*
Ausländer *stránac, -nca*
ausleeren *isprázniti, ȉsprāznīm* pf.
Ausnahme *izuzé|tak, tka, -ci*
ausschimpfen *izgŕditi, ȉzgr̄dīm* pf.
ausschreiben *ispisívati, ispìsujēm* ipf.; *ispísati, ȉspīšēm* pf.,
aussehen *izglédati, ȉzglēdām* ipf.
außen *spȍlja*
außer *osim* (G.)
außerdem *osim toga*
außerhalb *van, izvan* (G.)
äußerlich *spȍljnī, -ā, -ō*

außerordentlich *izvànred|an,*
   -na, -no
ausrufen *uzvikívati, uzvìkujēm*
   ipf., *uzvíknuti, ùzvīknēm* pf.
ausruhen (sich) *odmárati (se),*
   òdmārām ipf., *odmòriti se,*
   òdmorīm pf.
Aussprache *ȉzgovōr*
aussprechen *izg|ovárati, -òvārām*
   ipf., *izg|ovòriti, -òvorīm* pf.
Ausstellung *ȉzložba*
austrinken *ispíjati, ìspījām* ipf.;
   ìspiti, ȉspijēm pf.; *iskapljívati,*
   iskàpljujēm ipf.; *iskápiti, ìs-*
   kāpīm pf.
auswählen *izabír|ati, izàbīrām*
   ipf.; *izàbrati, izàberēm* pf.
ausweiten *šíriti, šȋrīm* ipf.,
   prošíriti, pròšīrīm pf.
auswendig *nȁpamēt*
auswischen *ȉzbri|sati, -šēm* pf.
ausziehen *svláčiti, svlâčīm* ipf;
   svú|ći, -čēm pf.;
ausziehen (Schuhe) *izúvati,*
   ízūvām ipf., *ìzu|ti, -jēm* pf.
Auszug *òdlom|ak, -ci*
Autobiographie *autobiogràfija*
Autofahrer *vòzāč, -áča*
Automobil, Auto *automòbīl, -íla*
autonom *àutonōm|an, -na, -no*
Autor *àutor*
Autorin *àutorka*
Axt *sèkira (sjèkira)*

B

babilonisch *vavȉlonsk|ī, -ā, -ō*
Baby *béba*
backen *pè|ći, -čēm* ipf.; *ispè|ći*
   -čēm pf.
Bäckerei *pèkara*
Bad *kupàtilo*
Badeanzug *kùpācī kòstīm*
baden *kúpati (se), kûpām* ipf.,
   okúpati (se), òkūpām pf.
Bahn s. Pfad
bald *skòro, ùskoro*
Balett *bàlēt, -éta*

balkanisch *bàlkānsk|ī, -ā, -ō*
Balkon *bàlkōn, -óna*
Bändiger *ukròtitelj*
bangen *strép|eti (strép|jeti), -īm*
   ipf.
Bank[1] *klúpa*
Bank[2] *bânka*
Bär *mèdved (mèdvjed)*
Barbier *bèrberin*
barfuß *bôs, bòs|a, -o*
Basketball *kòšārka*
   Basketball- *kòšārkāšk|ī, -ā, -ō*
Bau *grádnja*
bauen *gráditi, grâdīm* ipf.,
   sagráditi, sàgrādīm pf.
Bauer *sèljāk, -áka*
Baum *dȑvo, -eta, dȑva, drvèta,*
   dȑvēće
Baumeister *neìmār*
bedeuten *znáčiti, znâčīm* ipf.
bedeutend *znȁčaj|an, -na, -no;*
   znȁmenit, -ā, -o
bedienen *posl|užívati, -ùžujēm*
   ipf.; *poslúžiti, pòslūžīm* pf.
Bedingung *úslov*
bedrohen *ugrožávati, ugròžāvām*
   ipf., *ugròziti, ùgrozīm* pf.
beeilen, sich s. eilen
beenden s. abschließen
beendet *svȑšen, -a, -o*
befinden, sich *nàlaz|iti se, -īm*
   ipf.
befreien *oslobáđati, oslòbāđām*
   ipf., *oslobòditi, oslòbodīm* pf.
Befreien *oslobáđānje*
Befreier *oslobòdi|lac, -oca*
Befreiung *oslobáđānje, oslobo-*
   đénje
befreundet sein s. zusammen sein
begegnen *srȅ|tati, -ćēm* ipf.,
   srȅ|sti, -tnēm pf.
Begeisterung *oduševljénje*
begießen *zalívati, zàlīvām* ipf.,
   zàliti, zàlijēm pf.
beginnen *pòčinj|ati, -ēm* ipf.,
   pòčeti, pòčnēm pf.; *stȁ|ti, -nēm* pf.
begreifen *shvȁt|ati, -ām* ipf.,
   shvȁt|iti, -īm pf.

Begriff *pójam, pójmovi*
begrüßen *pòzdravlj|ati, -ām* ipf.,
pòzdrav|iti, -īm pf.
behaglich *ùgod|an, -na, -no*
behalten *zadržávati, zadŕžāvām* ipf., *zadŕž|ati, -īm* pf.
behalten (in Erinnerung) *pâmt|iti, -īm* ipf., *zàpāmt|iti, -īm* pf.
Behandlung (ärztl) *léčenje* (*lijèčenje*)
Behauptung *tvŕdnja, tvŕđēnje*
bei *kod, u* (G.); *po, pri* (L.)
Bein *nòga*
beißen *grȉsti, grízēm* ipf.; *ùgristi, ugrízēm* pf.; *ujédati, ùjēdām* ipf., *ùje|sti, -dēm* pf.
Beispiel *prímer* (*prímjer*)
zum Beispiel, *npr.* (*na prímer*)
Beitrag *prílog*
beitragen *dopr|inòsiti, -inosīm* ipf.; *doprì|neti* (*-nijeti*), *-nesēm* pf.
bekannt *pòznat, -a, -o*
Bekannter *pòznanīk*
bekloppt *ùdaren, -a, -o*
bekommen *dobíjati, dòbījām* ipf.; *dòbiti, dòbijēm* pf.
beleidigen *vréđati, vrêđām* ipf.
uvréditi, ùvrēdīm (*uvrijèditi*) pf.
Belgrad *Beògrad*
Belgrader *Beògrađan|in,-i*
beliebt *òmiljen, -a, -o*
bellen *lȃj|ati, -ēm* ipf.
bemerken *opážati, òpāžām* ipf; *òpaz|iti, -īm* pf.; *prim|ećívati, -ećujēm* (*prim|jećívati, -jećujēm*) ipf. *primétiti, prìmētīm* (*primijètiti, prìmijetīm*) pf.
bemühen, sich *trúditi se, trûdīm* ipf., *potrúditi se, pòtrūdīm* pf.
beobachten *mòtr|iti, -īm* ipf.
bequem *ùdob|an, -na,-no*,
berauschend *òpoj|an, -na, -no*
bereit *sprȅm|an, -na, -no*
bereiten *sprémati, sprêmām* ipf., *sprémiti, sprêmīm* pf.

bereuen *kȁj|ati se, -ēm* ipf., *pòkaj|ati se, -ēm* pf.
Berg *bŕdo*
Berg(wald) *gòra*
bergwandern *plan|ináriti, -inārīm* ipf./pf.
Berliner *bèrlīnsk|ī, -ā, -ō*
Beruf *zanímanje, profèsija*
berufstätig *zàposlen, -a, -o*
beruhigt *smîren, -a, -o*
berühmt *slȃv|an, -na, -no*; *čùven, čuvèn|a, -o*
berühren *dòti|cati, -čēm* ipf., *dotàknuti/ dotàći, dòtaknēm* pf.
Besatzung *okupácija*
beschäftigt *zȁuzet, -a, -o*
beschäftigen[1], sich *bȁviti se, -īm* ipf. (I.)
beschäftigen[2] (sich) *zap|ošljávati* (*se*), *-òšljávām* ipf., *zapòsliti* (*se*), *zàposlīm* pf.
beschließen s. entscheiden
beschreiben *opisívati, opísujēm* ipf., *opísati, òpīšēm* pf.
beseitigen *ùklanj|ati, -ām* ipf., *uklòniti, ùklonīm* pf.
besichtigen *razglédati, ràzglēdām* ipf., *ràzgled|ati, -ām* pf.
Besitz *vlȁsnīštvo*
Besitzer *gȁzda*
besonderer *póseb|an, -na, -no*
besonders *náročito*
besorgt *zȁbrinūt, -a, -o*
bespucken s. spucken
bestehen *postò|jati, -jīm* ipf.
bestellen *naručívati, narùčujēm* ipf., *narúčiti, nàrūčīm* pf.
Bestseller *bȅstseler*
Besuch *pòseta* (*pòsjeta*)
besuchen *posećívati, posèćujēm* (*posjećívati*) ipf., *pòset|iti* (*pòsjet|iti*), *-īm* pf.
Besucher *posétilac* (*posjètilac*)
betrachten *posmátrati, pòsmātrām* ipf.
betreffen s. angehen

betrunken pìjan, -a, -o
Bett krèvet
beugen (sich) nàginj|ati (se), -ēm ipf., nàgnuti (se), nàgnēm pf.; pògnuti (se), pògnēm pf.
bewahren čúvati, čûvām ipf., sačúvati, sàčūvām pf.
bewältigen savl|ađívati, -ađujēm ipf.; savládati, sàvlādām pf.
bewegen (sich) krétati (se), krêćēm ipf., krénuti (se). krênēm pf.; mȉ|cati, -čēm ipf., màknuti/ màći, mȁknēm pf.
Bewegung pòkrēt
bewirten ugošćávati, ugòšćāvām ipf., ugòstiti, ùgostīm pf.
bewölkt ȍblāč|an, -na, -no
Bibliothek bibliotéka
Bewölkung naoblačénje
bewußtlos onèsvešćen,-a,-o (onèsvješćen)
Bewußtsein f. svêst (svȋjest)
bezahlt nàplāćen, -a, -o
beziehen, sich odnòsiti, òdnosīm ipf.
beziehungsweise òdnosno
Bier pȋvo
Bild slȋka
bilden (sich) òbraz|ovati (se), -ujēm ipf./pf. škȏl|ovati se, -ujēm ipf.
billig jèftin, -a, -o (jȅvtin)
binden vézati, vêžēm ipf., své|zati, -žēm pf.
bis do (G.)
bitten mòliti, mȍlīm ipf., zamòliti, zàmolīm pf.
blasen dúvati, dûvām ipf.
blaß blêd, bléd|a,-o (blȋjed, blijèda)
Blatt lȋst
Blau plavètnilo
blau plâv, pláv|a, -o
bleiben òstaj|ati, -ēm ipf. òsta|ti, -nēm pf.,
Bleistift òlovka
Blick pȍgled
Block blȍk, blȍkovi
blond plâv, pláv|a, -o

Blume cvêt, cvȅtovi (cvȋjet, cvjȅtovi), cvȇće (cvȋjeće)
Blut kȓv f.
Blut- kȑvn|ī, -ā, -ō
Bombon bombóna
Bohemien bòēm, -éma
böse ljût, ljút|a, -o
böse werden ljútiti se, ljûtīm ipf., naljútiti se, nàljūtīm pf.
Böse, das zlȏ
Boutique bùtik
brauchen trȅb|ati, -ām ipf., zàtrebati, -ām ipf.
braun smȇđ, -a, -e
bravo brȁvo
breit šȉrok, širòk|a, -o
brennen gòr|eti (gòr|jeti), -īm ipf.; žȅ|ći, -žēm ipf.
Brief písmo
Brille nȁočāri (nȁočāle) (Pl.)
bringen donòsiti, dònosīm ipf.; dònēti (dònijeti), donèsēm pf.
Brot hlȅb (hljȅb)
Bruchstück òdlomak
Brücke mȏst, mȍstovi, ćùprija
Bruder brȁt, brȁća
brummen brúj|ati, -īm ipf.
Brunnen bùnār
Buch knjȋga
Buchhandlung knjȋžara
buchstäblich dòslov|an, -na, -no
Bucht záliv (záljev)
bücken (sich) sàginj|ati (se), -ēm ipf., sàgnuti (se) sàgnēm pf.; pògnuti (se), pògnēm pf.
Budapest Bùdimpešta
Buffet bifē, -èa
bulgarisch bȕgarsk|ī, -ā, -ō
bunt šȁren, šarèn|a, -o
Bürger grȁđan|in, -i
Bursche mȍmak, mȍmče
Bus autòbus
Business bȉznis
byzantinisch vizàntījsk|ī, -ā, -ō

C

Calcium kȁlcijum
Chance šȁnsa

Chef šȇf, šȇfovi
Chemie hémija
Chemikalie hemìkalija
chemisch hémījsk|ī, -ā, -ō
chinesisch kìnēsk|ī, -ā, -ō
Computer kompjúter
Creme kréma

D

da tû
Dach krôv, kròvovi
Dalmatien Dàlmācija
Dame dáma
Damenkleid hàljina
dämmern (Tag werden) svîtati,
 svîćē ipf.; svànuti, svānē pf.
Dämon dèmōn, -óna
danach zàtīm
Dank hvála
dankbar zȁhval|an, -na, -no
Danke! Hvála!
danken zahv|aljívati, -àljujēm
 ipf.; zahváliti, zȁhvālīm pf.
dank(end) blagodáreći
dann ȍndā; tȁd, tàda
das tô
darstellen prèdstavlj|ati, -ām ipf.,
 prèdstav|iti, -īm pf.
Datum dátum
dauern trȁj|ati, -ēm ipf.;
 pòtraj|ati, -ēm pf.
Dealer díler
Decke ćèbe
Dekan dèkān, -ána
Deklination deklinácija
Demokratie demokràtija
demokratisch demòkratsk|ī, -ā, -ō
Demonstrant demònstrant
Demonstration demonstrácija
demonstrieren demonstrírati,
 demònstrīrām ipf./pf.
denken mȉsl|iti, -īm ipf.,
 pòmisl|iti, -īm pf.
Denkmal spȍmenīk
denn jer
dennoch ȉpāk
der gleiche ȋst|ī, -ā, -ō

derselbe ȋst|ī, -ā, -ō
deshalb zàtō
Designerin dizàjnerka
detailliert dètālj|an, -na, -no
deutsch nèmačk|ī, -ā, -ō
 (njèmačkī)
Deutsche Nèmica (Njèmica)
Deutscher Némac, -mca (Nijèmac)
Deutschland Nèmačkā
 (Njèmačkā)
Dezember dècēmb|ar, -ra
Dialog dijàlog
dicht gûst, gúst|a, -o
Dichter pȅsnīk (pjȅsnīk)
Dichterin pȅsnikinja (pjȅsnikinja)
dick dèbeo, debèl|a, -o
Dieb lópov
Diebstahl krȁđa
Diener slúga m.
Dienstag ùtor|ak, -ka
diensthabend dèžūrn|ī, -ā. -ō
dieser (hier) òvaj, òvā, òvō
 (da) tâj, tâ, tô
diesjährig ovogòdišnj|ī, -ā, -ē
diesseits s òvē stránē (G.)
Dinar dȋnār
Ding stvâr f.
Diplom- dȉplōmsk|ī, -ā, -ō
Diskothek diskotéka
Diskretion dìskrēcija
Diskussion dìskūsija
Diskussionsteilnehmer diskùtant
diskutieren dìskut|ovati,
 -ujem ipf./pf.
Disziplin disciplína
Doktor dȍktor
Donau Dȕnav
Donner grȍm, gròmovi
donnern gŕm|eti (gŕm|jeti), -īm
 ipf.
Donnerstag četvŕt|ak, -ka
doppelt dȕpl|ī, -ā, -ō
Dorf sèlo
Dorf- sȅosk|ī, -ā, -ō
dörflich sȅosk|ī, -ā, -ō
dort ónde (óndje), tàmo
dorthin ònamo, tàmo
Dosis dóza

Dossier dosìjē, -èa
Dozent dòcent
Drache zmãj, -evi
Draht žīca
Drama dráma
draußen nápolju
Drehen okrétanje
drehen vŕt|eti se (vŕt|jeti se),
 -īm ipf.
dreistöckig tròsprat|an, -na, -no
dringen dòpir|ati, -ām ipf.; dò-
 pr|ēti (dòprij|eti), -ēm pf.
drinnen ùnūtra
Droge dróga
Drogen nehmen drogírati se, drò-
 gīrām ipf.
Drogensucht narkomànija
Drogensüchtiger narkòmān, -ána
drohen prétiti, prētīm (prijètiti,
 prījetīm) ipf.; zaprétiti, zàprē-
 tīm (zaprijètiti, zàprijetīm) pf.
dröhnen tréšt|ati (trijèšt|ati),
 -īm ipf.
Druck štâmpanje
drücken pritískati, prìtīskām ipf.,
 prìtisnuti, -nēm pf. stézati,
 stêžēm ipf., stégnuti, stêgnēm pf.
duften mìri|sati, -šēm ipf.,
 zamìri|sati, -šēm pf.
Dukate dùkat
dulden tŕp|eti (tŕp|jeti), -īm ipf.,
 otŕp|eti (otŕp|jeti), -īm pf.
dumm glûp, glúpa, -o
Dummheit glúpōst f.
dunkel mráč|an, -na, -no;
 tám|an, -na, -no
Dunkelheit mrâk, táma
durch kroz (A.)
durchdringen pròdir|ati, -ēm ipf.,
 pròdrēti (pròdrijeti),
 pròdrēm pf.
durchfroren pròzēb|ao, -la, -lo
durchlesen pročìtati, pròčitām
 pf. s. lesen
durchnäßt pròkis|ao, -la, -lo
durchrennen pre|trčávati, -tŕčā-
 vām ipf., pretŕč|ati, -īm pf.

durchschwimmen prepl|ivávati,
 -ìvāvām ipf; prèpliv|ati, -ām pf.
durchsehen preglédati, prèglēdām
 ipf.; prègled|ati, -ām pf.
durchsichtig pròvīd|an, -na, -no
durchsingen prep|evávati (prepj|e-
 vávati), -èvāvam ipf.; prèpev|ati
 (prèpjev|ati), -ām pf.
durchstecken pròturiti pf.
dürfen smèti, smêm (smjèti,
 smȋjēm) ipf.
Durst žêđ f.
durstig žéd|an, -na, -no
duschen tušírati se, tùšīrām ipf.;
 istušírati se, istùšīrām pf.
düster mráč|an, -na, -no
Dynastie dinàstija

E

eben bȁš
Ebene ravnìca
ebenso takóđe
echt prâv|ī, -ā, -ō
Ecke ûgao, ûgla, ûglovi
Edelmut plȅmenitōst f.
Ehefrau sùpruga, žèna
ehemalig bîvšī, -ā, -ē
Ehemann, Gatte sùprug, mûž,
 mûževi
Ehre čâst f.
Eiche hrâst, hrȁstovi
eigen svôj, -a, -e
eigentlich u stvári
eilen žúr|iti (se), -īm ipf.,
 požúr|iti (se), -īm pf.
eilig hȉt|an, -na, -no
einatmen ùdi|sati, -šēm ipf.;
 udàhnuti, ùdahnēm pf.
einfach pròsto
Einfluß ùticāj (ùtjecāj)
einführen s. importieren
Einführung pròmōcija
eingebildet uòbražen, -a, -o
eingeschrieben ùpīsān, -a, -o
eingießen sȉp|ati, -ām ipf.,
 nàsūti, nàspēm pf.

einholen stî|zati, -žēm ipf.,
stîgn|uti/stîći, -ēm pf.
einige nȅkoliko
Einkauf kupòvina
einkehren svrāć|ati, -ām ipf.,
svrátiti, svrâtīm pf.
einladen pozívati, pòzīvām ipf.,
pòz|vati, -ovēm pf.
Einladung pòzivnica
Einmachglas tégla
einmal jedànput
einnehmen zaùzimati, -ām ipf.,
zaùzeti, zàuzmēm pf.
eins jȅd|an, -na, -no
einsam sein samòvati, sàmujēm
pf.
einschlafen zaspívati, zàspīvām
ipf.; zàspati, zàspīm pf.
einschläfern usp|avljívati,
-àvljujēm ipf.; uspávati,
ùspāvām pf.
einschmeichelnd ùmiljat, -a, -o
einschreiben, sich upisívati se,
upìsujēm ipf., upísati se, ùpī-
šēm pf.
einsehen uvíđati, ùvīđām ipf.;
ùvid|eti, (ùvidj|eti), -īm pf.
Einseitigkeit jednòstranōst f.
einst nȅkad(a)
einzelne pojèdin|ī, -ē, -ā (Pl.)
eisern gvòzden|ī, -ā, -ō
eintreffen prispévati, prìspēvām
(prispijèvati) ipf., prìspl|eti, -ēm
(prìspl|jeti, -ijēm) pf.
einwickeln zavíjati, zàvījām ipf.;
zàviti, zȁvijēm pf.
Eisen gvôžđe
elektrisch elèktričnī, -ā, -ō
Eltern ròditelji
Emanzipation emancipácija
Empfang prìjem, dòček
empfangen dočekívati, dočèku-
-jēm ipf., dòček|ati, -ām pf.
empfehlen prepor|učívati,
-ùčujēm ipf., prep|orúčiti,
-òrūčīm pf.
Ende krâj, kràjevi
endlich nâjzād

Energie enèrgija
englisch ènglēsk|ī, -ā, -ō
Enkelkind ùnuče, -eta
entdecken otkrívati, òtkrīvām ipf.,
òtkriti, òtkrijēm pf.
entfernt ùdāljen, -a, -o
Entfernung rastojánje
entfliehen pòbe|ći, (pòbje|ći),
-gnēm pf.; s. fliehen
entgegen nasuprot (D.)
Entgegnung rèplika
entreißen òtim|ati, -ām ipf., òt|ēti,
-mēm pf.
entscheiden odl|učívati, -ùčujēm
ipf., odlúčiti, òdlūčīm pf.
entscheiden, sich rešávati se,
rèšāvām (rješávati, rjèšāvām)
ipf., réšiti se, rêšīm, (rijèšiti,
rìješīm) pf.; opredéliti se,
oprèdēlīm (opredijèliti,
oprèdijelīm) pf.
entschuldigen sich izv|injávati se,
ìnjāvām ipf.; izvíniti (se), ìzvī-
nīm pf.
entsetzlich ȕžas|an, -na, -no
entstehen nàstaj|ati, -ēm ipf.,
nàsta|ti, -nēm pf.
Entstehung nàstanak
entweichen ìzmic|ati, -čēm ipf;
izmàknuti/ìzmaći, ìzmaknēm
pf.
entwickeln razvíjati, ràzvījām
ipf.; ràzviti, rȁzvijēm pf.
entwickelt razvìjen, -a, -o
Entzug odvikávanje
Epilog epìlog
er ôn
Erbauer gràditelj
erbaut sàgrāđen, -a, -o
erblicken ùgled|ati, -ām pf.
erbost kîv|an, -na, -no
Erde zèmlja
Erdgeschoß prízemlje
ereignen, sich dogáđ|ati se, dògā-
đām ipf., dogòditi se, dògodīm
pf., dešávati se, dèšāvām ipf.;
dèsi|ti se, -īm pf.
Ereignis dògađaj

erfahren *doznávati, dòznājēm* ipf.,
dòzn|ati, -ām pf.; *saznā|vati,
-jēm* ipf., *sàzn|ati, -ām* pf.
erfassen *zàhvat|ati, -ām* ipf.,
zàhvat|iti, -īm pf.
erfinden *pronàlaz|iti, -īm* ipf.,
pronáći, prònāđēm pf.;
*izumévati, izùmēvām
(izumijèvati) ipf., izùm|eti,
-ēm (izùm|jeti, -ijēm)* pf.
Erfindung *pronàlazak,-ska, -sci;
ìzum*
Erfolg *ùspeh (ùspjeh)*
erforschen *istražívati, istrážujēm*
ipf., *istrážiti, ìstrāžīm* pf.,
proučávati, proùčāvām ipf.,
proùčiti, pròučīm pf.
erfrieren *sm|rzávati (se), -ȑzavām*
ipf., *smȑzn|uti (se) -ēm* pf.
ergreifen *hvȁt|ati, -ām* ipf.,
ùhvat|iti, -īm pf.; *dočèpati se*
(G.), *dòčepām* pf.
erhalten *dobíjati, dòbījām* ipf.,
dòbiti, dòbijēm pf.
erhängen *vȅš|ati (vjȅš|ati), -ām*
ipf.; *òbesiti (òbjes|iti), -īm* pf.
Erhaltung *održávanje*
erinnern, sich *sȅć|ati se (sjȅć|ati
se), -ām* (G.) ipf., *sȅtiti se
(sjȅtiti se), -īm* (G.) pf.
erkälten, sich *prehl|ađívati se,
-ađujēm* ipf., *prehláditi se,
prèhlādīm* pf.; *nazé|psti,
-bēm* pf.
Erkältung *názeb*
erklären *obj|ašnjávati, - ašnja-
vām* ipf., *objásniti, òbjāsnīm*
pf.; *izjavlj|ívati, -jàvljujēm*
ipf., *izjáviti, ìzjāvīm* pf.
Erklärung *objašnjávānje,
objašnénje*
Erkrankung *oboljénje*
erkranken *obolévati, obòlēvām
(obolijèvati, obòlijevām)* ipf.,
obòl|eti (obòl|jeti), -īm pf.
erlauben *doz|voljávati, -vòljāvām*
ipf., *dozvòliti, dòzvolīm* pf.
Erlaubnis *dòzvola*

erläutern s. erklären
erleben *doživljávati, dožìvljāvām*
ipf., *dožív|eti (dožív|jeti),-īm* pf.
erlernen *naùčiti, nàučīm* pf.,
ipf. *s.* lernen
erlöschen *tȓn|uti, -nēm* ipf.;
utrn|uti, -ēm pf.
ermüden *izmárati, ìzmārām* ipf.;
izmòriti, ìzmorīm pf.
ermutigen *hrábriti, hrȃbrīm* ipf.;
ohrábriti, òhrābrīm pf.
ernähren (sich) *hrániti (se), hrȃ-
nīm* ipf.
Ernst(haftigkeit) *ozbíljnōst* f.
ernten *žȅti (žnjèti), žȁnjēm* ipf.,
pòž|eti, -anjēm pf.
Entfernung *rastojánje*
ermüden *umárati (se), ùmārām*
ipf.; *umòriti (se), ùmorīm* pf.
Eroberer *osvàjāč, -áča*
Erreichen *dostignúće*
erreichen *dòsti|zati, -žēm* ipf.;
dòstig|nuti/dòsti|ći, -gnēm pf.
Errungenschaft *dostignúće*
erscheinen *poj|avljívati se,
-ávljujēm* ipf.; *pojáviti se,
pòjāvīm* pf.
erschöpfen *is|crpljívati, -crplju-
jēm* ipf.; *iscȓp|sti, -ēm* pf.
erschrecken *plȁš|iti, -īm* ipf.;
ùplaš|iti, -īm pf.
ersetzen *nadokn|ađívati, -ađujēm*
ipf., *nadòknad|iti, -īm* pf.
erst *tȅk*
erster *pȓv|ī, -ā, -ō*
Erster *pȓvāk , -áka*
erteilen *dod|eljívati (dodj|eljívati),
-èljujēm* ipf., *dodéliti, dòdēlīm
(dodijèliti)* pf.
ertönen *čȕ|ti se, -jēm* ipf.;
zàču|ti se, -jēm pf.
Ertrinkender *davljènīk, , -íka*
erwachsen *narástati, nàrāstām*
ipf.; *narást|i , -ēm* pf.
Erwachsene *òdraslī*
erwarten *očekívati, očèkujēm* ipf.
erwähnen *(s)pòminj|ati, -ēm* ipf.,
(s)poménuti, (s)pòmēnēm pf.

erwärmen s. wärmen
erwerben stȉ|cati, -čēm ipf.;
  stèći, stèknēm (stȅčēm) pf.
erwischen zȁti|cati, -čēm ipf.;
  zatèći, zàteknēm pf.
Erz rúda
Erzählung pr̂iča; prȉpovētka
  (prȉpovijetka)
Erzvorkommen rûdno blâgo
erzählen príčati, prîčām ipf.,
  ispríčati, ȉsprīčām pf.
Erzählung pr̂iča, prȉpovetka
  (prȉpovijetka)
es òno
Essay èsēj, -éja
Essen jȅlo
essen jȅ|sti, -dēm ipf.,
  pòje|sti, -dēm pf.
Essig sȉrće
Etage sprȁt, sprȁtovi
etwa zȁr
etwas nȅšto
Europa Evrópa
Europäer Evrópljan|in, -i
europäisch èvrōpsk|ī, -ā, -ō
Euter vȉme
ewig vȅč|an, -na, -no (vjȅ|čan)
exklusiv èkskluziv|an, -na, -no
Exkursion ekskùrzija
Experiment eksperìment
Exporteur ȉzvoznīk
exportieren izvòziti, ȉzvozīm ipf.;
  izvè|sti, -zēm pf.
Extrem krájnōst f.

F

Fabrik fàbrika
Fach prédmet, strȕka
Fach- strȕčn|ī, -ā, -ō
Fachmann strȕčnjak; specijàlista m.
fahren vòz|iti, vȍzīm ipf.; (auf dem Wasser) plòv|iti, -īm ipf.
Fahrer vòzāč, -áča
Fahrer- vòzāčk|ī, -ā, -ō
Fahrrad bȉcikl
Fahrt vóžnja

Fakultät fakùltēt, -éta
Fall¹ pâd, pádovi
Fall² slȕčaj, -evi
fallen pȁd|ati, -ām ipf., pȁsti,
  pȁdnēm pf.
falls ȁko
falsch pȍgreš|an, -na, -no
Familie pórodica
Familienname prézime
fangen hvȁta|ti, -ām ipf.,
  ùhvat|iti, -īm pf.
Farbe bòja
Faß bȕre, -eta
faul lên, lén|a , -o (lȋjen, lijèna)
Faulenzer lènjivac (ljènivac);
  lénština (lijènština)
Fauna fàuna
Februar fèbruār
Feder pèro
fegen mè|sti, -tēm ipf.;
  pomè|sti, -tēm pf.
Fehlbetrag mánjak
Fehler grȅška
Fehler machen grésiti, grêšīm
  (grijèšiti, grȉješīm) ipf., pogré-
  šiti, pògrēšīm (pogrijèšiti) pf.
feierlich svȅčan, -a, -o
feiern slȁv|iti, -īm ipf.
Feiertag prâznik
Feind nȅprijatelj
Feld pȍlje
Fell rúno
Fels hrîd f.
Felsenlandschaft kȓš; škôlj
Fenster prózor; péndžer (arch.)
Ferkel prȁse, -eta
fern dàlek, -a, -o
Fernsehen telèvizija
fernsehen glèdati telèviziju
fertig gòtov, -a, -o
Fest slȃvlje
feststellen utvrđívati, utvŕđujēm
  ipf.; utvŕditi, ùtvŕdīm pf.
Festung tvȓđava
Fett mâst f.
Feuer vȁtra
Feuerzeug upàljāč, -áča
Fieber gròznica

Film fȉlm, -ovi
finden nàlaz|iti, -īm ipf., náći,
 nâđēm pf.
Finger pȓst, pȓsti
Finsternis pòmrčina
Firma fȉrma
Fisch rȉba
Fisch- rȉblj|ī, -ā, -ē
Fischer ribolóvac
Fischlein rȉbica
fixen fȉks|ati (se), -ām ipf./pf.
flach ráv|an, -na, -no
Fläschchen bȍčica
Flasche flȁša
flechten plè|sti, -tēm ipf.;
 isplè|sti, -tēm pf.
Fleisch mêso
Fleischerladen mèsara
fleißig vréd|an (vrijèdan),
 -na, -no
fliegen lèt|eti (lèt|jeti), -īm ipf.
fliehen bèž|ati (bjèž|ati) -īm ipf.,
 pòbe|ći, -gnēm (pòbjeći) pf.
fließen tè|ći, -čēm ipf.
Flora flóra
Flöte svìrala
fluchen s. verfluchen; schimpfen
Flügel krílo
Flughafen ȁerodrom
Flugzeug avìon
Fluß réka (rijèka)
 Fluß- rèčn|ī, -ā, -ō (rjèčnī)
flüstern šâp(u)tati, šȃp(u)ćēm ipf.,
 šȁpnuti, šȁpnēm pf.; prošapù-
 tati, -šȁpućēm pf.
Fohlen ždrêbe (ždrijèbe)
folgend náredn|ī,-ā, -ō
folgender slèdēć|ī,-ā,-ē
 (sljèdēćī)
Folterkammer mùčilīste
fordern trážiti, trâžīm ipf.,
 zatrážiti, zàtrāžīm pf.;
 ìskati, ȉštēm ipf.; zaìskati,
 zàištēm
Formular obrázac, -sca
formulieren formùli|sati, -šēm
 ipf./pf.

Frage pítanje
fragen pítati, pîtām ipf.,
 upítati, ùpītām pf.
Franc (franz.) frȁnk
Frankfurter frȁnkfurtsk|ī, -ā, -ō
französisch frȁncūsk|ī, -ā, -ō
Frau žèna, gȍspođa
Fräulein gȍspođica
frei slȍbod|an, -nȃ, -no
Freiheit slobòda
Freitag pét|ak, -tka
fremd strȁn, -a, -o; tûđ, túđa, -o
Fremde tuđìna
Fremder strȁnac, -nca
Freske frȅska
fressen ždèrati, ždèrēm ipf.,
 poždèrati, pòždeērēm pf.
Freude rȁdōst f.
freuen, sich rȁd|ovati se,-ujēm
 ipf.,(D.), òbrad|ovati se,
 -ujēm pf.(D.)
Freund prȉjatelj; drȗg, drȕg-
 ovi
Freundin prijatèljica, drugàrica
freundlich ljȕbaz|an, -na, -no
Freundlichkeit ljȕbaznōst f.
Friedhof grȍblje
frieren mȓzn|uti (se), -ēm ipf.,
 smȓzn|uti se, -ēm pf.;
 zél|psti, -bēm ipf.; ozé|psti,
 -bēm pf.
frisch svȅž, -a, -e (svjȅž)
Frist rôk, ròkovi
froh rȁdos|tan, -na, -no
fröhlich vȅse|o, -la, -lo
fruchtbar plȍd|an, -na, -no
früh rȁno
Frühling pròleće (pròljeće)
Frühstück dòručak, -čka
frühstücken dòruck|ovati, -ujēm
 ipf./pf.
fühlen òseć|ati (òsjeć|ati), -ām
 ipf.; òset|iti (òsjet|iti), -īm pf.
fühlen, sich òseć|ati se
 (òsjeć|ati), -ām ipf.
Füllfederhalter pèro
für za (A.)

für jetzt zàsad(a)
fürchten, sich bòj|ati se, -īm ipf.
(G.), plȁš|iti se, -īm ipf. (G.),
ùplaš|iti (se), -īm pf. (G.)
Fürst knêz, knȅževi/knȅzovi
Fuß nòga
zu Fuß pèšice (pjèšice),
pèške (pjèške)
zu Fuß gehen pešáčiti, pèšāčīm
(pješáčiti) ipf.
Fußball fùdbal
Fußball- fùdbalsk|ī, -ā, -ō
Fußballer fudbàlēr, -éra
Fußgänger pèšāk, -áka (pjèšāk)
Fußgänger- pèšāčk|ī, -ā, -ō
(pjèšāčkī)
Fußsohle tàban
füttern hrániti, hrānīm ipf.;
nahrániti, nàhrānīm pf.

G

Gabel vȉljuška
gaffen blȅn|uti, -ēm ipf.,
zàblen|uti se, -ēm pf.
gähnen zévati, zêvām (zijèvati,
zȉjevām) ipf.; zévnuti, zêv-
nēm (zijèvnuti, zȉjevnēm) pf.
ganz sȁv, svȁ, svȅ; čȅo, cél|a, -o
(cȉo/cȉjel, cijèl|a, -o); čȉtav,
-a, -o
Garage garáža
Garten bášta; vȓt, vȓtovi
Gast gôst, gòsti
gastfreundlich gostoljùbiv, -a, -o
Gebäude zgrȁda
geben dá|vati, -jēm ipf.,
dȁti, dâm pf.
Gebiet pòkrajina, pódručje
gebildet òbrazovān, -a, -o
Gebirge planìna
Gebirgs- plànīnsk|ī, -ā, -ō
geboren rȍđen, -a, -o
Geburtstag rȍđendān
Gedanke mîsao f., pòmīsao f.
Gedicht pȅsma (pjȅsma)
Gedränge gûžva
Geduld strpljénje

geehrt pȍštovān, -a, -o
gefährlich ȍpas|an, -na, -no
gefallen dòpad|ati se, -ām ipf.,
dòpa|sti se, -dnēm pf.:
svíđati se, svîđām ipf.
svȋd|eti se (svȋd|jeti se), -īm pf.
Gefängnis zátvor
Gefäß pȍsuda
Gefühl ȍsećāj (ȍsjećāj)
gegen protiv (G.)
Gegend krȃj, krȁjevi
Gegensatz sȕprotnōst f.
Gegenstand prédmet
gegenüber nasuprot (D.),
preko púta (G.)
Geheimnis tâjna
gehen ȉći, ȉdēm ipf.; hódati,
hôdām ipf.
gehen, zu Fuß pešáčiti (pješáčiti),
pèšāčīm ipf.
gehorchen slȕš|ati, -ām ipf.,
pòsluš|ati, -ām pf.
gehören prȉpad|ati, -ām ipf.,
prȉpa|sti, -dnēm pf.
Geist dȕh, dȕhovi
geistreich duhòvit, -a, -o
gekreuzigt rȁspēt, -a, -o
Gelände tèrēn, -éna
gelb žȕt, žȗt|a, -o
Geld nòvac, -vca; pȁre
Geldbeutel novčànik
geldlich nòvčan|ī, -ā, -ō
Gelegenheit prílika
gelingen uspévati, ùspēvām
(uspijèvati, ùspijēvām) ipf.,
ùspjeti, -ēm (ùsp|jeti, -ijēm) pf.
gelöst rêšen, -a, -o
gelungen ùspel|ī, -ā, -ō
gemäß po, prema (L.)
gemeinsam zȁjedno
Gemetzel pókolj
gemeinschaftlich zȁjednȉčk|ī,
-ā, -ō
Gemüse póvrće
genau tȁč|an, -na, -no
Generation pokolénje
generell gȅneral|an, -na, -no
genetisch genétičk|ī, -ā, -ō

genial gènijāl|an, -na, -no
genesen òzdravlj|ati, -ām ipf.,
  òzrdav|iti, -īm pf.
genießen užívati, ùžīvām ipf.
genug dòsta
genügend dòvolj|an, -na, -no
geöffnet òtvoren, -a, -o
geographisch geògrafsk|ī, -ā, -ō
Geographie geogràfija
gerade ùpravo
geradeaus prȁvo
Gerät sprȁva
Gericht s. Speise
germanisch gèrmānsk|ī, -ā, -ō
Germanistik germanìstika
geruhen iz|volévati, -vòlēvām
  (iz|voljévati, -vòljevām) ipf.,
  izvòleti, (izvòljeti), ȉzvolīm pf.
gesammelt sȁbran, -a, -o
Geschäft[1] pròdāvnica; rádnja
Geschäft[2] pòsao, pòslovi
geschehen dešávati se, dèšāvām
  ipf., dȅs|iti, -īm se pf.;
  bívati, bîvām ipf.
Geschenk pòklon
Geschichtchen prîčica
Geschichte ìstōrija;
  (Erzählung) prîča
geschichtlich istòrījsk|ī, -ā, -ō
geschlagen ùdaren, -a, -o
geschlossen zàtvoren, -a, -o
geschrieben nàpīsān, -a, -o
Gesellschaft drúštvo
Gesicht líce
Gespräch rȁzgovōr
Gestalt lîk, líkovi; stâs
Gestein kàmēnje
gestern jùčē
gestern abend sȉnōć
gesund zdrȁv, -a, -o
Gesundheit zdrȁvlje
geteilt pòdēljen,-a,-o (pòdijeljen)
Getränk píće
Gewalt vlâst f.
Gewerbe zànāt, -áta
gewiß ȉzves|tan, -na, -no
  (ȉzvjestan)

gewöhnen (sich) nav|ikávati (se),
  -ȉkāvām ipf., nàvikn|uti/nàvići
  (se), -ēm pf.
gewöhnlich òbič|an, -na, -no
gierig halàpljiv, -a, -o
gießen lȉ|ti, -jēm ipf., nàliti,
  nàlijēm; síp|ati, -ām ipf.,
  nàsuti, nȁspēm pf.
Gift òtrov
giftig òtrov|an, -na, -no
Gipfel vȓh, vȓhovi
Giraffe žiráfa
Gläschen čȁšica
Glaube vȅra (vjȅra)
glauben vȅr|ovati, (vjȅr|ovati),
  -ujēm ipf.
Gleichberechtigung ravnopráv-
  nost f.
Gleichgültigkeit ravnòdušnōst f.
gleichzeitig ìstòvremen, -a, -o
Glocke zvȍno
Glück srȅća
glücklich srȅć|an (srȅt|an),
  -na, -no
Glut žȅravica
golden zlát|an, -na, -no
Gott bôg, bògovi
Gottes- bȍž(i)j|ī, -ā, -ē
Gottheit bòžànstvo
gottlos bèzbož|an, -na, -no
Gottloser bèzbožnīk
Grab grȍb, gròbovi
graben kòpati, kòpām ipf.
Grad stȅpen
Grafitti gràfīt, -íta
Grammatik gramàtika
Gras tráva
grau sîv, sív|a, -o
Gräte kôst f.
greifen hvȁt|ati, -ām ipf.,
  ùhvat|iti, -īm pf.
Grenze grànica
Grieche Gȓk, Gȑci
griechisch gȑčk|ī, -ā, -ō
Grill ròštīlj, -ílja
Grippe grȉp
grob grûb, grúb|a, -o

groß vèlik(|ī), -a, -o;
  vìsok, visòk|a, -o
Großmutter bȁba, báka
Großvater dȅda (djȅda)
Grube jȁma
Gruft grȍbnica
grün zèlen, zelèn|a, -o
Grün(anlage) zelènilo
Grund rázlog
grundlegend òsnovn|ī, -ā, -ō
gründen osnívati, òsnīvām ipf.,
  osnòvati, òsnujēm pf.
Gruppe grùpa
grüßen pòzdravlj|ati, -ām ipf.,
  pòzdrav|iti, -īm pf.
günstig pȍvolj|an, -na, -no
gut dȍbar, dòbr|a, -o
Gymnasium gìmnazija

H

Haar kòsa, dlȁka
Haare schneiden šȉšati (se)
  šȉšām ipf., ošȉšati (se), òšȉšām pf.
haben ȉm|ati, -ām ipf.
Hacke mòtika
Hafer zȍb f.
halb pȍla
Halbinsel pȍluostrvo
Hallo hȁlō
Halluzinationen haben haluc|inī-
  rati, -cinīrām ipf.
Hals vrȃt, vrȁtovi; gȑlo
halten dȑžati, dȑžīm ipf.
Hand rúka
Handschuh rukàvica
Handtuch pèškīr, -íra
Happyend hèpiend
hart tvȓd, tvȓd|a, -o
Haschisch hȁšiš
Hase zȇc, zȅčevi
hassen mȑz|eti (mȑz|iti), -īm ipf.
Haufen gòmila
häßlich rȗž|an, -na, -no
häufig čȇst, čȇst|a, -o
Haupt- glȃvn|ī, -ā, -ō

Haus kȕća
Haus- dòmāć|ī, -ā, -ē; kȕćn|ī,
  -nā, -nō
Hausfrau domàćica
Hausherr domàćin
Havarie hàvārija
heben dȉzati, dȉžēm ipf.,
  dìgn|uti/dı́ći, -ēm pf.
Heer vójska
Heft svȅska
heilen léčiti, lȇčīm (lijèčiti,
  lȋječīm) ipf., izléčiti, ȉzlēčīm
  (izlijèčiti) pf.
heilig svȅt|ī, -ā, -ō
Heiliger Abend Bȁdnje vȅče
Heilung léčenje (lijèčenje)
Heim dȏm, dȍmovi
heiraten (Mann) —žèn|iti se, -īm
  ipf., ožèniti se, òženīm pf.;
  (Frau) udávati se, ùdājēm ipf.,
  ùd|ati se, -ām pf.
heiß vrȅ|o, -la, -lo;
  vrȗć, vrúć|a, -e
heißen zvȁti se, zòvēm ipf.
heiter vȅd|ar, -ra, -ro
heizen grȅj|ati (grȋj|ati), -ēm ipf.,
  ùgrej|ati (ùgrij|ati), -ēm pf.
Heizkörper radìjator
Heizung grȅjānje (grȋjānje)
Held jùnāk, -áka
helfen pomágati, pòmāžēm ipf.,
  pomòći, pòmognēm pf.
hell svȇt|ao, -la, -lo (svijètao)
herantragen prinòsiti, prìnosīm ipf.,
  prìnēti (prìnijeti), prìnesēm pf.
herantreten prìlaz|iti, -īm ipf.,
  príći, prı̂đēm pf.
herausgeben s. ausgeben
Herausgeber izdàvāč, -áča
herausholen vȃd|iti, -īm ipf.
  ȉzvad|iti, -īm pf.
herausstellen, sich ispòstavlj|ati
  se, -ām ipf.; ispòstav|iti se,
  -īm pf.
herausziehen izvláčiti, ȉzvlāčīm
  ipf.; izvȗ|ći (se), -čēm pf.

herbeieilen prìti|cati, -čēm ipf.
  pritèći, prìteknēm (pritèčēm) pf.
herbeifahren dovòziti, dòvozīm
  ipf.; dovè|sti, -zēm pf.
herbeiführen dovòditi, dòvodīm
  ipf.; dovè|sti, -dēm pf.
(herbei)rufen dozívati, dòzīvām
  ipf.; dò|zvati, -zovēm pf.
herbeiziehen dovláčiti, dòvlāčīm
  ipf.; dovú|ći, -čēm pf.
herbringen donòsiti, dònosīm ipf.;
  dònēti (dònijeti) donèsēm pf.
Herbst jèsēn f.
hereinfahren uvòziti, ùvozīm ipf.;
  uvè|sti, -dēm pf.
herführen dovòditi, dòvodīm ipf.;
  dovè|sti, -dēm pf.
Herr gospòdin, gospòda; gàzda
Herrschaft vlàdavina, vlâst f.
herrschen vládati, vlâdām (I.) ipf.
Herrscher vlàdār, -ára
herumirren lútati, lûtām ipf.
herumsprechen, sich razgl|ašá-
  vati se, -àšāvām ipf.;
  razglásiti se, ràzglāsīm pf.
herumstreichen smúcati se, smû-
  cām ipf.
herumtreiben, sich skítati,
  skîtām ipf.
herumwerfen raz|bacívati, -bàcu-
  jēm ipf.; razbàcati, ràzbacām
  pf.
herunterfliegen slétati, slêćem
  (slijètati, slîjećēm) ipf., slèt|eti
  (slèt|jeti), -īm pf.
hervorragend ìzvrs|tan, -na, -no
hervorheben ìsti|cati, -čēm ipf.,
  istáći, ìstaknēm pf.
hervorquellen ìzvir|ati, -ēm ipf.
hervorschauen víri|ti, -īm ipf.;
  vȉrn|uti, -ēm pf.; izv|irívati,
  -ìrujēm ipf.; izvír|iti, -īm pf.
Herz sȑce
herzlich sȑdač|an, -na, -no
heute dànās
heute abend večèrās
heute morgen jùtrōs
heute nacht nòćās

heutig dànašnj|ī, -ā, -ē
Hexe vèštica (vjèštica)
Hexen- vèštičin, -a, -o
  (vjèštičin)
hier óvde (óvdje)
hierher òvamo
hiesig òvdašnj|jī, -ā, -ē
Hilfe pòmōć f.
Hilfsverb pòmoćnī glágol
Himmel nèbo
hinauf uz (A.)
hinausgehen ìzlaz|iti, -īm ipf.,
  ìzāći, ìzāđēm pf.
hinausfahren izvòziti, ìzvozīm
  ipf.; izvè|sti, -zēm pf.
hinausführen izvè|sti, -dēm pf.;
  izvòditi, ìzvodīm ipf.
hinausrennen is|trčávati, -tȑčāvām
  ipf., istȑč|ati, -īm pf.
hinaustreiben ìst|erìvati, -tèrujēm
  ipf.; ìster|ati, -ām pf.
hineingehen ùlaz|iti, -īm ipf.,
  úći, ûđēm pf.
hineinstecken zavláčiti, zàvlāčīm
  ipf.; zavú|ći, -čēm pf.
hineinstoßen zarívati, zàrīvām ipf.,
  zàri|ti, zàrijēm pf.
hinlegen, sich légati, lêžēm ipf.,
  lèći, lègnēm pf.
hinschauen zaglédati se, zàglē-
  dām ipf.; zàgledati se,
  zàgledām pf.
hinsetzen, sich sȅd|ati (sjȅd|ati)
  -ām ipf. sȅ|sti (sjȅ|sti), -dnēm
  pf.
hinter iza (G.), za (I., A.)
hinterlassen òstavlj|ati, -ām ipf.,
  òstav|iti, -īm pf.
Hinterteil tûr, túrevi
hinunter niz (A.)
Hirsch jèlen
Hirte, junger čòbanče
Historiker istòričār
hoch vìsok, visòk|a, -o
Hochachtung poštovánje
Hochzeit svàdba
Hof dvôr, dvórovi
hoffen nádati se, nâdām ipf.

Hölle pȁk|ao, -la
Holunder zóva
Holz dȑvo, -eta
Höhe visìna
Honig mêd
Hooligan hulȉgan, -ána
hören čȕ|ti, -jēm ipf./pf.
Hörer slȕša|lac, -oca
Horn rôg, rȍgovi
Hotel hòtel
Huhn kókōš f.
Humor hȕmor
Hund pȁs, psȁ, psȉ
Hündchen pȁšče
Hundert stȍtina
Hunger glâd f.
hungrig glád|an, -na, -no
husten kȁšljati, kȁšljēm ipf.
Hut šèšīr, -íra
hüten čúvati, čȗvām ipf.
sačúvati, sàčūvām pf.
hüten s. bewahren
Hygiene higijéna

I

ich jâ
Ideal idèāl, -ála
Idee idéja
Ideologie ideolȍgija
Idiot idìot
Ignorant ignòrant
ignorieren ignȍ|risati, -šēm
ipf./pf.
illyrisch ȉlīrsk|ī, -ā, -ō
im übrigen uòstālōm
im voraus unàpred
Image ȉmidž
immer ȕvēk (ȕvijek)
importieren uvòziti, ùvozīm ipf.;
uvè|sti, -zēm pf.
in u (L.); (zeitl.) kroz (A.)
in ... umher po (L.)
in Richtung put (G.)
Industrie indùstrija
Industrie- indùstrijsk|ī, -ā, -ō
infolge usled (G.) (usljed)
Ingenieur inžènjēr, -éra

Injektion injèkcija
inmitten usred (G.)
Inquisition inkvizícija
Inquisitor inkvȉzitor
Insel ȍstrvo
Insistieren insistíranje
Institut instìtūt, -úta
interessant interesànt|an, -na,
-no, zanìmljiv, -a, -o
Interesse ȉnteres, interesovánje
interessieren ȉnteres|ovati,
-ujēm ipf./pf.; zanímati,
zánīmām ipf.
interessiert zàinteresovān, -a, -o
international ȉnternacional|an,
-na,-no; međunárodn|ī, -ā, -ō
Interview intèrvjū, -ùa
irgendein nȅk|ī, -ā, -ō
irgendwie nȅkāko
irgendwohin nȅkuda
Irrtum zȁbluda
islamisch ȉslāmsk|ī, -ā, -ō
Italien Ìtālija

J

jagen lòviti, -īm ipf.;
ulòviti, ùlovīm pf.
Jahr gȍdina
Jahrhundert vêk, vékovi
(vȉjek, vijèkovi)
Januar jȁnuār
jährlich gȍdišnj|ī, -ā, -ē
jauchzen klȉ|cati, -čēm ipf.,
klȋkn|uti, -ēm pf.
je po (A.)
jeder svȁk|ī, -ā, -ō
jemand nȅko
jener ònāj, ònā, ònō
jenseits s ònē stránē (G.)
jetzt sȁd(a)
Journalist nòvinār
Jugend mládež f.; òmladina
Jugendalter mlȁdōst f.
Jugoslawe Jugoslòv|ēn, -éna
Jugoslawien Jugòslāvija
Jugoslawin Jugoslòvēnka
jugoslawisch jugoslòvēnsk|ī, -ā, -ō

Juli júl|i, -a
jung mlâd, mlád|a, -o
Junge dèčāk, -áka (djèčāk)
 kleiner Junge dèčko (djèčko)
 junger Mann mlàdīć, -íća
Juni jûn|i, -a
Jupiter Jùpiter

K

Kaffee kàfa (kàva)
Kaffeehaus kafàna
Kaffeehausbesitzer kafèdžija
Kai kêj, -ovi
Kaiser cǎr, -evi
kaiserlich cârsk|ī, -ā, -ō
Kaiserreich cârstvo
Kalb tèle, -eta
kalt hlád|an, -a, -o
Kälte hladnòća
Kamerad drûg, drȕgovi
Kampagne kàmpanja
Kampf bôj, bòjevi; bòrba; bȉtka
kämpfen bòr|iti se, -īm ipf.
Kanal kànāl, -ála
Kanone tȏp, topovi
Karte kȃrta
Käse sȉr, -evi
Kasse kàsa
Kassette kasèta
katastrophal kǎtastrofal|an, -na, -no
Katastrophe katastrófa
Katze mǎčka
kaufen kupòvati, kùpujēm ipf., kúpiti, kûpīm pf.
kaum jèdva
Kehle gȑlo
keinerlei nȉkak|av, -va, -vo
Kellner kèlner
kennen znǎti, znȃm ipf.;
 poznávati, pòznājēm ipf.;
 pòzn|ati, -ām pf.
kennenlernen upoznávati, upòznājēm ipf., upòzn|ati, -ām pf.
Kerbe bràzgotina
Kernkraftwerk nuklèārka, nùkleārnā centrála

231

Kerze svéća (svijèća)
keuchen dàhtati, dȁhćēm ipf.
Kilometer kȉlomēt|ar, -ra
Kind déte, dèteta, dèca (dijète, djèteta, djèca); čèdo
Kinder dèčj|ī, -ā, -ē (djèčjī)
Kinderchen dèčica (djèčica)
Kindertagesstätte òbdanīšte
kindlich dètinjast (djètinjast), -a, -o
Kino bȉoskop, kíno
Kirche cȑkva
Kiste sànduk
Klage làment
klagen jàu|kati, -čēm ipf.
kläglich jǎd|an, -na, -no
Klang zvûk, -ci
klar jȁs|an, -na, -no
Klasse rázred
Klassenzimmer učiònica
Kleber lépak (lijèpak)
Kleidung òdeća (òdjeća)
klein mâl|ī, -ā, -ō;
 sȉt|an, -na, -no
Kleiner malȉšan
kleines Mädchen dèvōjče (djèvōjče)
kleinmütig malòduš|an, -na, -no
klettern péti se/ pènjati se, pènjēm ipf., pòpēti se, pȍpnēm pf.; vèrati se, vèrēm ipf.
Klima klíma
klirren zvéč|ati, -īm ipf.
klopfen kȕc|ati, -ām ipf., pòkuc|ati, -ām pf.
Kloster mànastīr
Klub klûb, klȕbovi
klug pȁmet|an, -na, -no
knabbern grȉck|ati, -ām ipf.; pògrick|ati, -ām pf.
knapp sǎžēt, -a, -o
knien kléč|ati, -īm ipf., klȅkn|uti, -ēm pf.
Knochen kôst
Knopf dùgme, -eta
knurren réžati, -īm ipf.
Koch kȕvār
Koffer kòfer

Kollege koléga m.
Kollegin koléginica
komisch sméš|an, -na, -no (smijèšan)
Kommando kòmānda
kommen dòlaz|iti, -īm ipf., dóći, dôđem pf.
kommend idūć|ī, -ā, -ē
Kommerzfachmann komercijàlist(a) m.
Kommunist komùnist(a) m.
kommunizieren komun|icírati, -icirām ipf./pf.
Komödie kòmedija
Komparation pòređēnje
komlex kòmpleks|an, -na, -no
kompliziert kòmplikovān, -a, -o
Komponist(in) kompòzītor(ka)
Kompromiß kòmpromis
Konfektion konfèkcija
Konflikt kònflikt
König krâlj, králjevi
Königin kràljica
Konjugation konjugácija
konkret kònkret|an, -na, -no
Konkurrenz konkuréncija
können mòći, mògu ipf; ùmeti, -ēm (ùm|jeti, -ijēm) ipf.
Konsonant konsònant
Konsum kònzum
Konsument konzùment
Konsumenten- konzùmentsk|ī, -ā, -ō
Kontrast kòntrast
Konversation konverzácija
Konzert kòncert
Kopf gláva
Korb kórpa; kòš, -evi
Körper têlo (tȋjelo)
korrekt kòrekt|an, -na, -no
Korrektur korektúra
kosten kòštati, kôštām ipf.
Kraftwerk elektràna
krank bòles|tan, -na, -no
krank sein bolòvati, bòlujēm ipf.
Krankenhaus bólnica
Kranker bolèsnīk, -íka

Krankheit bȍlēst f.
kratzen (sich) čèšati (se), čèšēm ipf., pòčèšati (se), pòčešēm pf.; grè|psti, -bēm ipf.; ogrè|psti, -bēm pf.
Krebs rȁk, ràkovi
Kredit krèdīt, -íta
Kreis krûg, krùgovi
kreuzigen s. strecken
Krieg rȁt, -ovi
Krimi krìmīć, -íća
kriminell krìminal|an, -na, -no
Kritik krìtika
Kritiker krìtičār
kritisch krìtič|an, -na, -no
kritisieren krìtik|ovati, -ujēm ipf./pf.
Kroate Hr̀vāt, -áta
Kroatien Hr̀vātskā
Krümel mȑva
Krümelchen mȑvica
Küche kùhinja
Kuchen kòlāč, -áča
kühl pròhlād|ān, -na, -no
Kühlschrank frìžider
Kücken pȉle, -eta
Kultur kultúra
Kummer jȃd, -ovi; jêd
künftig bùdūć|ī, -ā, -ē
künftig (Adv.) ubùdūće
Kunst ùmetnōst (ùmjetnōst) f.
Kurs kȕrs, -evi
kurz krȁt|ak, -ka, -ko
kurzlebig kratkòvek (kratkòvjek), -a, -o
Küste, òbala
Küsten- prímorsk|ī, -ā, -ō
Küstenland prímōrje

L

Labor laboràtōrija
Labor- laboratòrījsk|ī, -ā, -ō
Lachen smêh (smȋjeh)
lachen smèjati se, smèjēm (smiȉjati se, smȋjēm) ipf. (D.); nasmèjati se, nàsmejēm (nasmȉjati se) pf. (D.)

lachend nȁsmejan (nȁsmijan),
-a, -o
lächeln smȅšk|ati se
(smjȅšk|ati se), -ām ipf.
lächerlich smèš|an, -na, -no
(smijèšan)
Laden pròdāvnica
Laibach Ljùbljana
Lamento làment
Lamm jȁgnje, -eta
Lampe lȃmpa
landen s. herunterfliegen
Landkarte màpa
lang dȗg, -a, -o
längs dȕž (G.)
langsam spòr, -a, -o; (Adv.) pò-
lako
längst dávno, òdāvno
langweilig dòsad|an, -na, -no
lassen púštati, pȗštām ipf.;
pȕst|iti, -īm pf.
Last brȇme
lästig werden doj|ađívati, -ađu-
jēm ipf., dojáditi, dòjādīm pf.
Laub lȋšće
laut glȃs|an, -na, -no
lauten glásiti, glȃsīm ipf.
läuten zvòn|iti, -īm ipf.,
pozvòniti, pòzvonīm pf.
leben žȋv|eti (žȋv|jeti), -īm ipf.
Leben žȋvot
Lebens- žȋvotn|ī, -ā, -ō
lebendig žȋv, -a, -o
lebhaft žȋv, žȋv|a, -o
lecken lízati, lȋžēm ipf., polízati,
pòlīžēm pf.
leer prázl|an, -na, -no
legen polágati, pòlāžēm ipf.,
polòžiti, pòložīm pf.; mètati,
mȅćēm ipf., mȅtnuti,
mȅtnēm pf.; stȁvlj|ati, -ām
ipf.; stȁv|iti, -īm pf.
Lehrbuch ùdžbenīk
Lehrer ùčitelj, nástavnik
Lehrerin učitèljica, nástavnica
leicht lȁk, -a, -o
leid žȁo
es tut mir leid žȁo mi je

leiden strádati, strȃdām ipf.;
tŕp|eti (tŕp|jeti), īm ipf.
leiser stellen utišávati, utišāvām
ipf., utíšati, ùtišām pf.
Lektor lȅktor
Lernen ùčēnje
lernen ùč|iti, -īm ipf., naùčiti,
nàučīm pf.
lesen čȋt|ati, -ām ipf., pročìtati,
pròčitām pf.
Leser čìta|lac, -oca
letzter pòslednj|ī, -ā, -ē
(pòsljednjī); zȁdnj|ī, -ā, -ē
Licht svȅtlo (svjȅtlo)
lieb drȃg, drȃg|a, -o, mȋ|o, -la, -o;
Liebe ljúbav f.
Liebes- ljúbavn|ī, -ā, -ō
lieben vòleti (vòljeti), vȍlīm ipf.
liebgewinnen zavòleti (zavòljeti),
zàvolīm pf.
Lied pȅsma (pjȅsma)
Liedchen pȅsmica (pjȅsmica)
liegen lèž|ati, -īm ipf.
Lineal lènjīr, -íra
linker lȇv|ī, -ā, -ō (lȋjevī)
links lȇvo (lȋjevo)
Liste lȋsta
listig lùkav, -a, -o
Literatur knjižévnōst f.; litera-
túra
Lob hvála
loben hváliti, hvȃlīm ipf.,
pohváliti, pòhvālīm pf.
löschen gásiti, gȃsīm ipf., ugásiti,
ùgāsīm pf.
lösen rešávati, rèšāvām (rješáva-
ti, rjèšāvām) ipf., réšiti, rȇ-
šīm (rijéšiti, rȉješīm) pf.
losgehen pòlaz|iti, -īm ipf., póći,
pȏđēm pf.
losrennen potŕč|ati, -īm pf.
Lösung rešénje (rješénje)
loswerden osl|obāđati se, -òbāđām
ipf. (G.); oslobòditi se, oslòbo-
dīm pf. (G.)
Lüge lȃž f.
lügen làgati, lȁžēm ipf., slàgati,
slȁžēm pf.

Luft vȁzduh
Lyrik lȉrika

M

machen prȁv|iti, -īm ipf.,
  nàprav|iti, -īm pf.
Macht môć f.
mächtig mȍć|an, -na, -no
Mädchen dèvōjka (djèvōjka),
  kleines M. devòjčica (djevòjčica); dèvōjče, eta
Magen stòmāk, -áka
mahlen mlȅti (mljȅti), mȅljēm ipf.,
  sàm|leti (sàm|ljeti) -eljēm pf.
Mai mȁj
Makedone Makedónac, -nca
Makedonien Makèdōnija
makedonisch makèdōnsk|ī, -ā, -ō
Maler slȉkār
Malerei slikárstvo
Malerin slȉkārka
Mama mȁma
mancherorts pònegde (pònegdje)
manches pònešto
Mangel nedostá|tak, -ci
Manko mánj|ak, -ka
Mann muškárac, -rca
männlich mȕšk|ī, -ā, -ō
Mantel kàpūt, -úta; màntīl, -íla
Märchen bájka
Marihuana marihùāna
Markt pìjaca
Marktplatz tȑg, tȑgovi
Marsch mȃrš, -evi
März mȃrt
Masse màsa
Massen- mȁsov|an, -na, -no
Materie màtērija
Mathematik matemàtika
Mathematiker matemàtičār
Matsch blȁto
Maulwurf kȑtica
mediterran medìtēransk|ī, -ā, -ō
Meer môre
Meer, offenes pùčina
Mehl brȁšno
Mehrparteien- višestrànačk|ī, -ā, -ō

mehrstöckig višèsprat|an, -na, -no
mein môj, mòj|a, -e
meinen smátrati, smȃtrām ipf.
Meinung mȉšljēnje
Meister mȃjstor
melden jávljati, jȃvljām ipf.,
  jáviti, jȃvīm pf.
Mensch čȍvek (čȍvjek), ljûdi
Menschheit čovečànstvo
  (čovječànstvo)
menschlich čovèčjī, -ā, -ē
  (čovjèčjī)
merken, sich pȃmt|iti, -īm ipf.,
  zàpamt|iti, -īm pf.
Merkur Mȅrkur
Messe sáj|am, -ma
Messer nôž, nóževi
Messing mesing
  aus Messing mèsingan, -a, -o
Metall mètāl, -ála
metaphorisch metafòrič|an, -na, -no
Meteorologe meteoròlog
Meter mȅtar
miauen mijàuka|ti, -čēm ipf.
Milch mléko (mlijèko)
militant, militànt|an, -na, -no
Miliz mìlīcija
Milliarde milìjarda
Million milìōn, -óna
Minderheit manjìna
minderjährig malòlet|an, -na, -no
  (malòljetan)
Mineral mȉneral|an, -na, -no
Minister mìnist|ar, -ra
Ministerium ministàrstvo
minus mínus
Minute mìnūt, -úta
mischen, sich méšati se, mȇšām
  (mijèšati, mȉješām) ipf.;
  uméšati (se), ùmēšām (umijèšati) pf.
Mißerfolg nȅuspeh (nȅuspjeh)
mißraten nevàlja|o, -la, -lo
mit s, sa (I.).
mitarbeiten sar|ađívati, -àđūjēm ipf.
Mitglied člȁn, člànovi
mitnehmen pòneti (pònijeti)
  ponèsēm pf.

Mittag *pódne*
Mittagessen *rúč|ak*, *-ka*
Mitte *sredìna*
mitteilen *saopštávati, saòpštāvām* ipf., *saòpštiti, sàopštīm* pf.
Mittel *srèdstvo*
mittelalterlich *srednjovèkōv|an, -na, -no* (*srednjovjèkōvan*)
Mitternacht *pónoć* f.
mittlerer *srȅdnj|ī, -ā, -ē*
Mittwoch *sréda* (*srijèda*)
möbliert *nàmešten, -a, -o* (*nàmješten*)
Mode *móda*
Modell *mòdēl, -éla*
modisch, modern *mȍdēr|an, -na, -no*
möglich *mȍgūće*
Moment *trenú|tak, -tka, -ci*
Monat *mȅsēc* (*mjȅsēc*)
Mönch *kàluđer*
Mond *mȅsēc* (*mjȅsēc*)
Montag *ponèdelj|ak* (*ponèdjelj|ak*) *-ka*
Montenegriner *Crnògor|ac, -ca*
montenegrinisch *crnògorsk|ī, -ā, -ō*
Montenegro *Cŕna Gòra*
morgen *jùtro*
morgen *sùtra*
morgens *ùjutro*
Moschee *džámija*
Moslem *Muslìmanin*
müde *ûmor|an, -na, -no*
Mund *ústa* (Pl.)
Mündung *ûšće*
Münze *pàra*
Museum *mùzēj, -éja*
Musik *mùzika*
müssen *mórati, môrām* ipf.
Mutter *mâjka, mȁti, mȁtēr*
 Mutter- *mâjčin*
Muttersprache *mȁternjī jèzik*
Mütze *kȁpa*

N

nach *pȍslē* (*pȍslije*) (G.)
 prema (L., D.) *po* (L.)

Nachbar *kòmšija* m.
nachdem *pošto*
nachdenken *razmíšljati, ràzmīšljām* ipf., *ràzmisl|iti, -īm* pf.
Nachkriegs- *poslèratn|ī, -ā, -ō* (*poslijèratnī*)
nachlaufen *zaòsta|jati, -jēm* ipf., *zaòsta|ti, -nēm* pf.
nachmittags *pȍslē pódne* (*pȍslije pódne*)
nahe *blízu* (G.)
Nachricht *vêst* (*vȉjest*) f.
Nahrung *hrána*
Nahrungsmittel *žîvotnā námirnica*
Nacht *nôć* f.
Nacht- *nòćn|ī, -ā, -ō*
Nadel *ȉgla*
Nagel *nòkat, klȉnac*
nagen *glȍ|dati, -đēm* ipf.; *òglo|dati đēm* pf.
nahe *blìzu* (G.)
nähen *šȉ|ti, -jēm* ipf., *sàši|ti, -jēm* pf.
Näherin *švâlja*
Name *îme, ìmena*
Narr *budàla*
Nase *nôs, nòsovi*
national *nàcionaln|ī, -ā, -ō*
Natur *príroda*
Naturell *ćûd* f.
natürlich *prírod|an, -na, -no*
Nebel *màgla*
neben *pored, kraj, pokraj* (G.)
nehmen *ùzim|ati, -ām* ipf., *ùzēti, ùzmēm* pf.
nein *nȅ*
nennen *nazívati, nàzīvām* ipf., *nà|zvati, -zovēm* pf.
Neon- *nèōnsk|ī, -ā, -ō*
nerven *nervírati, nèrvīrām,* ipf., *izn|ervírati, -èrvīrām* pf.
nervös *nèrvoz|an, -na, -no*
Nervosität *nervóza*
neu *nȍv, -a, -o*
neugierig *radòzna|o, -la, -lo*
Neujahrfeier *dòček Nȍvē gȍdine*
New York *Njùjork*
nichts *nȉšta*

niederknien s. knien
nie nȉkad(a)
niemand nȉko
nirgendwohin nȉkud(a)
nirgends nȉgde (nȉgdje)
noch još
Norden sȅver (sjȅver)
nördlich sȅvern|ī, -ā, -ō (sjȅvernī)
nordöstlich severoȉstočnī, -nā,
 -nō (sjeveroȉstočnī)
Nordwesten severozápad
 (sjeverozápad)
normal nȍrmāl|an, -na, -no
Not nèvolja
nötig pȍtreb|an, -na, -no
Novelle novèla
November nòvēmb|ar, -ra
Null nȕla
nur sȁmo
Nuß òra|h, -si

O

oberhalb ȉznad, vȉše (G.)
Obst vȍće
obwohl iȁko
Ochse vô, vòlovi
Ode óda
oder ȉli
Ofen pêć f.
offen òtvoren, -a, -o
offensichtlich očȉgledno
öffnen otvárati, òtvārām ipf.,
 otvòriti, òtvorīm pf.
oft čȇsto
ohne bez (G.)
Ohr ȕvo, ȕho, ȕši
ohrenbetäubend zaglȕšujūć|ī,
 -ā, -ē
Ohrider òhridsk|ī, -ā, -ō
Ökologe ekòlog
ökologisch ekòlošk|ī, -ā, -ō
Oktober októb|ar, -ra
Öl ȗlje
Öl nȁfta
Olympiade olimpijáda
Oma báka
Omelett òmlet, kȁjgana

Onkel strîc, strȋčevi
Oper ȍpera
Opposition opozícija
Orbit òrbita
Ordnung rêd, rȅdovi
Organisator organȉzātor
organisieren orgànīz|ovati,
 -ujēm ipf./pf.
Organismus organȉzam
orientalisch ȍrijentāl|an, -na, -no
Ort mȅsto (mjȅsto)
orthodox prȁvoslāv|an, -na, -no
Osten ȉstok
Österreich Aȕstrija
Österreicher Austríján|ac, -ca
österreichisch aȕstrījsk|ī, -ā, -ō
östlich ȉstočn|ī, -ā, -ō

P

Paar pâr, pȁrovi (G. Pl. auch párī)
Pädagoge pedàgog
Palast palàta
Panik pànika
Panne kvâr, kvȁrovi
Papa tȁta
Park pȁrk, -ovi
Parlament skȕpština, parlàment
parlamentarisch pȁrlamentarnī,
 -ā, -ō
Partei pàrtija, strȁnka
Parteien- strȁnačk|ī, -ā, -ō
Partisan partȉzān, -ána
passieren s. sich ereignen
Pathos pâtos
Pause pàuza, òdmor
Pelzmantel bȕnda
Pension pènzija
pensionieren penziònisati ipf.
perfekt pèrfekt|an, -na, -no
Peripherie perìferija
Person líce
Pessimist pesìmist(a) m.
persönlich lȋčno
Pestizid pestìcīd, -ída
Pfad putànja
pfeifen zvȋžd|ati, -īm ipf.
Pfeil stréla (strijèla)

Pferd kȍnj, kȍnji
pflegen nȅg|ovati, -ujēm
 (njȅgovati) ipf.
pflücken brȁti, bȅrēm ipf.,
 odȁ|brati/ ȍd|brati, -berēm pf.
pflügen ȍrati, ȍrēm ipf.,
 uzȍrati, ȕzorēm pf.
Phänomen fenȍmēn, -éna
Phantasie mȁšta
phantastisch fantȁstič|an, -na,
 -no
Philologe filȍlog
philologisch filȍlošk|ī, -ā, -ō
philosophisch filȍzofsk|ī, -ā, -ō
phlegmatisch flegmȁtič|an, -na,
 -no
Phrase fráza
Pianist pijȁnist(a) m.
Pillchen pȉlulica
Pille pȉlula
Pistole pȉštōlj, -ólja
Plakat plȁkāt, -áta
Plan plân, plánovi
Planet planéta
planen planírati, plȁnīrām ipf.,
 isplanírati, isplȁnīrām pf.
Platz tȓg, tȓgovi; mȅsto
 (mjȅsto)
platzen pȑsk|ati, -ām ipf.,
 pȑsnuti, -nēm pf.; pȕc|ati,
 -ām ipf.; pȕk|nuti/pȕći,
 -nēm pf.
plötzlich odjȅdnom
plus plȕs
Pluto Plȕtōn
Poesie pȍēzija
Pole Pȍljāk, - áka, -áci
Polen Pȍljskā
Polin Poljȁkinja
Politik polȉtika
Politiker polȉtičār
politisch polȉtičk|ī, -ā, -ō
Polizei polȉcija
Polizist policáj|ac, -ca; miliciȍ-
 nēr, -éra
polnisch pȍljsk|ī, -ā, -ō
Polyglotte polȉglota m.

Popper šmȉnker
populär pȍpular|an, -na, -no
Postkarte dópisnica
Portal pȍrtāl, -ála
Portier pȍrtīr, -íra
praktisch prȁktič|an, -na, -no
Praxis prȁksa
Preis nȁgrada
Presse štâmpa
pressen sažȉm|ati, -ām ipf.,
 sȁžeti, sȁžmēm pf.
Problem prȍblēm, -éma
produzieren proizvȍditi, -ȉzvodīm
 ipf.; proizvȅ|sti, -dēm pf.
Professor prȍfesor
professoren- prȍfesorsk|ī, -ā, -ō
Professorin prȍfesōrka
Prognose prognóza
Programm prȍgrām
Projekt prȍjekt
Promotion prȍmōcija
Protest prȍtest
Protest- prȍtestn|ī, -ā, -ō
protestieren prȍtest|ovati,
 -ujēm, ipf./pf.; búniti se,
 bûnīm, ipf., pobúniti se,
 pȍbūnīm pf.
Provokation provokácija
Prozent prȍcen(a)t, -nta
prüfen prov|erávati, -èrāvām
 (provjerávati) ipf., prȍver|iti
 (prȍvjer|iti), -īm pf.
Prüfung ȉspit
Prüfungs- ȉspitn|ī, -ā, -ō
Psalm psȁl|am, -mi
Psyche psȉha
Psychiater psihȉjat|ar, -ra
Psychologe psihȍlog
psychologisieren psiholog|izírati,
 -ȉzīrām ipf./pf.
Publikum pȕblika
Pullover džȅmper
Punker pȁnker
Punkt tȁčka
pünktlich tȁč|an, -na, -no
Puppe lȕtka

Q

Qual mȕka
quälen, sich mȕč|iti se, -īm ipf.,
  nȁmuč|iti se, -īm pf.
qualvoll mȕč|an, -na, -no
Quelle ȋzvor

R

Rad tòč|ak, -ka
radikalan rȁdikal|an, -na, -no
Radio râdio, -ija, -iji
radioaktiv radioàktiv|an, -na, -no
rasieren (sich) brȉj|ati (se), -ēm
  ipf., òbrij|ati (se). -ēm pf
Rat sávet (sávjet)
raten sávet|ovati, -ujēm
  (sávjetovati) ipf., posávet|ovati
  (posávjet|ovati), -ujēm pf.
rational rȁcionāl|an, -na, -no
Ratte pácov
Raubtier zvêr (zvȋjer) f., m.
Rauchen pȕšēnje
rauchen pȕš|iti, -īm ipf.,
  pòpuš|iti, -īm pf.
Rauschmittel narkòtik
Recht právo
rechter dèsn|ī, -ā, -ō
rechtfertigen, sich prâvd|ati se,
  -ām ipf.
rechts dȅsno
Redakteur ùrednīk
referieren refèri|sati, -šēm ipf.
Reformator refòrmator
Regen kȉša
  Regen- kȉšn|ī, -ā, -ō
Regenschirm kȉšobran
regelmäßig rȅdov|an, -na, -no
Regierung vláda
Regisseur režisēr, -éra
regulieren regùli|sati, -šēm ipf.
reiben tŕlj|ati, -ām ipf., istŕljati,
  ìstrljām pf.
reich bògat, bogàta, -o
Reich cârstvo; vilàjet (arch.)
reichen dòpir|ati, -ām ipf.;
  doprēti (dòprijeti), dòprēm pf.

Reichtum bogàtstvo
Reihe rêd, rȅdovi
reihen nízati, nîžēm ipf., nanízati,
  nànīžēm pf.
reinigen čȉst|iti, -īm ipf.,
  òčist|iti, -īm pf.
Rente pènzija
Reise putòvānje
Reisebeschreibung pùtopīs
reisen putòvati, pùtujēm ipf.
reißen, an sich prìgrab|iti, -īm
reiten jȁ|hati, -šēm ipf.
Reiz drâž f.
Reklame rekláma
Rektor rȅktor
relativ rȅlativ|an, -na, -no
Religionsunterricht veronáuka
  (vjeronáuka)
Rennen tŕčānje
rennen tŕč|ati, -īm ipf.
Rente pènzija
repariert òpravljen, -a, -o
Republik repùblika
Restaurant restòrān, -ána
Resultat rezùltāt, -áta
retten spasávati, spàsāvām, ipf.;
  spás|ti, -ēm pf.
Retter spàsi|lac, -oca
Rezeption recèpcija
Rhein Rȃjna
Richter sùdija m.
richtig prȁvil|an, -na, -no
Richtung, in put (G.)
riesig ògrom|an, -na
ringen ŕv|ati se, -ēm ipf.
Ritual ritùāl, -ála
Ritze bràzgotina
Rock'n'Roll ròkenrōl
Rolle ùloga
Roman ròmān, -ána
romanisch ròmānsk|ī, -ā, -ō
römisch rîmsk|ī, -ā, -ō
Rose rúža
rot cŕven, crvèn|a, -o
Rotkäpchen Crvènkapa
rötlich rùmen, rumèna, -o
Rückkehr pòvrat|ak, -ka, pòvraci
Rücken léđa (Pl.)

rücken mȉ|cati, -čēm ipf.,
  màknuti/mȁći, mȁknēm pf.
Rücksicht ȍbzīr
rudern vèsl|ati, -ām ipf.
rufen zvȁti, zòvēm ipf., zòvniti,
  zȍvnēm pf.; pòzvati, pòzovēm
  pf.
anrufen (pò)zvȁti telefónom
Ruhe tišìna
ruhig mȋr|an, -na, -no;
  smȋren, -a, -o
rund òkrūgao, okrúg|la, -lo
Rußland Rùsija
Russin Rȕskinja
russisch rȕsk|ī, -ā, -ō
Rüstung naoružánje
Rute prȗt, prútovi

S

säen sȅ|jati (sȉ|jati), -jēm ipf.,
  pòsej|ati (pòsij|ati), -ēm pf.
sagen kázati, kâžēm ipf./pf.;
  rèći, rȅknēm pf.
sagen lassen por|učívati, -ùčujēm
  ipf., porúčiti, pòrūčīm pf.
Salz sô, sȍli f.
Same sȅme (sjȅme), -ena
sammeln sakúpljati, sàkūpljām ipf.,
  sàkup|iti, -īm pf.
Sammler sakùpljāč, -áča
Sammlung zbȋrka
Samstag sùbota
Sarajewo Sàrajevo
Satellit satèlīt, -íta
Satz rečènica (rječènica)
sauber čȉst, -a, -o
säubern čȉst|iti, -īm ipf.,
  òčist|iti, -īm pf.
sauer kȉse|o, -la, -lo
saugen usisávati, usìsāvām ipf.,
  ùsis|ati, -ām pf.
sausen húj|ati, -īm ipf.
Scenario scènārijum
Schach šȃh
schaffen stvárati, stvȃrām ipf.,
  stvòr|iti, stvòrīm pf.
Schaffender stvàra|lac, -oca

Schaffung stvárānje
Schal šȃl, šȁlovi
Schallplatte plȍča
Schatz blȃgo
schätzen céniti, cēnīm (cijèniti,
  cȉjenīm) ipf., pòšt|ovati,
  -ujēm ipf.
Schatzkammer rȋznica
schauen glȅd|ati, -ām ipf.,
  pògled|ati, -ām pf.
schauderhaft grȏz|an, -na, -no
Schaufenster ȉzlog
Schauspieler glúm|ac, -ci
Scheck čȅk, čȅkovi
scheiden lassen, sich razvòditi se,
  ràzvodīm ipf.; razvè|sti se,
  -dēm pf.
scheinen[1] sȉj|ati, -ām ipf.
scheinen[2] izglédati, ȉzglēdām ipf.
Scheitel tȅme (tjȅme)
schellen zvòn|iti, -īm ipf.,
  pozvòniti, pòzvonīm pf.
scheren s. Haare schneiden
Scherz šála
scherzen šȁl|iti se, -īm ipf.,
  nàšal|iti se, -īm pf.
schichten slágati, slȃžēm ipf.;
  slòžiti, slȍžīm pf.
schicken slȁti, šȁljēm ipf.; pòsla-
  ti, pòšaljēm/pȍšljēm pf.
Schicksal sȕdbina
schießen pȕc|ati, -ām ipf.
Schiff brȏd, brȍdovi
schimpfen psòvati, psȕjēm ipf;
  opsòvati, òpsujēm pf.
Schlacht bȉtka
schlachten klȁti, kȍljēm ipf.,
  zàk|lati, -oljēm pf.
Schlafanzug pidžáma
schlafen spávati, spȃvām ipf.
Schlafzimmer spȃvāćā sȍba
schlagen ùdar|ati, -ām ipf.,
  ùdar|iti, -īm pf.; tú|ći,
  -čēm ipf.; istú|ći, -čēm pf.
schlagen, sich bȉ|ti se, -jēm ipf.,
  pòbi|ti se, -jēm pf.; tú|ći se,
  -čēm ipf.; potú|ći se, -čēm pf.
schlank vȉt|ak, -ka, -ko

schlecht lȍš, -a, -e; nȉkak|av, -va, -vo; zȁo, zlȁ, zlȍ
schließen zatvárati, zàtvārām ipf., zatvòriti, zàtvorīm pf.
Schloß dvôr, dvórovi
schluchzen jȅc|ati, -ām ipf.
schlucken gȕt|ati, -ām ipf.; progùtati, pròguтām pf.
Schlüssel kljûč, kljúčevi
Schluß(folgerung) zȁključ|ak, -ka, -ci
schmackhaft ùkūs|an, -na, -no
schmelzen tòp|iti, -īm ipf., otòpiti, òtopīm pf.
schmerzen bȍl|eti (bȍl|jeti), -īm ipf.
schmerzlich bôl|an, -na, -no
schmieren mȁ|zati, -žēm ipf., nàma|zati, -žēm pf.
schminken, sich šmȋnk|ati se, -ām ipf., nàšmīnk|ati se, -ām pf.
Schmutz đùbre
schmutzig pȑljav, -a, -o
Schnee snêg, snȅgovi (snȋjeg, snjȅgovi)
schneiden rȅ|zati, -žēm ipf.; sȅći, sȅčēm (sjȅći, sijȅčēm) ipf.
schneien vȇj|ati, -ē ipf.; pȁda snêg
schnell bȓz, bȓz|a, -o
schnüffeln ùdis|ati, -šēm ipf.
schnurren prȅsti, prédēm ipf.
Schokolade čokoláda
schön lêp, lép|a,-o (lȋjep, lijȅp|a,-o)
schon vȅć
Schönheit lepòta (ljepòta)
Schöpfer stvàralac
schöpfen cȓp|sti, -ēm ipf.; iscȓp|sti, -ēm pf.
Schrecken ȕžas
schrecklich strȃš|an, -na, -no; ȕžas|an, -na, -no
Schreib- pìsać|ī, -ā, -ē
Schreiben písānje
schreiben písati, pȋšēm ipf., napísati, nàpīšēm pf.
schreibkundig pȋsmen, -a, -o
Schreibmaschine pìsāća mašína

schreien vríšt|ati, -īm ipf, víkati, vȋčēm ipf., víknuti, vȋknēm pf.; dȅrati se, dȅrēm ipf.
Schriftsteller písac, -sca; knjìžēvnīk
schubsen gúrati, gûrām ipf.; gȕrn|uti, -ēm pf.
Schuh cìpela
Schuld krivìca
Schulden dȕg, dȕgovi
schuldig krȋv, krȋv|a, -o
Schule škȍla
Schul- škȍlsk|ī, -ā, -ō
schulen (sich) škȍl|ovati (se), -ujēm ipf.
Schüler đȃk, đáci; ùčenīk
Schüler- đȃčk|ī, -ā, -ō
Schülerin ùčenica
Schulter rȁme
schütten s. aufschütten
schwach nȅjāk, -a, -o; slȁb, -a , -o
Schwache nȅjāč f.
schwachsinnig ȋmbecil|an, -na, -no
Schwager (Ehemann der Schwester) zȅt, -ovi
Schwan lȁbūd, -ovi
schwarz cȓn, cȓn|a, -o
schweben lȅbd|eti (lȅbd|jeti), -īm ipf.
schweigen ćút|ati, -īm ipf.
Schweiz Švȁjcarskā
schwer téžak, tȇšk|a, -o
Schwert mȁč, mȁčevi
Schwester sèstra
Schwesterchen sèstrica
Schwiegersohn zȅt, -ovi
Schwiegertochter snàha
Schwimmen plȋvānje
schwimmen plȋv|ati, -ām ipf.
schwimmend plòvēć|ī, -ā, -ē
Schwimmer plìvāč, -áča
Schwindel (gefühl) vrtòglavica
schwören kléti se, kùnēm ipf., zȁk|lēti se, -unēm pf.

See jȅzero
Seele dúša
Segen blȁgoslov
sehen vȉd|eti (vȉd|jeti), -īm ipf./pf.
sehnen, sich čȅzn|uti, -ēm ipf.
Sehnsucht žúdnja, čéžnja
sehr vȑlo, veòma
sein bȉti, jèsam ipf., budēm, pf.
seit òtkako
Seite strána
Sekretärin sekretàrica
Sekt šampánjac
Sekunde sȅkund (sekúnda)
selbst sâm, sâm|a, -o
selbständig sȁmostal|an, -na, -no
Selektion selékcija
selten rédak, rétk|a, -o
Semester sèmest|ar, -ra
Seminar sèminār
  Seminar- sèminarsk|ī, -ā, -ō
Sendung emìsija
senken spúštati, spûštām ipf.; spȕst|iti, -īm pf.
September sèptēmb|ar, -ra
Serbien Sȑbija
serbisch sȑpsk|ī, -ā, -ō
setzen stȁvlj|ati, -ām ipf., stȁv|iti, -īm pf.
seufzen ùzdi|sati, -šēm ipf., uzdàhnuti, ùzdahnēm pf.
Seufzer ùzdah
sicher sȉgūr|an, -na, -no
sie òna
siegen pob|eđívati, -èđujēm (pobj|eđívati) ipf.; pobéditi, pòbēdīm (pobijèditi, pòbijedīm) pf.
singen pȅv|ati (pjȅv|ati), -ām ipf., òtpevati (òtpjevati), -ām pf.
sinken tònuti, tȍnēm ipf., potònuti, pòtonēm pf
Sinn smȋs|ao (m.)
Sitte òbičāj
Situation situácija
Sitz sȅdište (sjȅdište)
Sitzen sèdēnje (sjèdēnje)
sitzen sȅd|eti (sjȅd|iti), -īm ipf.
Skelett kòstur

Ski skȉja
  Ski- skìjašk|ī, -ā, -ō
Slavistik slavìstika
slavistisch slavìstičk|ī, -ā, -ō
Slawe Slòvēn, -éna
slawisch slòvēnsk|ī, -ā, -ō
Slowene Slovénac, -ca
Slowenien Slòvēnija
slowenisch slòvenačk|ī, -ā, -ō
Smog smȍg
so tàkō
so viel (hier) ovòliko; (da) tòliko; (dort) onòliko
sobald čȉm
sofort òdmāh
sogar čȁk
sogenannt takòzvān|ī, -ā, -ō
Sohn sîn, sȉnovi
solch (da) tàk|av, -va, -vo; (dort) onàk|av, -va, -vo; (hier) ovàk|av, -va, -vo
sollen trȅb|ati, -ā ipf./pf.
Sommer lȅto
  Sommer-, sommerlich lȅtnj|ī (ljȅtnj|ī), -ā, -ē
Sonate sonáta
sondern nȅgo
Sonne sûnce
  Sonnen- sûnčev, -a, -o
sonnig sûnčan, -a, -o
Sonntag nèdelja (nèdjelja)
sonst ȉnāče
Sorge brȉga
sorgen, sich sekìr|ati se, -ām ipf., nasekȉr|ati se, -ām pf.; brȉn|uti (se), -ēm ipf., zȁbrin|uti (se), -ēm pf.
sowohl ... als auch i ... i
Sozialist socijàlist(a) m.
spanisch špânsk|ī, ā, -ō
spät kȁsno
Spatz vrábac, -pca
spazieren šétati (se), šȇtām ipf., pròšétati (se), pròšētām pf.
Spaziergang šétnja
Speise jȅlo
Speisezimmer trpezàrija
Spiel ȉgra, ùtakmica

spielen ìgr|ati (se), -ām ipf.;
(Instrument) svírati, svîrām ipf.
spinnen prèsti, prédēm ipf.;
òpresti, oprédēm pf.
Sport spòrt, -ovi
Sportschuh pàtika
Sprache jèzik
sprachlich jèzičk|ī, -ā, -ō
Spray sprêj, sprêjovi
sprechen govòriti, gòvorīm ipf.
Sprecher spìker
Sprichwort pòslovica
sprießen nȉ|cati, -čēm ipf.,
nȉkn|uti/nȉći, -ēm pf.
springen skákati, skâčēm ipf.,
skòčiti, skòčīm pf.
spritzen pŕskati, pŕšćēm ipf.,
popŕskati, pòpŕšćēm pf.
spucken pljùvati, pljûjēm ipf.,
pljûn|uti, -ēm pf.
Spur trâg, trȁgovi
Staat dr̀žava
staatlich dr̀žāvn|ī, -ā, -ō
stachelig bòdljikav, -a, -o
Stadion stâdion
Stadt grâd, grȁdovi, város f.
Stamm plȅme, -ena
ständig stâlno
stark jâk, ják|a, -o
statistisch statìstičk|ī, -ā, -ō
stattfinden održávati se, odr̀žā-
vām ipf., odr̀ž|ati se, -īm pf.
Staub prašìna
stechen bò|sti, -dēm ipf., ubò|sti,
-dēm pf.
Stehen stàjānje
stehen stàjati, stòjīm ipf.
stehenbleiben stȁ|ti, -nēm pf.
stehlen krȁsti, krádēm ipf.,
ùkrasti, ukrádēm pf.
Stelle mȅsto (mjȅsto)
stellen stȁvlj|ati, -ām ipf.,
stȁv|iti, -īm pf.; pòstavljati ipf.,
pòstav|iti, -īm pf.
stellen, sich prȁv|iti, se, -īm ipf.;
nàprav|iti se, -īm pf.
sterben mréti (mrijèti), mrêm ipf.;
ùmir|ati, -ēm ipf.; ùmrēti
(ùmrijeti), ùmrēm pf.

Stern zvézda (zvijèzda)
sticken vé|sti, -zēm ipf.;
izvé|sti, -zēm pf.
Stiefel čȋzma
Stiefmutter mȁćeha
Stiftung zádužbina
Stil stȋl, stȋlovi
still tȋh, -a, -o
still werden stišávati se, stìšā-
vām ipf., stȉš|ati se, -ām pf.
Stilleben mr̀tvā príroda
Stimme glâs, glȁsovi
Stipendium stipèndija
Stock štâp, štápovi
stöhnen stènjati, stènjēm ipf.
stopfen tȑp|ati, -ām ipf.;
stȑp|ati, -ām pf.
stören smétati, smêtām (D.) ipf.,
zasmétati, zàsmētam pf.
stolz pònosit, -a, -o
Strahl zrâk, zrâci
strahlen zráčiti, zrâčīm ipf.
Strand pláža
Straße ùlica
Straßen- ùličn|ī, -ā, -ō
Straßenbahn tràmvāj, -ája
strecken razàpinj|ati, -ām ipf.;
razàpeti, ràzapnēm pf.
Streik štràjk, -ovi
streiken štràjk|ovati, -ujēm
ipf./pf.
Streit svȁđa
streiten, sich svȁđ|ati se, -ām
ipf., pòsvađ|ati se, -ām pf.
Streithammel svađalica
Streitpartei párničār
stricken plè|sti, -tēm ipf.;
isplè|sti, -tēm pf.
Strom strúja
Struktur struktúra
Strumpf čàrapa
Stück kòmād, párče, -eta
Student stùdent
Studentin stùdentkinja
studentisch stùdentsk|ī, -ā, -ō
Studieren studírānje
studieren studírati, stùdīrām
ipf./pf.
Stufe stèpen

Stuhl stòlica
Stückchen komàdić
stumm nêm, néma (nȋjem, nijèma)
Stunde čȁs, -ovi, sât, sâti
stürzen rȕš|iti (se), -īm ipf.,
  srȕš|iti (se), -īm pf.
  obárati, òbārām ipf.;
  obòriti, òborīm pf.
stürzen, sich (auf) nav|aljívati,
  -àljujēm ipf.; naváliti,
  nàvālīm pf.
Stute kòbila
Suchen trážēnje
suchen trážiti, trȃžīm ipf.,
  potrážiti, pòtrāžīm pf.
Süden jȕg
südlich jûžn|ī, -ā, -ō
südöstlich jugoìstočn|ī, -ā, -ō
südslawisch južnoslòvēnsk|ī, -ā, -ō
Summe sùma
summen brúj|ati, -īm ipf.,
  zúj|ati, -īm ipf.
Sünde grehòta
Suppe čórba
süß slȁdak, slȁtk|a, -o
Süße slâst f.
Süßigkeit slàtkīš, -íša
sympathisch simpàtič|an, -na, -no
System sìstēm, -éma
systematisch sistèmatsk|ī, -ā, -ō

T

Tafel tábla
Tag dân, dâna, dâni
Tag werden svȉtati, svȉće ipf.,
  svànuti, svȁnē pf.
Tagebuch dnêvnīk
täglich dnêvn|ī, -ā, -ō
tagsüber dȁnju
Tal dolìna
Talent tàlent
Tanne jȅlka
Tante tȅtka
Tanz ȉgra
tanzen ȉgrati, ȉgrām ipf., odȉgrati,
  òdigrām pf.

tapfer hráb|ar, -ra, -ro
Tasche tórba, tȁšna; (in der
  Kleidung) džȅp, džȅpovi
Taschentuch màramica
Tat dȅlo (djȅlo)
Täuschung vȃrka
Taxi tȁksi, -ija, -iji
Technologie tehnològija
Tee čȁj, -evi
Teenager tȋnejdžer
Teil dȅo, délovi (dȋo, dijȅlovi)
teilnehmen ùčestv|ovati, -ujēm ipf.
Telefon telèfon
telegrafieren telegràfi|sati,
  -šēm ipf./pf.
Tennis ténis
Terrain tèrēn, -éna
Terrasse teràsa
teuer skûp, skúp|a, -o
Theater pózorište; teȃt|ar, -ra
Theater- pózorišn|ī, -ā, -ō
Theke šȁnk
Thema téma
Theorie tèōrija
Thronstadt préstōnica
  (prijèstonica)
tief dùbok, dubòk|a, -o
Tier žìvòtinja
Tisch stô, stòlovi
Tochter kćérka, kćî, kćêr
Töchterchen ćèrkica
Torte tôrta
tosen húč|ati, -īm ipf.
Tod smȑt f.
todbringend smrtònos|an, -na, no
Tolpatsch šȅprtlja
tot mȑt|av, -va, -vo
töten ubíjati, ùbījām ipf.,
  ùbi|ti, -jēm pf.
Tourist tùrist
tragen nòs|iti, nòsīm ipf.
Träne sùza
Traube grôzd
Trauben grôžđe
Trauer žȁlōst f.; túga
trauern tugòvati, tùgujēm ipf.
traurig tûž|an, -na, -no
Traum sȁn, snȁ, snòvi

träumen *sánjati, sânjām* ipf.
traurig *nĕvese|o, -la, -lo*
Treffen *sàstanak*
treffen (sich) *srĕ|tati (se), -ćēm*
ipf.; *srĕ|sti (se), -tnēm* pf.
treiben *tĕr|ati (tjĕr|ati), -ām* ipf.
trennen sich *ràstaj|ati se, -ēm*
ipf.; *ràst|ati, -nēm* pf.
Trick *trȉk, trȉkovi*
trinken *pȉ|ti, -jēm* ipf.,
pòpiti, pòpijēm pf.
trocken *sȗv, súva, -o (sȗh)*
Tropfen *kȃp* f.
tropfen *kȃp|ati, -ljēm* ipf.
Trotz *ȉnāt, -áta, pȑkos*
trotz *u(s)prkos* (D.)
Tscheche *Čȅh, Čȅsi*
tschechisch *češkī̄, -ā, -ō*
tun *ráditi, rȃdīm* ipf.,
uráditi, ùrādīm pf.;
čȋn|iti, -īm ipf., *ùčīniti, ùčīn-*
īm pf.
Tür *vráta* (Pl.)
Türke *Tùrčin, Tûrci,* G.Pl.
türkisch *tȗrsk|ī, -ā, -ō*
Türklinke *kvȁka*
Typ, Type *tȋp, tȋpovi*

U

üben *vȅžb|ati (vjȅžb|ati), -ām* ipf.,
ȉzvežb|ati (ȉzvježb|ati), -ām pf.
über *nad* (I., A.), *ȉznad* (G.),
preko (G.); *o* (L.)
überall *svùdā*
überbeschäftigt *prezàposlen,*
-a, -o
Übergang *prélaz (prijèlaz)*
übergeben *predávati, prèdājēm*
ipf.; *prèd|ati, -ām* pf.
übergehen *prèlaz|iti, -īm* ipf., *pré-*
ći, prêđēm (prijèći, prȋjeđēm)
pf.
überhaupt *ùopšte*
überholen *prèti|cati, -čēm* ipf.,
pretèći, prèteknēm pf.
überleben *prež̧|ivljávati, -ȋvljāvām*
ipf., *prež̧ív|eti (prež̧ȋv|jeti),*
-īm pf.

übermorgen *prȅkosutra*
Überprüfung *proverávanje*
überqueren *prèlaz|iti, -īm* ipf.,
préći, prêđēm (prijèći,
prȋjeđēm) pf.
überschüttet *ȍbasut*
Übersetzer *prevòdi|lac, -oca*
übersetzen *prevòditi, prèvodīm*
ipf., *prevè|sti, -dēm* pf.
übersetzt *prèvođen, -a, -o,*
prevèden, -a, -o
Übersicht *prégled (prijègled)*
übertragen *prenòsiti, prènosīm*
ipf., *prè|nēti (prènijeti),*
-nesēm pf.
überweisen s. verweisen
Übung *vȅžba (vjȅžba)*
Ufer *ȍbala*
Uhr[1] *čȁs, čȁsovi; sȃt, sȃti*
Uhr[2] *čȁsōvnīk*
um ... herum *oko(lo)* (G.)
umblicken, sich *ȍsvr|tati se, -ćēm*
ipf., *osvŕnuti se, òsvŕnēm* pf.
umdrehen, sich *òkre|tati se, -ćēm*
ipf., *okrénuti se, òkrēnēm* pf.
Umfrage *ankéta*
um Gottes willen *zȁboga*
umher *po* (L.)
umkommen *gȋn|uti, -ēm* ipf.,
pògin|uti, -ēm pf.
umschulen *preškol|ováti, -òva-*
vām ipf.; *prèškol|ovati, -ujēm* pf.
umrechnen *preračun|unávati, -ùnā-*
vām ipf., *preračùn|ati, -ām* pf.
umsonst *zabadàva*
Umstand *okólnōst* f.
umstürzen *obárati, òbārām* ipf.;
obóriti, òborīm pf.
Umwelt *okolina*
umzäunt *ògrāđen, -a, -o*
umziehen *pres|eljávati, -*
-èljāvām ipf., *presèliti se,*
prèselīm pf.
unangenehm *nȅprijat|an, -na, -no*
Unannehmlichkeit *neprílika*
unauffällig *neupàdljiv, -a, -o*
unbekannt *nȅpoznat, -a, -o*
unbescheiden *nȅskrom|an, -na, -no*
und *i, a, pa, pȁk*

unerzogen *nevàspitān*, *-a*, *-o*
Ungarn *Màđarskā*
ungebildet *neòbrazovān*, *-a*, *-o*
ungeduldig *nestȑpljiv*, *-a*, *-o*
ungehorsam *nȅposlušǀan*, *-na*, *-no*
ungerecht *nȅpravedǀan*, *-na*, *-no*
ungewöhnlich *neòbičǀan*, *-na*, *-no*
Unglück *nèsreća*
Union *ûnija*
Universität *univerzìtēt*, *-éta*
Universitäts- *univerzìtētskǀī*, *-ā*, *-ō*
unklar *nèjasǀan*, *-na*, *-no*
unregelmäßig *nȅpravīlǀan*, *-na*, *-no*
unschuldig *nȅdužǀan*, *-na*, *-no*
unten *dȍle* (*dȍlje*)
unter *pod* (I., A.), *ispod* (G.)
unterdessen *međùtim*
unterhalb *niže* (G.)
unterhalten, sich *razgovárati*, *razgòvārām* ipf.
Unterhose *gȁće* (Pl.)
Unterrichtsstunde *čȁs*, *čȁsovi*
Unterschied *rázlika*
unterschiedlich *rázličit*, *-a*, *-o*
Untersuchung *prégled* (*prijègled*)
unterwegs *ùspūt*
untypisch *netìpičǀan*, *-na*, *-no*
unübersetzbar *neprevòdiv*, *-a*, *-o*
Unversöhnlichkeit *nepomȉrljivōst* f.
unvollendet *nèsvŕšen*, *-a*, *-o*
unwahrscheinlich *neveròvatǀan*, *-na*, *-no* (*nevjeròvatan*)
üppig *bûjǀan*, *-na*, *-no*
Urgroßvater *prȁded*, *-ovi* (*prȁdjed*)
Urlaub *òdmor*
urteilen *presǀuđívati*, *-ùđujēm* ipf.; *presúditi*, *prèsūdīm* pf.
usw. *itd.* (*i tàko dȁlje*)

V

Vater *òtac*, *òca*, *òčevi/òcevi*
Vaters- *òčēv*, *-a*, *-o*
Verb *glágol*
Verbalaspekt *glágolskī vîd*
verbergen *krȉǀti*, *-jēm* ipf., *sàkriǀti*, *sàkrijēm* pf.

verbieten *zabrǀanjívati*, *-ànjujēm* ipf.; *zabrániti*, *zàbrānīm* pf.
verbrauchen *tròšǀiti*, *-īm* ipf., *potròšiti*, *pòtrošīm* pf.
Verbraucher *potròšāč*, *-áča*
Verbraucher- *potròšačkǀī*, *-ā*, *-ō*
verbreiten, sich *šíriti se*, *šȉrīm* ipf., *rašíriti se*, *ràšīrīm* pf.
verdienen *zarǀađívati*, *-àđujēm* ipf.; *zaráditi*, *zàrādīm* pf.
verfluchen *pròklinjǀati*, *-ēm* ipf.; *pròǀklēti*, *-kunēm* pf.
Vergangenheit *prȍšlōst* f.
vergänglich *prólazǀan*, *-na*, *-no*
vergeblich *zàlud*(*u*)
Vergleich *pòređēnje*
vergleichen *uporǀeđívati*, *-èđujēm* ipf., *uporèdǀiti*, *upòredīm* pf.
vergraben *zakǀopávati*, *-òpavām* ipf.; *zakòpati*, *zàkopām* pf.
vereinen, sich *udružívati se*, *udrùžujēm* ipf., *udrúžiti se*, *ùdrūžīm* pf.
Verfassung *ùstav*
verfluchen *pròklinjǀati*, *-ēm* ipf.; *pròǀklēti*, *-kunēm* pf.
verflucht *pròklēt*, *-a*, *-o*
vergangener *prȍšlī*, *-ā*, *-ō*
vergessen *zabòravljǀati*, *-ām* ipf., *zabòravǀiti*, *-īm* pf.
vergießen *prolívati*, *pròlīvām* ipf.; *pròliti*, *pròlijēm* pf.
vergiften *tròvati*, *trùjēm* ipf., *otròvati*, *òtrujēm* pf.
Vergnügen *zadovóljstvo*
verhindern *sprečávati*, *sprèčāvām* ipf.; *spréčiti*, *sprȉečīm* (*sprijèčiti*, *sprȉječīm*) pf.
verirren, sich *zalútati*, *zàlūtām* pf.
verkaufen *prodávati*, *pròdājēm* ipf., *pròdǀati*, *-ām* pf.
Verkehr *sàobraćāj*
Verkehrs- *sàobraćājnǀī*, *-ā*, *-ō*
Verkehrsstraße *saobràćājnica*
Verlag *izdàvǀāč*, *-áča*
Verlags- *izdàvāčkǀī*, *-ā*, *-ō*
verlassen *napúštati*, *nàpūštām* ipf.; *nàpustǀiti*, *-īm* pf.

Verlauf tôk, tòkovi
Verlegenheit neprílika
verleiten navòditi, nàvodīm ipf.; navè|sti, -dēm pf.
verlieren gùb|iti -īm ipf., izgùbiti, ìzgubīm pf.
verlockend primàmljiv, -a, -o
Vermittler pósrednik
vermutlich vàljda
Vernichtung uništávanje
veröffentlichen objavljívati, objàvljujēm ipf., objáviti, òbjāvīm pf.
verraten odávati, òdājēm ipf., òd|ati, -ām pf.
verrückt lûd, lúd|a, -o
Verrückter lùdāk, -áka
Vers stîh, stìhovi
versäumen propúštati, pròpūštām ipf., propùstiti, pròpustīm pf.
verschieben odlágati, òdlāžēm ipf., odlòžiti, òdložīm pf.
verschieden râzn|ī, -ā, -ō
verschiedenartig raznòvrs|tan, -na, -no
verschiedenfarbig rȁznobōj|an, -na, -no
verschlucken progùtati, prògutām pf.
verschmutzen zag|ađívati, -ađujēm ipf., zàgad|iti, -īm pf.
Verschmutzung zagađívanje
verschwinden išč|ezávati, -èzāvām ipf., ìščezn|uti, -ēm pf.; nésta-j|ati, -ēm ipf., nèsta|ti, -nēm pf.
versprechen obećávati, obèćāvām ipf., obèćati, òbećām pf.
versinken tònuti, tȍnēm ipf.; potònuti, pòtonēm pf.
Verstand pȁmet f.
verstehen razùm|eti, -ēm (razùm|jeti, -ijēm) ipf.
versuchen pok|ušávati, -ùšāvām ipf., pòkuš|ati, -ām pf.
Versuchung iskušénje
Vertreter prédstāvnīk
verunreinigt zàgađen, -a, -o
Verunreinigung zagađénje

verwandeln, (sich) pretvárati (se), prètvārām ipf.; pretvòriti (se), prètvorīm pf.
Verwandter rȍđāk
Verwandtschaft rȍdbina
verwenden upo|trebljávati, -trèbljāvām ipf.; upotrébiti, upòtrēbīm (upotrijèbiti, upòtrijebīm) pf.
verweisen up|ućívati, -ùćujēm ipf.; upút|iti, ùpūtīm pf.
verwirklichen ostv|arívati, -àrujēm ipf.; ostváriti, òstvārīm pf.
verzeihen práštati, prâštām ipf.; opròstiti, òprostīm pf.
viel mnȍgo, dȍsta
vielleicht mȍžda
vierjährig četvorogòdišnjī, -ā, -ē
Viertel čȅtvr̄t f.
Violine violína
Vlies rúno
Vogel ptȉca
Volk národ; pûk (arch.)
Volks- národn|ī, -ā -ō
Volksstamm plȅme, -ena
vollständig pòtpun, -a, -o
voll pȕn, -a, -o (G.)
vollendet svr̂šen, -a, -o
völlig sàsvim
von od (G.); o (L.)
von da aus òdatle od (G.)
vor ... her(ab) s(a) (G.),
vor ispred, prê (prȉje) (G.), pred (I., A.)
vor allem prê svèga (prȉje svèga)
Vorabend, am uoči (G.)
voraussehen predvíđati, prèdvīđām ipf., prèdvid|eti (predvid|jeti), -īm pf.
vorbei mimo (G.)
vorbeigehen prȍlaz|iti, -īm ipf., próći, prôđēm pf.
vorbeikommen svrȁć|ati, -ām ipf., svrátiti, svrâtīm pf.; naîlaz|iti, -īm ipf., nàī|ći, -đēm pf.
vorbereiten sprémati, sprêmām ipf.; sprémiti, sprêmīm pf.

vorlesen s. vortragen
Vorlesung predávānje
vormittäglich prepódevn|ī, -ā, -ō
  (prijepódnevnī)
vormittags prê pódne (prȉje
  pódne)
vorne sprêda (sprȉjeda)
vornehm ȍtmen, -a, -o
Vorschlag prédlog (prijèdlog)
vorschlagen predlágati, prèdlāžēm
  ipf., predlòžiti, prèdložīm pf.
Vorschrift própis
vorsichtig ȍprez|an, -na, -no
Vorsitzender prédsednīk
  (prédsjednīk)
Vorsitz habender predsedávajūćī
  (predsjedávajūćī)
Vorstadt prédgrāđe
vorstellen prèdstavlj|ati, -ām ipf.,
  prèdstav|iti, -īm pf.
vorstellen, sich etw. zamíšljati,
  zàmīšljām ipf., zàmisl|iti, -īm pf.
Vorstellung[1] prèdstava
Vostellung[2] zàmīsao
vortragen s. übergeben

W

wachsen rást|i, -ēm ipf.; porást|i,
  -ēm pf.
Wagen kȍla (Pl.)
Wahl ȉzbor
  Vorwahl- prèdizborn|ī, -ā, -ō
wählen bírati, bîrām ipf.,
  izàbrati, izàberēm pf.
wahnsinnig sùmānūt, -a, -o
während dȍk, za vrème (G.)
Wahrheit ȉstina
wahrscheinlich veròvatno
  (vjeròvatno)
Währung valúta
Waisenkind siròče, -eta
Wald šùma
Wand zîd, zȉdovi
Wanderung seòba
wann kȁd(a)
Ware ròba
  Waren- rȍbn|ī, -ā, -ō

warm tȍp|ao, -la, -lo
wärmen s. heizen
warten čȅk|ati, -ām ipf.,
  prìčekati, -ām pf.
warum zȁšto
was štȁ, štȍ
was für ein kàk|av, -va, -vo
waschen mȉ|ti, -jēm ipf.;
  umívati, ùmīvām ipf.; ùmi|ti,
  -jēm pf.; prȁti, pèrēm ipf.;
  ȍprati, opèrēm pf.
Wasser vòda
Wasserstrudel vîr, vírovi
Wechsel ȉzmena (ȉzmjena)
wechseln ménjati, mênjām
  (mijènjati, mȉjenjām) ipf.,
  proméniti pròmēnīm (promijèni-
  ti, pròmijenīm) pf.
weder ... noch nȉti ... nȉti
Weg pût, pútevi/pútovi
wegen zbog, radi (G.)
wegfahren odvòziti, òdvozīm ipf.;
  odvè|sti, -zēm pf.
wegführen odvòditi, òdvodīm ipf.;
  odvè|sti, -dēm pf.
weggehen òdlaziti, -īm ipf.,
  òtīći, òdēm pf.
wegnehmen odùzim|ati, -ām ipf.,
  odùzeti, òduzmēm pf.
wegrücken ȉzmi|cati, -čēm ipf.;
  izmàknuti/izmàći, ȉzmak-
  nēm pf.
wegtragen odnòsiti, òdnosīm ipf.;
  òdnēti (òdnijeti), odnèsēm pf.
wehen dúvati, dûvām ipf.
wehklagen jàu|kati, -čēm ipf.,
  zajàu|kati, -čēm pf.
weiblich žȅnsk|ī, ā, -ō
weich mȅk, -a, -o
weiden pás|ti, -ēm ipf.
Weihnacht Bòžić
Weihnachts- bòžičnī, -ā, -ō
weil jer; pošto; zato što
weilen bòrav|iti, -īm ipf.
Wein víno
Weinberg vìnogrād
Weinbrand vìnjāk
Weinchen vínce

weinen *plȁ\|kati, -čēm* ipf.
Weise *náčin*
Weisheit *mȕdrōst* f.
weiß *bȇo, bél\|a, -o*
 (*bȉo/bȉjel, bijèl\|a, -o*)
weit *dȁlek, -a, -o*
welken *sàhnuti, sȁhnēm* ipf.,
 usàhnuti, ùsahnēm pf.; *vèn\|uti,
 -ēm* ipf., *ùven\|uti, -ēm* pf.
Welt *svȇt, svȇtovi* (*svȋjet,
 svjȅtovi*)
Welt- *svȅtsk\|ī, -ā, -ō* (*svjȅtskī*)
Weltall *svȇmīr*
wenig *mȁlo*
wenigstens *bȃr, bárem*
wenn *ȁko*
wer *kȍ*
werben *rekl\|amírati, -àmīrām*
 ipf./pf.
werden *bívati, bȋvām* ipf.;
 pòstaj\|ati, -jēm ipf.,
 pòsta\|ti, -nēm pf.
werfen *bàc\|ati, -ām* ipf.;
 bȁc\|iti, -īm pf.
Werk *dȅlo* (*djȅlo*)
wert sein *vȁlj\|ati, -ām* ipf.
Westen *zȃpad*
westlich *zȃpadn\|ī, -ā, -ō*
wetteifernd *tàkmičārsk\|ī, -ā, -ō*
Wettkampf *ùtakmica*
Wetter *vréme* (*vrijème*)
wichtig *vážan, -na, -no*
wie *kȁo; kȁko; kȁo što*
wieder *òpēt, pȍnovo*
widerstehen *od\|olévati, -òlēvām
 (odolijèvati, odòlijevām)* ipf.;
 odòl\|eti (*odòl\|jeti*), *-īm* pf.
wiederholen (sich) *ponávljati* (*se*),
 pònāvljām ipf.; *ponòviti* (*se*),
 pònovīm pf.
Wiederverkäufer *preprodávac*
Wien *Bȇč*
wieviel *kòliko*
Wind *vȅtar, -tra, - ovi* (*vjȅtar*)
winden *vȉ\|ti, -jēm* ipf.
winken *máhati, mȃšēm* ipf.,
 máhnuti, mȃhnēm pf.
Winter *zíma*
wir *mȋ*

wirklich *zàista*
wirklich *stvȃr\|an, -na, -no*
wischen *brȋ\|sati, -šēm* ipf.,
 òbri\|sati, -šēm pf.
Wissen *znánje*
wissen *znȁti, znȃm* ipf.
Wissenschaft *náuka*
Wissenschaftler *náučnīk*
Witz *vȋc, vȉcevi*
wo *gdȅ* (*gdjȅ*)
Woche *nèdelja* (*nèdjelja*),
 sȅdmica
woher *ȍdaklē, òtkud*(*a*)
wohin *kùdā, kȁmo*
wohl *vȁljda*
wohlmeinend *dobronámer\|an, -na,
 -no* (*dobronámjeran*)
wohnen *stanòvati, stànujēm* ipf.
Wohnung *stȃn, stánovi*
Wohnzimmer *dnȇvnā sȍba*
Wolldecke *ćȅbe, -eta*
wollen *htȅti* (*htjȅti*), *hòću* ipf./pf.
Wonne *slȃst* f.
Wort *rȇč* (*rȋječ*) f.
Wörterbuch *rȇčnīk* (*rjȇčnīk*)
Wuchs *rȃst*
Wunder *čȕdo*
wundern, sich *čȕd\|iti se, -īm*
 ipf.(D.), *zàčud\|iti se,
 -īm* (D.) pf.
wunderschön *dȋv\|an, -na, -no,
 prȅkrās\|an, -na, -no*
wühlen *rȉ\|ti, -jēm* ipf.
wünschen *žȅl\|eti* (*žȅl\|jeti*), *-īm,* ipf.
Wut *bȇs, bésovi* (*bȉjes, bijèsovi*);
 bèsnilo
wütend *bés\|an, -na, -no* (*bijèsan*)

Z

Zahn *zȗb, zȗbi*
Zagreb *Zágreb*
Zagreber *zágrebačk\|ī, -ā, -ō*
Zahl *brȏj, bròjevi*
zahlen *pláćati, plȃćām* ipf.,
 plátiti, plȃtīm pf.
zählen *brȍj\|ati, -īm* ipf.,
 izbròjati, ìzbrojīm pf.
zahlreich *brȏj\|an, -na, -no*

Zärtlichkeit něžnōst (njěžnōst)
Zeh pȓst, pȓsti
Zeichen znâ|k, -ci, znăkovi
zeichnen cȓt|ati, -ām ipf.,
  nàcrt|ati, -ām pf.
Zeit vréme (vrijème), vrèmena;
Zeit(alter) dôba
zur Zeit zàsad(a)
Zeit verbringen provòditi, pròvo-
  dīm ipf.; provè|sti se, -dēm pf.
zeitgenössisch sàvremen, -a, -o
Zeitung nòvine (Pl.)
zentral cèntral|an, -na, -no
Zentrum cènt|ar, -ra
zerreißen dèrati, dèrēm ipf., po-
  dèrati, pòderēm pf.
zerstören rȕš|iti, -īm ipf.,
  pòruš|īti, -īm pf.
Ziegen- kòzj|ī, -ā, -ē
ziehen vú|ći, -čēm ipf.
Ziel cîlj, cíljevi
ziemlich prílično
Zigarette cigarèta
Zimmer sòba
Zins kămata
zittern dȓhtati, -īm ipf., uzdȓht|ati,
  -īm pf.
zivilisiert civìlizovan, -a, -o
Zone zóna
zoologisch zoòloškī, -ā, -ō
zornig sein ljútiti se, ljûtīm ipf.,
  naljútiti se, nàljūtīm pf.
zu k, ka, prema (D.)
zu Abend essen vèčer|ati, -ām
  ipf./pf.
zu spät prèkasno
zu stark prèjāk, -a, -o
zu warm prètop|ao, -la, -lo
zucken tȓz|ati (se), -ām pf.
  tȓgn|uti (se), -ēm pf.
Zucker šèćer
zudecken pokrívati, pòkrīvām ipf.;
  pòkri|ti, -jēm pf.
zuerst nâjpre (nâjprije)
zufallen prìpad|ati, -ām ipf.;
  prìpa|sti, -dnēm pf.

zufällig slȕčāj|an, -na, -no
zufrieden zàdovolj|an, -na, -no
Zufriedenheit zadovóljstvo
Zug póvorka
zugeben priznávati, prìznajēm
  ipf.; prìzn|ati, -ām pf.
zugrunde gehen pròpad|ati, -ām
  ipf., pròpa|sti, -dnēm pf.
zuhören slȕš|ati, -ām ipf.
Zukunft budúćnōst f.
zunähen zašívati, zàšīvām ipf.,
  zàšiti, zàšijēm pf.
zurechtkommen ìzlaziti/ìzàći
  na krâj
zurück nătrag
zurückbleiben zaòstaj|ati, -ēm ipf.,
  zaòsta|ti, -nēm pf.
zurückhalten, sich uzdržávati se,
  uzdȓžāvām ipf.; uzdȓž|ati, -īm pf.
Zurückhaltung uzdȓžljivōst f.
zurückkehren vrăć|ati se, -ām ipf.,
  vrátiti se, vrâtīm pf.
Zusammenarbeit sarádnja
zusammenarbeiten sar|ađívati,
  -àđujēm ipf.
zusammenfahren s. zucken
zusammenfassen sažím|ati, sà-
  žīmām ipf., sàžeti, sàžmēm pf.
zusammenlegen slágati, slâžēm
  ipf.; slòžiti, slòžīm pf.
zusammensein drúžiti se,
  drûžīm ipf.
zusammensetzen, sich sastòj|ati
  se, -īm ipf.
zusammenstoßen sùdar|ati se,
  -ām ipf., sùdar|iti se, -īm pf.
zusammenstürzen rȕš|iti se, -īm
  ipf.; srȕš|iti se, -īm pf.
zusammentun, sich s. sich verei-
  nen
Zuschauer glèda|lac, -oca
Zustand stánje
zustimmen prìsta|jati, -jēm ipf.,
  prìsta|ti, -nēm pf.; slágati (se),
  slâžēm ipf., slòžiti (se),
  slòžīm pf.

zuviel *prĕviše*
Zweig *prût*
zwingen *tȇr|ati* (*tjȇr|ati*), -*ām*
ipf.; *nȁter|ati*, (*nȁtjer|ati*), -*ām* pf.

zwischen *između* (G.), *mȅđu* (I., A.)
Zwischenmahlzeit *ȕžina*

Grammatisches Register

Adjektiv
 Komparation 40
 unbestimmtes 108
Adverb
 Steigerung 41
 unbestimmtes 34, 108
 verneintes 35
Akzent 41, 86, 106
Aorist 84
Aspekt s. Verbalaspekt

budem 92

Dativ, possessiver 107
Datum 26
Deklination
 s. einzelne Geschlechter
dete, deca 55
dvojica 94

Ekavisch -Ijekavisch 18, 46
Enklitika 9, 47

Feminina
 i-Deklination 24
 kći, mati 57
Fragesätze
 im Futur 9
 mit zar 57
Futur 9, 78
futurisches Präsens 10
Futurum exactum 93

Genitiv
 auf -(i)ju 26
 der Zeit 27
 qualitativer 107
Gerund I 63, II 64

i-Deklination 24
Imperfekt 85

kćer, kći 57
Kollektiva 106
Konditional I 47, II 113

Konjugation s. Verbalklassen
Konsonantenausfall 70, 77, 85

Lust - Unlust 95

Maskulina
 auf Vokale/-lac 19
mater, mati 57

Neutra
 mit Stammerweiterung 54
 dete, doba, drvo, veče 55

Optativ 113
Ordnungszahlen 26

Palatalisation 25, 33, 40, 75
Passiv 101
Passives Partizip 99
Pluralwörter 19
Plusquamperfekt 112
Präpositionen
 Übersicht 61
Pronomen
 reflexives 48
 unbestimmtes 34, 107
 verneintes 35

Verbalaspekt 10, 11, 16, 18, 63, 64, 84
Verbalklassen IV A 11, 17; B 33, C 46; V 69; VI 74
 Übersicht 114
Verbalsubstantiv 106
Vergleiche 41

Wunschform 113

Zahlen
 Deklination 95
 Kollektivzahlen 94
 Ordinalia 26
 Zahlsubstantive 94

Zeitangabe 26

Abkürzungen

A.	Akkusativ	m.	maskulinum
D.	Dativ	n.	neutrum
dt.	deutsch	N.	Nominativ
E.	Einleitung	Part.	Partizip
ek.	ekavisch	Perf.	Perfekt
engl.	englisch	P(ers.)	Person
f.	femininum	pf.	perfektiv
G.	Genitiv	Pl.	Plural
I.	Instrumental	Präs.	Präsens
ijek.	ijekavisch	Sg.	Singular
ipf.	imperfektiv	sth.	stimmhaft
L.	Lokativ	stl.	stimmlos